개정판

우리가 모르는
대한민국

개정판

우리가
모르는
대한민국

미라클 코리아 70년
MIRACLE KOREA

장대환 지음

매일경제신문사

우리가 모르는 대한민국: 미라클 코리아 70년

2016년 가을 《강대국의 흥망》을 쓴 유명 역사학자인 폴 케네디 예일대 교수가 〈매일경제신문〉이 주최하는 세계지식포럼에 연사로 참석한 적이 있습니다. 제가 이분에게 미리 당부를 하나 했습니다. 고명한 역사학자이기는 하지만 한국 역사에 대해선 잘 모를 것 같아 공부 좀 하고 강연을 하는 게 좋겠다는 주문이었습니다. 그랬더니 강연에서 이런 말을 했습니다.

"대한민국이라는 나라는 참 이상하다. 벌써 지도상에서 없어져야 할 나라처럼 보이는데 아직도 존속한다. 중국, 일본, 러시아 틈바구니에서 5,000년 동안 망하지 않고 이렇게 성장했다는 건 세계사의 기적이다"라고.

정말 그런 것 같습니다. 우리는 덤덤하게 대한민국의 성장을 말하지만 외국 석학은 대한민국 역사를 그야말로 기적으로 보았습니다. 폴 케네디뿐만이 아닙니다. 전쟁의 폐허에서 70여 년간 땀과 눈물로 만들어낸 한국인의 성과에 대해 세계인들은 찬사를 아끼지 않습니다. 식량 원조로 굶주림을 해결하던 나라가 어느새 세계 10위 경제대국으로 탈바꿈했고 세계인들은 이런 한국을 두고 '한강의 기적'이라 부릅니다.

'메이드 인 코리아'는 그 기적의 원동력입니다. 기술도 자본도 없이 가발이나 신발을 수출하던 한국은 이제 최첨단 기술을 자랑하는 TV와 스마트폰, 자동차와 선박으로 세계 시장을 주름잡고 있습니다. 4차 산업혁명시대 '산업의 쌀'이라 불리는 반도체 분야에서는 한국 기업이 미국과 일본, 유럽의 거인들을 제치고 글로벌 강자로 우뚝 섰습니다. 원자력발전소, 잠수함, 헬기를 수출하기 시작했고 수소자동차를 세계 최초로 양산하기 시작했으며 5G 이동통신서비스도 처음으로 상용화했습니다. 이런 성취 뒤에는 우리가 잘 모르는 가슴 뜨거운 사연들도 많이 숨겨져 있습니다.

기업이 만들어 놓은 '메이드 인 코리아' 제품의 인기와 성공을 바탕 삼아 외교·문화·스포츠 분야로 확산되는 한국인의 활약도 눈부십니다. 한국은 이제 유엔과 세계은행, 세계보건기구WHO, 인터폴의 수장들을 배출하며 국제무대에서 발언권을 높이고 있습니다. 2008년 글로벌 금융위기 이후에는 주요 20개국G20 정상회의에서도 주도적 역할을 하고 있으며 최근에는 G7의 역할까지 요구될 만큼 위상이 높아졌습니다. K팝·드라마·영화 스타들도 무대, 스크린, 안방 TV에서 한류 열기를 달구고 있습니다. 하계·동계 올림픽을 비롯한 세계 4대 스포츠대회를 미국, 중국보다 앞서 모두 개최했고 2016년 이후에는 지구촌에서 국제회의를 가장 많이 개최하는 나라로 자리 잡고 있습니다. 그동안 각종 해외봉사단원 8만여 명을 세계 각지로 보내 가난과 재해를 극복하는 데 힘을 보탰고 유엔 평화유지군, 다국적군으로도 5만여 명을 파병해 분쟁 해결과 전쟁복구에도 기여해 왔습니다.

한국의 1인당 국민소득은 전쟁의 포화가 멎은 1953년 66.5달러로 지구촌 최빈국 수준이었습니다. 하지만 그 후 66년 동안 482배로 늘어나 2019년에는 3만 2,114달러에 이르렀습니다. 세계의 지도자들은 끔찍한 참사를 딛고서 지구촌의 부강한 국가로 변모한 한국을 발전 모델로 삼고 있습니다.

2019년 2월 인도의 나렌드라 모디 총리가 방한했을 때 저는 그와 잠시 만난 적이 있습니다. 그는 "그토록 짧은 기간에 경제 기적을 이룬 한국과 그 국민을 늘 존경했다"면서 인도가 한국에서 배울 수 있었으면 좋겠다고 말했습니다. 모디 총리는 "경제, 기술 부문에서 세계 선두 국가로 우뚝 선 한국의 성공은 인도에 큰 자극이 된다"는 말도 했습니다.

이처럼 세계인의 눈에 오늘날 한국의 모습은 경이로움, 성공, 존경이라는 이미지와 연결되어 비치고 있습니다. 그런데 정작 한국인은 이런 성과를 외면하거나 제대로 평가하지 않을 때가 많습니다. 오히려 스스로 깎아내리기도 합니다. 〈국제시장〉, 〈택시운전사〉와 같이 한국 현대사를 다룬 영화가 관객을 1,000만 명 이상 끌어 모았습니다. 〈응답하라 1988〉과 같이 불과 30~40년 전 일상생활을 다룬 TV드라마도 '레트로'라는 이름으로 선풍적인 인기를 누릴 만큼 한국인의 삶은 몇십 년 사이 몰라보게 달라졌습니다.

그 격변의 세월 속에서 대다수 사람들이 놀라운 성취를 바라보며 감동하는 것과 달리 갈등과 분열의 역사에 초점을 맞추는 사람들도 있습니다. '헬조선'이라며 분노하는 청년들이 있는가 하면 그동안 피와 땀으로 일궈온 우리의 자산들을 스스로 공격하고 허무는 세력도 있습니다. 압축성장 과정에서 미처 풀지 못한 계층, 세대, 노사, 정치 세력 간 갈등이나 앙금 탓일 겁니다. 지난날의 노력에서 축적이 이뤄지지 않으면 미래로 나아갈 동력도 약해지게 됩니다. 미래세대를 위해 공공부문의 대응능력을 비축해 놓아야 하는 것처럼 민간부문에서도 사유재산과 지식의 축적이 이뤄져야 하고 그런 노력이 매도돼서는 안 됩니다. '할 수 있다'는 신념과 도전정신을 안고 세계시장으로 달려 나가던 우리 이웃들이 서로 싸움박질하며 주저앉고, 그 모습을 지켜보는 우리 미래세대들도 희망과 자신감을 잃어간다면 참으로 걱정할 만한 일입니다.

역사를 바라보는 시각과 현실을 진단하는 방법은 다양합니다. 자신과 이웃의 이해가 얽혀 있다면 객관적으로 평가하기는 더 어려워질 수 있습니다. 이때 많은 도움을 주는 거울과 같은 존재가 다름 아닌 통계입니다. 이 책은 1부 '세계가 놀란 한국의 기적'에서 대한민국 정부수립 이후 70여 년 동안 한국인이 이뤄놓은 성과들을 다양한 통계 중심으로 살펴보려 했습니다. 그런 우리 모습이 세계인의 눈에 어떻게 비치고 있는지 점검해보았습니다. 2부 '기적을 일군 강점과 저력'에서는 세계적으로도 유례없는 성과를 만들어낸 한국인의 강점이 무엇인지 되돌아봤고, 3부 '기적을 망치는 내부의 적들'에서는 더 나은 미래를 위해 우리가 극복해야 할 약점들도 냉정하게 짚어봤습니다. 그리고 4부 '또 한 번의 기적을 위하여'에서는 이런 성찰의 바탕 위에서 보다 살기 좋은 나라를 만들기 위해 풀어야 할 과제들을 하나하나 따져봤습니다.

5부는 이번에 개정판에서 추가한 내용입니다. 2019년 6월 초판 발행 후 우리 경제와 사회에 불어닥친 가장 큰 변화는 팬데믹 위기였습니다. 2019년 말 중국 우한에서 시작된 코로나19는 2020년 초부터 세계적인 대유행으로 번지면서 급격한 경제 침체와 실업 대란, 무역 전쟁과 부채 위기, 세계화와 민주주의의 후퇴라는 충격파를 몰고 왔습니다. 이에 잃어버린 일상과 K-방역의 명암, 한국 경제 개발이 시작된 후 세 번째로 겪은 역성장과 고용 빙하기, 급속히 달라진 일터와 자산시장 등 팬데믹의 충격파를 짚어보고 위기 이후의 기회와 위협 요인들도 점검해보았습니다. 그리고 21세기 새로운 체제 경쟁의 시대를 맞아 민주주의와 경제적 자유의 가치가 더욱 중요해졌으며 대한민국은 소득 10만 달러 미래형 혁신국가로 나아가야 한다는 점을 강조했습니다.

이 책에서 거듭 강조하듯이 한국인은 그 어떤 국민보다 강한 교육열과 역동성을 지니고 있습니다. 창의력이 한층 더 중요해지는 4차 산업혁명시대에 다시 한 번 도약하기 적합한 역량을 보유하고 있다는 뜻이지만, 그렇다고 대한민국이 저절로 더 살기 좋은 나라가 된다는 보장은 없습니다. 지난 70여 년 동안 끊임없이 도전과 위기에 맞서온 것처럼 지금도 공들여 쌓은 탑을 한순간에 무너뜨릴 수 있는 도전들을 극복해야 합니다. 우리는 더 늦기 전에 저출산 고령화 문제를 해결해야 하고 통일 한국시대를 준비해야 합니다. 한국이 재도약하는 과정에서 '용서와 화해'는 반드시 필요한 일입니다. 따뜻한 마음을 가지고 갈등의 에너지를 긍정과 융합의 에너지로 바꿔야 합니다. 교육현장과 일터에 자유가 넘쳐야 하고 정부 간섭이나 개입은 최소화돼야 합니다. 그래야만 창의력이 샘솟고 기업가정신이 발휘되며 한국이 지식기반 사회로 나아갈 수 있을 것입니다.

이런 모든 노력의 출발점에서 필요한 것은 우리 사회에 대한 객관적 성찰일 것입니다. 많은 숫자나 그래프가 번잡하게 보일 수 있지만 신문, 책, 인터넷 등을 보면서 우리 사회를 성찰하기에 적합하다고 느껴지는 내용들을 그때마다 틈틈이 모아 2019년 6월 초판을 냈고 이제 개정증보판을 내기에 이르렀습니다. 책을 집필하고 편집하는 과정에서 일부 통계는 미처 업데이트하지 못한 사례도 있습니다. 그럼에도 여기에 담은 통계나 그래프들이 우리 사회를 조금이라도 더 나은 방향으로 안내하는 이정표가 되었으면 하는 소망을 담았습니다. 대한민국이 앞으로도 계속해서 한국인은 물론 세계인들로부터 '기적의 나라'로 평가받길 바라는 마음입니다.

매경미디어그룹 회장
장대환

MIRACLE KOREA

1부

세계가 놀란
한국의 기적

지구촌 경제발전
'희망의 횃불'로 주목받는 대한민국

한국전쟁이 끝난 뒤 연합군 총사령관이던 맥아더 장군은 "이 나라가 재건되려면 최소 100년은 걸릴 것"이라고 했다. 그러나 폐허 속에서 해외 원조에 의존하던 대한민국은 불과 50년도 지나지 않아 세계적인 경제강국으로 우뚝 섰다. '한강의 기적'을 이뤄낸 한국은 해외 원조를 받던 나라에서 원조를 해주는 나라로 전환한 유일한 나라가 됐다. 그 발전모델을 배우기 위해 세계 각국에서 몰려올 정도로 한국은 이제 지구촌에 희망을 전파하는 횃불이 되고 있다.

한국 '30-50클럽'에 세계 7번째로 가입하다

한국은 어느 기준으로 보더라도 선진국이다. 한국의 1인당 국민소득은 2006년 2만 달러를 넘어섰고 2018년에는 3만 달러를 뛰어넘었다. 미국, 중국, 러시아, 일본 등 세계적인 대국들에 둘러싸여 있어 상대적으로 부각돼 보이지 않을 뿐 결코 작은 나라도 아니다.

한국은 2012년 '20-50클럽'에 가입했고 2018년에는 '30-50클럽'으로 도약했다. 야구에서 '30-30클럽'이 타격도 뛰어나고 발도 빠

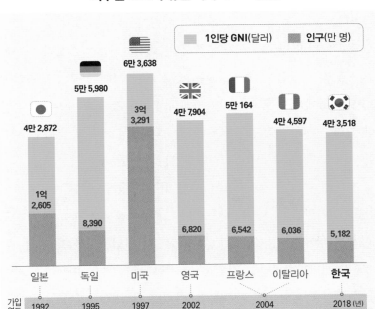

지구촌 크고 부유한 나라 '30-50클럽'

1인당 GNI(달러) 인구(만 명)

일본 4만 2,872 / 1억 2,605
독일 5만 5,980 / 8,390
미국 6만 3,638 / 3억 3,291
영국 4만 7,904 / 6,820
프랑스 5만 164 / 6,542
이탈리아 4만 4,597 / 6,036
한국 4만 3,518 / 5,182

가입연도
일본 1992
독일 1995
미국 1997
영국 2002
프랑스 2004
한국 2018 (년)

*국민소득은 1인당 GNI(국민총소득) 기준. 한국, 영국, 프랑스,이탈리아는 2019년, 일본, 독일, 미국은 2018년 기준

출처: OECD, 한국은행

른 호타준족 선수를 가리키듯 지구촌에서 30-50클럽은 크고 잘사는 나라를 상징한다. 이 클럽에 사무국이 있거나 별도 모임이 있는 것은 아니지만, 1인당 국민소득 3만 달러 이상이고 인구는 5,000만 명 이상인 나라를 일컫는 말이다.

지난 1996년 일본, 미국, 프랑스, 이탈리아, 독일에 이어 영국이 여섯 번째 20-50클럽 가입국이 됐을 때 세계인들은 앞으로 상당 기간 이 클럽에 새로운 가입국가가 나오기 힘들 것이라고 봤다. 중국, 인도, 브라질, 러시아는 땅도 넓고 인구도 많지만 1인당 국민소득이라는 기준을 충족하기 어렵다. 캐나다, 호주는 땅도 넓고 국민소득도 많지만 인구가 크게 부족하다. 내로라하는 나라들을 거론하며 지구촌 사람들이 고개를 가로젓고 있던 그때 한국이 당당하게 20-50클럽에 가입했다. 제2차 세계대전 이후 독립한 나라로는 유일한 가입국이다. 세계인들에게 한국이 더 이상 가난한 나라도 허약한 나라도 아니라는 사실을 각인시키는 사건이었다.

이제 한국은 1인당 국민소득 3만 달러 시대에 들어서며 30-50클럽으로 한 단계 더 업그레이드했다. 일찍이 한국은 1996년 선진국 클럽으로 불리던 경제협력개발기구OECD에 가입했지만 최근에는 이 기구가 개발도상국들을 회원국으로 폭넓게 받아들이면서 그 의미가 상당히 퇴색한 상태다. 세계에서 7개 나라만이 명함을 내밀 수 있는 30-50클럽이야말로 진정으로 크고 부유한 나라들이라 할 수 있다.

한강의 기적, 세계 10위 경제대국으로 우뚝 서다

현실에서 실현되기 매우 힘든 일이 이뤄졌을 때 기적이라고 한다. 한국이 이룬 경제발전을 놓고 세계인들이 '한강의 기적'이라 부르는 것도 그 때문이다. 한국의 1인당 국민소득은 경제개발을 본격화하기 전 1961년만 해도 82달러로 세계 101위에 그쳤다. 아프리카 가나의 179달러와 비교해도 절반에 불과하던 나라였다. 그나마도 미국 원조가 큰 비중을 차지했다. 산업화가 시작되던 1969년에

경제규모 상위 국가

단위: 100만 달러

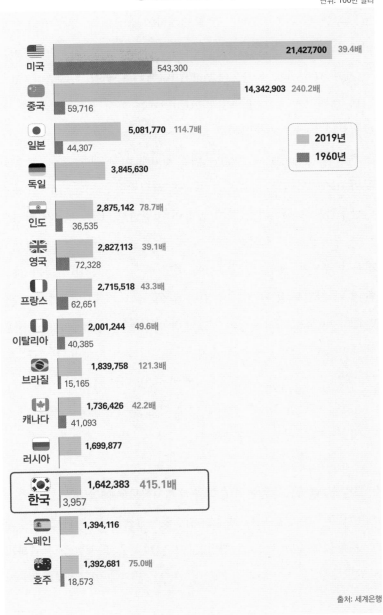

미국	21,427,700	39.4배
	543,300	
중국	14,342,903	240.2배
	59,716	
일본	5,081,770	114.7배
	44,307	
독일	3,845,630	
인도	2,875,142	78.7배
	36,535	
영국	2,827,113	39.1배
	72,328	
프랑스	2,715,518	43.3배
	62,651	
이탈리아	2,001,244	49.6배
	40,385	
브라질	1,839,758	121.3배
	15,165	
캐나다	1,736,426	42.2배
	41,093	
러시아	1,699,877	
한국	1,642,383	415.1배
	3,957	
스페인	1,394,116	
호주	1,392,681	75.0배
	18,573	

■ 2019년
■ 1960년

출처: 세계은행

도 해외 원조는 연간 국가예산의 25%에 이르고 있었다.

그러던 한국이 50여 년 만에 세계사에서 유례를 찾기 어려운 경이로운 압축성장을 이뤄냈다. 한국의 국내총생산GDP 규모는 2005년 세계 10위까지 올라섰다가 2019년에는 12위를 기록했다. 코로나19 팬데믹에 잘 대응하면서 2020년에는 다시금 세계 10위로 올라섰으니 자랑스러운 일이다.

한국의 경제규모는 1960년 이후 400배 이상 커졌다. 세계 역사에서 16세기 식민지 개척으로 제국을 건설했던 스페인, 16~17세기 해상무역으로 강국의 반열에 올랐던 네덜란드, 18세기 산업혁명으로 패권국가가 된 영국은 물론 미국, 일본도 이처럼 빠르게 경제성장을 이루지는 못했다. 굶주림에 허덕이던 그 가난한 나라가 자랑할 만한 자원도 없이 기적과 같은 일을 이뤄냈으니 자부심을 가질 만하다. 중국도 덩샤오핑의 개혁개방 이후 천지개벽에 비유될 정도로 폭발적인 경제성장을 이뤘지만 1960년과 비교하면 경제규모가 240배가량 성장하는 데 그친다. 당시 1인당 국민소득이 세계 50위권이었던 북한이 지금은 지구촌에서 가장 가난한 나라로 전락한 것과 비교하면 너무도 큰 대조를 이룬다.

프랑스, 영국보다 많은 수출품을 세계시장으로 쏟아내다

영국과 프랑스는 한때 세계를 자신들의 식민지로 삼아 그곳에 자국의 상품을 쏟아부었다. 한국은 그런 제국주의 방식을 동원하지 않고도 '메이드 인 코리아' 제품을 프랑스산이나 영국산보다 더 많이 세계시장으로 수출한다. 반도체, 스마트폰, 자동차, 선박 등 한국산 제품은 세계 어디에서나 국민들의 자부심을 높여줄 정도로 품질도 뛰어나고 종류도 다양하다. 한국의 수출은 2018년 6,000억 달러를 넘어서며 2년 연속 세계 6위를 유지했다. 미국과 중국의 무역분쟁이 격화되면서 2019년에는 한국 수출이 7위로 내려섰다.

한국이 1960년대 초 해외시장에 내다팔 수 있는 물건은 중석텅스텐, 철광석, 흑연 등 광물과 오징어, 김 등 수산물이 전부였다. 광물

세계 수출 상위 10개국

순위	2008년	2016년	2017년	2018년	2019년
1	독일	중국	중국	중국	중국
2	중국	미국	미국	미국	미국
3	미국	독일	독일	독일	독일
4	일본	일본	일본	네덜란드	네덜란드
5	네덜란드	네덜란드	네덜란드	일본	일본
6	프랑스	홍콩	🇰🇷 한국	🇰🇷 한국	프랑스
7	이탈리아	프랑스	홍콩	홍콩	🇰🇷 한국
8	벨기에	🇰🇷 한국	프랑스	프랑스	홍콩
9	영국	이탈리아	이탈리아	이탈리아	이탈리아
10	러시아	영국	영국	영국	영국
11	캐나다				
12	🇰🇷 한국				

출처: WTO

은 미국에 팔고 수산물은 일본에 파는 식이었다. 당시 박정희 대통령은 "수출만이 살길이다. 팔 수 있는 것은 뭐든지 다 팔아라"라고 독려했지만, 대한중석 1개 회사가 국가 수출액의 약 60%를 차지하고 있는 상황이었다. 포항제철 건설을 박태준에게 맡기기에 앞서 그를 대한중석 사장으로 보내 경영능력을 검증했던 것도 그런 배경이 작용했다.

한국이 연간 수출 1억 달러를 달성한 것은 누에고치에서 뽑아낸 생사로 농산물을 수출하기 시작한 이듬해인 1964년이다. 그 감격을 잊지 않기 위해 '수출의 날'을 지정하고 성대한 기념식을 개최할 정도였는데 이제 한국의 무역규모는 1조 1,400억 달러에 이르고 있다. 무역흑자는 독일, 일본, 중국에 이어 세계 4위이며 경상수지는 1998년부터 20년 연속 흑자 행진이다. 흑자규모는 중국의 절반 수준이지만 '메이드 인 코리아'가 세계시장에서 받고 있는 호평은 '메이드 인 차이나'와 비교할 수준이 아니다.

일본, 중국보다 높은 평가받은 한국의 신용등급

정치, 경제, 문화, 군사 등 모든 분야를 종합적으로 따져서 특정 국가의 안정성, 신뢰성을 평가한 것이 국가신용도이다. 한국은 1997년 말 외환위기로 국제통화기금IMF 구제금융을 받으면서 신뢰 위기를 겪기도 했지만 아픈 경험을 지닌 만큼 위기 대응능력은 오히려 더 탄탄해졌다고 할 수 있다.

한국의 외환보유액은 4,000억 달러를 웃돈다. 중국, 일본, 스위

외환위기 전후 한국 국가신용도

출처: 기획재정부

스, 사우디아라비아, 러시아, 대만, 홍콩에 이어 세계 8위다. 북한의 위협 속에서도 무역거래에서 쌓아온 신용과 대규모 외환보유액 덕분에 한국은 피치, 스탠더드앤드푸어스S&P, 무디스 등 세계 3대 신용평가회사로부터 최고 수준의 국가신용등급을 부여받고 있다.

한국은 S&P에서 AA등급, 무디스에서 Aa2 등급을 받았는데 이는 양쪽 모두 3번째로 높은 등급에 해당한다. 미국, 독일, 스위스 등에는 뒤지지만 영국, 프랑스, 쿠웨이트와는 동급이다. 대만에 비해서는 1등급이 높고 세계 최대 외환보유국인 중국이나 일본에 비해서는 2등급씩이 높다. 피치는 AA-로 한국에 4번째 높은 등급을 부여하고 있는데 여기서도 한국은 중국보다 1등급, 일본보다는 2등급 높은 평가를 받고 있다.

한국 신용등급은 외환위기 당시 S&P 기준으로 B+, 무디스 기준으로 Ba1까지 추락했지만 그 후 다른 나라에서는 유례를 찾아보기 힘들 정도로 빠르게 회복됐다. 국가신용도는 국제 금융시장에서 달러를 조달할 때 이자비용을 결정하고 무역거래, 건설공사 수주 등에도 영향을 미친다는 점에서 일본, 중국보다 높은 국가신용도는 한국인들이 만들어낸 중요한 자산이라 할 만하다.

G20에 오른 한국, G8 진입도 노릴 만하다

2008년 미국의 투자은행 리먼브러더스 파산으로 글로벌 금융위기가 불어닥치자 미국은 워싱턴에서 주요 20개국G20 정상회의를 열었다. 그동안 세계경제 질서를 주도해 왔던 G7만으로는 세계 무역·금융문제를 해결하기 어렵게 되자 새로이 경제강국으로 부상한 나라들을 포함시켜 위기에 대한 해법을 모색하고 나선 것이다.

G20 국가는 국내총생산GDP, 국제교역량 등 경제규모를 고려해 선정했고 한국도 당연히 포함됐다. 특히 한국은 2010년 제5차 G20 정상회의를 서울에서 개최했다. 미국에서 1차와 3차 회의가 열렸으니 한국은 미국, 영국, 캐나다에 이어 G20 정상회의를 네 번째로 개최한 나라다. 한국에서 G20 정상회의를 개최하기로 했을 때 이명박 당시 대통령은 다른 나라 대표들로부터 "유 아 어 빅맨You are a big man"이라는 인사말을 들었다는데 글로벌 무대에서 한국이 얼마나 영향력 있는 나라인지를 잘 보여주는 장면이라 할 만하다.

한국의 경제성장률이 둔화되고 있어 걱정이지만 한국의 앞날을 밝게 보는 분석도 꾸준히 나오고 있다. 가장 가난한 나라에서 세계

역대 G20 정상회의

의장국	회담장소	회담날짜
사우디아라비아	리야드(온라인진행)	2020.11
일본	오사카	2019.6
아르헨티나	부에노스아이레스	2018.11
독일	함부르크	2017.7
중국	항저우	2016.9
터키	안탈리아	2015.11
호주	브리즈번	2014.11
러시아	상트페테르부르크	2013.9
멕시코	로스카보스	2012.6
프랑스	칸	2011.11
한국	**서울**	**2010.11**
캐나다	토론토	2010.6
미국	피츠버그	2009.9
영국	런던	2009.4
미국	워싱턴	2008.11

적인 경제강국으로 탈바꿈한 한국의 저력을 높이 평가하고 있기 때문이라고 볼 수 있다. 영국 경제경영연구소CEBR는 2017년 말 보고서에서 한국 경제가 2032년 세계 8위에 오를 것이라고 내다봤다. 중국, 미국, 인도, 일본, 독일, 브라질, 영국에 이은 경제강국이 된다는 전망이다. 이 보고서는 통일한국을 가정하고 분석한 것이 아니어서 남북통일이 이뤄진다면 한국의 위상은 더 높아질 수도 있

다. 한강의 기적을 이룬 투지와 집념에 창의성을 곁들인다면 한국
의 도약은 앞으로도 계속될 일이다.

원조받던 나라에서 원조하는 나라로

한국전쟁 직후 유엔이 구호와 재건을 위해 창설한 한국재건단
UNKRA에 파견된 인도 대표는 "한국에서 경제 재건을 기대하는 것은
쓰레기통에서 장미꽃이 피기를 기다리는 것과 같다"고 말한 것으로
전해진다. 한국이 1953년부터 1961년까지 미국 등으로부터 받은
원조액만 23억 달러에 이른다. 한국의 1962년 수출이 5,000만 달러
정도였으니 얼마나 큰 원조를 받았는지 짐작해볼 수 있다.

그러던 한국이 1980년대 중반부터 무역수지 흑자를 바탕으로 다
른 나라에 원조를 제공하기 시작했다. 1987년 대외경제협력기금
EDCF을 설치했고 1991년에는 한국국제협력단KOICA을 설립해 공적개
발원조를 늘려가고 있다. 유엔개발계획UNDP은 2009년 말 한국에 원
조를 해주던 창구인 UNDP 한국사무소를 46년 만에 철수했고 그
대신 한국이 UNDP에 신탁기금을 출연하고 개발도상국을 지원하
는 'UNDP 서울정책센터'를 설립했다. 2010년에는 경제협력개발기
구OECD 산하에 원조를 해주는 선진국 클럽인 개발원조위원회DAC에
도 가입했다. 공적개발원조ODA 금액이 1억 달러를 웃돌거나 국내총
소득GNI 대비 ODA 비율이 0.3%를 넘는 나라만 심사를 거쳐 가입
할 수 있는 부자클럽이다.

이로써 한국은 원조 수혜국에서 원조 공여국으로 전환한 최초의

DAC 회원국 ODA 순지출 규모

단위: 100만 달러

순위	국가	규모
1	미국	34,261
2	독일	24,985
3	영국	19,403
4	일본	14,167
5	프랑스	12,155
6	스웨덴	5,844
7	네덜란드	5,616
8	이탈리아	5,005
9	캐나다	4,655
10	노르웨이	4,257
11	호주	3,119
12	스위스	3,094
13	스페인	2,874
14	덴마크	2,582
15	한국	2,351
16	벨기에	2,294
17	오스트리아	1,178
18	핀란드	983

*나라 앞 숫자는 순위, 2018년 기준

출처: OECD-DAC COA 통계 DB

나라이자 유일한 나라가 됐다. 한때 선진국들 사이에서는 원조 무용론이 커져갔다. 개발도상국에 원조를 해줘도 비효율과 부패 탓에 효과를 거두기 힘들다는 생각 때문에 원조에도 소극적으로 바뀌는 분위기가 번졌다. 이런 때에 한국이 보란 듯이 원조 공여국으로 전환하면서 개발도상국에는 희망을 주고 선진국에는 도움의 손길을 계속 내밀도록 하는 자극제가 되고 있다.

50여 개국과 FTA 체결하며 자유무역을 선도하다

"수출로 외화를 벌어 부지런히 상환하지 못하면 국제통화기금IMF 구제금융 만기가 도래할 때 한국은 진짜 부도날 것이다" 1998년 1월 1일자 〈매일경제신문〉 1면 머리기사에 담긴 내용이다. '수출로 달러를 벌어야 한다'는 사실은 외환위기를 겪으면서 다시 한번 분명해졌다. 이때 IMF가 일본, 칠레, 싱가포르, 뉴질랜드 등을 거론하며 자유무역협정FTA을 제안했고 1998년 3월 통상교섭본부가 출범했다. 그해 말부터 시작된 칠레와의 첫 FTA협상은 4년 3개월 만에 어렵사리 타결됐고 국회 비준도 험난했다. 포도 농가와 어민들의 강력한 반대 속에 국회는 비준동의안 처리를 본회의에서만 3번 실패한 끝에 거의 1년 만에야 간신히 통과시켰다.

칠레와의 첫 FTA가 2004년 일단 발효되자 자유무역이 서로에게 도움이라는 사실은 곧바로 증명됐다. FTA 체결 전 9.6%이던 칠레에 대한 수출증가율이 FTA 발효 후 1년차에는 58%, 2년차에는 53%로 껑충 뛰었다.

한국은 국내총생산GDP 대비 수출비중이 네덜란드, 독일에 이어 세계에서 세 번째로 높은 나라다. 그만큼 넓은 수출시장과 안정적인 원자재 수입시장이 필요하다. FTA가 경제영토를 넓히는 강력한

한국 FTA 현황

발효 국가 ■ 서명·타결 국가 ■ 협상 중 국가

출처: 산업통상자원부 홈페이지

수단이라는 사실을 확인한 한국은 2020년 말까지 17개 협상을 통
해 56개국과 FTA를 발효시켰다. 2014년 말에는 한·중 FTA를 타
결해 미국, 유럽연합EU, 중국 등 세계 3대 경제권과 모두 FTA를 성
사시키며 칠레, 페루에 이어 세계적으로 자유무역협정을 가장 빨리
확대해나가는 나라가 됐다.

최근에는 이른바 '메가 FTA'가 부상하고 있다. 일본 등 11개국이
참여한 포괄적·점진적환태평양경제동반자협정CPTPP이 2018년 말
발효됐고 한국·중국·아세안 등 16개국이 참여하는 역내포괄적경
제동반자협정RCEP도 2020년 11월 협상이 타결됐다. 한국이 자유무
역을 선도하면서 경제영토를 넓히는 무대로 삼아야 한다.

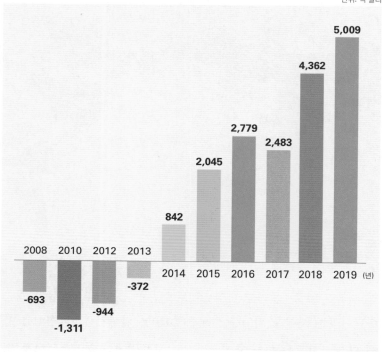

한국 순대외금융자산

단위: 억 달러

- 2008: -693
- 2010: -1,311
- 2012: -944
- 2013: -372
- 2014: 842
- 2015: 2,045
- 2016: 2,779
- 2017: 2,483
- 2018: 4,362
- 2019: 5,009 (년)

* 순대외자산=대외자산－대외부채

출처: 한국은행

2014년부터 순채권국, 외국에 보유한 금융자산 눈덩이

무역수지가 2009년 이후 줄곧 흑자 행진을 지속하면서 한국의 곳간도 탄탄해지고 있다. 2014년에는 순채권국가로 전환했다. 한국인이 외국에 보유한 주식·채권·대출 등의 금융자산이 국내에서 외국인들이 보유하고 있는 금융자산보다 많아졌다는 뜻이다. 1997년 말 외환위기 때에는 637억 달러의 순채무를 감당하지 못해 온 국민이 금모으기 운동까지 펼쳤는데 이제는 빚쟁이가 아니라 채권자로 당당히 자리매김한 것이다.

한국인들이 2019년 말 외국에 보유한 금융자산은 1조 7,000억 달러에 육박했다. 2019년 말 우리나라 순대외금융자산은 5,000억 달러를 넘어서면서 사상 최대 기록 행진을 하고 있다. 경상수지 흑자가 지속되는 데다 미국 등지의 주식시장 상승으로 국내 거주자들의 해외투자 규모가 늘어난 영향이다. 해외투자 금액이 많아진 만큼 국제 금융시장이 요동칠 때 한국 금융회사들이 겪게 되는 이익이나 손실도 커지게 됐다. 다만 언제든 현금으로 바꿔서 가져올 수 있는 해외 자산이 많아졌으니 경제위기에 대응할 능력도 그만큼 커졌다고 할 수 있다. 무역수지 흑자로 국내 은행에 외화예금이 늘어나면서 금융권 차입구조도 크게 개선됐다. 국내 은행들의 외화차입이 줄었고 한때 외환위기를 촉발했던 단기 외화차입금 비중도 눈에 띄게 낮아졌다.

일본은 2017년 말 대외순자산이 약 2조 9,000억 달러에 이른다. 세계 최대 순채권국 자리를 27년째 지키고 있다. 일본은 국내총생산GDP의 240%에 이르는 국가 부채를 짊어지고 있는 세계 최대 빚덩이 국가이다. 그런데도 엔화가 국제 금융시장에서 안전자산으로 취급받는 밑천은 바로 해외에 보유한 자산 덕분이다. 일본에 이어서는 독일, 중국이 가장 많은 대외순자산을 보유하고 있다.

2020년 국가 브랜드 가치 상위 10개국

단위: 달러

		가치
1	미국	23조 7,380억
2	중국	18조 7,640억
3	일본	4조 2,610억
4	독일	3조 8,130억
5	영국	3조 3,150억
6	프랑스	2조 6,990억
7	인도	2조 280억
8	캐나다	1조 9,000억
9	이탈리아	1조 7,760억
10	한국	1조 6,950억

*나라 앞 숫자는 순위

출처: 영국 브랜드 파이낸스

한국 브랜드가치 10위, 명품국가로 자리 잡다

한류 열풍이 세계로 번져가고 삼성이 글로벌기업 '톱5' 경쟁을 벌이는 가운데 한국의 국가브랜드 가치도 빠르게 상승하고 있다. 삼성, LG, 현대자동차의 스마트폰, TV, 자동차가 지구촌의 명품 브랜드로 자리 잡았다면 이제는 한국도 명품국가 반열에 올라서고 있다.

영국 브랜드 컨설팅 업체인 브랜드파이낸스의 2020년 평가에서 한국은 브랜드가치 1조 6,950억 달러로 세계 10위에 올랐다. 이 평가에서 국가 브랜드 가치는 미국, 중국, 일본, 독일, 영국, 프랑스가 최상위권을 유지하고 있다. 한국은 2013년만 해도 16위로 평가받았으나 그사이 호주, 러시아, 네덜란드, 스위스, 멕시코를 제치며 순위가 빠르게 상승했다.

국가 브랜드 가치는 일반적으로 그 국가에 대한 인지도, 호감도, 신뢰도 등을 표시하는데 단순히 이미지를 나타내는 데 그치지 않고 중요한 자산으로 인식된다. 외국인 관광객을 불러들이고 투자를 유치하고 수출품 가치를 높이는 일에서부터 정치적 동맹을 맺는 영역까지 국가의 전반적인 활동에 영향을 미칠 수 있기 때문이다.

다만 국가 브랜드 가치는 측정하는 기관마다 평가 항목과 방식이 다르고 결과도 매우 다르게 나타난다. 독일의 안홀트 국가브랜드 지수는 2017년 세계 50개국의 브랜드 가치를 평가했는데 한국은 이 조사에서 상위 10개국에 포함되지 못했고 독일이 1위를 차지했다. 아직까지 국가 브랜드 가치에 대해 절대적인 기준이 확립됐다고 보기는 어렵지만 지금처럼 '메이드 인 코리아' 상품들이 선전하고 한류 열풍이 이어진다면 세계무대에서 한국인이라는 긍지와 자부심은 갈수록 커질 것이다.

한국전쟁을 딛고 이룬
힘과 평화

한반도는 미국, 중국, 러시아, 일본 등 세계적인 강대국에 둘러싸여 있을 뿐 아니라 남북으로도 분단돼 있다. 동서남북 어디에도 만만한 상대는 없다. 이들의 틈바구니에서 줄타기 외교를 해야 할 운명이지만 그렇다고 한국이 그들에게 만만한 상대는 아니다. 지구촌으로 눈을 넓혀보면 한국은 군사력, 경제력 등 어느 기준에서 보더라도 강국이다. 세계 곳곳에 평화유지군을 파견해 지구촌 분쟁해결에 힘을 보태고 있는 나라이기도 하다.

한국 군사력 세계 6위

한국은 종합적인 군사력 비교에서 일본에 이어 세계 6위에 올라있다. 미국 'GFP Global Firepower'는 세계 각국의 군사력을 비교해 순위를 정하는데 2021년 평가에서 한국은 2020년에 이어 6위를 유지했다. 한국과 일본의 군사력 순위는 엎치락뒤치락하고 있다. 2015년까지는 한국이 7~9위로 평가받으며 일본에 앞서 있다가 2016년부터는 일본에 뒤쳐지기 시작했다. 2018년에 일본을 제치고 7위로 올

세계 군사력 순위

순위	2015년	2016년	2018년	2020년	2021년
1	미국	미국	미국	미국	미국
2	러시아	러시아	러시아	러시아	러시아
3	중국	중국	중국	중국	중국
4	인도	인도	인도	인도	인도
5	영국	프랑스	프랑스	일본	일본
6	프랑스	영국	영국	🇰🇷 한국	🇰🇷 한국
7	🇰🇷 한국	일본	🇰🇷 한국	프랑스	프랑스
8	독일	터키	일본	영국	영국
9	일본	독일	터키	이집트	브라질
10	터키	이탈리아	독일	브라질	파키스탄
11	이스라엘	🇰🇷 한국	이탈리아	터키	터키

출처: GFP(Global Firepower)

라서면서 다시 우위를 차지하는가 했지만 2020년부터는 일본 다음
으로 세계 6위를 지키고 있다. 일본이 부상하는 중국을 견제한다는
명분으로 군사력 강화에 나섰기 때문이라고 볼 수 있다.

이 평가에서 미국, 러시아, 중국, 인도는 변함없이 군사력 순위
1~4위를 유지하고 있다. UN 안전보장이사회에서 거부권을 행사
하는 5개 상임이사국에 포함되는 프랑스와 영국은 한국에 이어 7위
와 8위에 올라 있다. 한국의 군사력이 초강대국에 맞먹을 정도로 매
우 강력한 수준이라는 것을 의미한다.

GFP는 핵무기처럼 사실상 사용하기 어려운 비대칭전력은 제외

하고 인구, 병사 수, 가용인력, 경제력, 국방비 등 55개 이상의 지표를 이용해 순위를 정한다. 군사력은 숫자만으로 단순하게 비교하기 힘들고 지정학적 요소도 감안해야 하기 때문에 이 평가가 실제 전력과는 차이가 있을 수 있다. 그럼에도 북한이 28위인 것까지 감안하면 어떤 나라도 남북한을 가볍게 볼 수는 없다. 행여 이 지역에서 무력을 사용하려 한다면 화약고에 불을 지르는 것처럼 그들 자신도 치명상을 각오해야 할 일이다.

한국 군 병력은 7위, 국방비 지출은 8위

한국의 군사력은 우선 징병제에 의해 뒷받침되고 있는 군인 숫자에서 위력을 드러낸다. GFP의 2021년 평가에서 한국 군 병력은 60만 명으로 세계 7위에 올라 있다. 중국이 218만 명으로 가장 많은 군대를 거느리고 있고 인도, 미국이 그 뒤를 잇고 있다. 북한은 130만 명을 보유해 2020년부터 러시아를 제치고 세계 4위 군 병력 보유국가에 이름을 올려놓고 있다. 한국보다 많은 군인을 보유한 6개 나라 중 인도, 파키스탄을 제외한 4개국이 한반도 주변에 있다 보니 한국은 세계적인 군대를 보유하고 있으면서도 병력을 자랑하기 힘든 처지다. 일본의 군 병력은 25만 명으로 세계 23위에 올라있다.

군인 숫자와 더불어 군사력을 좌우하는 것은 돈이다. 한국의 국방비 지출은 GFP 평가에서 2017년 10위였으나 2021년에는 8위로 올라섰다. 미국의 군사비는 중국보다 4배 이상 많은 것으로 추산될 정도로 압도적이다. 독일, 영국, 일본도 군사비 지출에서는 한국보

2021년 군병력 순위

단위: 만 명

출처: GFP(Global Firepower)

2021년 국방비 지출 상위 국가

단위: 억 달러

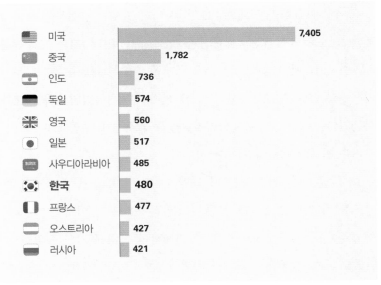

출처: GFP

다 앞서고 있다. 사우디아라비아는 중동지역에서 군비 경쟁이 진행 중이던 2017년 국내총생산의 10.3%에 이르는 694억 달러를 군사비로 지출하며 미국과 중국에 이어 3위에 오르기도 했다. 사우디아라비아는 2021년에도 485억 달러를 책정해 한국보다 많은 군사비를 지출하는 것으로 추산됐다. 북한의 2021년 군사비는 35억 달러로 세계 순위가 전년도 74위에서 59위로 껑충 뛰어올랐다. 북한의 국내총생산 대비 군사비 비중은 세계 최고 수준으로 알려져 있지만 한국의 군사비 480억 달러와 비교하면 북한 군사비는 10% 수준에도 미치지 못한다는 평가를 받고 있다.

세계 무기시장 큰손으로 통하는 한국

국제정세에 따라 세계 무기 수입시장의 판도는 변화무쌍하게 바뀐다. 인도는 스톡홀름국제평화연구소SIPRI 분석에 따르면 2017년까지 5년 동안 세계에서 가장 많은 무기를 수입한 나라다. 전체 무기 거래량의 12%를 사들였고 그 뒤를 이어 사우디아라비아가 10%를 사들였다. 이집트, 아랍에미리트UAE, 중국 등 5대 수입국이 사들인 무기는 전체 거래량의 35%에 이른다.

그에 앞서 2012년까지 5년 동안의 수입국 판도는 매우 다르다. 인도를 비롯해 중국, 파키스탄, 한국, 싱가포르 등 아시아 5개국이 가장 많은 무기를 사들였다. 이들 5개국이 전체 무기의 32%를 사들였고 이때 한국은 무기 거래량의 5%를 사들인 세계 4위 큰손이었다. 그 당시 아시아로 향하던 무기가 근래에는 중동으로 실려가

세계 무기수입 상위 5개국

단위: %

2008~2012년		2013~2017년	
인도	12	인도	12
중국	6	사우디	10
파키스탄	5	이집트	4.5
한국	5	UAE	4.4
싱가포르	4	중국	4

* 숫자는 무기수입시장에서 점유비중

출처: 스톡홀름국제평화연구소

2017년 세계 무기수입 상위 국가

단위: 10억 달러

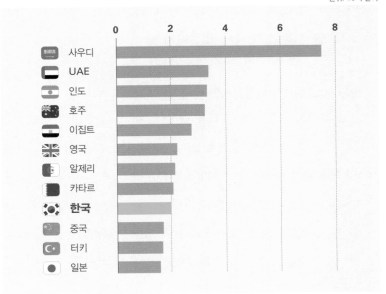

출처: IHS Markit, 파이낸셜타임스

고 있음을 알 수 있다.

무기 수입시장과 달리 수출시장에서는 국가순위에 변동이 거의 없다. 미국과 러시아는 세계 무기의 절반 이상을 꾸준히 공급하고 있다. 미국은 2017년까지 5년 동안 세계 무기 수출의 34%를 차지했고 러시아는 22%를 차지했다. 그 뒤를 이어 프랑스, 독일, 중국까지 순위 변동이 별로 없는데 이들 5개국이 전체 무기 수출의 74%를 담당하고 있다. 한국의 무기 수출은 15위권을 맴돌고 있다.

미국과 러시아가 수출하는 시장은 2017년까지 5년을 놓고 볼 때 확연히 구분된다. 미국은 세계 98개국에 무기를 팔면서 그중 49%를 중동에 수출했다. 사우디아라비아, UAE가 1~2위 수입국이고 한국은 호주에 이어 미국산 무기를 4번째로 많이 사들인 나라다. 이에 비해 러시아산 무기는 인도, 중국, 베트남이 주로 사들였고 중국산 무기는 파키스탄, 알제리, 방글라데시가 주로 구매했다.

세계 100대 무기 생산업체에 한국기업 4개

세계 방위산업은 록히드마틴, 보잉, 레이시온 등 미국 회사들이 주도하고 있다. 스톡홀름국제평화연구소SIPRI가 꼽은 2017년 세계 100대 방산업체 중에서 미국 기업은 42곳에 이르고 이들의 매출액은 100대 기업 전체의 57%를 차지했다. 러시아 기업은 알마즈안테이 등 10개가 포함돼 있다. SIPRI는 통계를 신뢰하기 어렵다며 중국 방산업체들을 포함시키지 않았는데 영국의 싱크탱크인 국제전략문제연구소IISS는 중국 기업 8개가 세계 30대 방산업체에 들어갈

세계 방산업체

순위		업체	국가
2016년	2017년		
1	1	록히드마틴	미국
2	2	보잉	미국
3	3	레이시온	미국
4	4	BAE시스템	미국
5	5	노스럽그러먼	미국
6	6	제너럴 다이내믹스	미국
7	7	에어버스	유럽연합
9	8	탈레스	프랑스
8	9	레오나르도	이탈리아
13	10	알마즈안테이	러시아
40	49	한화테크윈	한국
56	60	LIG넥스원	한국
72	85	대우조선해양	한국
50	98	한국항공우주산업	한국

출처: 스톡홀름국제평화연구소

것이라고 분석했다.

세계 100대 방산업체에 포함된 한국 기업은 2017년 기준으로 한화테크윈(49위), LIG넥스원(60위), 대우조선해양(85위), 한국항공우주산업(98위) 등 4곳이다. 2015년에는 LIG넥스원(52위), 한국항공우주산업(54위), 한화테크윈(65위), 대우조선해양(67위), 한화(71위), 풍산방산기술연구원(96위), 한화탈레스(100위) 등 7개 기업이 포함돼 있었는데 기업 숫자와 순위가 후퇴했다.

방위산업 비리수사 등으로 주춤하고 있지만 한국의 방위산업은 1970년대 소총과 탄약, 1980년대 장갑차와 유도탄, 1990년대 자주포와 전투함을 거쳐 2000년대에는 고등훈련기, 기동헬기, 잠수함, 이지스급 구축함 등으로 수출하는 무기도 고도화되고 있다. 그중에서도 K-9 자주포와 T-50 고등훈련기는 세계수준의 경쟁력을 갖춘 수출품이다. K-9 자주포는 2001년 터키 수출을 시작으로 폴란드, 핀란드, 에스토니아, 인도, 노르웨이 등에 수출하며 세계 자주포 시장의 절반을 장악했다. 한국항공우주산업KAI은 기본훈련기 KT-1(웅비)을 인도네시아, 터키, 페루, 세네갈 등에 수출한 데 이어 록히드마틴과 공동 개발한 초음속 고등훈련기 T-50을 인도네시아, 이라크, 필리핀, 태국 등지에 수출했다.

스텔스 전투기 아시아에서 3번째 실전배치

한국 공군은 이제 북한 영공을 마음대로 드나들 수 있는 능력을 확보했다. 태극마크를 단 스텔스 전투기 F-35A가 2019년부터 실전배치되기 시작했다. 북한은 평양 인근에 세계에서 가장 촘촘한 방공망을 구축해 놓고 있지만 1980년대 이전의 장비와 기술을 이용한 옛날식 시스템에 불과하다. 1990년 걸프전에서 이라크 방공망은 미국 공군에 속수무책으로 뚫렸는데 그와 같은 전력 변화가 한반도에서 이뤄지고 있다.

한국은 7조 4,000억 원을 투입해 2014년 록히드마틴이 제작

미국과 중국의 스텔스기 비교

	록히드마틴 F-35	청두 J-20
날개길이 (양쪽 끝 사이)	10.7m	12.88m
높이	4.33m	4.45m
무게	13,300kg	17,000kg

출처: 미·중 방산업계 취합

한 F-35A 스텔스 전투기 40대를 2021년까지 도입하기로 결정했다. 2017년 말부터는 미국으로 전투기 조종사들을 파견해 비행훈련을 받아왔으며 마침내 2019년 3월부터 실전 배치하기 시작했다. 아시아에서는 중국·일본에 이어 세 번째 스텔스 전투기 보유국이다. F-35A 스텔스 전투기는 최대속도가 음속의 1.8배이며 항속거리 2,200km로 미사일, 정밀유도폭탄 등을 8톤 이상 장착할 수 있다.

일본은 F-35A를 아오모리현 항공자위대 기지에 2018년 2월 처음으로 실전 배치했다. 일본은 F-35A를 42대 도입하기로 했는데 최대 100대까지 도입량을 늘릴 것이라는 관측도 나온다. 중국도 2018

년 초 자체 제작한 스텔스기 젠(J)-20을 산둥반도 등에 실전 배치했다고 밝혔다. 러시아도 5세대 신형 스텔스기 Su(수호이)-57을 개발 중이어서 동북아시아에 스텔스기 경쟁이 본격화되고 있다.

연안 해군에서 대양 해군으로 변신하다

우리 해군을 상징하는 함정은 2007년 취역한 독도함으로 1만 4,000톤급이다. 중국과 일본이 2005년 진수식 때 경輕항공모함 아니냐는 의혹을 제기했던 대형 상륙함이다. 길이 199m, 폭 31m에 이르니 그런 말이 나올 법도 하지만 전투기가 이착륙할 수 없는 한계를 안고 있다. 대신 대대급 병력과 헬기를 싣고 상륙작전을 수행할 수 있다. 해군은 대형 상륙함에 '동서남북 최외곽 섬 이름'을 붙이고 있는데 독도함에 이어 마라도함도 2018년 5월 진수식을 가졌다. 2020년 해군에 인도된 마라도함의 배수량, 길이, 폭, 최대 속력은 독도함과 같지만 기능은 진화했다. 비행갑판 강도를 높여 수직 이착륙기 2대가 작전을 수행할 수 있다.

해군 함정은 작전 용도에 따라 항공모함, 순양함, 구축함으로 나뉜다. 순양함은 1만 5,000톤급 내외로 대양을 누비며 공격을 목적으로 하고, 구축함은 함대 방어를 목적으로 하는 함선이다. 한국 해군은 아직 항공모함, 순양함을 보유하지 않았지만 한국형 3단계 구축함KDX 사업을 거쳐 대형 상륙함을 보유하면서 대양해군으로 발전해왔다.

1990년대 한국형 구축함 1단계 사업에서는 광개토대왕함, 을지

문덕함, 양만춘함 등 3,000톤급 3척이 탄생했다. 2000년대 들어 구축함 2단계 사업으로 4,000톤급 충무공이순신함 등 6척이 만들어졌다. 한국형 구축함 3단계 사업으로는 2007년 이지스 전투체계를 탑재한 7,000톤급 세종대왕함이 진수했는데 외국에서는 구축함이 아니라 순양함이라는 평가도 내놓고 있다. 우리 해군이 구축함에 고구려 영웅들의 이름부터 붙이기 시작한 것은 우리 역사상 가장 큰 영토를 가졌던 고구려의 기상을 이어받아 대양해군으로 뻗어나가자는 의지를 표현한 것이다.

한국 해군은 광개토대왕함으로 국산 구축함 시대를 열었던 1998년부터 10년 주기로 국제관함식을 열고 있다. 한국이 세계 다섯 번째 이지스함 건조국으로 자리 잡은 2008년에는 부산에서 국제관함식이 열렸다. 2018년에는 미국 항공모함, 러시아 순양함 등 해외 12개국 함정 17척과 한국 함정 22척이 모인 가운데 제주에서 국제관함식을 가졌다.

세계 5번째 잠수함 수출, 최고의 선박건조기술

한국은 영국, 프랑스, 독일, 러시아에 이어 세계 5번째 잠수함 수출국이다. 해군이 처음 잠수함 도입에 나선 것은 1987년으로 독일 HDW사와 1,200톤급 잠수함 구매계약을 체결했다. 그 결과 독일에서 건조된 잠수함 1척이 1992년 해군에 인도됐고 대우조선해양이 HDW의 기술협력을 받아 1,200톤급 잠수함 8척을 2001년까지 생산했다. 그 후 독일 기업의 기술협력을 받으며 1,800톤급 잠수함

9척을 2018년까지 차례로 건조했다.

2008년부터는 자주국방과 미래사업 확보를 위해 잠수함 독자 개발도 추진했다. 2011년 인도네시아 잠수함 수주경쟁에서 대우조선해양은 기술전수회사였던 독일 HDW와 맞붙어 승리했다. 이때 수주한 1,400톤급 잠수함 3척 중 첫 번째 잠수함을 2017년 인도네시아에 넘겨줬는데 한국이 잠수함 도입에 나선 지 30년 만에 이룬 놀라운 성과다.

한국은 나아가 3,000톤급 잠수함 독자 개발에 나섰고 그 첫 번째인 도산안창호함 진수식을 2018년 가졌다. 바다에 띄워보는 진수식에 이어 2021년 실전 배치하면 한국은 13번째로 잠수함을 독자 개발한 나라가 된다. 그사이 잠수함 국산화율은 1,200톤급 33%, 1,800톤급 36%에서 3,000톤급은 76%로 높아졌다. 잠수함이 3,000톤급을 넘어서면 탄도미사일SLBM을 발사할 수 있다는 점에서 전략무기로서 의미가 커진다.

한국 해군은 2015년 잠수함사령부를 창설했지만 아직 잠수함은 18척으로 북한 해군의 잠수함 70여 척에 비해 수적으로 밀린다. 다만 북한은 로미오급(1,800톤급) 20여 척, 상어급(325톤급) 40여 척, 연어급(130톤) 10여 척 등으로 숫자는 많아도 우리 잠수함에 비해 성능은 떨어진다. 일본은 배수량 4,000톤의 오야시오급 9척과 4,200톤인 소류급 9척 등 18척을 갖추고 있어 한국과 숫자는 비슷해도 잠수함 전력은 앞서 있다.

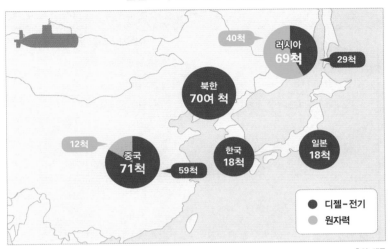

한반도 주변국 잠수함 현황

40척

러시아
69척

29척

북한
70여 척

12척

중국
71척

59척

한국
18척

일본
18척

● 디젤-전기
● 원자력

*2018년 9월 기준

출처: 해군

한국형 로켓 2021년 우주로 날아오른다

달이나 화성에 먼저 국기를 꽂으려는 경쟁은 끝났지만 인공위성을 우주로 쏘아 올리는 로켓은 새로운 우주 비즈니스를 활짝 열고 있다. 한국이 우주연구개발에 뛰어든 것은 1989년 KAIST에 인공위성연구센터를 설립하면서부터로 그 역사가 30년에 불과하다. 그럼에도 이미 세계 5위권 인공위성 제작 기술을 보유하고 가격 경쟁력도 확보했다. 1992년 국내 최초 인공위성 '우리별 1호'가 발사됐고 1999년에는 국내에서 설계부터 제작까지 모든 과정을 담당한 우리별 3호를 만들어 독자적인 인공위성 개발국으로 자리 잡았다.

다만 인공위성을 우주로 쏘아 올리는 발사체, 즉 로켓분야에서는

한국형 발사체 사업(2010~2022) 주요 일정

날짜	일정
2010년	사업 시작
2015년	7톤급 액체 엔진 개발
2018년 11월	1단 시험발사체 발사
2021년 10월(예정)	3단 본발사체 발사

한국형 발사체 누리호 제원

탑재 중량	1.5톤(중형차 한 대 무게)
총 중량	200톤
총 길이	47.2m
최대 직경	3.5m
발사 시기	2021년 10월

3단
7톤급 액체엔진 1기

2단
75톤급 액체엔진 1기

1단
75톤급 액체엔진 4기 묶음

출처: 과학기술정보통신부

아직 넘어야 할 산이 남아 있다. 한국형 발사체 '누리호'는 2018년 시험발사에 성공했고 이제 2021년 본발사를 앞두고 있다. 한국형 로켓 개발은 1990년부터 시작됐다. 1단형 고체추진 로켓 KSR-1이 1993년 발사됐고 2단형 로켓 발사가 1997년 성공했다. 고체추진 로

켓에 비해 정확한 제어가 가능하고 원할 때 엔진을 끌 수도 있는 액체추진로켓 KSR-3은 2002년 발사에 성공했다. 이때까지는 탑재물을 우주로 올릴 능력이 없는 소형 과학로켓이었다.

인공위성을 쏘아 올릴 수 있는 첫 발사체 '나로호'는 2002년부터 러시아와 함께 개발하기 시작했다. 100kg의 소형 위성을 저궤도에 올려놓는 나로호 발사는 두 차례 실패를 거쳐 2013년 1월 성공했다. 발사체의 핵심인 1단 로켓을 러시아가 개발하고 한국은 위성을 저궤도에 내려놓는 2단 로켓을 개발한 탓에 '반쪽의 성공'이었다.

이제 2021년 누리호가 본발사에 성공하면 1.5톤에 이르는 상용 위성을 600~800km 지구 저궤도에 올려놓게 된다. 이 경우 한국은 1톤급 탑재물을 독자 발사장에서 자체 제작 로켓에 실어 우주로 보내는 7번째 나라가 된다. 미국, 러시아, 중국, 일본, 프랑스, 인도에 이은 쾌거다. 아직 미국, 일본의 로켓에 비하면 갈 길이 멀지만 세계 중소형 인공위성 발사 시장에서 한국도 비즈니스를 펼칠 수 있게 된다.

과학기술이 바로 힘, 핵보다 무서운 AI 무기가 온다

킬러로봇, 폭격드론 등 새로운 무기의 시대가 도래하고 있다. 니콜라스 마두로 베네수엘라 대통령은 2018년 드론을 이용한 테러공격을 받았다. 당시 마두로 대통령은 암살을 피했으나 공중에서 드론이 폭발해 군인 7명이 중경상을 입었다.

기관총을 쏘는 인공지능AI 보병, 무인 잠수함 등 과학기술 발달로 새로운 무기들이 속속 등장하고 있는데 이런 무기들 앞에서는 항공모함조차 무력해질 수 있다. 드론 1만 개가 폭탄 100~500kg씩을 싣고 동시에 공격한다면 항공모함도 감당하기 어렵다. 정보통신망과 소프트웨어를 교란해 상대방의 최첨단 전략 무기를 무력화시킬 수도 있기 때문에 AI의 위험성은 더욱 커진다.

세계 과학기술계 유명 인사 1,000여 명은 2015년 "킬러로봇 개발이 화약과 핵무기 발명에 이어 '제3의 전쟁혁명'을 일으킬 것"이라고 경고했다. 유엔에서도 킬러로봇의 군사적 이용을 금지하려는 논의가 진행되고 있다. 그러나 역사적으로 석궁, 기관총, 잠수함 등이 등장할 때에도 윤리적 논란은 있었지만 결국 현대적 무기로 정착된 전례가 있다. 그와 마찬가지로 AI 무기에 대한 효과적인 금지방안은 나오지 않고 있는 가운데 2018년 외국의 저명 로봇학자 50여 명이 한국과학기술원KAIST과 한화시스템의 AI 무기 연구를 비판하는 공개서한을 발표했다. 이들은 "KAIST가 AI를 기반으로 지능형 물체추적-인식기술 등을 개발하고 있는데 이것이 결국 킬러 로봇이 될 것"이라며 KAIST와의 공동 연구 보이콧을 선언했고 KAIST 총장이 직접 나서 "킬러 로봇 개발 의사가 없다"고 해명해야 했다. 한국의 기술력은 이미 그 정도로 세계의 주목과 견제를 받는 수준이다.

유엔 평화유지군 등으로 28개국 평화에 기여하다

한국은 경제적으로 원조를 받는 나라에서 원조를 주는 나라로 전환했다. 마찬가지로 군사적으로도 유엔군의 도움을 받던 나라에서 이제는 유엔군에 참가해 평화를 지켜주는 나라가 됐다.

한국은 1991년 유엔에 가입한 이후 1993년 처음으로 소말리아에 상록수부대를 유엔 평화유지군PKO으로 파견했다. 한국전쟁 때 미군 3만 6,940명을 비롯해 유엔 16개국의 4만여 명이 목숨을 바쳐 한국의 자유민주주의를 지켰는데 이제 그 보답을 하게 된 것이다.

소말리아 외에도 서부사하라에 국군 의료지원단, 앙골라에 공병부대, 동티모르에 상록수부대, 아이티에 단비부대를 파견하는 등 그동안 28개국에 5만 2,700여 명을 파병했다. 2007년 레바논에 파병한 동명부대와 2013년 남수단에 파병한 한빛부대는 지금도 유엔 평화유지군으로 활동 중이다. 소말리아 아덴만에서는 청해부대가

국군 해외파병 사례

UAE 아크부대

필리핀 아라우부대

동티모르 상록수부대

아이티 단비부대

레바논 동명부대

앙골라 공병부대

소말리아 해역 청해부대

아프가니스탄 해성부대, 청마부대, 동의부대, 다산부대, 오쉬노부대

서부사하라 국군의료지원단

남수단 한빛부대

소말리아 상록수부대

이라크 서희부대, 제마부대, 자이툰부대, 다이만부대청해부대

출처: 합동참모본부 홈페이지

동맹국 요청에 따라 다국적군으로 활동 중이다.

유엔 평화유지군이나 다국적군 참여, 국방교류 등을 위해 국군 장병은 지금도 12개국에 1,100명 정도가 나가 있다. 이들은 분쟁지역에 대한 감시활동 외에도 의료지원, 사회재건활동 등으로 외교사절단 역할을 톡톡히 해내고 있다. 아랍에미리트UAE 아부다비에 2011년부터 국방교류협력 차원에서 파병돼 있는 아크부대는 드라마 〈태양의 후예〉 모델로서 한류를 전파하는 소재가 되기도 했다.

세계로 간 한국인,
한국으로 온 세계인

한국이 서양에 거의 알려지지 않았던 1882년 미국인 윌리엄 엘리어트 그리피스는 《은둔의 나라 코리아》라는 한국 역사책을 펴냈다. 또 고종의 부탁을 받은 미국인 퍼시벌 로웰은 1885년 《조선, 고요한 아침의 나라》라는 한국 소개 책자를 출간했다. 그때에는 은둔과 고요라는 이미지로 세계인들에게 소개됐지만 지금 한국은 그런 이미지와 거리가 멀다. 세계에서 가장 역동적이고 중심적인 나라로 지구촌 주목을 받고 있다.

한국, 국제회의를 두 번째로 많이 개최하는 나라

한국은 싱가포르와 더불어 세계에서 국제회의를 가장 많이 개최하는 나라다. 국제협회연합UIA이 2019년 지구촌에서 열린 국제회의 1만여 건을 분석해 봤더니 한국이 1,113건을 개최해 2년 연속으로 개최국 2위에 올랐다. 새로운 국제회의 3건이 매일 한국에서 막을 올렸다는 뜻이다.

도널드 트럼프 미국 대통령과 김정은 북한 국무위원장의 첫 정상

2019년 국제회의를 가장 많이 개최한 나라

순위	국가	2019년	2018년	2017년
1	싱가포르	1,205	1,238	877
2	**한국**	**1,113**	**890**	**1,297**
3	벨기에	1,094	857	810
4	미국	750	616	575
5	일본	719	597	523
6	프랑스	665	465	422
7	스페인	531	456	440
8	영국	418	333	307
9	독일	418	305	374
10	오스트리아	417	488	591

출처: 국제협회연합(UIA)

회담 장소로 주목받았던 싱가포르가 1위를 차지하고 있지만 한국은 2017년까지 2년 연속 1위 자리를 보유하기도 했다. 그만큼 교통, 숙박, 회의시설이 잘 갖춰져 있고 국제회의 기획이나 운영 능력도 뛰어나다는 사실을 의미한다. 미국과 중국 사이에 자리 잡은 지정학적 요소도 국제회의나 행사를 개최하기에 유리한 환경이라고 할 수 있다. 다만 2020년 코로나19 팬데믹이 불어닥치면서 대규모 국제회의나 행사가 위축되고 있으니 매우 안타까운 일이다.

한국은 국제회의 개최에서 2000년까지만 해도 아시아 4위 세계 24위에 머물러 있었다. 서울올림픽으로 자신감을 얻은 한국이 2000

년 아시아·유럽 정상회의ASEM를 개최하면서 놀라운 변화가 나타났다. 서울에 ASEM 컨벤션센터를 개관하고 2001년에는 인천국제공항 문을 열면서 MICE(회의·관광·전시·이벤트)산업이 비약적으로 도약하기 시작했다. 이어 2002한일월드컵, 2010년 G20 정상회의, 2012년 핵 안보 정상회의, 2018평창동계올림픽 등 세계적인 이벤트를 개최하고 부산·대구 등지에도 잇달아 국제 컨벤션센터를 개설하면서 한국은 지구촌 이벤트와 회의를 주도하는 나라가 됐다. 미국 일본에서 열리는 국제회의는 이제 한국에서 열리는 국제회의의 절반도 안 된다.

서울은 '세계 최고의 국제회의 도시'

한국에서 개최되는 국제회의 절반은 서울에서 열린다. 서울은 2019년 국제회의 609건을 개최해 싱가포르와 벨기에 브뤼셀에 이어 국제회의를 가장 많이 개최한 도시 3위에 올랐다. 2015년부터 5년 연속으로 3위 자리를 지키고 있다.

유럽연합EU 본부라는 후광 덕분에 유럽 제1의 국제회의 도시로 자리매김한 브뤼셀이 2위 자리를 지키고 있다. 국제협회연합은 국제기구가 주최 또는 후원하고 참가자 50명 이상인 회의를 국제회의로 분류하고 있다. 또 국내 단체가 개최한 회의라도 해외 참가자가 40% 이상이고 참가국이 5개국 이상인 회의를 국제회의로 분류하고 있다.

서울은 미주·유럽 지역의 대표 비즈니스 여행 전문지 〈비즈니

2019년 국제회의 많이 개최한 도시

순위	국가	2019년	2018년	2017년
1	싱가포르	1,205	1,238	877
2	브뤼셀	963	734	763
3	**서울**	**609**	**439**	**688**
4	파리	405	260	268
5	비엔나	325	404	515
6	도쿄	305	325	269
7	방콕	293	121	232
8	런던	217	186	166
9	마드리드	215	201	159
10	리스본	204	146	135

출처: 국제협회연합(UIA)

스 트래블러Business Traveler〉가 시상하는 '2020 세계 최고의 국제회의 도시'에도 올랐다. 미주지역 최대 관광 전문 잡지인 〈글로벌 트래블러Global Traveler〉가 선정한 '2020년 최고의 마이스MICE 도시'에도 아부다비와 싱가포르를 제치고 6년 연속으로 선정됐다.

국제회의를 많이 개최한 도시에 부산, 제주, 인천, 대구 등도 이름을 올려놓고 있다. 국제회의 개최지가 지방으로 확산되면서 자연스럽게 한국을 오고가는 외국인들의 체류기간이 길어지고 일정도 다양해지고 있다. 그만큼 한국이 세계인들에게 더 구석구석 친숙해질 수 있는 셈이다.

60개 국제기구 한국에 사무실 열다

한국은 이제 국제회의를 개최하는 곳일 뿐 아니라 국제기구가 사무국이나 사무실을 개설하는 곳이기도 하다. 한국에 설치된 국제기구는 1999년 5개에 불과했으나 지금은 60개로 늘어났다.

2000년 이전 국내에 설치된 국제기구는 부산 유엔군 묘지를 관리하기 위해 만들어진 유엔기념공원UNMCK 등 제한적인 기능을 가진 곳들이었다. 유일한 예외는 1997년 서울대학교 내에 세워진 국제백신연구소IVI 본부로 이곳의 직원 수는 140명에 이른다.

한국에 설치되는 국제기구의 종류와 규모는 2000년대 들어 한국의 경제적 위상이 높아지고 한류가 세계로 퍼져나가면서 크게 달라졌다. 2007년부터 반기문 유엔 사무총장을 비롯한 한국인들이 국제기구에서 활발하게 활동한 점도 이런 변화를 가속화시켰다.

2012년에는 개발도상국들의 기후변화 적응을 돕기 위한 국제금융기구인 녹색기후기금GCF을 한국으로 유치하는 데 성공했고, 한국 주도로 글로벌녹색성장연구소GGGI를 출범시켰다. 2018년에는 개발도상국의 산림파괴, 동아시아지역 사막화에 대응하기 위해 한국이 제안하고 주도한 국제기구 아시아산림협력기구AFoCO도 국내에서 공식 출범했다.

이들 국제기구 외에는 대부분 본부 사무국이 아니라 유엔 산하기구 또는 한국사무소가 국내에 설치돼 있다. 사무실 형식이나 규모가 어떠하든 국제기구가 국내에 많아지면 세계를 무대로 활약하고 싶어 하는 젊은이들에게 좋은 기회를 줄 수 있다는 점에서 반가운

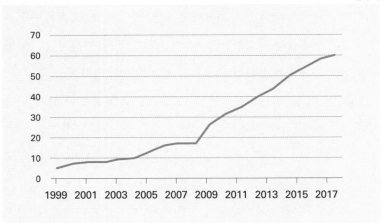

한국 내 국제기구 숫자 변화

단위: 개

출처: 외교부

일이다. 원조를 받던 나라에서 원조를 주는 나라로 탈바꿈한 한국은 선진국과 개발도상국 사이에서 할 수 있는 역할도 다양할 수밖에 없다.

비자 없이 세계로 여행하는 한국 여권 파워 3위

한국인은 비자 없이 세계에서 3번째로 자유롭게 지구촌을 여행할 수 있다. 이른바 여권 파워 세계 3위다. 코로나19 충격으로 2020년부터 세계 여행이 크게 어려워졌다. 대부분의 나라가 방역을 위한 봉쇄에 들어갔지만 여권 파워는 이런 방역변수를 제외하고 각국의 비자정책만을 기준으로 얼마나 자유롭게 여행을 할 수 있는지 평가한 결과이다.

2021 세계 여권 파워

순위	국가	무비자 여행 국가·지역
1	일본	191
2	싱가포르	190
3	**독일, 한국**	**189**
4	핀란드, 이탈리아, 룩셈부르크, 스페인	188
5	오스트리아, 덴마크	187
6	프랑스, 아일랜드, 네덜란드, 포르투갈, 스웨덴	186

출처: 헨리앤드파트너스 홈페이지, 2021년 1분기 헨리여권지수

　해외거주 · 국적취득 컨설팅을 하는 영국의 헨리앤드파트너스는 '헨리여권지수'를 발표하고 있는데 2021년 1분기에 한국은 독일과 함께 3위에 올랐다. 이 지수는 국가뿐 아니라 자치지역 극소국 등 227개 여행가능지역을 평가 대상으로 삼고 있다. 한국과 독일 여권을 지닌 사람은 189개 국가 · 지역을 자유롭게 여행할 수 있는 것으로 조사됐다.

　일본인은 191개 국가 · 지역을 비자 없이 여행할 수 있어 여권 파워 1위에 올랐고 싱가포르가 2위였다. 미국과 영국은 185개 지역을 비자 없이 입국할 수 있어 공동 7위에 올랐다. 북한은 비자 없이 여행할 수 있는 국가 · 지역이 39곳에 불과해 여권 파워 103위로 최하위권에 포함됐다. 여권 파워가 가장 약한 국가는 아프가니스탄으로, 아프가니스탄 여권 소지자가 비자 없이 방문할 수 있는 국가 · 지역이 26개국뿐이다. 중국의 여권 파워도 70위에 그치며 중국인들은 87개 국가 · 지역을 비자 없이 입국할 수 있다.

인천공항 국제여객 수, 파리 샤를드골공항보다 많은 5위

한국의 최대 관문 인천국제공항은 국제선 여객 수 기준으로 2018년 세계 톱5 공항으로 올라섰다. 아랍에미리트 두바이공항, 런던 히스로공항, 홍콩국제공항, 네덜란드 암스테르담공항에 이어 국제선 여객을 가장 많이 운송하는 공항이다. 인천국제공항을 이용한 국제선 여객은 2018년 6,767만여 명으로 전년도에 비해 10.5% 늘어났다. 인천국제공항이 2017년 국제여객운송 7위에서 파리 샤를드골공항이나 싱가포르 창이공항을 제치고 5위로 뛰어오른 것이다. 인천공항의 2018년 국제화물 처리 실적은 295만여 톤으로 홍콩공항, 상하이 푸둥공항에 이어 세계 3위로 꼽힌다.

인천공항 국제선 여객 수가 이처럼 증가한 요인으로는 저비용항공사LCC를 이용한 해외여행 증가, 국제 노선 확대, 평창동계올림픽 개최 등이 꼽힌다. 2001년 개장한 인천국제공항은 2017년 말 188개 노선을 운영하고 있으며 지역별 여객은 동남아시아 28.2% 일본 19.8% 중국 17.9% 유럽 8.7% 순이다. 아랍에미레이트 두바이공항 254개 노선, 터키 이스탄불공항 290개 노선과 비교하면 앞으로 항공노선을 확장할 여지가 크다.

국제선과 국내선 여객 수를 합치면 미국과 중국의 공항이 두각을 나타낸다. 미국 애틀랜타 국제공항은 세계에서 가장 붐비는 공항으로 2017년 여행객 1억 400만 명이 이용했다. 베이징 서우두국제공항은 9,600만 명으로 2위이며 두바이공항 3위, 로스앤젤레스공항 4위, 도쿄공항 5위, 시카고오헤어공항 6위, 홍콩공항 8위, 상하이 푸

국제여객 수 '톱10' 공항

순위	공항
1	두바이
2	런던 히스로
3	홍콩 첵랍콕
4	암스테르담
5	인천
6	파리 샤를드골
7	싱가포르 창이
8	프랑크푸르트
9	방콕 수완나품
10	이스탄불 아타튀르크

출처: 인천국제공항공사

등공항 9위 순이다. 이 부문에서 인천국제공항은 19위에 해당한다.

세계로 떠나는 한국인 30년 동안 30배 증가

한국은 중국 미국 등에 이어 세계에서 7번째로 해외 여행비용을 많이 지출하는 나라다. 여행수지는 2000년부터 18년 연속 적자다. 세계여행 열풍을 과소비로 볼 것인지, 삶의 질을 높이는 바람직한 현상으로 볼 것인지는 관점에 따라 다르지만 적어도 30년 전에는 한국인에게 해외여행은 특권이었다. 그 당시에는 외화유출을 막고 공산주의에 포섭되는 것을 막는다며 공무 등 확실한 사유가 있을 때에만 단수 여권을 발급했다.

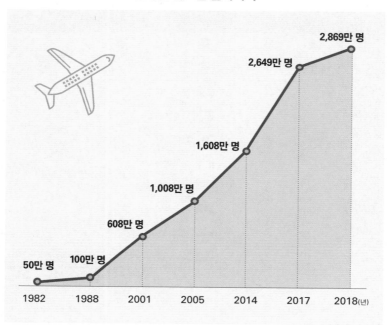

한국인 연도별 출국자 수

2,869만 명

2,649만 명

1,608만 명

1,008만 명

608만 명

50만 명   100만 명

1982   1988   2001   2005   2014   2017   2018(년)

출처: 한국관광공사

1988년 서울올림픽과 1986년 아시안게임을 유치한 뒤 대외개방이 불가피해지자 1983년부터 관광여권을 50세 이상 국민에게 제한적으로 발급하기 시작했고 1989년에야 비로소 해외여행 전면 자유화가 이뤄졌다. 한국인 출국자 숫자도 그에 따라 1982년 50만 명 수준에서 1988년 100만 명을 넘어섰고 해외여행 자유화 첫해인 1989년에는 152만 명에 이르렀다. 그 후 한국인 출국자가 2005년에는 1,000만 명을 넘어서고 2016년에는 2,000만 명을 돌파했으며 2018

년 3,000만 명에 근접했으니 격세지감이다.

총인구 대비 출국인 비율이 2017년 50%를 넘어서자 한국이 해외여행 세계 1위라는 말이 나돌기도 했지만 근거 없는 낭설이다. 중국인 출국자가 1억 5,000만 명이지만 전체 인구에 비해선 11.5%에 불과하고 일본인 출국자도 1,800만 명으로 인구 대비 14%에 그친다는 사실을 강조하다가 와전된 얘기일 뿐이다. 세계은행이 105개 국의 출국자 숫자를 비교한 자료를 보면 2016년 한국의 인구 대비 출국자 비율은 43.6%로 세계 46위다. 육지로 국경을 맞댄 유럽연합EU 회원국에선 자동차나 기차로도 쉽게 출국할 수 있어 평균적으로 전체 인구의 82% 정도가 외국에 다녀온다고 하니 단순히 출국자 숫자만으로 해외여행 열기를 비교하기는 힘들다.

일본보다 3.5배 많은 해외봉사단원 내보낸다

한국은 해외봉사활동 부문에서도 세계 여러 나라의 모범이 되고 있다. 한국은 2017년 '월드프렌즈 코리아' 봉사단원 4,153명을 세계 각지로 내보냈다. 미국 평화봉사단 7,376명에 비해서는 적지만 일본국제협력단JICA이 보낸 1,171명에 비하면 3.5배 이상 많은 숫자다. 기존에 파견돼 있던 월드프렌즈 코리아 해외봉사단까지 포함하면 컴퓨터·자동차정비·농업·요리·한국어교육 등 33개 직종에서 봉사활동을 벌이는 전체 인원은 5,259명에 이른다.

한국 정부는 2013년 한국국제협력단KOICA 해외봉사단, 교육부의 대학생봉사단, 미래창조과학부의 IT청년봉사단 등 5개 부처에 나눠

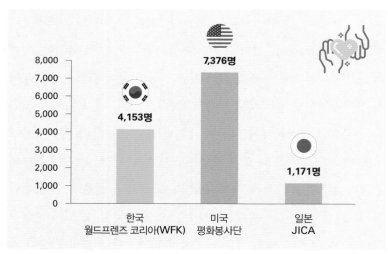

2017년 해외봉사단원 신규 파견

한국
월드프렌즈 코리아(WFK) : 4,153명
미국
평화봉사단 : 7,376명
일본
JICA : 1,171명

출처: 한국국제협력단(KOICA)

어 있던 해외봉사단을 '월드프렌즈 코리아'란 이름으로 통합했다. 미국은 1961년 존 F. 케네디 대통령 주도로 '평화봉사단Peace Corps' 을 창설한 뒤 지금까지 23만 명을 세계 각지에 보내 가난을 해소하고 재해를 극복하는 데 힘을 보태왔다. 이 평화봉사단은 한국에도 1965년부터 찾아왔고 1981년까지 미국 젊은이 2,000여 명이 농촌과 산간벽지에서 영어교육, 공중보건, 직업훈련을 위해 땀을 흘렸다. 이런 도움을 받은 한국이 이제 미국과 어깨를 나란히 하는 해외봉사단 파견국이 됐으니 뿌듯한 일이다.

일본국제협력단은 1965년부터 해외봉사단을 파견했고 한국은 1990년부터 이 대열에 합류했지만 2017년까지 파견한 누적 인원은 한국이 6만 4,726명으로 일본 4만 4,143명을 크게 추월한 상태다. 다만 해외 봉사에 대한 청년들의 열의가 식고 있는 사실은 안타깝다. 해외여행이 자유롭지 않고 비용도 상대적으로 비쌌던 1990년대까지는 젊은이들의 지원이 많았지만 사상 최악의 취업난에 짓눌린 요즘은 그 열기가 주춤하다. 그 대신 해외 봉사에서 노후의 보람과 행복을 찾는 이들이 빠르게 늘어나 2017년 KOICA 해외봉사단원 중 50대 이상이 30.5%를 차지하고 있다.

세계로 번져가는 한국어 배우기 열풍

한국인들이 세계로 뻗어나가고 한류 열풍이 확산되면서 한국어도 글로벌 언어로 부상하고 있다. 세계 유명 관광지에서 한국어 인사말을 듣는 일이 많아졌고 K팝 스타들이 해외공연할 때에는 한글 노랫말을 따라 부르는 외국인 모습을 흔하게 볼 수 있게 됐다.

미국현대언어협회가 2018년 조사한 결과를 보면 미국 대학에서 2009~2016년 중국어(-11%), 독일어(-16%), 일본어(-5%) 등 대다수 외국어의 수강자가 줄었지만 그 기간에 한국어는 유일하게 수강자가 65% 늘어났다. 영국 BBC방송도 "2013~2016년 미국 대학에서 외국어를 배우는 학생 수가 전반적으로 줄었으나 한국어만 14% 증가했다"고 보도했다. 미국 대학에서 2016년 한국어 수강자는 1만 4,000명이다. 이는 스페인어·프랑스어·독일어·이탈리아어·중국어·아랍어·라틴어·러시아어에 이어 외국어 수강자로는 9번째로 많다.

성경 번역을 위해 다양한 언어를 연구하는 기독교 언어학 봉사단체 국제SIL에 따르면 지구상 언어는 7,097개에 이른다. 그중 한국어 사용인구는 13번째로 많다. 중국어 사용인구가 13억 명으로 가장 많고 그다음으로 스페인어, 영어, 아랍어, 힌디어(인도), 벵골어(방글라데시), 포르투갈어, 러시아어, 일본어, 란다어(파키스탄), 자바어(인도네시아), 터키어 순이다. 한국어 사용인구는 7,720만 명으로 프랑스어, 독일어보다 많다.

사용인구와 별도로 한국어는 세계 10대 실용언어로 대접받고 있다. 지구촌 곳곳에서 한글 배우기 열풍도 거세다. 2007년 문을 열기 시작한 한글학교 세종학당은 57개국 174곳으로 늘어났고 미국이나 유럽 대학에서 한국학과나 한국어 강좌가 속속 개설되고 있는 것만 봐도 알 수 있는 일이다.

한국으로 유학 오는 학생 4년 만에 2배가량 늘었다

한국인의 해외유학 붐은 주춤해지고 있지만 한국과 한국어를 배우려는 외국인 유학생과 연수생은 크게 늘어나고 있다. 한류 열풍과 함께 한국 대학들의 유학생 유치 경쟁이 만들어낸 현상이다. 한국기업의 해외진출이 확대되고 있는 점도 외국인 유학생을 증가하게 만드는 요인이다. 베트남에는 한국기업 6,000여 개가 진출해 있고 이들 기업에 취직하면 좀 더 나은 월급을 받게 된다. 그러자 한국에 유학 오는 베트남 학생이 2012년 3,200명에서 2017년에는 2만 7,500명으로 8.5배 늘어났다.

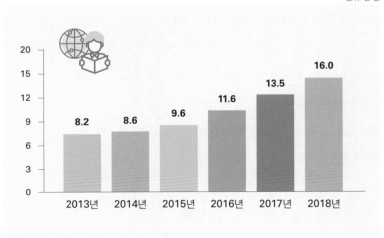

외국인 유학생 숫자

단위: 만 명

20
15
12
9
6
3
0

8.2   8.6   9.6   11.6   13.5   16.0

2013년 2014년 2015년 2016년 2017년 2018년

출처: 법무부

통계청이 체류기간 91일 이상인 입국자와 출국자를 집계한 '2017년 국제인구이동' 통계를 보면 한국에 입국한 외국인은 45만 3,000명으로 2016년에 비해 5만 명 증가했다. 여기서 출국자를 제외한 순유입 외국인 인구도 10만 4,000명으로 2016년보다 2만 4,000명 늘어났다.

한국에 91일 이상 체류하는 외국인 입국자는 20대 연령층이 15만 4,000명으로 가장 많았다. 유학생과 연수생이 5만 8,000명으로 통계 작성 이래 최고치를 기록했는데 그중 한국어를 배우러온 연수생이 3만 명으로 학위를 취득하러온 유학생 2만 8,000명보다 많은 사실이 특징적이다.

한국에 체류 중인 외국인 유학생은 2014년 8만 6,000명에서 2018년에는 16만여 명으로 4년 만에 2배가량 증가했다. 유네스코가 대학·대학원생 기준으로 집계한 2016년 해외 유학생 통계를 보면 미국에 공부하러 간 세계 각국 출신의 유학생 숫자가 97만 명으로 단연 압도적이다. 그 뒤로 영국(43만 명) 호주(33만 명), 프랑스(24만 명) 순이고 한국은 18위에 머물렀지만 한국으로 공부하러 오는 외국인 유학생은 빠르게 늘어나고 있다.

한국인이 되고 싶어 하는 외국인들

2018년에는 예멘인 500여 명이 무비자제도를 이용해 제주도에 들어온 뒤 한꺼번에 난민으로 신청하는 일이 있었다. 내전을 피해 머나먼 한국 땅까지 찾아온 것인데 한국에 난민 신청한 외국인은 예멘인 외에도 2만여 명에 이른다. 세계인들에게 널리 알려진 한국의 위상을 보여주는 일이기도 하다.

한국인들이 세계무대로 뻗어나가면서 국적을 상실하는 사례도 연간 2만~3만 건에 이르지만 2018년 한국 국적을 취득한 귀화인도 1만 1,556명에 이른다. 창원김씨, 영등포김씨, 태국태씨 등 2000년부터 2015년 사이 한국에 새로 등장한 성씨 또는 본관이 3만 2,565개에 이르는데 이 중 상당수는 한국 국적을 취득한 귀화인들이 만든 것들이다. 법무부 통계에 따르면 2008년부터 10년 동안 한국 국적을 취득한 귀화인은 13만 3,206명이고 이들 귀화인들은 자신들이 거주하던 서울 영등포, 구로 등의 지명을 이용해 성씨 또는 본관을

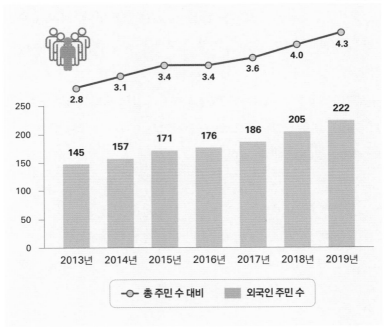

외국인 주민 수 증가

단위: 만 명, %

2.8 3.1 3.4 3.4 3.6 4.0 4.3

| | 2013년 | 2014년 | 2015년 | 2016년 | 2017년 | 2018년 | 2019년 |

145 157 171 176 186 205 222

─○─ 총 주민 수 대비   ▬ 외국인 주민 수

출처: 통계청

만드는 사례가 많다. 구로김씨, 영등포김씨가 각각 100명을 웃도는
이유다.

　우리나라에 3개월 이상 거주하고 있는 외국인 주민은 2019년 말
약 222만 명으로 한국에 살고 있는 전체 인구 중 4.3%를 차지했다.
경제협력개발기구는 외국인과 이민 2세, 귀화자 등 '이주배경인구'
가 총인구의 5%를 넘으면 다문화·다인종 국가로 분류하는데 다문
화 사회에 바짝 다가서고 있다.

외국인 주민 수를 17개 시 · 도 인구와 비교하면 대구보다는 적고 충청남도 219만 명보다는 많은 8번째에 해당한다. 외국인 주민들의 국적은 중국이 43%로 가장 많고 베트남 11%, 태국 10%, 미국 4.4% 순이다.

총인구 대비 외국인 주민 비율을 시 · 도별로 보면 충남 5.8%, 경기 5.4%, 제주 5.2% 순으로 이들 지역은 이미 다문화 · 다인종 지역에 진입했다고 볼 수 있다.

세계시장 누비는
'메이드 인 코리아'

한국의 수출은 2018년 처음으로 6,000억 달러를 돌파했다. 삼성, LG, 현대차 등 한국 기업이 만든 스마트폰 TV 자동차를 어느 나라에 가서든 쉽게 찾아볼 수 있는 시대다. 세계 주요 공항이나 길거리에는 한국브랜드 광고판이 자리를 잡은 지 오래고 할리우드영화에도 한국 제품이 심심찮게 등장한다. 현대자동차 EF쏘나타는 2004년 첩보영화 〈본 슈프리머시〉에 이어 2005년 〈우주전쟁〉, 2008년 〈하트로커〉에도 연달아 모습을 드러냈다. 이처럼 세계시장을 누비는 한국 브랜드는 한국인의 중요한 자산이자 자랑거리다.

'메이드 인 코리아' 브랜드 21위, 삼성은 5위

세계 소비자들이 '메이드 인 코리아'라는 라벨에서 느끼는 만족도와 삼성, 현대차, LG라는 브랜드에서 느끼는 만족도는 제법 차이가 있다.

세계 통계전문포털 'statista.com'이 52개국 소비자 4만여 명에게 물어 'Made-in 라벨 2017 순위'를 만들었다. 이 평가에서 '메이드

세계 'Made in' 라벨 지수 2017 순위

	순위	국가	지수
	1	독일	100
	2	스위스	98
	3	유럽연합	92
	4	영국	91
	5	스웨덴	90
	6	캐나다	85
	7	이탈리아	84
	8	일본	81
	9	프랑스	81
	10	미국	81
	20	스페인	64
	21	한국	56
	22	싱가포르	56
	27	대만	46
	34	태국	40
	37	멕시코	37
	49	중국	28

출처: 통계전문포털 'statista.com'

2020 베스트 글로벌 브랜드 순위

단위: 억 달러

순위	기업	가치
1	애플	3,230
2	아마존	2,007
3	마이크로소프트	1,660
4	구글	1,654
5	삼성전자	623
6	코카콜라	569
7	도요타	516
8	메르세데스벤츠	493
9	맥도널드	428
10	디즈니	408
36	현대차	143
86	기아차	58

출처: 인터브랜드

인 독일'이 가장 높은 평가를 받았고 '메이드 인 코리아'는 주요 50
개 비교 대상국 중 21위에 그쳤다. 스위스 유럽연합 영국이 2~4위
였고 일본은 8위, 미국은 10위, 스페인이 20위였다. 오랜 제조업 전
통을 지닌 유럽국가들이 주로 높은 평가를 받고 싱가포르(22위), 대

만(27위), 태국(34위), 중국(49위) 등 아시아 신흥국들은 상대적으로 낮은 평가를 받았다.

이에 비해 삼성을 비롯한 기업 브랜드를 비교하면 사정이 다르다. 미국 브랜드 컨설팅 그룹인 인터브랜드가 꼽은 '2020년 베스트 글로벌 브랜드 100'에서 삼성전자는 5위에 올랐다. 애플, 아마존, 마이크로소프트, 구글 등 미국 기업 4개를 제외하면 미국 이외의 기업으로는 삼성전자의 브랜드 가치가 가장 높은 것으로 평가됐다. 삼성전자 다음으로 코카콜라, 도요타, 메르세데스벤츠, 맥도널드, 디즈니 등이 톱10에 들었고 현대차는 36위, 기아차는 86위에 올랐다.

영국 브랜드 평가회사 '브랜드파이낸스'가 발표한 '2019년 세계 500대 브랜드'를 보면 삼성그룹의 브랜드가치는 912억 달러로 아마존, 애플, 구글, 마이크로소프트에 이어 5위다. 현대차그룹은 79위, LG그룹은 91위로 평가됐다. 이 밖에 SK(158위), SK하이닉스(215위), 한국전력(302위), CJ(444위), 두산(465위), 신한금융(474위), 롯데(479위), KB금융(496위)이 세계 500대 브랜드에 이름을 올려놓고 있다.

반도체 석유제품 자동차가 이끄는 수출

50여 년에 이르는 산업화 과정에서 한국의 주요 수출품목은 놀라울 정도로 탈바꿈했다. 반도체는 1992년부터 한국의 최대 수출품으로 떠올라 2018년에는 전체 수출의 21%를 차지했다. 반도체 연간 수출액은 2018년 1,267억 달러에 이르렀는데 세계 무역사에서

세계 수출시장 점유율 1위 품목 수

국가	2016년		2018년	
	순위	품목 수	순위	품목 수
중국	1	1,695	1	1,735
독일	2	675	2	685
미국	3	576	3	511
이탈리아	4	207	4	215
일본	5	179	5	162
네덜란드	7	140	6	148
인도	6	148	7	140
프랑스	8	99	8	110
벨기에	9	84	9	99
스페인	11	73	10	89
한국	12	71	13	63

출처: UN Comtrade

도 특정제품 수출이 연간 1,000억 달러를 넘어선 사례는 그리 흔치 않다. 독일 자동차(2004년), 일본 자동차(2007년), 중국 컴퓨터(2008년), 중국 유무선통신기기(2010년), 미국 항공기(2013년)에 이어 한국 반도체가 여섯 번째로 이룬 쾌거라고 한다. 반도체에 이어서는 석유제품, 자동차, 평판 디스플레이, 합성수지 등이 주요 수출품목으로 올라 있다.

1980년대에는 의류가 최대 수출품목이었다. 한국의 의류 수출액은 1980년 27억 달러로 전체 수출의 16%를 차지했다. 그 당시에는 철강판, 신발, 선박, 음향기기, 고무제품이 주력 수출품목이었고 1960년대에는 철광석, 중석, 생사, 무연탄, 오징어, 활선어, 흑연이 주요 수출품목이었다. 산업화에 나선 지 50여 년 만에 한국 기업과 근로자들이 이룬 변화가 어지러울 정도다.

한국이 수출시장에서 1위를 지키고 있는 품목은 63개다. 한국무역협회 국제무역연구원이 발표한 '수출시장 1위 품목으로 본 우리 수출의 경쟁력'을 보면 한국의 수출 1위 품목 수는 세계 13위에 해당한다. 중국이 1,735개로 2005년부터 압도적 1위를 달리고 있으며 독일, 미국, 이탈리아, 일본, 네덜란드가 그 뒤를 잇고 있다. 한국의 1위 품목은 화학제품과 철강이 절반 이상이다.

산업의 쌀 반도체 23% 점유한 삼성전자와 SK하이닉스

4차 산업혁명 시대를 맞아 '산업의 쌀'로 불리는 반도체 시장이 빠르게 팽창하고 있다. 2021년 세계 반도체 시장규모는 4,694억 달러로 2020년에 비해 8.4% 성장할 것으로 전망된다.

이런 시장에서 삼성전자는 2018년 반도체 매출 759억 달러로 점유율 15.9%를 기록하며 글로벌 반도체 1위 자리를 차지했다. 미국 인텔이 1992년 이후 25년 동안 반도체 1위였으나 2017년 삼성전자가 그 아성을 깨고 1위로 올라섰다. 2019년에는 인텔에 다시 1위 자리를 내줬으나 삼성전자는 메모리뿐 아니라 시스템반도체에도 공격적인 투자를 계속하고 있다.

SK하이닉스도 매출 225억 달러와 시장점유율 5.4%로 반도체 3

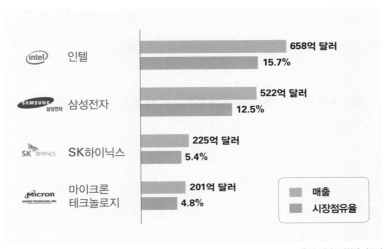

2019년 반도체 회사 순위

인텔
658억 달러
15.7%

삼성전자
522억 달러
12.5%

SK하이닉스
225억 달러
5.4%

마이크론
테크놀로지
201억 달러
4.8%

■ 매출
■ 시장점유율

출처: 시장조사업체 가트너

위에 올라 있다. 삼성전자와 SK하이닉스 두 회사의 시장점유율은 17.9%로 반도체 코리아라는 명성을 세계에 각인시키고 있다. 메모리 반도체 시장에서 한국 기업들의 지배력은 그야말로 독보적이다. 2018년 D램 시장에서 삼성전자의 점유율은 43.4%였고 SK하이닉스도 29.1%에 이르러 두 회사의 합산 점유율이 72.5%에 달했다. 낸드플래시 시장에서도 삼성전자는 40.8%, SK하이닉스는 11.3%를 점유해 두 회사의 합산 점유율이 52.1%에 이르렀다.

인공지능AI 자율주행차 등으로 반도체 사용량이 크게 늘어나면서 2018년 3분기 삼성전자의 영업이익률은 26.9%에 달했다. 제조업체 가운데 이런 영업이익률을 기록한 사례는 미국 스마트폰 업체

애플 외에는 찾아보기 힘들다. 돌이켜보면 이병철 삼성그룹 창업자가 1983년 반도체산업 진출을 천명한 '2.8 도쿄선언'은 그 후 수십 년 동안 한국을 먹여 살리는 위대한 결단이 됐다.

세계 1위 삼성 스마트폰 연간 3억 대씩 세계로

스마트폰 시장을 새롭게 구성한 것은 2007년 아이폰을 선보인 애플이지만 스마트폰 시장을 본격적으로 확대한 것은 삼성전자다. 삼성은 1988년 휴대폰 사업을 시작한 이후 2011년 3분기부터 애플을 제치고 스마트폰 세계 1위로 올라섰다. 2012년에는 그때까지 난공불락으로 여겨지던 노키아를 넘어서며 전체 휴대폰 시장 1위로 등극했다.

2012년에 삼성전자가 판매한 스마트폰은 전년도에 비해 129% 증가한 2억 1,580만대에 달했고 스마트폰 시장점유율은 40%에 이르렀다. 전체 휴대폰 판매량은 4억 700만 대로 휴대폰시장 점유율은 23.7%였다.

세계 스마트폰 시장규모는 2013년 10억 대에서 2017년 15억 대까지 급팽창하다가 2018년 변곡점을 맞았다. 스마트폰 출하량이 14억 2,970만 대로 2017년에 비해 5% 감소했고 화웨이를 비롯한 중국 스마트폰 회사들이 무섭게 약진했다. 화웨이, 오포, 비보 등 중국 스마트폰 합산 점유율은 30%를 넘어서 중국이 한국을 제치고 세계 1위 스마트폰 제조국가로 올라섰다.

삼성전자는 이런 시장변화 속에서도 2019년 스마트폰 약 3억 대

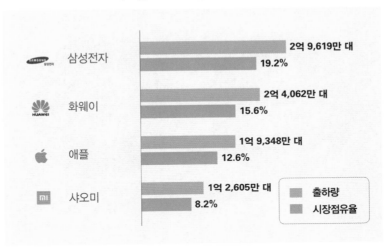

스마트폰 2019년 출하량과 점유율

삼성전자 · 2억 9,619만 대 · 19.2%

화웨이 · 2억 4,062만 대 · 15.6%

애플 · 1억 9,348만 대 · 12.6%

샤오미 · 1억 2,605만 대 · 8.2%

■ 출하량
■ 시장점유율

출처: 시장조사업체 가트너

를 판매하며 점유율 19.2%로 1위 자리를 지켰다. 중국 화웨이는 2018년 스마트폰 판매량 2억 대를 넘어서면서 근소한 차이로 3위를 차지한 데 이어 2019년에는 애플을 제치고 2위로 올라섰다. 그러나 미국이 집중적인 견제에 나서자 2020년부터 화웨이 판매량은 급속히 줄어들고 있다. 삼성전자는 유럽과 남미시장에서 강세를 보이고 애플은 북미시장에서 점유율 38%에 이르는 절대 강세를 보였으며 중국 스마트폰은 아시아시장에서 강세를 보이고 있다.

세계 TV시장, 삼성과 LG가 절반을 장악하다
삼성, LG가 스마트폰에 앞서 소니, 파나소닉 등 일본 제품을 누

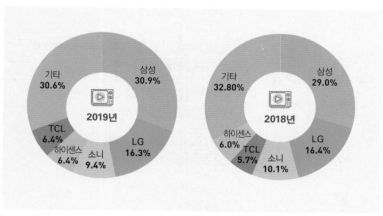

글로벌 TV 시장 점유율

2019년: 기타 30.6%, 삼성 30.9%, LG 16.3%, 소니 9.4%, 하이센스 6.4%, TCL 6.4%

2018년: 기타 32.80%, 삼성 29.0%, LG 16.4%, 소니 10.1%, TCL 5.7%, 하이센스 6.0%

* 판매금액 기준

출처: IHS마킷

르고 세계 소비자들에게 한국 브랜드를 각인시킨 분야는 TV다. 삼성전자는 2006년 이후 세계 TV시장에서 14년 연속 1위를 지키고 있고 LG전자가 2위를 달리고 있다.

글로벌 시장조사업체인 IHS마킷에 따르면 세계 TV시장은 2017년 852억 달러에서 2018년 1,155억 달러로 규모가 확대된 가운데 판매금액 기준으로 삼성전자가 29%, LG전자가 16.4%를 점유했다. 한국 브랜드가 세계 TV시장의 절반에 가까운 45.4%를 장악한 것이다. 소니 10.1%를 포함해 파나소닉·샤프를 합한 일본 TV 점유율은 16.3%이고 TCL·하이센스·스카이워스를 합한 중국 TV 점유율은 17.3%였다.

2018년 세계적으로 판매된 TV 수량은 약 2억 2,000만 대로

0.1% 증가하는 데 그쳤지만 TV판매금액은 36%나 증가했다. 삼성전자와 LG전자가 각각 QLED와 OLED를 내세워 공략 중인 초대형·고화질 TV 판매가 크게 늘어나고 있기 때문이다. 삼성전자는 2016년 첫선을 보인 QLED TV를 내세워 미국의 75인치 이상 초대형 TV 시장에서 2018년 시장 점유율을 57%까지 끌어올렸다. 소니가 25%로 뒤따르고 있으니 일방적인 독주라 할 만하다. 삼성전자는 프리미엄 시장으로 분류되는 대당 2,500달러 이상 TV시장에서 점유율이 48%에 달한다.

중국 하이얼이 2009년부터 냉장고, 세탁기 등 생활가전 시장에서 판매수량 기준으로는 1위를 기록하고 있지만 삼성전자와 LG전자는 판매금액 기준으로 냉장고와 세탁기 시장에서도 선두를 달리며 프리미엄 가전시장을 이끌고 있다.

현대기아차 연간 800만 대 판매는 세계 5번째 기록

현대자동차가 독자적인 모델로 개발한 '포니'는 1976년 판매에 나서자마자 대단한 인기를 누렸다. 미국 포드의 부품과 기술을 들여와 단순히 조립 생산하던 단계에서 벗어나 일본에 이어 아시아에서는 2번째, 세계에서 16번째로 독자 개발한 제품이었다. 국내시장에서 판매 첫해에 1만여 대를 팔아 단숨에 국내 승용차 판매량의 44%를 점유했을 뿐 아니라 1976년 에콰도르에 6대를 처음 수출한 뒤 그 해에만 13개국에 1,042대를 수출했다. 1986년에는 66개국에 30만 대로 수출을 확대했다.

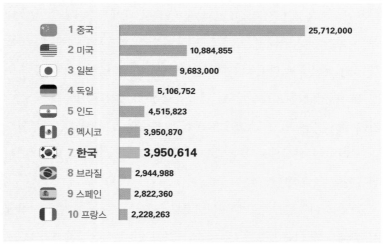

2019년 자동차 생산 10대 국가

단위: 대

	순위 국가	생산량
	1 중국	25,712,000
	2 미국	10,884,855
	3 일본	9,683,000
	4 독일	5,106,752
	5 인도	4,515,823
	6 멕시코	3,950,870
	7 한국	3,950,614
	8 브라질	2,944,988
	9 스페인	2,822,360
	10 프랑스	2,228,263

출처: 한국자동차산업협회

　포니를 내놓은 지 30년 만인 2005년 한국은 세계 5위 자동차 생산국으로 부상했다. 2015년까지 중국, 미국, 일본, 독일에 이어 11년 동안 세계 5위 자동차 생산국 위치를 유지하면서 2012년에는 역대 최고인 317만 대를 수출해 세계 4위 자동차 수출국에 오르기도 했다. 현대기아차는 2014년 도요타, GM, 폭스바겐, 르노-닛산에 이어 글로벌 완성차 중 5번째로 연간 800만 대 판매기록도 세웠다.

　자동차산업은 고용, 생산 등 경제 전반에 미치는 영향력이 클 뿐 아니라 한국인들이 세계시장에서 '메이드 인 코리아' 자동차를 볼 때 자부심을 느끼도록 하는 효과도 상당하다. 한국의 자동차 생산은 2016년 인도에 밀려 6위로 후퇴했고 2018년과 2019년에는 멕시코에도 밀려 세계 7위로 내려앉았다. 그러나 코로나19 사태로 세계 자동차 산업이 크게 위축된 2020년에 한국은 세계 5위로 다시 부상하는 저력을 발휘했다. 수출이 21% 감소하면서 한국도 자동차 생산량이 351만 대로 줄어들었으나 탄탄한 내수에 힘입어 경쟁국에 비해 상대적으로 선방한 결과다.

세계 최대 선박 20척 중 15척을 만들다

세계에서 가장 큰 배를 꼽으라면 항공모함부터 떠올리는 사람들이 많지만 실제로는 그렇지 않다. 세계 최대 항공모함은 2017년 취역한 미국의 'USS Gerald R. Ford'로 길이가 337m다. 이에 비해 세계에서 가장 큰 컨테이너선은 중국 국영 해운사 COSCO가 보유한 'OOCL Germany'로 길이가 399.87m, 폭은 58.8m에 이른다. 삼성중공업이 2017년 건조한 이 배는 컨테이너 2만 1,413개를 운반할 수 있다.

세계 해운업계는 한꺼번에 많은 화물을 실어 운임을 낮추려는 목적으로 초대형 컨테이너선 건조 경쟁을 벌이고 있는데 삼성중공업은 세계 1~6위 컨테이너선을 모조리 건조했고 대우조선해양은 12~20위 컨테이너선을 건조했다. 세계 최대 컨테이너선 20개 중 15개를 한국 조선회사가 만들었다는 뜻이다. 해양플랜트의 일종인 부유식 LNG 생산설비를 선박으로 간주할 것인지를 놓고는 의견이 분분하다. 이것을 선박으로 분류하면 길이 488m, 폭은 74m, 높이 110m의 'Prelude FLNG'가 세계 최대 선박기록을 갖게 되는데 이

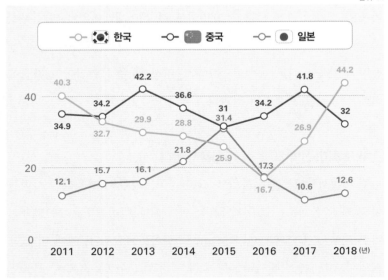

한국, 중국, 일본의 선박 수주 점유율

단위: %

○ 🇰🇷 한국   ○ 🇨🇳 중국   ○ ● 일본

출처: 클라크슨리서치

또한 삼성중공업이 2017년 건조했다. 한국 조선산업은 선박 건조량을 따져도 세계 바다를 가로지르는 10척 중 4~5척을 만들고 있다.

한국 조선산업의 출발은 어찌 보면 무모했다. 정주영 당시 현대 명예회장은 1972년 미포만에 현대중공업 조선소를 짓기 시작하면서 선박을 수주하기 위해 미포만 모래사장 사진 한 장과 영국 조선소에서 빌린 유조선 도면 한 장을 들고 세계 곳곳을 찾아다녔다. 외국 바이어가 한사코 망설이자 정 명예회장이 거북선을 그려 놓은 500원짜리 지폐를 꺼내 보이며 "우리는 1500년대에 이런 철갑선을 만들었다"고 설득해 초대형 유조선 2척을 수주해낸 일화는 유명하다.

현대중공업은 1983년 선박 수주·건조량에서 일본 미쓰비시중공업을 추월해 세계 1위 조선회사로 등극했고 한국 조선산업은 1999년 선박수주량 기준으로 일본을 뛰어넘어 세계 1위에 올라섰다. 모래사장에 조선소를 짓기 시작한 지 30년도 안 돼 이룬 기적과도 같은 일이다. 중국의 거센 추격으로 2012년 이후에는 세계 조선 수주 1위 자리를 중국에 내주기도 했으나 2018년에는 세계 LNG선 수주를 사실상 독점하며 세계 선박수주량 1위로 부활했다.

원유수입 세계 5위, 석유제품 수출로 절반 이상 회수

한국은 에너지 대부분을 수입에 의존하는 세계 5위 석유수입 국가다. 비록 땅에서 석유를 퍼올리지는 못하지만 한국은 수입한 원유로 석유제품과 석유화학제품을 만들어 수출산업으로 키워냈다. 2018년 한국이 가장 많이 내다판 수출품에 석유화학과 석유제품이 반도체, 일반기계에 이어 3위와 4위로 올랐다.

한국 정유회사들이 2018년 수출한 경유 항공유 휘발유 등 석유제품은 4억 9,399만 배럴로 연간기준 사상 최대치를 기록했다. 중국, 대만, 일본에 주로 수출된 이들 석유제품은 63빌딩을 206번 채울 수 있는 물량이며 금액으로는 400억 달러에 이른다. 한국은 원유를 연평균 11억 2,000만 배럴 수입하는데 그 원유수입액 중 55% 정도는 석유제품 수출로 회수하고 있다. 한국의 석유 정제능력은 미국, 중국, 러시아, 인도에 이어 세계 5위다. 일본, 사우디아라비

석유 정제능력

단위: 만 배럴

* 2018년 하루 평균 정제량 기준   출처: 대한석유협회

세계 에틸렌 생산능력

단위: 만 톤

*막대 안은 점유율, 2019년 연간 생산량   출처: 석유화학협회

아, 브라질, 이란이 그 뒤를 잇고 있다.

정제된 석유제품을 한 단계 더 가공하는 석유화학산업도 한국의 주력 수출산업으로 자리 잡은 지 오래다. 에틸렌은 합성수지, 합성섬유, 합성고무 등을 생산하는 데 사용되는 석유화학산업의 기본 물질이다. 에틸렌 생산능력은 그 나라 석유화학산업의 규모를 표시하는 척도인데 한국은 2012년 일본을 뛰어넘어 세계 4위로 올라섰고 지금도 미국, 중국, 사우디아라비아에 이어 세계 4위 에틸렌 생산능력을 보유하고 있다. 한국의 석유화학제품은 51.2%가 중국시장으로 수출되고 있는데 중국이 대대적인 석유화학 육성정책에 나서고 있는 점은 변수로 지목된다.

국내외 반대를 뚫었던 철강, 세계 6위로 우뚝

자동차, 조선, 기계를 비롯한 모든 산업에 기초 소재로 사용되는 철강은 반도체에 앞서 '산업의 쌀'로 불렸다. 대규모 장치산업이라는 특성 때문에 1997년 말 외환위기 때에는 한보철강, 기아특수강 등 철강회사 11개가 부도나면서 조강 생산설비 500만 톤을 폐쇄하는 아픔을 겪은 산업이다.

포항제철을 처음 건설하려 했을 때 국내외 반대가 엄청났던 이유도 막대한 투자 때문이다. 세계은행IBRD은 1968년 〈한국의 종합제철 사업은 시기상조〉라는 보고서를 냈고 한국을위한국제경제협의체IECOK는 "한국이 외채로 제철사업을 하면 상환부담이 커서 국내 자본축적을 해칠 수 있다"고 경고했다. 결국 포항제철은 외채조달

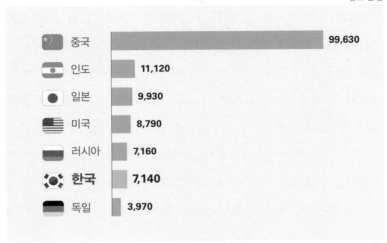

2019 세계 조강 생산량 순위

단위: 만 톤

국가	생산량
중국	99,630
인도	11,120
일본	9,930
미국	8,790
러시아	7,160
한국	7,140
독일	3,970

출처: 세계철강협회

에 실패하고 한일국교정상화에 따른 대일청구권 자금을 사용해 건설됐다.

포스코가 2018년 창립 50주년을 맞았고 2019년 한국의 조강 생산량은 7,140만 톤으로 중국, 인도, 일본, 미국, 러시아에 이어 세계 6위에 올라 있다. 한국은 1980년 세계 조강 생산량의 8.6%를 담당하기도 했지만 중국이 급부상하면서 지금은 4.0%를 차지하고 있다. 중국의 조강 생산량은 세계 전체 생산량의 약 60%를 차지하고 있다.

중국의 최고 실력자 덩샤오핑이 1978년 신일본제철 회장과 나눈 대화는 음미해볼 만하다. 덩샤오핑이 "중국에도 포항제철 같은 제철소를 지어줄 수 없겠냐"고 요청하자 이나야마 요시히로 당시 신일본제철 회장은 "중국에는 박태준이 없지 않으냐"고 대답했다고 한다.

그 후 중국은 한동안 박태준을 샅샅이 연구했고 중국 철강산업도 비약적으로 발전하게 됐다. 일본은 1981년 한국과 철강 수출입이 역전되자 기술이전으로 인한 '부메랑 원년'이라며 충격을 표시했지만 한국은 품질 좋은 철강 덕분에 자동차, 조선 등 모든 산업의 경쟁력을 높일 수 있었다.

세계의 랜드마크 건설한
한국인의 힘

두바이는 '사막의 기적'이라고 불린다. 세계 최고의 관광·물류 도시로 탈바꿈한 이곳에서 세계 최고층 빌딩 부르즈 칼리파는 단연 주목을 받는 랜드마크다. 말레이시아에서는 페트로나스 트윈 타워, 싱가포르에서는 마리나베이 샌즈호텔이 대표적인 랜드마크로 통한다. 어느 지역을 대표하는 랜드마크는 그 사회 최고의 상상력과 자금력이 그 시대 최고의 건축기술과 결합돼 만들어진다. 그런 랜드마크들을 한국인들이 도맡아 건설해왔으니 자랑스러운 일이 아닐 수 없다.

한국 건설회사가 바꾼 세계 최고층 건물 역사

세계 각지에서 마천루가 치솟아 오르고 있다. 높고 거대한 건축물에 관한 이야기는 성경의 바벨탑까지 거슬러 올라가지만 현대의 초고층 건축 붐은 1871년 미국 시카고 대화재 이후 본격화됐다. 1885년 시카고에 세워진 높이 55m 12층짜리 홈인슈어런스빌딩에서 'Skyscraper'라는 말이 유래했고 그 말은 '마천루'로 번역되고 있

세계 초고층 빌딩 기록 변화

단위: m

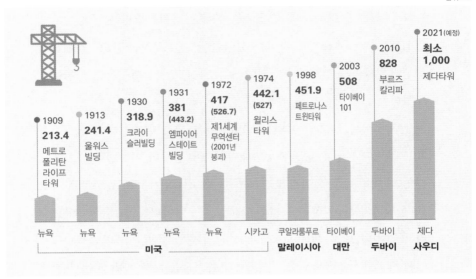

● 1909
213.4
메트로
폴리탄
라이프
타워
뉴욕

● 1913
241.4
울워스
빌딩
뉴욕

● 1930
318.9
크라이
슬러빌딩
뉴욕

● 1931
381
(443.2)
엠파이어
스테이트
빌딩
뉴욕

● 1972
417
(526.7)
제1세계
무역센터
(2001년
붕괴)
뉴욕

● 1974
442.1
(527)
윌리스
타워
시카고

● 1998
451.9
페트로나스
트윈타워
쿠알라룸푸르

● 2003
508
타이베이
101
타이베이

● 2010
828
부르즈
칼리파
두바이

● 2021(예정)
**최소
1,000**
제다타워
제다

미국

말레이시아

대만

두바이

사우디

*괄호 안 높이는 안테나 등 포함

다. 1900년대 들어서는 뉴욕이 초고층 건축을 주도했다. 1909년 메
트로폴리탄라이프타워(213.4m)를 시작으로 1931년 엠파이어스테이
트 빌딩(381m), 1972년 세계무역센터빌딩(417m)까지 세계 최고층 기
록은 뉴욕이 독점했다.

1998년 말레이시아 페트로나스 트윈 타워가 451.9m로 완공되
면서 미국은 세계 최고층 보유 기록을 잃었고 다시는 이 기록을 되
찾지 못했다. 페트로나스 트윈 타워를 2위로 밀어낸 건물은 2003년
대만에 완공된 타이베이101빌딩이다. 또 그 기록을 깨고 2010년 개
장 이래 현재까지 세계 최고층 자리를 지키고 있는 건물은 아랍에

미리트 두바이의 부르즈 칼리파로 828m다.

이런 세계 최고층 건물 변천사는 한국 건설회사들이 시공을 맡아 완성해 냈다. 부르즈 칼리파는 삼성물산, 페트로나스 트윈 타워는 삼성건설과 극동건설, 대만 타이베이101빌딩은 삼성물산이 시공을 맡았다.

한국에서는 1985년 여의도 63빌딩이 초고층 건축시대를 열었고 2017년 롯데건설이 완공한 123층짜리 롯데월드타워는 한국 초고층 빌딩 역사에 새로운 이정표를 세웠다. 이 건물은 555m 높이로 부르즈 칼리파와 중국 상하이 타워(632m), 사우디아라비아 메카의 아브 라즈 알 바이트 타워(601m), 중국 선전의 핑안국제금융센터(599m)에 이어 세계에서 5번째로 높다. 한국 건축기술을 다시 한번 과시한 건물이다.

독일-일본 사이에서 한국 해외건설 세계 6위

한국이 해외건설에서 수주한 누적금액이 2018년 8,000억 달러를 돌파했다. 현대건설이 1965년 태국 파타니-나라티왓 고속도로를 수주한 이후 53년 동안 세계 156개국에서 건설사업 1만2,771건을 수주한 결과다.

태국 파타니-나라티왓 고속도로 공사는 현대건설이 해외건설 시장에서 처음 수주한 공사라는 사실 외에도 한국 건설회사가 국제규격에 맞춰 처음 진행한 고속도로 건설공사라는 점에서 의미가 컸다. 고속도로 건설장비나 경험이 부족했던 현대건설은 공사비 15억

해외건설기업 매출 세계 순위

단위: %

2016년		2017년	
국가	점유율	국가	점유율
중국	21.1	중국	23.7
스페인	12.6	스페인	13.9
미국	9	프랑스	7.6
프랑스	8.9	미국	6.9
한국	**7.3**	독일	6.3
이탈리아	5.7	**한국**	**5.3**
터키	5.5	일본	5.3
일본	5.2	터키	4.8
독일	5	영국	4.6
스웨덴	3.2	이탈리아	3.8
오스트리아	3	오스트리아	3.7
영국	1.9	스웨덴	3.3
호주	1.9	호주	1.8
네덜란드	1.8	인도	1.5
그리스	1.4	네덜란드	1.4

*세계 250대 건설기업 매출 기준 국가별 합산

출처: ENR(Engineering News-Record)

원 정도였던 이 사업에서 3억 원 가까운 적자를 내고 1968년 2월 가까스로 공사를 마무리 지었지만 그 경험은 적자 이상의 값어치를 지닌 것이었다. 1968년 2월 경부고속도로 착공을 앞두고 찬반양론이 비등했을 때 현대건설이 '할 수 있다'는 희망을 불어넣으며 주도적으로 건설에 참여한 것도 그런 경험이 원동력으로 작용했기 때문이다.

삼환기업이 1973년부터 진행한 사우디아라비아 알울라-카이바 고속도로 공사는 한국 건설회사가 중동시장에 처음 진출한 사례라는 점에서 의미가 컸다. 이어 현대건설이 1976년 수주한 사우디 주베일 산업항 공사는 당시 한국 예산의 25%에 이르는 사업비로 국민들을 깜짝 놀라게 했다. 이런 중동 붐으로 한국 건설업은 1980년대 초반 미국에 이어 수주액 기준 세계 2위에 오르기도 했다.

최근 해외건설시장은 중국, 스페인, 프랑스, 미국이 견고한 4강 체제를 구축하고 있고 한국은 이들에 이어 몇 년 동안 5위를 유지해왔다. 독일에 밀려 2017년 6위로 내려선 것은 아쉽지만 여전히 일본, 터키, 영국, 이탈리아에는 앞서는 건설강국 면모를 지키고 있다.

'한국이 피운 사막의 꽃' 부르즈 칼리파

아랍에미리트UAE 두바이의 부르즈 칼리파는 프랑스의 에펠탑, 이집트의 피라미드, 중국의 만리장성처럼 지구촌 랜드마크로 통한다. 동서남북 어디에서나 이정표로 삼을 수 있는 세계 최고층인 이 건물의 높이 828m는 서울에서 가장 높은 북한산 836m와 비슷하다. 두바이를 찾은 여행객들이 꼭 찾는 관광명소로 자리 잡은 이곳은 영화 〈미션 임파서블4〉 촬영지로도 잘 알려져 있다.

모래폭풍을 뚫고 진행된 이 기념비적 공사에는 여러 다국적 기업들이 참여했다. 미국 시카고에 본부를 둔 SOM이 설계를 맡았고 벨

부르즈 칼리파

기에의 베식스가 시공, UAE의 아랍텍이 현지 조달, 미국 터너가 감리를 맡았다. 삼성물산은 주도업체로서 공사 전반을 총괄해 2010년

1월 4일 이 건물이 개장했을 때 세계 언론은 '한국이 피운 사막의 꽃'이라는 찬사를 쏟아냈다.

2004년 9월부터 시작된 이 건물공사에는 한국을 비롯한 40개국의 기술자와 인력이 참가했다. 동시에 투입된 최대 인원이 1만 2,000명에 이르고 5년 동안 연인원 850만 명이 투입됐는데 이 모두가 세계 최고 기록이다. 1만 명 이상이 5년 동안 밤낮으로 일하는 현장에서 큰 사고가 없었던 점은 지금까지도 기적으로 평가받는다.

건설기술 발전도 이뤄졌다. 3일에 한 층씩 쌓아올리는 시공방식을 도입했고 인공위성으로 건물을 측량하는 GPS 기술이 처음 적용됐다. 초고층 빌딩을 시공할 때에는 쉽게 굳는 특성을 가진 콘크리트를 빠르게 높은 곳으로 운반하는 펌핑기술이 중요하다. 부르즈 칼리파 공사현장에서는 콘크리트를 601.7m 높이로 수직 운반하는 세계 기록이 세워지기도 했다.

페트로나스 트윈 타워 '한일전'

말레이시아 수도 쿠알라룸푸르 중심에 1998년 완공된 페트로나스 트윈 타워는 현대 건축사에서 미국이 독점하던 세계 최고층 기록을 처음으로 빼앗아간 빌딩이다. 지상 88층, 높이 452m로 지어진 이 쌍둥이 빌딩의 한쪽은 한국, 다른 한쪽은 일본이 지었다.

이 공사 입찰에 참가하려면 철근콘크리트로 50층 이상의 건물을 완공한 실적이 있어야 했다. 삼성물산(당시 삼성건설)은 그때까지 25층짜리 건물을 완공해본 실적이 전부였지만 극동건설과 컨소시엄

페트로나스 트윈 타워

을 이뤄 우여곡절 끝에 입찰을 통과했다. 삼성물산은 쌍둥이 빌딩의 한쪽을 맡고, 극동건설이 두 빌딩을 연결하는 하늘다리를 맡았다. 쌍둥이 빌딩의 나머지 한쪽은 일본 하자마 건설이 맡았는데 일제시대 때 수풍수력댐과 경부선 철도를 건설한 회사다.

한일전이라는 묘한 신경전 속에서 공기를 단축시키는 새로운 공법이 시도됐다. 콘크리트를 380m 높이까지 파이프로 압송한 삼성물산의 공법은 그 당시 세계기록이었으며 부르즈 칼리파 건설 때 삼성물산이 다시 그 기록을 경신하게 된다. 이런 공법으로 삼성물산과 극동건설은 일본에 비해 35일 늦게 착공하고서도 6일 먼저 건물을 완공했다. 쌍둥이 빌딩의 41층과 42층을 서로 연결하고 29층에서 4개의 다리로 받쳐주는 길이 59m, 폭 4.3m의 하늘다리 공사도 새로운 도전이었다. 당시 하늘다리를 끌어올리는 장면은 미국 CNN이 생중계할 정도로 세계의 관심을 끌었다.

삼성물산은 페트로나스 트윈 타워를 쌓은 초고층빌딩 건축 경험을 원동력 삼아 2003년 완공된 508m의 대만 타이베이101 마감시공을 맡았고 이어 두바이의 부르즈 칼리파에는 주 시공사로 참여하게 됐다.

바라카 원전 건설로 세계 6번째 원전 수출

한국은 2009년 아랍에미리트UAE에 한국형 원자력발전소ARP1400 4기를 처음 수출하는 데 성공했다. 국내에 첫 상업용 원전인 고리 1호기가 1977년 가동된 지 30여 년 만에 이룬 성과다. UAE 바라카 원전 건설로 한국은 미국, 프랑스, 러시아, 캐나다, 일본에 이어 세계 6번째 원전 수출국이 됐다. 한반도 전력의 92%를 생산하던 북한이 1948년 5월 14일 사전 통보도 없이 송전을 중단해 한국이 암흑천지로 바뀌었고, 미국이 인천, 부산에 긴급 투입한 발전함에 기대어 불을 밝혀야 했던 과거를 생각하면 참으로 놀라운 변화다.

중동지역에 처음 건설된 바라카 원전은 한국전력공사와 한국수력원자력, 삼성물산과 현대건설 등이 힘을 합쳐 수주한 것으로 사업비가 191억 달러에 이른다. 바라카 원전 수출의 경제적 효과를 산업통상자원부는 NF쏘나타 자동차 100만 대 수출이나 30만톤급 초대형 유조선 180척 수출에 맞먹는다고 분석했다. 아랍어로 '신이 내린 축복'이라는 뜻을 가진 바라카에 2011년부터 공사가 시작됐으

바라카 원전

며 한국형 원전 1호기는 2018년 3월 문재인 대통령이 참석한 가운데 준공식을 가졌다. 원전은 1,400MW급으로 바라카 원전이 1호기부터 4호기까지 모두 완공되면 UAE 전력의 25%를 공급하게 된다.

한국형 원전은 2018년 세계 최대의 원자력안전규제기관인 미국 원자력규제위원회USNRC의 표준설계인가를 획득했다. 미국 원자력규제위원회 설계인가를 받으면 세계적으로 안전이 공인된 것으로 평가되는데 그동안 제너럴일렉트릭의 ABWR, 웨스팅하우스의 AP1000 등 미국 원전 5개만 설계인가를 받았을 뿐이다. 미국 이외에는 한국형 원전이 처음으로 인가를 받았으니 그만큼 한국의 기술력과 원전 안전성을 입증했다고 할 수 있다.

이라크 비스마야 신도시 통째로 만드는 한화건설

비스마야 신도시 건설공사는 이라크 국가 재건을 상징하는 사업으로 한국 해외건설 역사에서 단일 프로젝트로는 최대 규모다. 한화건설이 2011년 수주한 이 프로젝트는 신도시 주택건설 공사비가 80억 달러에 이르고 사회기반시설 공사까지 합치면 전체 사업비는 101억 달러에 달한다.

수도 바그다드에서 동남쪽으로 10km 떨어진 비스마야에 60만명이 거주할 수 있도록 주택 10만 가구와 학교, 경찰서, 소방서, 병원, 공원, 송배전시설 등 사회기반시설을 짓는 사업이다. 사업용지가 여의도 6배 면적(18.3㎢)이며 분당급 신도시가 만들어진다.

한화건설이 기획부터 설계, 조달, 시공까지 모두 수행하는 '디자인 빌드' 방식으로 건설된다. 인천 소래논현 도시개발, 대덕 테크노밸리 등 도시개발 경험을 지닌 한화건설이 한국형 신도시를 바탕으로 비스마야 신도시를 디자인했다. 도시 전체를 관통하는 대규모 지하시설을 통해 전신주 없는 도시를 실현했으며, 인구수와 현지인의 문화 동선을 감안해 최적의 위치에 학교, 경찰서, 병원 등을 배치했다.

신도시 주택 공사는 건축물을 구성하는 외벽, 내벽, 바닥 등을 공장에서 생산한 뒤 현장으로 이동해 조립하는 PC공법을 적용하고 있다. 2014년부터 실질적인 주택건설 공사가 시작돼 순차적으로 입주가 진행되고 있으며 2021년 도시 전체가 완공될 예정이다. 2014년 수니파 반군IS이 이라크 북부지역을 점령하자 외국기업 대부분

비스마야 신도시

이 철수했을 때 한화건설은 정확한 현지 정보망을 토대로 공사를 계속했다. 비스마야 신도시 사업이 '신용과 의리'의 대명사로 한국의 이미지를 높이는 효과까지 거두고 있다.

터키 차나칼레 현수교, 다리의 역사를 새로 쓴다

세계에서 가장 긴 현수교는 일본 고베에 위치한 '아카시해협 대교'다. 그 기록을 2022년 3월에는 대림산업과 SK건설이 건설 중인 '터키 차나칼레 대교'가 넘겨받게 된다.

터키 다르다넬스 해협을 가로지르는 길이 3.7km의 현수교에서 주탑 간 거리는 2,023m로 설계됐다. 터키 공화국 건국 100주년인 2023년을 기념하기 위해 이렇게 설계했는데 주탑 간 거리가 2km를

차나칼레 대교 조감도

넘는 것은 인류의 다리건설 역사에서 처음 있는 일이다.

대림산업과 SK건설은 2016년 공동으로 이토추상사 등 일본 컨소시엄을 제치고 총 사업비 3조 5,000억 원인 이 사업을 따냈다. 당시 아베 신조 일본 총리가 에르도안 터키 대통령과 정상회담에서 이 사업을 직접 거론할 정도로 한국과 일본 사이에 수주전이 치열했다. 대림산업과 SK건설은 국내 최장 현수교인 이순신대교(1,545m)를 함께 건설한 경험과 터키 유라시아해저터널 사업에서 SK건설이 쌓은 현지 네트워크를 바탕으로 수주에 성공했다.

SK건설은 2016년 말 터키 보스포루스해협을 관통하는 유라시아해저터널을 개통해 현지에서 설계·조달·시공역량과 개발사업능력을 인정받았다. 유라시아해저터널은 세계 최초의 자동차 전용 복층터널로 해저구간이 5.4km, 육지 접속도로까지 포함하면 총연장이 14.6km에 달한다. 보스포루스 해협은 최고 수심이 110m에 달하고 모래, 자갈, 점토가 뒤섞인 무른 충적층에다가 고대 유물·유적 보호라는 걸림돌을 안고 있는데 그런 까다로운 조건을 극복하고 성공적으로 개통한 것이어서 주목받았다. 이제 흑해와 지중해 사이에 위치한 보스포루스해협과 다르다넬스해협을 한국 건설회사가 지상과 지하로 모두 연결하는 기록도 세우게 됐다.

현대 건축의 기적 '싱가포르 마리나베이 샌즈호텔'

세 개의 빌딩이 거대한 배를 이고 있는 모습의 싱가포르 마리나베이 샌즈호텔은 현대건축의 기적으로 불린다. 2018년 6월 미국과 북한이 싱가포르에서 첫 정상회담을 개최할 때 김정은 위원장이 깜짝 방문해 주목받은 이 건물도 한국 기술력으로 만들어졌다. 현존하는 건축물 중 최고난도라는 평가를 받기도 했던 이 호텔은 쌍용건설이 2010년 3월 완공했다.

이 호텔은 피사의 사탑(5.5도)보다 10배가량 더 기울어진 외관이 특징이다. 지상에서 최고 52도로 기울어져 올라가는 동측 건물이 지상 70m(23층)에서 서측 건물과 연결돼 55층까지 올라가는 입ㅅ 자형 구조다. 2006년에 마리나베이 복합리조트 건설을 입찰에 부쳤으나 시공회사 선정까지 14개월이나 걸린 것은 대다수 건설회사들이 이런 독특한 디자인과 설계를 구현해내기 어렵다고 판단했기 때문이다. 막판까지 경합한 홍콩 건설회사도 원안 설계를 유지한 채로는 공사하기 어렵다고 했는데 쌍용건설은 원래 디자인을 살린 설계안으로 최저 금액을 써내지 않고도 시공사로 당당히 선정됐다. 그리고 9억 8,000만 달러짜리 공사를 27개월 만에 거뜬히 마무리했다.

지상에서 52도 기울어진 빌딩은 건물 내부에 와이어 90개를 설

싱가포르 마리나베이 샌즈호텔

치해 지하에서부터 건물을 잡아당기는 힘으로 경사각을 가능하게
하는 '포스트 텐션' 공법으로 구현했다. 건물 3개동의 최상층을 연
결하는 스카이 파크는 길이 343m, 폭 38m로 축구장 2배 크기다.
수영장, 전망대, 정원, 산책로, 레스토랑 등이 조성돼 있는 이 스
카이 파크를 조성하기 위해 철골 구조물 7,000톤을 지상에서 조립
해 200m 위로 끌어올리는 헤비리프팅 공법을 사용했다. 마리나베
이 샌즈호텔에 사용된 경사구조 시공 공법은 해외 프로젝트에 적용
된 기술 중 최초로 국토해양부 건설신기술(제608호)로 지정돼 있다.
앞으로 유사한 프로젝트에 이 기술이 사용되면 해당 공사금액의 약

15%에 이르는 기술료를 받게 된다.

한반도 6배 면적을 옥토로 바꾸는 리비아 대수로 공사

동아건설이 1983년 수주한 리비아 대수로 공사는 세계 최대의 자연개조 토목사업이라고 불러도 손색이 없다. 남부 사막지역의 풍부한 지하수를 리비아 전역으로 보내 한반도 6배 면적에 해당하는 사막을 옥토로 바꾸는 녹색혁명 사업이다.

원래 사하라사막에서 인공위성을 이용해 석유탐사를 하다가 약 35조 톤에 이르는 엄청난 액체를 지하 200m에서 발견했는데 알고 보니 석유가 아니라 물이었다. 나일강이 200년 동안 흐르는 양과 맞먹는 이 지하수는 리비아가 1,000년을 사용해도 남을 정도라고 한다.

리비아 대수로 공사는 직경 4m, 길이 7.5m, 무게 75톤에 이르는 송수관으로 리비아 전역을 연결하는 공사로 모두 4단계에 걸쳐 이뤄진다. 1983년 동아건설은 21개국 72개 업체를 제치고 37억 5,200만 달러에 1단계 공사를 수주했고 1,895km에 이르는 이 구간을 1984년 착공해 1991년에 완공했다. 동아건설은 1990년 2단계 공사도 64억 5,900만 달러에 수주했으며 1,652km에 이르는 이 구간은 1990년 공사를 시작해 1996년 리비아 수도인 트리폴리에서 통수식을 가졌다.

대수로 3단계와 4단계 공사 1,720km는 동아건설이 리비아 대수로청GMMRA과 1993년 합작설립한 자회사 ANC가 맡았다. 그러나

2000년 동아건설이 경영 부실로 워크아웃에 돌입하자 ANC 지분 대부분을 리비아 측에 넘겨줬다. '아랍의 봄'이라고 불리는 자스민 혁명으로 2011년 리비아가 내전상태에 돌입했고 2014년에는 한국이 리비아를 여행금지국으로 지정하면서 한국과 대수로 공사의 인연은 사실상 끊어진 상태다.

음악, 드라마, 게임에 부는
한류 열풍

한류가 중국·일본·동남아시아를 넘어 미국·유럽·중남미까지
지구촌 방방곡곡으로 번져가고 있다. 조코 위도도 인도네시아 대통
령은 2018년 한국을 국빈방문했을 때 K팝 인기그룹인 슈퍼주니어
멤버들과 같이 춤추는 모습을 보여 '슈퍼주니어 외교'라는 말이 만
들어지기도 했다. 드라마, 게임, 한식에 달아오르는 한류가 세계인
들에게 한국을 더 친숙한 나라로 각인시키고 나아가 커다란 경제적
파급효과까지 불러오고 있으니 반가운 일이다.

방탄소년단, 미국 빌보드차트를 석권하다

방탄소년단BTS은 2018년 K팝 가수로는 처음으로 팝음악의 본고
장인 미국에서 세계 팝시장의 지표인 빌보드 앨범 차트 1위에 올랐
다. 그동안 K팝 열풍이 아시아지역의 태풍으로 머무른다는 지적도
있었는데 그런 지역적 한계를 뛰어넘어 미국시장에서도 당당히 인
기몰이에 나선 것이다.

미국 현지 음반 판매량을 기준으로 하는 빌보드 앨범차트에서 외

미국 〈타임〉에 2018년 10월 표지모델로 소개된
방탄소년단

국어 앨범이 정상에 오른 것은 12년 만이다. 미국 시사주간지 〈타임〉은 방탄소년단을 '인터넷에서 가장 영향력 있는 인물 25인'에 선정하기도 했다.

방탄소년단은 2018년 9월 제73차 유엔총회가 열리는 미국 뉴욕에서 유엔아동기금UNICEF 행사장에 초대받아 한국 가수로는 처음 연설을 하기도 했다. 방탄소년단의 인기와 K팝 가수의 높아진 위상을 상징적으로 보여주는 사례다. 그 직후 방탄소년단은 미국프로야구 뉴욕 메츠의 홈구장인 시티필드에서 한국 가수 중 처음으로 단독 콘서트를 열었다. 폴 매카트니, 비욘세, 레이디 가가 등 팝스타 중에서도 최고의 스타만 오를 수 있는 무대다. 이때 뉴욕시는 교통

혼잡을 막기 위해 지하철을 추가편성해야 했다. 15회에 걸친 방탄소년단의 북미투어 22만 개 좌석은 조기에 매진됐다.

방탄소년단은 세계에서 가장 많이 리트윗된 그룹으로 《2018 기네스북》에 이름을 올렸는데 그보다 앞서 2012년에는 싸이의 〈강남스타일〉이 세계를 강타했다. 독특한 말춤을 지구촌 구석구석까지 유행시킨 싸이의 강남스타일 뮤직비디오는 《2012년 기네스북》에 '가장 많이 본 동영상(15억 회 이상)', '유튜브 역사상 가장 많은 좋아요(214만여 회) 받은 동영상' 기록을 남겼다.

방탄소년단 경제적 효과, 매출 4조 원 대기업 수준

섬유유연제 '다우니 어도러블'이 2019년 1월 한때 품절 소동을 빚은 사례는 방탄소년단의 경제적 파급력을 그대로 보여준다. 방탄소년단 멤버가 팬카페에서 채팅을 하던 중 "빨래하고 자야겠다"며 이 제품을 언급하자 곧바로 해당 제품이 불티나게 팔리기 시작했고 인터넷 쇼핑몰 곳곳에서 품절됐다. 방탄소년단 캐릭터를 활용한 티셔츠, 모자 등도 인기몰이 중이다. 바비인형을 만든 완구회사 마텔은 '방탄소년단 인형'을 만들고 넷마블은 방탄소년단 게임 'BTS월드'를 제작하면서 방탄소년단을 둘러싼 경제적 효과는 전방위로 확산되고 있다.

K팝의 새 역사를 쓰고 있는 방탄소년단BTS의 이런 직간접적인 경제적 효과를 모두 합치면 연간 5조 5,600억 원에 이른다는 분석도 나왔다. 현대경제연구원은 2018년 〈방탄소년단의 경제적 효과〉

방탄소년단의 연평균 경제적 효과

구분	증가효과 및 경제적 효과	수치 비교
외국인 관광객 수	연평균 79.6만 명	전체 외국인 관광객 수의 약 7.6% 수준
소비재 수출액 증가효과	연평균 11억 1,700만 달러	전체 소비재 수출의 약 1.7% 수준
외국인 증가와 소비재 수출 증가에 따른 경제적 효과	연평균 생산 유발 효과: 4조 1,400억 원	중견기업 평균 매출액의 26배 수준
	연평균 부가가치 유발 효과: 1조 4,200억 원	중견기업 팽균 매출액의 8.9배 수준

출처: 현대경제연구원, 한국중견기업연합회

라는 보고서에서 방탄소년단의 생산 유발 효과를 연평균 4조 1,400억 원, 부가가치 유발 효과를 연평균 1조 4,200억 원으로 추정했다. 한국중견기업연합회에 등록된 중견기업들의 2016년 평균 매출액 1,600억 원과 비교하면 방탄소년단의 생산 유발 효과는 그보다 26배 많다. BTS라는 대기업이 등장한 것이나 다름없다.

현대경제연구원은 방탄소년단으로 인한 수출 효과는 의류 2억 3,398만 달러, 화장품 4억 2,664만 달러, 음식류 4억 5,649만 달러 등 모두 11억 1,700만 달러에 달하는 것으로 추산했다. 한국의 소비재 수출 중 1.7%가 방탄소년단에 의해 유발되고 있다는 분석이다.

일본 문화개방 20년, 콘텐츠의 역전이 이뤄지다

한국 정부가 1998년 일본 영화와 만화를 개방한다고 발표했을 때 일본의 문화식민지가 될 것이라는 걱정이 적지 않았다. 그로부

한국-일본 문화 콘텐츠 수출입

구분	구분	구분
2016년 전체	한국 ▶ 일본 수출	13억 7,600만 달러
	일본 ▶ 한국 수입	1억 5,000만 달러
게임	수출	6억 달러
	수입	5,160만 달러
만화	수출	915만 달러
	수입	595만 달러
대중음악	수출	2억 7,729만 달러
	수입	291만 달러
방송	수출	7,990만 달러
	수입	670만 달러
영화	수출	431만 달러
	수입	440만 달러

출처: 문화체육관광부

터 20년이 흘렀고 방송, 음반, 게임, 애니메이션도 2006년까지 모두 개방했는데 지금의 현실은 그때 걱정과는 정반대다. 한국이 2016년 일본에 수출한 콘텐츠는 13억 7,600만 달러로 한국이 일본에서 수입한 1억 5,000만 달러보다 9배나 많다.

음악은 콘텐츠 역전을 보여주는 대표 분야다. 일본 음악을 수입한 금액은 2016년 291만 달러인데 한국이 일본에 수출한 금액은 2억 7,729만 달러다. 거의 100배에 육박한다. 게임 분야에서도 수출은 6억 달러로 수입 5,160만 달러보다 10배 이상 많다.

한류 붐을 일본 언론들은 3단계로 분류한다. 1차 한류 붐은 2002년 한일월드컵을 앞두고 일본 미디어가 월드컵 분위기 조성에 나선

데 이어 2003년 NHK가 〈겨울연가〉를 방영하면서 시작됐다. 욘사마(배용준) 열풍으로 상징되는 드라마 한류였다. 2011년 소녀시대, 카라, 동방신기 등 K팝이 2차 한류 붐을 일으켰지만 2012년 이명박 대통령의 독도 방문 이후 그 열기는 급속히 사그라졌다.

최근의 한류 붐은 3차에 해당된다. 2018년에도 한일관계는 매우 악화된 상태였지만 방탄소년단이 도쿄돔에서 개최한 콘서트에는 10만 관객이 몰려 정치를 뛰어넘는 한류의 힘을 보여줬다. 이는 음원 소비방식이 유튜브와 소셜미디어 기반으로 바뀐 덕이기도 하다. 일본 프로덕션이나 방송을 통하지 않더라도 이제 일본 팬들이 방탄소년단, 워너원, 트와이스, 아이즈원 등 K팝 아이돌의 신곡을 곧바로 듣고 번역 자막까지 달아서 소셜미디어로 확산시키고 있다.

한국이라면 연상되는 1순위는 'K팝'

세계인들은 한국이라는 말을 들으면 'K팝'을 가장 먼저 떠올린다고 한다. 외국인들이 어떤 시각으로 한국을 보고 있는지 파악하기 위해 문화체육관광부와 한국국제문화교류진흥원은 2012년부터 매년 '해외한류실태조사'를 실시하고 있다.

2017년에는 16개국 외국인 7,800명을 설문조사했는데 한국이라면 연상되는 이미지는 K팝이 16.6%로 가장 높게 나타났고 그 다음으로 북핵위협 8.5%, IT산업 7.7%, 드라마 7.6%, 한식 7.5% 순이었다. 2008년에 KOTRA가 실시한 조사에서는 한국과 연관되는 이미지로 기술력, 한국음식, 드라마, 한국사람, 경제성장이 꼽혔는데

한국이라면 연상되는 이미지

순위	2008년	2017년
1	기술력(12.0%)	K-POP(16.6%)
2	한국음식(10.7%)	북핵위협(8.5%)
3	드라마(10.3%)	IT산업(7.7%)
4	한국사람(9.4%)	드라마(7.6%)
5	경제성장(6.2%)	한국음식(7.5%)

*2008년은 KOTRA가 25개국 4,214명 조사
*2017년은 한국국제문화교류진흥원이 16개국 7,800명 조사

그사이 K팝과 북한 핵문제를 꼽은 외국인이 크게 늘어났다.

한국에 대한 연상 이미지는 국가별로 상당한 차이가 나타난다. K팝은 말레이시아, 인도네시아, 태국, 호주에서 매우 높은 응답을 받았다. 미국, 브라질, 프랑스, 영국에서도 K팝은 한국 하면 연상되는 첫 번째 이미지로 꼽혔다. 일본인은 한국음식, K팝, 드라마 순으로 꼽았고 중국인들은 화장품·성형, 드라마, 한류스타 순으로 선택해 연상하는 이미지가 서로 달랐다. 대만에서는 한류스타, 러시아에서는 자동차, 터키에서는 한국전쟁을 가장 먼저 연상하는 이미지로 꼽았다.

한국이 '경제적으로 선진국'이라는 진단에는 세계인 66.3%가 동의했고 26.1%는 유보적이었으며 7.0%만 부정적 반응을 보였다.

사랑이 뭐길래, 겨울연가, 대장금 등 드라마 열풍

한류를 세계로 확산시키는 데는 드라마 열풍도 K팝 못지않게 중요한 역할을 했다. 한국 제조업이 외환위기로 송두리째 흔들리던 1997년 드라마 수출은 새로운 시대를 맞았다. 〈사랑이 뭐길래〉가 중국 CCTV에 방영됐는데 3,900만 명이 시청하면서 중국인들이 한국을 새로운 시각으로 보게 됐다.

한국드라마가 그 후 밀물처럼 중국TV로 흘러들어가면서 2000년부터 중국 언론이 '한류'라는 용어를 사용하기 시작했고 2004년에는 중국 내 시청률 상위 외국드라마 10편 중 6편을 한국 드라마가 차지했다. 한류를 세계로 확산시킨 대표적인 드라마는 〈대장금〉, 〈겨울연가〉, 〈별에서 온 그대〉, 〈태양의 후예〉 등이다.

드라마는 음식, 관광, 패션, 생활용품 등이 종합적으로 어우러져 있다는 점에서 산업적 연관효과도 전방위로 나타난다. 2003년 궁중요리를 소재로 방영된 〈대장금〉은 91개국에 수출돼 한식, 한복, 한의학을 세계 각국에 알렸다. 시청률이 홍콩 47%, 이란 86%, 스리랑카 90%에 달했고 2005년 중국에서는 1억 6,000만 명이 시청했다. 후진타오 당시 중국 국가주석도 〈대장금〉 팬이라고 밝힐 정도였으니 한국에 대한 이미지 개선효과는 드라마 수출액 130억 원과 비교할 수 없을 정도로 크다. 〈별에서 온 그대〉에서 "첫눈 오는 날에는 치킨에 맥주인데…"라는 여주인공의 대사는 중국 대륙을 '치맥 열풍'에 빠뜨리기도 했다.

일본에서는 2003년에 이어 2004년에도 재방송된 〈겨울연가〉가

	아시아									미주			유럽					중동	아프리카
	아시아	중국	일본	대만	태국	말레이시아	인도네시아	인도	호주	미주	미국	브라질	유럽	프랑스	영국	러시아	터키	UAE	남아공
K-POP	18.7	8.2	16.8	7.8	18.3	33.8	31	10	27.3	22.6	15.4	26.6	11.4	23	20.5	5.3	5.6	15	7
북한/북핵위험/전쟁위험	4.4	2.2	5.8	2.8	2.5	0.8	2.5	8.3	10.3	12.8	14	12.1	11.5	14	18.3	11	8.1	5	15.5
IT산업	5.2	2.2	1.8	6	3.3	4	8	12	6	9.4	6.4	11.1	9.4	10.8	9.5	10.5	8.4	9.3	11
드라마	12.3	16.8	9.6	15	8.8	17	17.8	8.8	4.5	1.4	2.6	0.7	5	2	2	2.3	8.5	8.8	1.8
한국음식	9.5	4.6	21.8	14.8	7.3	6.8	3.8	2.8	12.5	6.6	12.4	3.3	5.4	6	6.3	11	2.5	7.5	4.8
한류스타	10.9	15.6	7.8	17.3	11.8	12.3	11	7	4	3.2	4.2	2.7	3.3	1.3	2.8	3.3	4.4	6.3	2.8
뷰티(화장품 및 성형)	8.8	17.8	9	14	10	5.5	5	3.5	3	2.6	3	2.4	4	2	3.8	7.8	3.4	4.8	1.5
한국전쟁	1.5	1.8	1.2	1.3	1.3	0.8	0.5	1.8	3.8	3.6	5.8	2.4	9.5	3.5	2.5	2.5	17.5	2.5	2.8
영화	3.1	2	1.4	2	5.3	1.8	3	7.3	2.5	2.7	2.4	2.9	3.9	3.3	3	2	5.2	6.3	4.5
관광지	3.4	4.8	2.6	2.8	3.3	4.3	2.3	3.8	3	3.1	4.4	2.3	2.8	4.3	3.3	4.3	1.5	4.3	4.8
자동차	1.3	1.4	0.4		0.5	1.5	0.3	3.8	2.5	3.3	4	2.9	5.2	2.8	1.3	13.3	4.5	5	6.8
경제성장	1.5	1.6	0.8	0.5	0.5	1.3		5.3	1.5	5.2	1.2	7.4	4	3.5	3.5	3.3	4.7	2.5	5.5
태권도	2.1	0.6	0.8	0.8	3	1.5	3	5.5	2.5	3.9	3.6	4	4.2	5	1.5	6	4.2	2.3	3.8
한글	2.6	2.8	6.4	1.3	3.8	1	2.3	1	1.8	2.3	2.4	2.2	2	0.3	2.8	2.5	2.2	3.8	3.8
애니메이션	1.1	0.8	0.8	0.3	1.5	1	0.8	2.5	1.8	3.6	4	3.4	2.8	2.3	2.3	4.3	2.7	1.8	5.8

출처: 한국국제문화교류진흥원. 2017년 해외 16개국 외국인 7,800명 대상으로 실시한 설문조사

폭발적 반응을 불러일으키며 판권료 외에도 OST가 1,000억 원, 주연배우 배용준 관련 상품이 350억 원이나 수출됐다. 〈겨울연가〉 관련 화보, DVD, 캐릭터 상품 등이 급증하면서 배용준을 일컫는 '욘사마'와 엥겔지수를 합쳐 '욘겔지수'라는 신조어가 나오기도 했다. 배우들이 글로벌 스타로 발돋움했을 뿐 아니라 남이섬 등 촬영지도 관광지로 각광받고 있으니 드라마의 효과는 상상을 초월한다.

한류 동호회에서 1억 500만 명이 한국문화를 전파한다

지구촌 한류 팬이 1억 명을 돌파했다. 한국국제교류재단이 세계 109개국 한류 정보를 수록한 '2020 지구촌 한류 현황'을 보면 한류 동호회는 1,835개에 이르고 여기에 가입한 회원은 1억 477만여 명에 달한다.

한류 동호회는 한국 가수 · 배우 팬클럽, 한국문화 · 한식 동호회, 태권도 동호회, 대학 내 한국문화 동호회 등을 가리킨다. 한류 동호회 회원 수는 2017년 1,400만 명 증가한 데 이어 2018년에도 1,607만 명 늘어나는 등 폭발적인 증가세를 보였다. 코로나19 팬데믹으로 각종 공연이 얼어붙은 2020년에도 545만 명이 늘어나 1억 명을 돌파했다. 이는 98개국 재외공관을 통해 각국의 한류 동호회 회원 수를 합산한 수치다. 동호회에 가입하지 않은 개별 팬은 집계되지 않았으므로 실제 한류 팬은 이보다 훨씬 많을 것이라고 유추할 수 있다. 2020년 한류 확산의 진원지는 미국이었다. 미주 대륙 한류 팬은 2019년에 비해 365만 명 급증했다.

한류팬의 활약은 유튜브, 트위터 등 소셜 네트워크로 힘을 받고 있다. 방탄소년단의 태국 팬들은 2018년 BTS 데뷔 5주년을 축하하기 위해 '헌혈 릴레이 프로젝트'를 펼쳐 헌혈 20만cc를 달성하는 새로운 팬덤 문화를 보여주기도 했다. 한류가 진화하면서 한류 팬들의 문화도 진화하고 있음을 보여준다.

일본 아이돌 그룹이 세계 2위 음악시장인 일본에 안주했다면 한국 아이돌그룹은 외국어 실력까지 갖추고 일찍부터 글로벌 시장으

지구촌 한류 동호회

전 세계 1,835개 1억 477만 명 활동

유럽
613개
1,879만 명

아메리카
584개
1,580만 명

아시아 / 오세아니아
463개
6,899만 명

아프리카 / 중동
175개
1,188만 명

출처: 2020 지구촌 한류 현황(한국국제교류재단)

로 눈을 돌렸다. 그 결과 이제는 K팝 가수들의 콘서트에서 외국인
들이 한국어 가사를 따라 부르는 모습을 쉽게 찾아볼 수 있게 됐다.

한류가 한식, 관광, 수출로 12만 명 일자리 창출한다

한류 드라마가 인기를 끈 후 중국과 동남아에서는 한국 음식에
대한 관심이 크게 높아졌고 드라마 주인공을 닮기 위한 성형수술까
지 유행했다. 드라마에 등장하는 휴대폰, 의류, 가전제품 소비로도
연결될 가능성이 크다.

한국국제문화교류진흥원은 〈2017 한류 파급효과 연구보고서〉에서 이런 경제적 효과를 정리했다. 해외 소비자들을 조사해보니 한류를 즐기는 데 소비하는 시간은 태국, 인도네시아에서 가장 많았다. 매월 1인당 평균 100시간 이상을 소비했다. 한류를 즐기는 세계인들은 한국 게임(월평균 12.4시간)에 가장 많은 시간을 사용했고 그다음으로 K팝(11.8시간)과 드라마(11.5시간)에 시간을 쏟았다.

한류를 즐기는 외국인들은 한국 관광에도 적극적이었다. 2017년 한국을 찾은 외국인 관광객 1,330만 명 중 한류 영향으로 찾아온 관광객은 7.9%인 105만여 명으로 추산됐다. 이들이 한국에서 지출하

한류가 2017년 경제에 미친 파급효과

총 수출 효과	생산 유발 효과
82.1억 달러	17조 8,014억 원
부가가치 유발 효과	취업 유발 효과
6조 9,178억 원	12만 8,262명

출처: 2017 한류파급효과연구(한국국제문화교류진흥원)

고 간 금액은 10억 달러를 웃돈다. 한류의 영향을 많이 받는 소비재는 식음료, 화장품, 휴대폰, 의류, 액세서리, 가전제품, 자동차 순으로 조사됐다. 식료품 수출 48억 달러 중 8억 달러 이상이 한류 영향을 받은 것으로 추산됐고 화장품 수출 50억 달러 중에서도 약 8억 달러는 한류 영향으로 분류됐다.

2017년 문화콘텐츠 수출은 62억 달러인데 이 중 한류 영향으로 이뤄진 문화콘텐츠 수출은 38억 달러로 추산했다. 이 중에는 게임이 23억 달러로 가장 큰 비중을 차지했고 방송과 음악도 한류 영향으로 각각 5억 달러씩 수출이 늘어난 것으로 분석됐다.

한국국제문화교류진흥원은 이런 외국 소비자 반응을 종합한 결과 2017년 한류가 생산 17조 8,014억 원, 수출 8조 8,000억 원을 유발했다고 분석했다. 또 한류가 12만 8,262명의 일자리를 만들어냈다고 진단했다.

한류와 디지털 강자 한국, 콘텐츠시장 7위에 올라

콘텐츠 확산 속도가 인터넷과 스마트폰 시대를 맞아 급속히 빨라지고 있다. 잘 만들어진 콘텐츠 하나가 시장을 지배하고 독점하는 시대가 되고 있다. 웹툰, 웹소설, 주문형비디오VOD 스트리밍 등 새로운 콘텐츠와 서비스도 빠르게 확산되면서 이제 콘텐츠 산업은 제조업 성장의 한계를 메워줄 유력한 산업으로 지목되고 있다. 유통 채널(플랫폼)이나 지식재산권을 확보하기 위한 콘텐츠 전쟁도 그만큼 가열되고 있다.

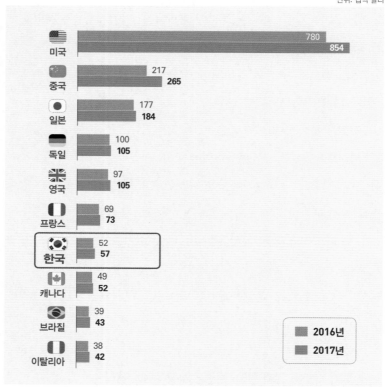

한국 콘텐츠시장 세계 7위

단위: 십억 달러

국가	2016년	2017년
미국	780	854
중국	217	265
일본	177	184
독일	100	105
영국	97	105
프랑스	69	73
한국	52	57
캐나다	49	52
브라질	39	43
이탈리아	38	42

■ 2016년
■ 2017년

출처: 한국콘텐츠진흥원, 2017 해외 콘텐츠시장 동향조사

한국콘텐츠진흥원의 '2017 해외 콘텐츠시장 동향조사'를 보면 한국은 글로벌 콘텐츠시장에서 미국, 중국, 일본, 독일, 영국, 프랑스에 이어 7위에 올라있다. 2009년 경제협력개발기구OECD는 콘텐츠산업을 '인간에게 조직화된 메시지를 전달하려고 정보, 문화, 오락상품을 생산하고 출판·유통하는 산업'으로 정의했다. 글로벌 콘

텐츠시장 비교에는 출판, 만화, 음악, 게임, 영화, 애니메이션, 방송, 광고, 캐릭터·라이선스, 지식정보 등 10개 분야가 포함된다. 이런 글로벌 콘텐츠 시장은 2016년부터 5년간 연평균 4.2% 성장 중인 것으로 분석된다.

미국은 콘텐츠 시장의 최강자로 세계 콘텐츠 시장의 37.5%를 점유하고 있다. 미국과 일본에 이어 3위였던 중국은 2014년 2위로 올라섰다. 모든 부문에서 빠르게 성장하고 있는 중국은 콘텐츠 시장에서도 급속히 몸집을 불려 2016년 글로벌 시장의 10%를 점유했다. 한국은 캐나다, 브라질, 이탈리아에 앞서 7위이지만 시장 점유율은 2.5%에 그친다. 게임 부문에서는 한국이 미국, 중국, 일본에 이은 4위로 상대적 강세를 보이고 있다. 영화 부문에서는 인도가 5위로 강세를 보이고 있으며 한국은 세계 8위로 평가받는다. 한국은 스마트폰 보급률, 인터넷 가입률과 속도가 세계 최고인 점을 활용해 디지털콘텐츠 부문에서 경쟁력을 지속적으로 높여야 할 것이다.

게임시장에 부는 한류바람으로 7조 원 흑자

글로벌 게임시장에서 한류바람이 거세게 불면서 한국 게임의 수출도 2019년에는 7조 7,600억 원에 이르렀다. 게임 수입액은 약 3,500억 원 정도니 게임산업에서 7조 4,000억 원에 이르는 흑자를 기록하고 있는 셈이다. 한국콘텐츠진흥원이 내놓은 〈2020 대한민국 게임백서〉에 따르면 한국 게임산업 수출은 2019년 66억 5,778만 달러로 2016년 33억 달러와 비교하면 3년 만에 2배 이상 증가했다.

한국은 PC게임에서 세계 3위, 모바일 게임에서 4위에 올라 있다. PC게임 부문에서 한국은 몇 년 동안 중국에 이어 시장점유율 2위를 유지해왔으나 2019년 미국에 추격을 허용하며 3위(점유율 12.5%)로 순위가 한 계단 낮아졌다. 모바일게임 부문에서도 2015년에는 2위를 차지하기도 했으나 2019년에는 중국(27.9%), 미국(15.5%), 일본(15.2%)에 이어 4위(점유율 9%)를 기록했다.

전체 게임시장에서도 한국 게임의 점유율은 6.2%로 미국, 중국, 일본, 영국에 이어 5위에 해당한다. 프랑스, 독일, 이탈리아, 캐나다, 스페인이 그 뒤를 잇고 있다. 한국 게임은 중국에 40.6%가 수출되고 그다음으로 대만·홍콩(14.5%), 동남아(11.2%), 일본(10.3%),

한국의 연도별 게임 수출과 수입

단위: 천 달러

출처: 한국콘텐츠진흥원. 〈2020 대한민국 게임백서〉

북미(9.1%) 순으로 수출되고 있다.

국내 게임 시장 규모는 2019년 15조 5,750억 원으로 최근 10년 동안 연평균 9%에 달하는 높은 성장률을 기록하고 있다. 이용자들이 접근하기 편리한 게임을 즐기면서 2017년부터 모바일 게임시장 규모가 PC 게임시장보다 커진 상태다.

e스포츠 지구촌 선수들은 한국으로 전지훈련

초고속 인터넷망을 20년 전부터 전국에 설치했고 1만여 개 PC방에서 게임문화가 불붙은 한국은 e스포츠시장의 절대 강자다. 한국은 세계 최대 e스포츠 대회인 '롤드컵'에서도 8차례 중 5번 우승을 거뒀다.

롤드컵은 2009년 출시된 PC 온라인 배틀게임 '리그 오브 레전드LoL, 롤' 최강자를 매년 가리는 '리그 오브 레전드 월드 챔피언십'을 말한다. 2018년 롤드컵 총상금은 72억 원에 달했고 인천 문학경기장에서 펼쳐진 롤드컵 결승전은 19개 언어로 30개 이상의 TV 채널과 플랫폼으로 중계됐으며 1억 명이 지켜봤다.

롤 게임 세계 1인자인 이상혁 선수는 한국 e스포츠의 아이콘으로 '페이커'라는 닉네임으로 통한다. 세계 팬들은 페이커를 e스포츠계의 마이클 조던, 리오넬 메시에 비유한다. 이 선수가 속한 e스포츠 구단 SKT T1이 롤드컵 3회 우승팀이 된 것도 그의 활약 덕분이다. 7년차 프로게이머인 그의 연봉은 공개되지 않았지만 경기 상금, 인센티브 등을 합치면 연간 수익이 50억 원을 넘을 것으로 추산된다.

e스포츠에서 독보적인 위상을 갖춤에 따라 한국인이 세계 e스포츠 코치의 30%를 차지하고 있으며 세계 각국 e스포츠 선수들은 매년 한국으로 전지훈련을 오고 있다. 한국은 2001년 '한국e스포츠협회'를 창립했고 2003년에는 e스포츠 '스타크래프트 프로 리그'를 출범시켰으며 세계 최초로 게임전문 방송 채널도 운영하고 있다. SK텔레콤, KT, 한화 등 대기업들이 운영하는 e스포츠팀도 20개를 넘어섰다.

1988 서울올림픽에서
2018 동계올림픽까지

스포츠 선수들이 혼신의 노력을 다하는 모습은 감동적이다. 수
많은 사람의 흥분을 불러일으키기도 한다. 올림픽이나 월드컵 같은
메가 스포츠 이벤트는 그런 감격의 도가니이자 동시에 개최국의 문
화와 발전상을 세계에 알리는 기회다. 한국은 무수한 글로벌 스포
츠 스타들을 배출했을 뿐 아니라 메가 스포츠 이벤트를 연달아 개
최하며 국민 역량을 결집시킨 지구촌에서 가장 정열적인 나라 중
하나다.

스포츠 '그랜드슬램' 미국·중국보다 먼저 완성하다

'그랜드슬램'이라는 용어는 야구에서 만루홈런을 치거나 테니스
또는 골프에서 어느 선수가 4대 메이저대회를 모두 휩쓸었을 때 사
용한다. 이 영광스러운 스포츠 타이틀은 최고의 스타선수들만 사용
할 수 있을 것으로 보이지만, 한국을 비롯한 6개국은 '스포츠 그랜
드슬램' 달성국가라는 찬사를 받고 있다.

스포츠계에서는 하계올림픽, 동계올림픽, 월드컵축구대회, 세계

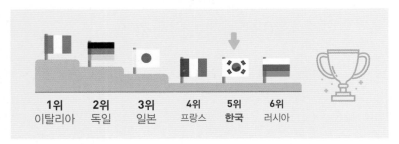

스포츠 그랜드슬램을 이룬 국가들

	1위 이탈리아	**2위** 독일	**3위** 일본	**4위** 프랑스	**5위** 한국	**6위** 러시아

	이탈리아	독일	일본	프랑스	한국	러시아
하계 올림픽	1960 로마 올림픽	1936 베를린 올림픽	1964 도쿄 올림픽	1900 파리 올림픽	1988 서울 올림픽	1980 모스크바 올림픽
동계 올림픽	1956 코르티나 담베초 올림픽	1936 가르미슈파 르텐미르헨 올림픽	1972 삿포로 올림픽	1924 샤모니 올림픽	2018 2월 평창 동계올림픽	2014 소치 올림픽
세계 육상 선수권대회	1987 이탈리아 로마	1993 독일 슈투트가르트	1991 일본 도쿄	2003 프랑스 생드니	2011 대한민국 대구	2013 러시아 모스크바
월드컵	1934 이탈리아 월드컵	1974 서독 월드컵	2002 한일 월드컵	1938 프랑스 월드컵	2002 한일 월드컵	2018 6월 러시아 월드컵

육상선수권대회를 일컬어 4대 메이저 스포츠 대회라고 부른다. 하계·동계올림픽은 국제올림픽위원회IOC가 주관하는 행사로 지구촌 스타 선수들이 총출동하는 스포츠 이벤트의 최고봉이다. 여기에 축구는 세계에서 가장 인기 있는 종목이고 육상은 올림픽에서 가장 많은 금메달 47개를 겨루는 '1번 종목'이라는 상징성이 있다.

한국은 1988년 서울올림픽을 성공적으로 개최한 데 이어 2002년에는 일본과 공동으로 한일월드컵을 개최했고 2011년에는 대구에서 세계육상선수권대회를 열었다. 그리고 2018년 평창동계올림픽을 마치면서 마침내 '4대 메이저 스포츠 그랜드슬램'을 달성했다.

세계에서 이 기록을 달성한 나라는 이탈리아, 독일, 일본, 프랑스에 이어 한국이 5번째다. 한국은 2018년 2월 동계올림픽으로 그랜드슬램을 완성했고 러시아는 이보다 몇 개월 늦은 2018년 6월 월드컵으로 그랜드슬램을 완성했다. 스포츠 그랜드슬램은 특별한 상을 주는 기록은 아니지만 국가 위상이 얼마나 높은지 상징적으로 보여주는 지표라 할 만하다. 세계 최강국으로 불리는 미국이나 중국도 아직 스포츠 그랜드슬램은 달성하지 못하고 있다. 미국은 2021년 세계육상선수권대회를 개최해야 7번째로 스포츠 그랜드슬램을 이루게 된다. 중국은 베이징에서 2008년 하계올림픽, 2015년 세계육상선수권대회를 열었고 2022년에는 동계올림픽을 개최할 예정이지만 월드컵은 2034년 대회를 유치하려고 아직도 꿈만 꾸고 있는 단계다.

한국이 4위에 오른 서울올림픽, 소련 붕괴에도 '한방'

한국전쟁이 휴전한지 35년 만에 개최된 1988년 서울올림픽은 세계인들에게 그야말로 충격이었다. 한국이 전쟁의 폐허와 빈곤이라는 이미지를 벗어던지고 풍요의 시대로 달려가는 전환점이었다. 한국의 정보기술IT을 한 단계 발돋움시킨 계기이기도 했다. 세계에 경기장면을 생중계할 수 있도록 이때 전국에 광통신망을 연결하고 해저통신 케이블도 구축했기 때문이다.

하계올림픽 한국의 메달과 순위

개최 연도	개최국	도시	금 / 은 / 동메달	한국 순위
1972	서독	뮌헨	0 1 0	33
1976	캐나다	몬트리올	1 1 1	19
1980	소련	모스크바		불참
1984	미국	로스앤젤레스	6 6 7	10
1988	**한국**	**서울**	**12 10 11**	**4**
1992	스페인	바르셀로나	12 5 12	7
1996	미국	애틀랜타	7 15 5	10
2000	호주	시드니	8 10 10	12
2004	그리스	아테네	9 12 9	9
2008	중국	베이징	13 10 8	7
2012	영국	런던	13 8 7	5
2016	브라질	리우데자네이루	9 3 9	8

출처:대한체육회

그 당시는 아직 냉전이 세계를 지배하던 시절이었다. 1980년 모스크바올림픽에는 서방국가들이 대거 불참했고 1984년 LA올림픽에는 공산진영이 보이콧을 선언하면서 올림픽마저 반쪽짜리로 전락시켰다. 북한은 1985년부터 서울·평양올림픽 공동개최를 요구하다가 1988년 1월 서울올림픽 불참을 선언했다. '분단올림픽 저지한다'는 산발적인 시위가 서울에서 벌어지기도 했다. 그러나 옛 소련과 동독, 중국 등 공산국가 대부분이 참가하면서 서울올림픽은 정

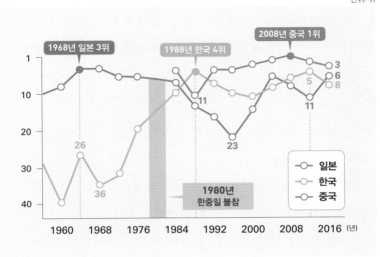

한국, 중국, 일본 올림픽 메달 순위

단위: 위

- 1968년 일본 3위
- 1988년 한국 4위
- 2008년 중국 1위
- 1980년 한중일 불참

범례:
- 일본
- 한국
- 중국

상을 되찾았다. 이때 동유럽 국가들은 서울의 발전된 모습을 보고 "미국 제국주의 착취 대상인 한국이 어떻게 이런 모습으로 발전할 수 있나"며 충격을 받았다고 한다. 소련이 몇 년 후 붕괴되도록 만든 결정타 중 하나로 서울올림픽이 지목되고 있는 이유다.

　한국은 서울올림픽에서 금메달 12개, 은메달 10개, 동메달 11개로 소련, 동독, 미국에 이어 종합 4위를 차지해 세계를 다시 한번 놀라게 했다. 한국에 이어서는 서독, 헝가리, 루마니아, 불가리아가 8위까지 차지했고 중국은 이때 11위에 겨우 이름을 올렸다. 이후 한국은 2012년 런던올림픽에서는 5위, 2016년 브라질올림픽에서는 8위를 차지하는 등 스포츠 강국의 위치를 단단히 다지고 있다.

남북 공동입장이라는 반전 이룬 평창동계올림픽

평창동계올림픽은 세 번째 도전 만에 개최지로 선정됐을 만큼 출발에는 우여곡절이 많았다. 북한이 2017년 연달아 핵무기와 미사일 실험에 나서고 한반도 긴장도 최고조에 이르면서 국제사회 우려가 컸는데 개막을 한 달가량 앞두고 반전이 일어났다. 북한이 서울올림픽 때와는 정반대로 2018년 1월 평창동계올림픽 참가를 선언하고 나온 것이다.

이로써 평창동계올림픽은 북한을 포함한 92개국 선수 2,925명이 참가하는 동계올림픽 역사상 최대 규모로 진행됐다. 개막식에서는 드론 1,218대를 이용한 오륜기 퍼포먼스가 세계의 찬사를 받았고 폐막식에서는 K팝 가수들의 공연이 눈길을 사로잡았다. 남북한 개막식 공동입장과 여자 아이스하키 단일팀 구성, 북한 응원단 참가도 올림픽 내내 화제를 모았다.

토마스 바흐 IOC 위원장은 "평화올림픽을 실현한 평창올림픽에서 선수촌과 경기 시설에 만족하지 못한다는 사람을 단 한 명도 보지 못했다"며 찬사를 아끼지 않았다. 구닐라 린드베리 IOC 조정위원장도 "평창올림픽은 아마도 동계올림픽 역사상 가장 잘 조직된 대회였다"며 "한국 국민은 이를 자랑스러워할 만하다"고 했다.

한국 선수단은 이 대회에서 금메달 5개, 은메달 8개, 동메달 4개를 획득하며 종합 7위에 올랐다. 일본(11위)과 중국(16위)에 앞서 아시아에서는 1위였다. 한국은 동계올림픽에서 1988년까지는 한 개의 메달도 획득하지 못했다. 1992년 프랑스 알베르빌 동계올림픽부

동계올림픽 한국의 메달과 순위

개최 연도	개최국	도시	금 / 은 / 동메달			한국 순위
1988	캐나다	캘거리				
1992	프랑스	알베르빌	2	1	1	10
1994	노르웨이	릴레함메르	4	1	1	6
1998	일본	나가노	3	1	2	9
2002	미국	솔트레이크시티	2	2	0	14
2006	이탈리아	토리노	6	3	2	7
2010	캐나다	밴쿠버 휘슬러	6	6	2	5
2014	러시아	소치	3	3	2	13
2018	**한국**	**평창**	**5**	**8**	**4**	**7**

출처: 대한체육회

터 강자로 부상해 2010년 캐나다 밴쿠버올림픽에서는 종합 5위까지 올라섰다. 평창올림픽에서는 금메달 숫자가 주춤했지만 메달획득 종목은 여자컬링, 썰매 종목(스켈레톤, 봅슬레이), 설상 종목(스노보드) 등으로 다변화되는 성과를 이뤄냈다.

김연아, 황영조, 박태환 등 올림픽을 빛낸 스타들

올림픽 무대는 수많은 한국 스타선수들을 배출해 냈다. 김연아는 수식어가 필요 없는 세계 최고의 피겨여왕이다. 2010년 밴쿠버 동계올림픽에서 올림픽 사상 최고 점수로 금메달을 따냈다. 세계선수

김연아   황영조   박태환

권대회, 4대륙 선수권, 그랑프리 파이널 등 각종 대회 우승에 이어 진정한 피겨여왕으로 등극하는 순간이었다.

　마라톤은 손기정과 황영조라는 영웅을 배출했다. 손기정 선수는 1936년 베를린올림픽에서 당시 2시간 29분 19초라는 세계신기록으로 금메달을 획득했다. 황영조 선수는 1992년 스페인 바르셀로나올림픽에서 태극기를 달고 당당하게 마라톤 금메달을 따내 국민들을 열광하게 했다. 바르셀로나올림픽에서는 첫 금메달을 사격에서 여갑순 선수가 차지하고 마지막 금메달도 마라톤 황영조 선수가 따내며 한국인의 강인함을 세계에 각인시켰다.

레슬링 양정모 선수는 1976년 캐나다 몬트리올 올림픽에서 태극기를 달고 처음으로 금메달을 따냈다. 한국이 1948년 런던올림픽에 처음 출전한 이래 28년 만에 이룬 쾌거였다.

'마린보이' 박태환은 2008년 베이징올림픽 남자 자유형 400m에서 한국 수영 사상 처음으로 금메달을 따냈다. 아시아 선수가 올림픽 수영 자유형에서 금메달을 따낸 것은 1936년 베를린올림픽 자유형 1,500m의 일본 데라다 노보루에 이어 72년 만이었다.

2008년 베이징올림픽에서 세계신기록으로 우승한 역도 장미란 선수, 2012년 런던올림픽에서 한국 체조에 첫 금메달을 안겨준 양학선 선수, 2016년 리우올림픽까지 올림픽 3연속 우승을 이룬 사격 진종오 선수, 동계올림픽 스피드스케이팅의 이승훈, 이상화 선수도 올림픽을 빛낸 명단에서 이름을 빼놓을 수 없는 선수들이다.

여름올림픽은 양궁, 겨울올림픽은 쇼트트랙

한국 국가대표 선수들이 경기장에 들어서면 다른 나라 선수들은 아예 주눅부터 드는 종목이 있다. 미국 농구팀, 캐나다 아이스하키팀, 중국 탁구팀, 러시아 리듬체조팀과 비교되는 한국의 드림팀은 양궁팀과 쇼트트랙팀이다.

한국 양궁대표팀은 1972년 뮌헨 대회에서 양궁이 정식종목으로 채택된 이후 이제까지 나온 금메달 40개 중 23개를 획득했다. 한국은 1984년 LA올림픽부터 2016년 리우올림픽까지 금메달을 획득하지 못한 대회가 한 번도 없으며 2016년 리우올림픽에서는 남녀 4개

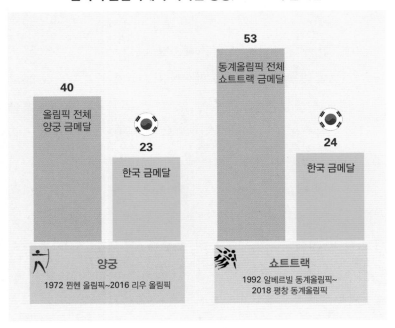

한국이 올림픽에서 획득한 양궁, 쇼트트랙 금메달

40
올림픽 전체
양궁 금메달

23
한국 금메달

양궁
1972 뮌헨 올림픽~2016 리우 올림픽

53
동계올림픽 전체
쇼트트랙 금메달

24
한국 금메달

쇼트트랙
1992 알베르빌 동계올림픽~
2018 평창 동계올림픽

종목 금메달을 모조리 획득했다. 한국 양궁선수들의 기량이 높다보니 2회 연속 올림픽에 출전한 선수를 손꼽을 정도로 대표선수 선발전을 통과하기도 어렵다. 2012년 런던올림픽에서 남자부 4강에 오른 한국, 미국, 이탈리아, 멕시코 감독이 모두 한국인이었을 정도로 한국선수를 감독으로 모셔가려는 유치전도 강하다. 양궁이 이처럼 강세를 보이는 배경에는 1983년 창설된 대한양궁협회를 현대자동차그룹이 오랫동안 지원해온 영향도 간과할 수 없다.

쇼트트랙은 2018 평창동계올림픽에서 통산 24개째 금메달을 수

확하며 양궁 금메달 23개를 추월했다. 1992년 알베르빌 동계올림픽에서 쇼트트랙이 정식 종목으로 채택된 이래 현재까지 나온 금메달 53개 중 한국이 24개를 차지했다. 이는 동계올림픽에서 한국이 획득한 금메달 46개의 절반을 웃도는 숫자이기도 하다. 2006 토리노 동계올림픽에서는 쇼트트랙에 걸린 8개 금메달 중 6개를 한국이 획득했는데 이 무렵부터 한국 쇼트트랙 1세대 선수들이 외국 국가대표팀 코치로 옮겨가면서 한국의 압도적 우위가 점차 약화되고 있다.

쇼트트랙과 양궁 다음으로 올림픽에서 금메달을 많이 따낸 종목은 태권도로 12개이고 유도·레슬링은 11개씩이다.

월드컵 4강 그리고 9회 연속 월드컵 진출

지구촌에서 가장 많은 팬을 거느린 축구의 최강국을 가리는 월드컵은 세계 최대 스포츠축제로 통한다. 국제축구연맹FIFA 회원국은 211개에 이르고 축구로 인해 전쟁이 일어난 일도 있을 정도다.

한국은 2002년 한일월드컵에서 4강에 올라 세계 축구팬들을 깜짝 놀라게 했다. 2018년 러시아월드컵에서는 비록 16강 진출에 실패했지만 조별리그에서 세계랭킹 1위 독일을 2-0으로 격파해 강렬한 인상을 남겼다. AP통신은 2018년 세계 스포츠계에 일어난 8대 이변 중 하나로 이 경기를 꼽았다.

축구경기에 행운과 이변이 많이 작용한다고 생각할수록 월드컵 본선 진출 횟수는 더 주목받는다. 대륙별 예선을 꾸준히 통과할 정도의 안정적인 실력을 가늠하는 잣대이기 때문이다.

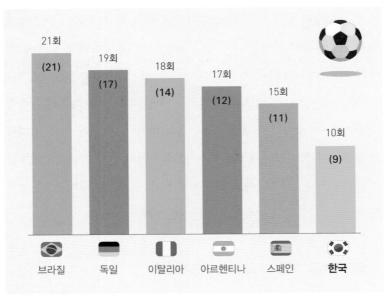

월드컵 본선 진출 기록

21회
(21)
브라질

19회
(17)
독일

18회
(14)
이탈리아

17회
(12)
아르헨티나

15회
(11)
스페인

10회
(9)
한국

*괄호 안은 연속 진출 기록

출처: 국제축구연맹(FIFA)

월드컵은 1930년 우루과이에서 1회가 시작됐고 2018년 러시아 월드컵은 21회였다. 이들 대회 본선에 한 번도 빠지지 않고 21회 연속 참가한 팀은 브라질뿐이다. 독일은 19회 출전(17연속)기록으로 2위에 올라있고 이탈리아는 러시아월드컵 본선 진출에 실패하면서 18회(14연속)에 머물렀다. 아르헨티나가 17회 출전(12연속)으로 4위이고 스페인이 15회(11연속)로 5위다.

한국은 1986년 멕시코월드컵부터 2018년 러시아월드컵까지 9개 대회 연속 본선에 진출해 이 부문 6위에 올라 있다. 총 출전횟수도

10회로 아시아 국가 중 독보적인 1위다. 아시아에서는 일본이 1998년 프랑스월드컵부터 6회 연속 본선에 진출했고 그 다음으로는 사우디아라비아가 2006년 독일월드컵까지 4회 연속 본선에 진출한 기록을 갖고 있다.

차범근, 박지성, 손흥민 유럽 프로축구를 흔들다

차범근, 박지성, 손흥민은 한국을 대표하는 축구 스타로 프로축구의 본고장 유럽에 깊은 인상을 남겼다. 차범근은 1978년 당시 세계 최고의 축구리그이던 서독 분데스리가에 데뷔하자마자 3게임 연속골을 터트렸다. 박정희 대통령 사망 등으로 한국 정치가 암울하던 그 시절 차범근은 '차붐', '갈색폭격기'로 통하며 10년 남짓한 기간에 308경기에서 98골을 뽑아냈다. 그는 25세에 분데스리가에 데뷔했음에도 외국인 선수 중 최다골을 기록하고 1989년 은퇴했다. 차범근은 전성기 시절 분데스리가에서 세 번째로 높은 연봉을 받는 선수였다. 그가 기록한 98골은 모두 필드골이었고 옐로카드는 단 1장뿐이어서 페어플레이어로도 인정을 받았다.

박지성은 2002년 한일월드컵에서 혜성처럼 등장해 월드컵 4강 기록을 세워놓은 뒤 21세 나이에 네덜란드 PSV아인트호벤으로 2002년 말 진출했다. '두 개의 심장'이라는 별명처럼 지칠 줄 모르는 체력과 감각적인 위치 선정으로 2004~2005시즌 PSV의 리그 우승과 챔피언스리그 4강 진출을 이끌었다. 2005년 7월부터 영국 맨체스터유나이티드에서 7년 동안 뛰며 프리미어리그 4회 우승과 챔

| 차범근 | 박지성 | 손흥민 |

피언스리그 우승에 기여했다.

　손흥민은 유럽에 진출한 아시아 선수의 새 역사를 써내려가고 있다. 유럽 프로리그에 진출한 시기가 차범근은 25세, 박지성은 21세였던 데 비해 손흥민은 출발부터 달랐다. 함부르크 유스팀을 거쳐 2010년 독일 함부르크에서 18세로 프로에 데뷔했고 레버쿠젠을 거쳐 2015년부터 잉글랜드 토트넘홋스퍼에서 뛰고 있다. 손흥민은 차범근과 박지성의 기록을 하나하나 깨트리며 1,000억 원 이상의 몸값을 지닌 선수로 평가받고 있다. 스페인 프리메라리가에 2019년 만 17세 나이로 최연소 데뷔한 이강인의 활약도 지켜볼 만하다.

박찬호, 류현진, 선동열 미국·일본 프로야구에서 빛나다

한국에 1982년 프로야구가 출범한 이후 박철순, 최동원, 선동열 등 쟁쟁한 스타들이 배출됐다. 1994년에는 박찬호가 LA다저스에 입단하면서 미국 메이저리그에도 한국선수가 진출하게 된다. 박찬호에 앞서 최동원, 선동열도 미국 프로야구 구단의 스카우트 제의를 받거나 입단계약을 맺었지만 병역법에 걸려 메이저리거 진출의 꿈은 이루지 못했다.

박찬호는 1996년부터 LA다저스 선발투수로 활약하기 시작하며 1997년 말 외환위기로 움츠려있던 국민들에게 큰 희망을 안겨줬다. 박찬호는 160km에 육박하는 강속구로 1997년부터 5시즌 연속으로 10승 이상을 거뒀고 메이저리그에서 활동한 17년 동안 통산 124승 98패를 기록했다. 박찬호에 이어 많은 선수들이 메이저리그 진출을 시도했으며 지금은 텍사스레인저스의 외야수 추신수와 LA다저스의 투수 류현진이 한국선수로 대표적인 활약을 보이고 있다.

일본 프로야구에 처음 진출한 한국선수는 1962년 도에이플라이어스에 입단한 백인천이다. 그는 1975년 퍼시픽리그 수위타자에 오르는 등 맹활약하다가 한국 프로야구가 출범하자 복귀했다. 그후 '국보급 투수'로 불리는 선동열이 1996년 34세의 나이로 한국 프로야구 출신으로는 처음으로 일본 프로야구에 진출해 세이브 1위를 기록하는 등 최고 수준의 마무리 투수로 활약하다 은퇴했다. 선동열에 이어 이종범, 이승엽, 이대호 등이 차례로 일본 프로야구에 진출했다. 이승엽은 2006년 41홈런 108타점을 기록했고 이대호는

2012년 퍼시픽리그 타점왕에 오르는 기록을 남겼다.

'박세리 키즈' LPGA를 10년 이상 좌우하다

박세리는 박찬호와 함께 1990년대 말 외환위기로 지쳐있던 한국인들의 마음을 달래줬던 스포츠 영웅이다. 미국여자프로골프LPGA 투어에 참가한 첫해인 1998년 맥도널드 LPGA 챔피언십과 US여자오픈에서 우승하며 신인상에 올랐다. 2001년 브리티시 여자오픈 우승, 2002년 LPGA 챔피언십 우승을 거쳐 2007년 LPGA 명예의 전당에 입회했다. 그의 성공에 자극받아 골프를 시작한 이른바 '박세리 키즈'들은 2000년대 중반 이후 LPGA를 완전히 장악했다.

한국 선수들이 LPGA 투어에서 2018년까지 10년 동안 거둔 승수는 99승에 이른다. 미국이 66승으로 2위이고 그다음으로는 뉴질랜드와 일본이 15승으로 3위에 올라있으니 한국 선수들의 활약이 얼마나 압도적인지 알 수 있다. 이 기간 중 상금왕도 태극낭자들이 절반을 차지했다. 2009년 신지애가 LPGA 투어 상금왕에 오르더니 2010년에는 최나연, 2012년과 2013년에는 박인비가 상금왕에 등극했다. 2017년에는 박성현이 신인왕과 상금왕을 동시에 거머쥐어 10개 시즌 중에 한국 상금왕이 5번이나 탄생했다.

LPGA가 세계여자골프 랭킹을 발표하기 시작한 것은 2006년부터인데 신지애가 2010년 한국선수 중 처음으로 세계랭킹 1위에 오른 뒤 박인비, 유소연, 박성현도 1위에 이름을 올렸다. 여자골프 랭킹 1위에는 한국 4명 다음으로 미국이 2명이며 그다음으로는 대만,

2018년까지 10년 동안 LPGA 한국선수 활약

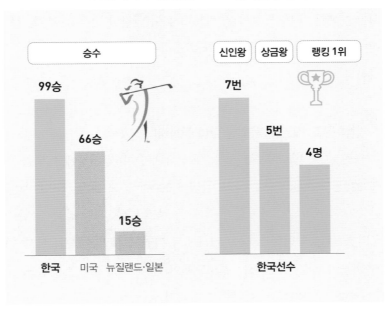

뉴질랜드, 스웨덴 등 6개국이 1명씩을 배출했을 뿐이다.

　신인왕 역시 이 기간 중 한국 출신이 압도적으로 많다. 2009년 신지애를 필두로 서희경, 유소연, 김세영, 전인지, 박성현, 그리고 2018년 고진영까지 10년 동안 한국 선수가 7차례나 신인왕을 차지했다. 이런 활약으로 한국여자골퍼들은 매년 LPGA 상금의 20~35%를 가져가며 이 기간 중 상금 1억 4,000여만 달러를 휩쓸었다. 국내에서 검증된 새로운 선수들이 속속 합류하고 있으니 앞으로도 한국 여자골퍼들의 강세는 당분간 이어질 전망이다.

한국 여자골퍼들은 일본여자프로골프_JLPGA_ 투어에서도 2010년부터 9년 동안 안선주, 전미정, 이보미 등이 번갈아가며 상금왕을 7차례나 차지했다. 일본 역대 '평균 최소타수' 톱4가 모두 한국선수 기록이다.

'한류 원조' 태권도, 음악을 만나 진화하다

태권도는 한국이 종주국인 현대창작 무술이다. 서울에 본부를 둔 세계태권도연맹_WTF_이 태권도 사범 3,000여 명을 세계 각지로 보내 한국과 태권도를 알려왔다는 점에서 '원조 한류'라 할 만하다. 한국 문화를 외국에 알리는 각종 행사에서 태권도 시범은 K팝, 한식 등과 더불어 빼놓을 수 없는 프로그램이다. 태권도 경기 용어들도 시작, 차렷, 정지와 같은 한국어로 이뤄져 있다.

2019년 세계태권도연맹 회원국은 209개국으로 이제는 태권도를 수련하지 않는 나라를 찾아보기 힘들 정도다. 태권도장은 신체단련과 함께 예절, 규칙을 수양하는 곳으로 평가받으면서 미국에서만 1만여 곳에 달하는 것으로 추산된다. 동티모르, 남수단, 코소보와 같은 신생 독립국은 물론 아프가니스탄, 르완다처럼 혼란이 극심한 나라에서도 태권도협회가 설립돼 있다.

태권도는 서울올림픽에서 시범종목으로 처음 소개됐고 2000년 시드니올림픽 때에는 정식종목으로 채택됐다. 세계태권도연맹은 1973년부터 세계태권도선수권대회를 2년마다 개최하고 있다. 한국은 세계 최초의 태권도 전용경기장인 '무주 태권도원'을 2014년 개장했고 이곳에서 23회 세계태권도선수권대회를 개최했다. 2017년 무주세계태권도선수권대회에는 183개국에서 1,763명이 참여해 7일 동안 열띤 경기를 펼쳤다.

태권도는 겨루기, 품새, 격파 위주의 경기나 시범에서 이제는 무용이나 음악과 접목해 태권 댄스, 태권 무용 등으로 진화하고 있다. '원조 한류' 태권도가 새로운 한류로 거듭나려는 시도를 하고 있다.

MIRACLE KOREA

2부

기적을 일군
강점과 저력

교육에 대한 열정과
뛰어난 두뇌

한국전쟁의 폐허에서 대한민국을 일군 저력을 꼽으라면 단연 '교육'이라고 말할 수 있다. 부존자원이 없는 열악한 현실을 딛고 세계 10위권 경제로 도약할 수 있었던 힘은 교육에 대한 열정과 뛰어난 두뇌에서 나왔다고 해도 지나친 말은 아니다. 선진국을 뛰어넘는 고등교육 이수율, 국외로 나간 유학생 규모, 수학올림피아드와 경제협력개발기구OECD 국제학업성취도 조사에서 한국은 우수한 기록을 보유하고 있다. 한국 학생들의 수학과 과학 실력은 세계 최고 수준이다. 교원 1인당 학생 수가 감소하면서 '콩나물 교실'이라는 오명을 벗는 등 교육 환경도 지속적으로 개선되고 있다.

고등교육 이수율 10년 이상 세계 1위를 달리다

한국의 고등교육 이수 비율은 선진국들을 압도한다. 고등학교와 대학교 진학 비율이 개발도상국은 물론 미국과 일본, 유럽 주요 국가에 비해서도 높다. 교육부가 발표한 고등교육 이수율은 2019년 기준으로 50%에 달했다. OECD 평균과 10%포인트 가량 차이

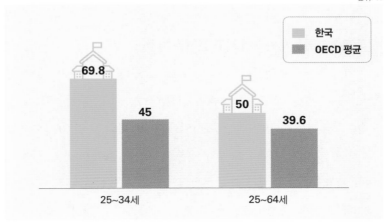

고등교육 이수율 현황(2019년)

단위: %

69.8
45
50
39.6

25~34세   25~64세

한국
OECD 평균

출처: 교육부

가 날 만큼 월등하다. 연령별로는 청년층인 25·34세의 고등교육 이수율이 69.8%로 가장 높았다. 비교적 교육 시스템이 잘 갖춰져 있는 미국과 영국, 일본, 프랑스 등과 비교해도 큰 격차를 보였다. 한국의 고등교육 이수율은 2008년 이후 세계 최고 수준을 유지하고 있다.

한국은 청년 고등교육 이수 비율이 매년 큰 폭으로 증가했으며 이런 추세는 계속되고 있다. 2005년 한국 청년 고등교육 이수율은 51%에 불과했다. 12년 만에 무려 20%포인트 가까이 뛴 것이다. 이는 대학에 진학하는 학생들이 늘고 있기 때문이다. 물론 양적인 성장으로만 고등교육의 성과를 측정할 수는 없다. 평생 교육이라는 측면에서는 아직 선진국 수준에 이르지 못한 한계도 있다. 하지만 대한민국의 전반적인 교육 수준이 높고 지속적으로 높아지고 있는 것만은 사실이다.

국제수학 올림피아드서 최고 성적을 거두다

국제수학올림피아드International Mathematical Olympiad, IMO에서 매년 선두권을 유지하고 있는 것은 한국 교육의 우수성을 보여준다. 국제수학올림피아드는 1959년 루마니아에서 첫 대회가 열렸으며 세계 수학자와 수학영재들의 교류의 장으로 역할을 하고 있다. 한국은 1988년부터 매년 출전하고 있는데 줄곧 최상위권을 차지하고 있다.

20세 미만의 대학교육을 받지 않은 학생들이 참여하며 대수, 기하, 정수론, 조합 등에서 문제가 출제된다. 브라질 리우데자네이루에서 열린 2017년 제58회 수학올림피아드에서는 한국 대표 6명이 전원 금메달을 획득해 총점 170점으로 종합 1위를 차지하기도 했다. 한국 대표단은 2020년까지 34년간 국제수학올림피아드에 참가했는데 144명 중 금메달을 두 개 이상 받은 학생은 14명에 달한다.

국제 수학올림피아드 한국 성적

연도	참여인원			P1	P2	P3	P4	P5	P6	총점
	전체	남성	여성							
2020	6	6	0	42	32	22	38	36	5	175
2019	6	6		42	39	31	42	42	30	226
2017	6	5	1	42	39	1	42	22	24	170
2016	6	6		42	41	23	42	33	26	207
2015	6	6		42	15	18	42	25	19	161
2014	6	6		42	29	23	42	27	9	172

OECD 국제학업성취도 평가에서 수학 최고 점수

한국 학생들의 수학과 과학 실력은 OECD가 주관한 평가에서도 나타난다. 청소년들을 대상으로 OECD가 주관한 학업성취도 평가가 그것이다. 수학에 대한 국가 차원의 지원이 미미한 상황에서 이 같은 결과가 나왔다는 것은 한국 민족의 우수성을 증명하는 것으로도 볼 수 있다. OECD가 회원국을 포함해 세계 65개국 학생 약 51만 명을 대상으로 조사한 '2018국제 학업성취도 평가Programme for International Student Assessment, PISA'를 보면 한국은 수학 2위, 과학 3~5위로 모두 상위권에 올랐다. 수학 평균점수는 526점으로 OECD 회원국 중 두 번째로 높았고 과학(538점)은 에스토니아, 일본, 핀란드 다음이었다. 과목별 OECD 평균점수는 수학 489점, 과학 489점이었다. OECD 회원국을 포함해 전체 참여국을 모두 비교한 순위에서도 한국은 수학, 읽기, 과학에서 모두 상위권에 올랐다. 한국은 이전에도 PISA에서 좋은 성적을 보였다. 2009년 수학 3~6위(546점), 과학 4~7위(538점)로 상위권을 기록했다. 특히 남학생은 수학에서 OECD 평균을 크게 앞서는 실력을 과시했다. 2000년 처음 시작된 PISA는 3년 주기 표집 방식으로 시행되고 있다.

OECD가 2015년 실시한 국제 학업성취도 평가에서는 수학 외에도 '협력적 문제해결력'에서 두각을 나타냈다. 컴퓨터상의 가상 팀원들과 문제를 해결하는 지식과 기술, 노력을 평가하는 것이었는데 총 52개국 학생들이 참여했다. 한국은 평균 538점을 얻었으며 팀워크 등 평가 항목별로 3~7위에 올랐다. 그동안 한국은 주입식 교육

PISA 2018 OECD 회원국의 영역별 성적 비교

단위: 점

읽기			수학			과학		
국가	평균 점수	OECD 국가순위	국가	평균 점수	OECD 국가순위	국가	평균 점수	OECD 국가순위
에스토니아	523	1~3	일본	527	1~3	에스토니아	530	1~2
캐나다	520	1~4	한국	526	1~4	일본	529	1~3
핀란드	520	1~5	에스토니아	523	1~4	핀란드	522	2~5
아일랜드	518	1~5	네덜란드	519	2~6	한국	519	3~5
한국	514	2~7	폴란드	516	4~8	캐나다	518	3~5
폴란드	512	4~8	스위스	515	4~9	폴란드	511	5~9
스웨덴	508	6~14	캐나다	512	5~11	뉴질랜드	508	6~10
뉴질래드	508	6~12	덴마크	509	6~11	슬로베니아	507	6~11

출처: OECD

탓에 창의력과 문제 해결 능력이 모자란다는 지적이 있었지만 이런 약점이 점차 개선되고 있음을 뜻한다.

국가별 과학 경쟁력 세계 10위권을 유지하다

한국은 국가별 과학 경쟁력도 선두권을 향해 달리고 있다. IMD 스위스 국제경영개발원가 발표하는 국가경쟁력 평가 중 과학기술 경쟁력은 2009년 이후 줄곧 10위권을 유지하고 있다. IMD는 1989년부터 해마다 세계 60여 개 국가를 대상으로 국가경쟁력 순위를 발표한다. 4대 분야 20개 항목, 333개의 세부지표로 구성되는데 여기에는 과학 경쟁력도 포함된다.

우리나라가 강점을 보이는 과학 경쟁력 지표로는 연구개발투자와 국내총생산GDP 대비 연구개발투자 비중, 기업 연구개발비 지출, 전체 연구개발 인력, 과학 분야 논문 수, 국적별 특허 출원 수 등이다. 물론 지식재산권과 보안 등 취약한 분야가 있고 과학 발전을 위한 법적·제도적 환경이 부족한 측면도 있다. 연구자 만족도나 기업 혁신역량, 산업계와 학계의 협력도 더 필요하다. 2017년 처음 발표된 디지털 경쟁력 평가DCR 지표도 19위로 저조한 편이라 전반적인 과학 수준을 최상위로 끌어올리기 위해서는 정부와 민간의 긴밀한 협력이 요구된다.

걱정스러운 점은 우리 학생들의 수학과 과학 경쟁력이 점점 약화되고 있다는 사실이다. 특히 수학 분야에서 성적이 큰 폭으로 떨어지고 있다. 국제올림피아드에서 거둔 성적이 수학 수준의 모든 것을 대변하는 것은 아니다. 2018년부터 선두권에서 멀어지고 있어 수학 교육에 대한 점검이 필요한 시점이다. 이는 올림피아드 성적이 대학 입학시험에 반영되지 않아 도전하는 학생이 줄고 수학 교육도 입시 위주로 흐르고 있는 것과 무관하지 않다.

수학 실력이 흔들리면 과학기술 혁신을 통한 국가경쟁력 향상이 어렵다. 4차 산업혁명이 본격화하면 수학 실력이 국가 위상을 좌우할 수도 있다. 빅데이터와 인공지능AI 등 새로운 기술의 발전은 대부분의 수학과 통계에 기반을 두고 있기 때문이다. 수학올림피아드에서 우수한 성적을 거둔 전통을 이어갈 수 있는 환경을 재구축할 필요가 있다.

IMD 과학·기술경쟁력

단위: 평가국 중 순위

■ 국가경쟁력　■ 과학경쟁력　■ 기술경쟁력

출처: IMD 〈The World competitiveness Yearbook〉

교원 1인당 학생 수 감소하며 콩나물 교실 사라지다

교육에 대한 열정은 학교와 교실의 환경 개선으로 이어지고 있다. 1946년부터 1965년 사이에 태어난 베이비부머 세대는 콩나물 교실을 경험했을 것이다. 좁은 교실에 60~70명의 학생들이 옹기종기 모여 수업을 듣는 장면은 이들에게는 익숙한 광경이다. 많은 학생을 교사 1명이 맡다 보니 교육의 질도 떨어질 수밖에 없었다.

이처럼 악명이 높았던 대한민국 학교의 교육 환경은 이제 OECD 회원국과 비슷한 수준에 올라와 있다. 한국전쟁 이후 2000년대 전까지 교실마다 볼 수 있었던 과밀 현상이 사라지고 있는 것이다. 이는 통계에서도 확인할 수 있다. 한국교육개발원에 따르면 2020년

교사 1인당 학생 수 추이

단위: 명

■ 초등학교과정   ■ 중학교과정   ■ 고등학교과정

	2017	2018	2019	2020
초등학교과정	14.5	14.5	14.6	14.2
중학교과정	12.7	12.1	11.7	11.8
고등학교과정	12.4	11.5	10.6	10.1

출처: 한국교육개발원

기준으로 국내 교사 1인당 학생 수는 초등학교 14.2명, 중학교 11.8명, 고등학교 10.1명인 것으로 조사됐다. 이는 OECD 평균과 비슷한 수준으로 선진국에 상당히 접근한 것으로 볼 수 있다.

1980년에만 해도 교사 1인당 학생 수는 유치원이 19.9명, 초등학교 47.5명, 중학교 45.1명, 고등학교 33.3명에 달했다. 다만 학급당 학생 수는 여전히 많은 편이다. 초등학교가 23.2명, 중학교는 28.4명에 달하며 OECD 평균보다 최대 5명이 많은 것으로 집계됐다. 하지만 저출산으로 학생 수가 줄고 있어 교사 1인당 학생 수뿐만 아니라 학급당 학생 수도 OECD 평균에 맞춰지는 것은 시간문제다.

해외로 공부하러 가는 유학생 해마다 20만 명에 달해

선진 지식을 습득하기 위해 국외로 공부하러 떠나는 유학생 수는 한국 교육의 발전을 가늠하는 또 하나의 지표다. 2008년부터 2020년까지 13년간 국외 대학이나 대학원으로 유학하는 학생은 해마다 20만 명이 넘었다. 2008년 21만 6,867명을 기록한 뒤 매년 오르락내리락했지만 전체적으로 꾸준함을 유지하고 있다. 국가별로는 미국과 중국 유학생이 전체의 절반가량을 차지하고 있다. 그러나 문화의 다양성을 추구하는 흐름에 따라 호주와 일본, 필리핀, 영국, 캐나다, 프랑스, 독일 등 국외 유학 대상 국가는 점차 다양해지고 있다.

주목할 대목은 국외 유학의 흐름이 성숙해지고 있다는 점이다. 예전에는 경제적 여유가 되면 국외 유학을 선택하는 경향이 있었지만 점차 꼭 가야 할 이유가 있는 학생들만 가는 흐름으로 바뀌고 있다.

대학생(학위+연수) 유학생 현황

단위: 명

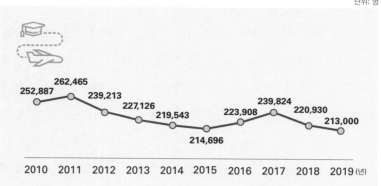

출처: 교육부

국외 유학생 수가 큰 폭으로 늘다가 정체를 보이는 이유이기도 하다. 유학을 다녀오면 미래가 보장된다는 통념이 옅어지면서 나타난 현상이기도 하지만 실리를 추구하는 분위기와도 연관이 있다. 인터넷과 소셜네트워크서비스sNs, 유튜브 등 다양한 채널을 통해 학습할 수 있는 환경도 국외 유학의 트렌드를 바꾼 요인이라고 볼 수 있다.

국외 유학에 대한 의식 변화로 비합리적인 도피성 유학이나 조기 유학의 폐단도 점차 사라지고 있다. 결과적으로 꼭 유학을 가야 할 우수한 학생들이 첨단 지식을 익히고 돌아와 국내 학술과 산업 발전에 밑거름이 되는 선순환 구조는 한국 교육 발전의 또 하나의 디딤돌이 되고 있다.

국제기능올림픽에서 가장 많은 우승자를 배출하다

국제기능올림픽에서 한국이 올린 성적은 군계일학이다. 국제기능올림픽은 1947년 스페인에서 시작됐지만 첫 국제대회는 1950년 열렸다. 그 후 1954년 국제기능올림픽대회 조직위원회wsi가 설립되며 참여국이 늘었고 1973년부터 격년제로 열리고 있다.

한국은 경제개발 5개년 계획에 따라 산업 기술이 절실했던 1967년 16회 스페인 마드리드 대회에 처음 출전했다. 기술 인력을 중시하는 정책에 힘입어 한국은 다음 대회에서 종합 3위를 기록하며 세계를 놀라게 했다. 그리고 10년 만인 1977년 첫 우승의 쾌거를 이룬 뒤 9연패를 포함해 거의 매년 선두를 달렸다.

2019년 러시아 카잔에서 열린 제45회 대회에서 한국 대표단은

역대 기능올림픽 순위

연도	1위	2위	3위
1975	스위스	대한민국	스페인
1977	대한민국	서독	일본
1978	대한민국	일본	스위스
1979	대한민국	일본	스위스
1981	대한민국	일본	스위스
1983	대한민국	대만	오스트리아
1985	대한민국	일본	스위스
1988	대한민국	일본	대만
1989	대한민국	대만	오스트리아
1991	대한민국	일본	오스트리아
1993	대만	대한민국	일본
1995	대한민국	대만	독일
1997	대한민국	스위스	대만
1999	대한민국	대만	일본
2001	대한민국	독일	일본
2003	대한민국	스위스	일본
2005	스위스	대한민국	독일
2007	대한민국	일본	스위스
2009	대한민국	스위스	일본
2011	대한민국	일본	스위스
2013	대한민국	스위스	대만
2015	대한민국	브라질	중국
2017	중국	대한민국	스위스
2019	중국	러시아	대한민국

금메달 7개, 은메달 6개, 동메달 2개를 땄다. 조직위원회WSI가 발표한 평균 점수와 평균 메달 점수, 총 메달 점수, 참가선수 총 점수, 우수선수 비율 등 5개를 지표 점수로 합산한 결과 총점 264점을 얻었는데 아쉽게도 3위를 차지했다. 하지만 실력 차이가 크다고 볼 수 없다. 중국이 두 번 연속 1위를 차지한 배경에는 국가 차원의 집중 투자가 있었기 때문이다. 한국도 입상자들에게 많은 상금과 훈장을 주고 있지만 관심이 많이 떨어졌다. 제조업 강국의 위상을 유지하려면 국제기능올림픽 최다 우승 국가에 걸맞은 투자가 필요하다.

매년 급속히 늘어나는 민간부문의 교육투자

한국의 높은 교육열은 적극적인 투자로 이어지고 있다. 한국은 국내총생산GDP에서 공교육비가 차지하는 비중이 높은 편이다. 'OECD 교육지표'에 따르면 2017년 기준으로 한국의 초등교육에서 고등교육까지 GDP 대비 공교육비는 3.5%인 것으로 나타났다. OECD 평균과 같았다. 학생 1인당 공교육비 지출액도 OECD 평균과 비슷하다. 한국 학생 1인당 공교육비 지출액은 1만 달러가 훌쩍 넘는데 이는 OECD 평균에 필적하는 수준이다. 고등교육만 놓고 보면 OECD 평균보다 약간 높다. 고등교육에 대한 민간부문의 투자는 증가하고 있지만 정부 투자가 제자리걸음을 하고 있는 것은 문제다. 공교육비 중 정부 투자 비중은 고등학교 이하가 87.3%인 반면 대학 이상은 38.1%에 불과했다. OECD 국가의 대학 이상 공교육비에서 정부 투자 비중은 68.2%에 달한다.

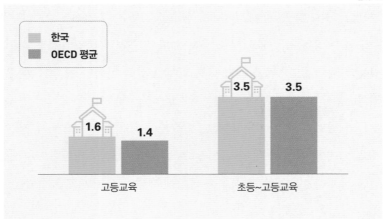

GDP 대비 공교육비 현황(2017년)

단위: %

- 한국
- OECD 평균

1.6	3.5	3.5
1.4		

고등교육   초등~고등교육

출처: 교육부

　　하지만 한국은 학생 1인당 공교육비 지출액이 매년 증가하는 추세다. 이런 흐름이 이어지면 대학 이상 공교육비도 선진국 수준으로 올라갈 것이다. 이는 대학을 나온 성인 비율이 꾸준히 증가하고 있는 것으로도 예상할 수 있다. 2019년 기준으로 한국에서 대학을 나온 성인 비율은 50%에 달했다. OECD 평균인 39.6%를 10%포인트 웃돌았던 것이다. 25~34세 청년층 비율은 69.8%로 2008년 이후 10년째 OECD 최고 수준을 유지하다가 2019년 2위로 밀렸다. 자식이 부모보다 학력이 높은 비율도 OECD 평균보다 높았다. 교육 예산도 매년 증가세에 있다.

혁신의 밑바탕 연구개발

국가가 발전하려면 변화와 혁신에 대한 열망이 강해야 한다. 오늘보다 더 나은 내일을 꿈꾸는 국가와 국민만이 발전할 수 있다. 혁신과 변화는 저절로 이루어지는 것이 아니다. 끊임없는 노력이 뒷받침되지 않으면 성과를 내기 어렵다.

대한민국은 일제 식민지에서 벗어난 직후에는 최빈국이었지만 제조업 강국으로 우뚝 섰다. 그럴 수 있었던 저력은 잘살아보겠다는 국민들의 열망을 바탕으로 이룩한 변화와 혁신에 있다고 해도 지나친 말은 아니다. 어느 나라보다 연구개발에 많은 돈을 투자하고 미국과 일본, 독일 같은 선진 산업국 못지않게 많은 특허 출원과 국제지식재산권, 상표권을 획득하는 등 다방면에서 엄청난 노력을 기울였다. 최근 들어 4차 산업혁명 기술 관련 특허와 논문들이 쏟아지고 있는 것도 한국의 혁신 역량을 보여주는 단적인 예다.

세계에서 가장 높은 GDP 대비 연구개발투자 비율

한 국가의 혁신성장 기반은 얼마나 많은 돈을 연구개발R&D에 투

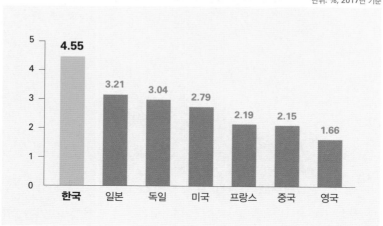

주요국 GDP 대비 연구개발비 현황

단위: %, 2017년 기준

한국 **4.55**
일본 3.21
독일 3.04
미국 2.79
프랑스 2.19
중국 2.15
영국 1.66

출처: 과학기술정보통신부, OECD

자하느냐에 달려 있다. 연구개발투자비율은 어떤 국가가 1년 동안 연구개발 활동에 얼마나 투자했는지 가늠할 수 있는 중요한 지표다. 이를 통해 국가 수준에서 추진된 기술혁신 노력을 짐작할 수 있다. 이와 함께 부문별 투자 추이도 엿볼 수 있다.

한국의 GDP 대비 R&D 투자비율은 세계 최고 수준이다. OECD가 발표한 2017년 기준 GDP 대비 연구개발 투자 비율을 보면 한국이 4.5%으로 OECD 국가 중 가장 높고 일본 3.2%, 독일 3.0%, 미국 2.79% 순이었다. 2000년 2%대였던 한국의 연구개발 투자 비율은 꾸준히 상승하며 5%에 육박하고 있다. 부문별로는 기업이 압도적으로 높고, 정부와 고등교육 분야에서 다소 낮는 편이다. 2000년 기업부문의 연구개발 투자는 1.6%에 불과했지만 삼성전자와 현대차 등 대기업의 연구개발 투자가 늘면서 비중이 높아지고 있다. 특히 삼성전자의 연구개발 투자 총액은 전 세계 기업 중 2위를 차지할 만큼 많다. 4차 산업혁명 시대에는 세계시장에서 기업들 간 첨단 기술 경쟁이 더 치열해질 것으로 예상돼 이런 추세는 계속될 가능성이 크다.

물론 GDP와 대비한 비율이라 절대 금액을 놓고 보면 미국과 중국 등 큰 나라들과 격차를 보이고 있다. 한국의 연구개발 투자 총액은 약 100조 원으로 중국의 5분의 1에 불과하다. 연구개발의 절대 금액을 늘리고 있다지만 기술 강국이 되려면 더 많은 투자가 필요하다. 투자 효율을 높이는 것에도 신경 써야 한다. 기술 선진국이 되려면 연구개발 수준 자체를 고도화해야 하는 것이 필수 과제다.

중국과 미국, 일본에 이어 특허 출원 수 세계 4위

특허 출원 수는 국가의 혁신 노력을 보여주는 또 다른 지표다. 한국은 2000년 연간 특허 출원 수가 10만 개를 돌파한 이후 지속적인 증가세를 보이고 있다. 매년 적게는 수천 건, 많게는 1만 건 이상 증가하며 2014년 20만 건을 돌파했다. 세계지식재산권기구wipo가 발표한 '지식재산지표 2018'에 따르면 한국은 2017년 말 기준으로 특허 출원 수가 20만 5,000건으로 전 세계 4위를 차지했다. 중국이 138만 건으로 2위인 미국과 큰 격차를 보이며 선두를 달렸다. 미국은 60만 6,000건, 일본이 31만 8,000건으로 뒤를 이었다. 절대출원

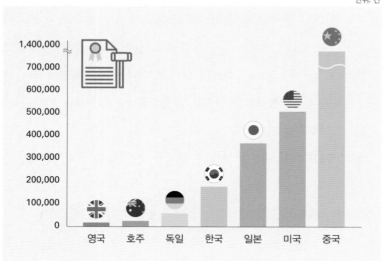

OECD 주요국의 특허출원 수(2017년)

단위: 건

출처: OECD

건수로는 4위지만 GDP 대비 출원 건수와 인구 대비 출원 건수에서는 미국과 일본, 독일 등 선진국들을 멀찌감치 따돌리고 앞서 나가며 특허 출원 강국의 면모를 보이고 있다.

국제특허 출원 건수 역시 중국의 약진이 눈에 띄지만 한국도 최상위권을 유지하고 있다. WIPO 특허협력조약pct을 통해 2017년 국제특허를 출원한 건수의 국가별 순위를 보면 미국이 부동의 1위를 지키고 있고 중국과 일본, 독일에 이어 한국이 뒤를 이었다. 한국은 전년 대비 1.3% 증가한 1만 5,763건의 국제특허를 출원한 것으로 집계됐다.

특허 출원 분야가 4차 산업혁명 분야에 집중돼 있는 것도 평가할 만한 대목이다. 한국지식재산연구원에 2008년부터 2017년까지 4차 산업혁명 관련 국내 특허출원은 연평균 8.7% 성장하며 같은 기간 평균 증가율인 1.3%를 크게 웃돌았다. 이는 인공지능AI과 사물인터넷IoT, 빅데이터, 자율주행 분야에서 특허 출원이 많았기 때문인 것으로 분석됐다. 삼성전자와 ETRI한국전자통신연구원, LG전자, 현대차 등 대기업과 연구원이 4차 산업혁명 기술 관련 특허 출원을 주도한 것으로 나타났다.

국제지식재산지수 100점 만점에 82.2점을 기록하다

미국 상공회의소 산하 세계지식재산센터GIPC는 전 세계 GDP의 90%를 차지하는 45개 국가를 대상으로 6개 분야에서 35개의 평가지표를 활용해 지식재산지수를 산출하고 있다. GIPC가 발표한 '2020년 국제지식재산지수'에 따르면 한국 지식재산지수는 100점 만점에 82.2로 세계 13위였다. 2019년과 같은 성적이다. 최상위는 아니지만 15위 안에 든다는 것은 지식재산 수준이 높다는 것을 의미한다. 참고로 미국이 95.28점으로 1위를 차지했고 영국(93.92점)과 프랑스(91.50점), 독일(91.08점)이 그 뒤를 이었다. 중국은 한참 뒤로 쳐졌고 최하위권은 베네수엘라 등이었다.

국제지식재산지수는 국가가 얼마나 독창적인 기술을 보호하고 혁신 기술을 유도하는지 보여준다. 평가 항목은 특허를 포함한 저작물과 상표의 보호기간, 특허 요건, 저작권 제한과 예외, 영업비밀, 시장 진입 장벽, 소프트웨어 침해 비율, 지식재산 침해에 대한

국제지식재산지수 순위(2020년)

단위: 점, 45개국 대상

순위	국가	총점	순위	국가	총점
1	미국	95.28	8	아일랜드	88.98
2	영국	93.92	9	스위스	85.34
3	프랑스	91.50	10	스페인	84.64
4	독일	91.08	11	싱가포르	84.42
5	스웨덴	90.56	12	이탈리아	83.18
6	일본	90.40	13	한국	82.20
7	네덜란드	89.64	27	중국	50.96

만점: 100점

출처: 2020 GIPC지수

민형사상의 구제, 지식재산권 관련 국제조약 가입 여부, 특허권 관련 권리 및 제한 특허에 대한 이의제기와 상표권 관련 권리 및 제한 등을 망라한다. 이와 함께 디자인 권리 무단 사용 방지에 필요한 독점권을 부여할 수 있는 법적 수단과 지식재산 자산 사업화에 대한 규제적·행정적 장벽, 무역 관련 지식재산 침해에 대한 관세 당국의 고지와 투명성도 평가한다. 말 그대로 지식재산과 관련한 모든 것을 포함한다고 볼 수 있다.

상표권 관련 권리보호와 집행 강도 세계 최고 수준

재산권 중에 한국에서 가장 잘 보호받고 있는 것을 꼽으라면 상표권이라고 할 수 있다. GIPC에 따르면 2020년 기준으로 한국은

상표권 순위

단위: 점

순위	국가	점수
1	🇺🇸 미국	100
	🇬🇧 영국	
3	🇰🇷 **한국**	**93.75**
4	🇫🇷 프랑스	87.50
	🇩🇪 독일	
	🇮🇪 아일랜드	
	🇯🇵 일본	

순위	국가	점수
4	네덜란드	87.50
	뉴질랜드	
	스웨덴	
	스위스	
12	호주	81.25
13	중국	75.00

만점: 100점 　　　　　　출처: 2020 GIPC지수

상표권 점수가 100점 만점에 93.75로 3위를 차지한 것으로 나타났다. 한국은 이 분야에서 줄곧 상위권을 차지하며 상표권 관련 권리의 보호, 집행 강도가 최고 수준이라는 사실을 입증했다.

상표권 분야 점수는 상표권의 보호기간과 상품포장에 브랜드를 표기할 수 있는 상표권자의 권한 제한 여부, 상표권자의 상표권 보호 능력, 위조품 온라인 판매에 대응하는 제도 등을 망라해 산출한다. 신제품의 디자인 부가가치가 높아져 이 부문이 강화되고 있는 추세다. 한국도 소비자의 취향이 고급화하면서 디자인 수준이 높아졌고 디자인 관련 지식재산권 보호를 강화하고 있는 것으로 볼 수 있다. 이는 선진국에서 일어나는 현상이기도 한다.

저작권과 특허권 환경도 꾸준히 개선되고 있다

상표권에 비해 저작권과 특허권 점수는 다소 떨어지는 편이다. 하지만 저작권도 꾸준하게 10위권을 지키고 있다. 저작권과 독점권을 부여하는 법적 조치를 비롯해 온라인 불법복제 대응 협력 증진 제도의 유용성, 디지털 저작권 관리 규정 등 세 항목에서는 최고 점수를 받았다. 정부의 정보통신기술ICT 시스템용 특허 소프트웨어 라이선스 지침과 정책 집행의 명확성 항목을 비롯해 저작권 관련 권리 보호기간과 저작권 제한, 예외 범위 항목도 높이 평가됐다.

특허 환경의 전제 순위는 상대적으로 떨어지는 편이지만 일부 항목이 만점을 받는 등 개선되고 있다. 특허보호기간과 특허요건, 컴퓨터로 구현되는 발명의 특허적격성, 특허제품과 기술 강제실시권의 입법 기준과 이용, 의약품 특허존속기간 연장 항목은 영국과 스

저작권 순위

단위: 점

순위	국가	점수	순위	국가	점수
1	미국	96.43	8	호주	84.00
2	영국	94.71	9	일본	78.43
3	싱가포르	92.71	10	네덜란드	78.38
4	독일	91.14	11	아일랜드	76.86
5	스웨덴	87.14	12	뉴질랜드	71.80
6	한국	85.57	13	이탈리아	66.57
6	프랑스	85.57	30	중국	36.14

만점: 10점

출처: 2020 GIPC지수

위스, 스웨덴, 독일, 프랑스 등 선진국들과 어깨를 나란히 하고 있다. 의약품 특허집행·해결방안과 규제적 데이터 보호기간 등 낮은 점수를 받고 있는 분야를 보완하면 특허권도 최상위권으로 올라갈 수 있을 것으로 기대된다.

블룸버그 세계혁신국가 순위에서 선두를 달리다

블룸버그는 매년 연구개발 지출 집중도와 제조업 부가가치, 생산성, 첨단기술 집중도, 교육 효율성, 연구 집중도, 특허 활동 등 7개 항목을 평가해 국가별로 혁신지수 순위를 매긴다. 한국은 2020년에는 선두자리를 독일에 내주었지만 2019년엔 블룸버그 혁신지수에서 총점 87.38로 1위에 올랐다. 한국은 6년 연속 혁신지수에서 선두를 달렸다. 한국은 혁신지수 산정 기준이 된 7개 항목 중에 특허 활동(20위)과 생산성(18위)을 빼고 전 부문에서 상위권을 기록했다.

가장 기여도가 높은 것은 역시 GDP 대비 연구개발 비중이었다. 연구개발 지출액과 제조업이 창출한 부가가치 항목에서 각각 2위를 기록한 것이다. 첨단기술 기업 수 항목에서도 4위에 올랐고, 고등교육기관 진학자 수와 전문 연구원 수 항목에서 각각 7위를 차지했다. 다만 생산성은 다른 분야에 비해 낮은 점수를 받았다. 생산성 점수는 15세 이상 노동 인구당 GDP 규모를 산정해 계산하는데 서비스업 분야가 낮았던 것으로 조사됐다.

독일이 87.30점으로 2위, 핀란드가 85.57점으로 그 뒤를 이었다. 스위스와 이스라엘, 싱가포르, 스웨덴, 미국, 일본, 프랑스 등이 10

2019년 세계 혁신 국가 순위

단위: 점

순위	국가	종합점수	순위	국가	종합점수
1	한국	87.38	6	싱가포르	84.49
2	독일	87.30	7	스웨덴	84.15
3	핀란드	85.57	8	미국	83.21
4	스위스	85.49	9	일본	81.96
5	이스라엘	84.78	10	프랑스	81.67

*세계 60개국 대상 조사

출처: 블룸버그('2019년 블룸버그 혁신지수')

위권 안에 들었다. 한국은 2018년에도 종합점수 89.28점으로 1위를 차지했는데 이보다는 다소 낮은 점수다. 블룸버그 외에 세계지식재산권기구WIPO가 발표하는 세계혁신지수GII 등 평가에서도 한국은 상위권을 점하고 있다. 고등교육을 받는 인구와 공공분야 연구개발 지출이 많기 때문이다. 문제는 많은 재원을 투입하면서도 성과는 미미하다는 점이다. 이는 질적인 투자가 상대적으로 약하기 때문이다. 실제 성과로 이어질 수 있도록 연구개발의 수준을 높이는 것이 우리 앞에 놓인 과제다.

세계를 놀라게 하는 한국 대표 과학자들의 활약

과학 분야에서 한국은 노벨상 수상자를 배출하지 못했지만 뛰어난 연구 실적을 보유한 이들은 적지 않다. 2018년 9월 한국연구재단이 발표한 보고서에 따르면 최소 6명이 노벨상 수상자 수준의 연

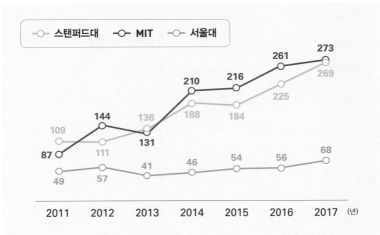

미국·한국 대학 컴퓨터공학부 졸업생 수 현황

단위: 명

스탠퍼드대 — MIT — 서울대

출처: 미국공학교육학회, 서울대

구 성과를 올린 것으로 조사됐다. 논문 수와 논문 피인용 수, 논문 1 편당 인용 수, 연구 생산력과 영향력지수 등을 분석한 결과다. 연구 재단에 따르면 세계 학술정보업체인 엘스비어의 학술지 데이터베이스 '스코퍼스 DB'에 등재된 1960~2018년 논문에서 최근 10년간 노벨 과학상 수상자들의 평균 논문 피인용 수를 넘어선 한국인 과학자는 총 6명이다. 앞으로 그럴 가능성이 높은 연구자도 7명에 달했다.

분야별로 보면 물리학에서는 나노 크기의 탄소 물질 연구자인 김 필립 미국 하버드대 교수와 이영희 성균관대 교수, 물질 안에 전자 간 상관작용을 탐색한 정상욱 미국 럿거스대 교수가 포함됐다. 화학에서는 나노입자를 균일하게 합성하는 연구로 주목을 받았던 현택환 서울대 교수와 리튬이차전지용 양극과 음극소재 기술을 개발한 김광수 울산과학기술원 교수가 선정됐다. 생리의학계에서는 이서구 연세대 교수가 꼽혔다. 진핵세포 생리작용에 관여하는 인지질 분해효소를 발견하고 그 역할과 작용을 규명한 연구의 파급력이 컸다. 물론 연구재단 분석이 노벨상을 결정하는 기준은 아니다. 하지만 불모지에 가까웠던 과학 분야에서 짧은 기간에 세계적인 석학을 배출한 것은 한국의 교육 열정이 작용한 것으로 볼 수 있다.

세계은행 인적자본지수에서 세계 2위를 차지하다

세계은행은 2018년 10월 처음으로 인적자본지수Human Capital Index를 발표했다. 지금 태어난 아이들이 앞으로 얼마나 높은 생산성을 창출할 것인지를 점수화한 것이다. 한국은 157개국 중 싱가포르에 이어 2위를 차지했다. 한국 아이들의 미래 생산성이 그만큼 높을 것으로 평가한 것이다. 한국의 인적자본지수는 0.84로 1위인 싱가포르와는 0.04 차이를 보였다. 인적자본지수는 1에 가까울수록 미래 생산성이 높다는 것을 의미한다.

평가 항목은 생존과 학교교육, 의료보건 등 3가지다. 생존은 5세까지의 아동 생존율을 평가하는 것이고, 학교교육은 학업 예상기간과 학업 성취도를 점수로 매긴다. 의료보건은 60세까지의 성인 생존율과 5세 이하 아동의 발달 점수로 판단한다. 세계은행은 한국의 5세까지의 아동 생존율을 100%로 예상했고 학업 예상기간은 13.6

세계은행 인적자본지수 상위 10개국(2018년)

싱가포르	한국	일본	홍콩	핀란드	아일랜드	호주	스웨덴	네덜란드	캐나다
0.88	0.84	0.84	0.82	0.81	0.81	0.80	0.80	0.80	0.80

출처: 세계은행

년으로 봤다. 15세 청소년이 60세까지 생존하는 비율도 94%로 매우 높았다. 한국에 이어 일본과 홍콩, 핀란드, 아일랜드, 호주, 스웨덴, 네덜란드, 캐나다가 그 뒤를 이었다. 미국은 24위, 중국은 46위를 기록했다. 가장 낮은 국가는 아프리카에 있는 차드Chad로 0.29에 그쳤다.

반면 매년 세계경제포럼WEF 연차 총회에서 발표되는 인적자원경쟁력지수GTCI에서 한국은 20~30위권을 맴돌고 있다. 2014년 첫 조사 결과가 발표됐을 때 29위였고, 2015~2016년 2개년 통합조사 때 37위로 떨어졌다. 2017년 29위로 올랐지만 2018년 30위로 다시 미끄러졌고 2019년에는 순위 변동이 없었다. 스위스와 싱가포르, 미국, 노르웨이, 스웨덴이 상위권을 점하고 있다. GTCI는 인재의 성장과 유치, 보유 등 인적 자원의 경쟁력을 포괄적으로 나타낸다. 연구개발과 고등교육, 노동시장 유연성, 여성 사업기회 부문 등 6개 분야 48개 항목을 평가해 지수화한 것이다. 한국은 정보통신기술 인프라스트럭처에서 선두권이지만 노사협력과 남녀 소득격차, 여성 리더십 기회 등에서 매우 낮은 점수를 받고 있다. 인적자본지수뿐만 아니라 인적자원의 경쟁력을 높이려면 정책의 대전환이 필요하다.

4차 산업혁명 분야별 논문순위 세계 10위권에 들다

국가의 혁신 역량을 가늠할 수 있는 지표로 새로운 산업과 관련한 논문 수도 주목할 필요가 있다. 아쉽게도 한국은 인공지능과 빅데이터 등 4차 산업혁명을 주도할 핵심 기술 연구 역량에서 미국과 중국 등 주요 경쟁 국가에 다소 밀리는 모습이다. 〈매일경제신문〉이 입수한 과학기술정책연구원STEPI 보고서에 따르면 인공지능과 사물인터넷IoT, 3D프린팅, 빅데이터, 클라우드 컴퓨팅, 로봇, 자율주행차 등 7개 분야에서 한국의 논문 수는 각각 세계 10위, 3위, 6위, 7위, 8위, 5위, 4위를 기록했다. STEPI는 2012년부터 2017년까지 '스코퍼스 DB'에 등재된 논문을 바탕으로 평가를 했다.

다만 미국과 중국에 비해 논문의 질적 격차가 컸다. 특히 로봇분야 논문의 상대적 피인용지수는 한국이 전체 국가 평균인 1.0에도 미치지 못하는 0.85에 그쳤고 인공지능 분야도 0.88에 불과했다. 미국의 AI 논문 피인용지수는 1.71인 것으로 평가됐다. 반면 4

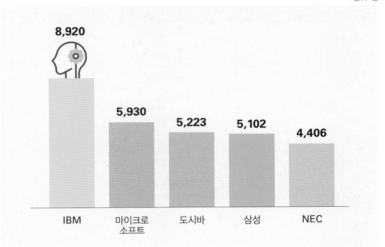

인공지능 특허 상위 5개 기관

단위: 건

8,920
5,930
5,223
5,102
4,406

IBM 마이크로소프트 도시바 삼성 NEC

출처: 세계지식재산권기구(WIPO)

차 산업혁명 분야에서 한국 기업들의 경쟁력은 높은 것으로 나타났다. 2019년 2월 세계지식재산권기구WIPO가 발간한 〈인공지능 기술 동향〉 보고서에 따르면 이 분야 특허 등록 건수에서 삼성이 5,102건으로 4위를 차지했다. 1위는 미국 IBM으로 8,920건, 2위는 마이크로소프트MS 5,930건, 3위는 도시바 5,223건이었고 삼성에 이어 5위는 NEC로 4,406건인 것으로 조사됐다.

〈포브스〉 '100대 혁신기업'에 선정된 한국 기업들

미국 경제 전문지 〈포브스〉는 매년 '100대 혁신기업'을 발표한다. 2018년에는 네이버가 9위를 차지하는 등 4개의 한국 기업이 이름을

美 〈포브스〉가 선정한 혁신적 기업

순위	기업
1	서비스나우
2	워크데이
3	세일스포스
4	테슬라
5	아마존
6	넷플릭스
7	인사이트
8	힌두스탄유니레버
9	네이버
10	페이스북
14	셀트리온
18	아모레퍼시픽
27	LG생활건강

*2018년 기준   출처: 포브스

올렸다. 네이버는 전체 100위 중 9위에 오르며 2년 연속 10위권을 유지했다. 네이버는 2014년 53위, 2015년 21위, 2016년 13위, 2017년 9위로 순위가 수직 상승했다. 새로운 기술과 서비스를 지속적으로 만든 것에서 높은 평가를 받았다.

네이버에 이어 바이오 업체인 셀트리온이 14위에 올랐고 아모레퍼시픽 18위, LG생활건강이 27위를 차지했다. 물론 상위권은 미국 기업이 휩쓸었다. 미국 클라우드 컴퓨팅 기업인 서비스나우가 선두에 올랐고 클라우드 기반 재무와 인사 관리 업체인 워크데이가 그

뒤를 이었다. 세일스포스와 테슬라, 아마존이 각각 3~5위를 차지
했다. 한국은 국가 경제 규모에 비해 혁신 기업이 적은 것은 아니지
만 끊임없는 연구개발을 통해 그 수를 더 늘릴 필요가 있다.

세계문화유산에 담긴
유구한 역사와 전통

국가 경쟁력은 하루아침에 이루어지지 않는다. 오랜 세월 동안 온갖 도전을 극복하며 쌓아 올린 결정체라고 할 수 있다. 역사가 유구한 나라일수록 어려움을 이겨낸 흔적이 많은데 이는 그 나라의 문화유산에 고스란히 담겨 있다. 5,000년의 역사를 지닌 한국은 세계적으로 자랑할 만한 문화유산을 많이 보유하고 있다. 국토가 좁고 인구도 적은 대한민국이 70년 만에 세계 10위 경제 대국으로 성장하고, 정치적으로도 단기간에 민주화를 이룰 수 있었던 힘은 역사와 전통, 세계가 인정하는 뛰어난 문화유산에서 나왔다고 해도 지나친 말은 아니다.

해마다 최소 1건씩 세계 문화유산을 등재하다

유네스코는 2018년 11월 남한과 북한이 각각 별도로 신청한 씨름을 인류무형유산 목록에 공동 등재했다. 이는 남북한 유산이 유네스코에 공동 등재되는 첫 사례가 됐다. 한국은 1995년 세계 문화유산 3건을 유네스코에 처음 등록했다. 종묘, 석굴암과 불국사, 해

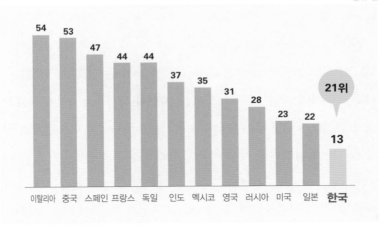

국가별 세계유산 등재 건수와 순위

단위: 건

54 53 47 44 44 37 35 31 28 23 22 **21위** 13

이탈리아 중국 스페인 프랑스 독일 인도 멕시코 영국 러시아 미국 일본 **한국**

*2018년 말 기준

출처: 유네스코

인사 장경판전이 그것이다. 2년 뒤에는 창덕궁과 수원 화성, 훈민정음, 조선왕조실록이 잇따라 세계기록유산으로 등재됐고 2001년에는 직지심체요절, 승정원일기가 세계기록유산으로, 종묘제례 및 종묘제례악이 인류무형유산으로 지정됐다. 2010년 이후에는 매년 최소 1건이 세계유산으로 등재되며 한국은 풍부한 문화를 보유한 국가로 인식되고 있다.

유네스코는 세계 유산의 종류를 3가지로 나누고 있다. 세계유산은 '세계 문화 및 자연유산 보호에 관한 협약'에 따른 것으로 문화유산과 자연유산, 복합유산이 있다. 눈으로 확인할 수 있는 유형유산을 의미한다. 이와 상반된 유산으로는 '인류무형문화유산 보호에 관한 협약'에 근거한 인류무형유산이 있다. 2005년에 발효됐는데 이전에 있었던 '인류 구전 및 무형유산걸작' 목록이 여기에 흡수 통합됐다. 끝으로 세계기록유산은 세계기록유산 프로그램 목록을 말하는데 세계유산이나 무형유산과는 달리 국가 간 협약 사업은 아니고 유네스코 자체 프로그램이다. 한국은 2018년 말 현재 세계유산 13건, 기록유산 16건, 인류무형유산 20건의 세계문화유산을 유네스코에 등재했다. 유럽의 여러 국가 등 선진국에 비해서는 양적인 등재 실적이 떨어지지만 세계 평균에 비해서는 많은 편이다.

한국은 1988년 유네스코 '세계 문화유산 및 자연유산의 보호에 관한 협약'에 가입했으며 문화재의 우수성과 독창성을 국제사회에 널리 알리기 위한 다양한 사업을 벌이고 있다. 세계문화유산은 관광자원으로 활용할 수 있을 뿐만 아니라 국가 신인도를 높이는 데 기여하기 때문이다.

국외에 흩어져 있는 한국문화재 19만 점 달해

안타까운 점은 많은 한국 문화재가 해외를 떠돌고 있다는 사실이다. 국외소재문화재재단에 따르면 2020년 4월 현재 국외에 있는 한국 문화재는 21개국에 걸쳐 19만 3,136점에 달하는 것으로 조사됐다. 국가별로는 일본 8만 1,889점으로 42.4%를 차지하고 있고 미국이 5만 3,141점(27%)로 뒤를 잇고 있다. 중국과 영국, 독일, 러시아 등도 적지 않은 한국 문화재를 보유하고 있는 것으로 나타났다. 문화재청과 국외소재문화재재단은 문화재를 보유하고 있는 당사자와 외국 수사기관과의 공조 등 여러 경로를 통해 환수하고 있다.

국외에 있는 한국 문화재

단위: 점

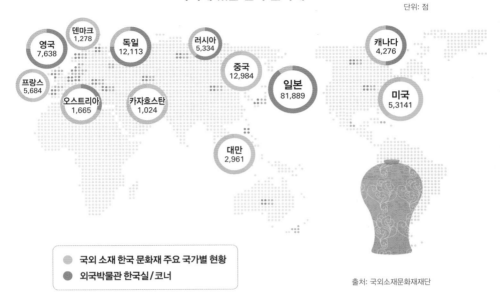

덴마크
1,278

영국
7,638

독일
12,113

러시아
5,334

캐나다
4,276

프랑스
5,684

중국
12,984

오스트리아
1,665

카자흐스탄
1,024

일본
81,889

미국
5,3141

대만
2,961

● 국외 소재 한국 문화재 주요 국가별 현황
● 외국박물관 한국실 / 코너

출처: 국외소재문화재재단

2015년에는 덕혜옹주 유품과 이선제 묘지 등 46점의 국외 문화재
를 환수하는 성과를 올리기도 했다.

그러나 환수 과정이 쉬운 것은 아니다. 소장자를 설득하는 작업
이 선행돼야 하고, 기증 받지 않고 매입해야 할 때는 예산도 필요하
다. 출처 확인을 위해서는 각국 수사 기관의 협조를 얻어야 한다.
불법 반출됐다는 사실을 입증할 자료를 구하는 것도 간단한 작업은
아니다. 하지만 이런 난관에도 불구하고 매년 많은 국외 한국 문화
재가 고국의 품으로 돌아오고 있다. 환수 조치와 더불어 아직 발견
되지 않은 국외 문화재를 찾는 것도 중요한 일일 것이다.

세계에서 10번째로 책을 많이 생산하는 한국

매년 발간되는 책의 양을 보면 절대적인 경제 규모가 큰 미국과 중국이 세계 시장의 거의 절반을 차지한다. 국제출판협회International Publishers Association, IPA에 따르면 2015년 전 세계에서 총 160만 권의 책이 발간됐는데 이 중 중국이 47만 권, 미국이 33만 9,000권으로 각각 1, 2위를 점했다. 비중으로 따지면 중국이 28%, 미국이 20%를 차지한 것이다.

한국은 영국과 프랑스, 독일, 브라질, 일본, 스페인, 이탈리아에

국가별 책 발행 순위(2015년)

단위: 천 권

중국	470
미국	339
영국	173
프랑스	106.8
독일	89.5
브라질	88.7
일본	76.4
스페인	73.2
이탈리아	65.9
한국	**45.2**
아르헨티나	29
네덜란드	23.7

출처: 국제출판협회

이어 10위를 기록했다. 출판 역사가 일천하고 상대적으로 인구가 적다는 점을 감안할 때 나쁜 성적은 아니다. 한국은 연간 4만 권 이상을 발행한다. 세계 책 시장에서 최강국이라고는 할 수 없지만 중상위권을 유지하는 것으로 평가된다. 종이 책 수요가 줄고 있어 실제 국민들의 독서 수준을 정확하게 가늠하기 어렵지만 다양한 콘텐츠를 담은 책들을 꾸준하게 생산하고 있는 것으로 볼 수 있다. 이는 인문학을 존중하는 문화유산과 무관하지 않을 것이다.

유료 일간지 발행부수 OECD 회원국 중 5위를 점하다

전 세계적으로 종이 신문 발행 부수는 줄고 있다. 하지만 한국은 다른 국가와 비교할 때 여전히 신문 발행 부수가 많은 편이다. 비록

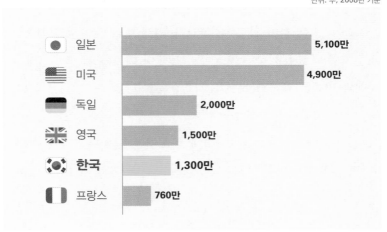

OECD 주요국 유료 일간지 발행부수

단위: 부, 2008년 기준

● 일본	5,100만
🇺🇸 미국	4,900만
독일	2,000만
🇬🇧 영국	1,500만
한국	1,300만
프랑스	760만

출처: OECD

오래된 통계지만 OECD에 따르면 2008년 국가별 일간지 발행 부수 순위에서 한국은 일본과 미국, 독일, 영국에 이어 5위를 차지했다. 〈요미우리〉가 최고 발행 부수를 기록하는 등 일본 신문사들이 선두를 달렸다.

'세계언론동향 2012'의 세계 주요 국가 인구 1,000명 당 신문 발행 부수에서 한국은 노르웨이와 일본, 핀란드, 스웨덴, 홍콩에 이어 6위를 차지했다. 300부를 넘긴 곳은 스위스를 합쳐 7개 국가에 불과했다. 다만 한국은 발행 부수에 비해 구독률이 떨어지는 추세다. 이는 인터넷 보급과 관련이 크다. 독자들이 모바일로 이동하면서 이런 추세는 계속될 것으로 보인다. 그러나 신문이든 모바일이든 뉴스를 보는 인구는 늘고 있어 미디어의 힘이 줄었다고는 할 수 없다.

주요 유럽 국가들의 평균보다 책을 많이 읽다

정부는 2016년 한국의 독서율을 OECD 및 유럽연합과 비교한 통계를 발표한 적이 있다. OECD가 15세 이상 국제성인역량조사 PIAAC를 토대로 분석한 주요국 독서실태에 대해 조사한 것인데, 전자책과 만화를 포함한 독서율에서 한국은 74.4%인 것으로 나타났다. 이는 OECD 평균인 76.5%와 큰 차이가 없었다. 스웨덴(85.7%)과 덴마크(84.9%), 영국(81.1%)에 비해서는 낮지만 프랑스(74.7%)와 비슷하고 벨기에(65.5%), 일본(67.0%), 네덜란드(73.6%)보다는 높았다.

2013년 유럽연합의 조사와 같은 해 한국의 국민 독서실태 조사

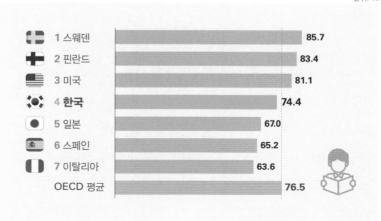

각국의 연간 독서율(2016년)

단위: %

1 스웨덴		85.7
2 핀란드		83.4
3 미국		81.1
4 한국		**74.4**
5 일본		67.0
6 스페인		65.2
7 이탈리아		63.6
OECD 평균		76.5

출처: 문화체육관광부

결과를 비교하면 유럽연합 평균은 68.3%인 데 비해 한국은 73%로 높았다. 한국인의 독서율이 선진국 그룹의 평균을 유지하고 있음을 보여주는 통계다. 물론 한국 성인들의 연간 독서량은 해마다 줄고 있는 추세다. 통계청의 국민 독서실태 조사는 2년마다 한 번씩 이루어지는데 2015년 9.1권에서 2017년에는 8.3권으로 줄었다. 독서 인구 비율(지난 1년간 책을 1권 이상 읽은 인구 비율)도 감소 추세에 있다. 스마트폰으로 인터넷과 동영상 등을 보는 시간이 늘면서 상대적으로 책을 볼 여유가 줄고 있는 탓일 것이다.

하지만 책을 1권 이상 읽은 사람만을 대상으로 하면 평균 13.8권으로 크게 변하지 않았다. 독서 인구가 줄고 있기는 하지만 독서를 존중하는 전반적인 사회 분위기는 그대로 이어지고 있는 것으로 평가할 수 있다.

세계 최고 수준을 자랑하는 한국의 문화 예술

올림픽이나 월드컵, 엑스포 같은 큰 행사는 한 국가의 문화예술 수준을 가늠할 수 있는 기회다. 2018년 2월 열린 평창 동계올림픽 개막식은 한국의 문화예술 수준이 상당한 수준에 올라왔음을 보여주는 행사였다. 순수예술과 기술을 접목한 독창적인 퍼포먼스는 화려하면서도 깊은 감동을 준 대서사시였다. 아날로그와 디지털, 과거와 현재, 미래를 넘나드는 장면과 평화의 메시지 등 세계인들은 평창 올림픽 개막식 행사를 보며 박수를 아끼지 않았다.

K팝으로 대표되는 대중문화에서 한류 바람이 거세지만 순수예술 분야에서도 한국은 높은 단계에 올라와 있다. 명성이 높은 콩쿠르에서 좋은 성적을 거둔 아티스트들이 꾸준히 탄생하고 있는 것도 한국의 예술 수준을 가늠할 수 있는 척도다. 이들은 전 세계 순회공연을 통해 한국이 클래식의 변방이 아님을 증명하고 있다. 이와 더불어 사물놀이와 난타 등 독창적인 공연과 국악을 현대화한 음악도 어디서나 큰 인기를 끌고 있다. 이는 클래식 음악뿐만 아니라 미술과 연극, 영화 분야에서도 천재적인 작가들이 끊임없이 나오고 있는 것과 무관하지 않다.

지속적으로 늘고 있는 문화 예술과 스포츠 관람률

뛰어난 문화예술인과 스포츠 스타들이 나오는 배경에는 문화예술과 스포츠를 관람하는 국민이 많아지고 있는 것도 한몫한다. 한 나라의 문화예술 활동은 삶의 질과 사회 수준을 반영한다는 점에서 주목할 필요가 있다. 한국에서 연간 음악과 연극, 무용 공연, 영화관, 박물관, 미술관 등을 관람하거나 스포츠 경기를 한 번이라도 가 본 적이 있는 사람이 2000년에는 전 국민의 39.9%에 불과했다. 그러나 2015년에는 66.2%까지 늘었다. 그 이후에도 증가세는 이어지고 있다. 부문별로는 영화를 본 사람이 2015년 기준으로 88.1%로 가장 높지만 박물관과 음악 연주회, 미술관, 스포츠 관람 비율도 19~26%에 달했던 것으로 나타났다. 국민 10명 중 최소 2명은 문화예술 공연이나 스포츠 관람을 했다는 의미다.

이는 가구의 문화여가 비용 지출 내역을 봐도 알 수 있다. 한국에

한국과 유럽 국가의 문화예술종류별 관람률(2015년)

단위: %

출처: 교육부

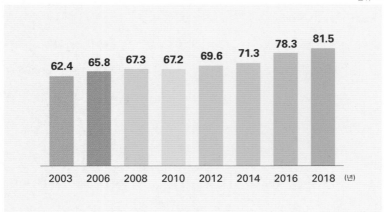

한국의 문화예술 및 스포츠 관람률

단위: %

- 2003: 62.4
- 2006: 65.8
- 2008: 67.3
- 2010: 67.2
- 2012: 69.6
- 2014: 71.3
- 2016: 78.3
- 2018: 81.5

(년)

출처: 문체부

서 한 가구가 문화여가에 쓰는 돈은 2003년 9만 9,500원에서 2016년 14만 9,700원으로 증가했다. 특히 공연과 극장 관람 등 문화예술 분야 지출 비중은 2003년 15.7%에서 2016년 24%로 증가했다. 같은 기간 8.8%에서 24%로 늘어난 여행비와 비슷한 수준을 보인 것이다. 물론 전체 가계지출에서 차지하는 비중은 4~5%대로 큰 변화가 없다.

이처럼 문화예술 스포츠 관람과 문화여가에 쓰는 돈이 많아지고 있다는 것은 그 만큼 경제적 여유가 있다는 것을 뜻한다. 2008년 세계 금융위기에 주춤하기는 했지만 경제발전과 더불어 한국에서 문화예술 시장도 커지고 있는 것만은 분명하다. 하지만 여전히 선진국에 비해서는 낮은 편이다. 한국의 GDP 대비 문화여가 비용 지출

비율은 3.7%로 6%대를 기록하고 있는 미국과 일본, 호주, 유럽 국가들의 절반을 조금 넘는다. 하지만 꾸준하게 증가하고 있는 만큼 경제가 성장하면 차츰 따라잡을 수 있을 것으로 기대된다.

음악과 미술, 영화 분야에서 활약하는 한국 예술인들

음악과 미술, 영화 등 한국은 다방면에서 뛰어난 예술인들을 배출하고 있다. 1980년대부터 세계 음악계에서 이름을 날리고 있는 '정트리오'가 대표적이다. 정명훈과 정명화, 정경화 세 명의 남매는 각각 지휘자 겸 피아니스트, 첼리스트, 바이올리니스트로 명성이 높다. 정명훈은 뉴욕 줄리아드음대를 졸업하고 베를린 필과 런던 필, 파리오케스트라 등 내로라하는 교향악단을 이끌며 새로운 연주 세계를 개척했다. 한국인으로는 처음으로 세계 최고 오페라단인 파리 바스티유 오페라단 음악총감독 겸 상임지휘자로 활동하기도 했다. 그는 2006년 서울시립교향악단 상임지휘자와 예술감독을 맡으며 한국 클래식 음악 수준을 한 단계 올려놓았다는 평가를 받는다.

1971년 제네바 국제 음악 콩쿠르에서 1등으로 입상하며 화제가 됐던 정명화는 유럽에서 먼저 유명해졌다. 1969년 최고 지휘자 반열에 있었던 주빈 메타가 지휘하는 LA필하모닉 오케스트라와 협연으로 데뷔했으며 이후 역사적인 공연을 많이 했다. 그의 동생인 정경화는 언니보다 앞선 1967년 리벤트리트 콩쿠르에서 우승하면서 이름을 알렸다. 다니엘 바렌보임 등 유명한 지휘자들과 함께 협연하며 실력을 과시했고, 1995년 클래식 연주자 중에는 유일하게 〈아

차이콥스키 콩쿠르 주요 수상자

이름	연도	부문	순위
반클라이번	1958년	피아노	1위
블라디미르 아시케나지, 존 오그던	1962년	피아노	공동 1위
기돈 크레머	1970년	바이올린	1위
다비드 게링가스	1970년	첼로	1위
정명훈	1974년	피아노	2위
박종민	2011년	여자 성악	1위
서선영	2011년	남자 성악	1위
다닐 트리포노프	2011년	피아노	1위
손열음	2011년	피아노	2위
조성진	2011년	피아노	3위

출처: 위키피디아

시아위크〉가 뽑은 '위대한 아시아인 20인'에 선정됐다. 정트리오가
놓은 초석을 바탕으로 피아니스트 조성진과 임동혁, 성악가 조수미
등 클래식 음악 분야에서 한국은 세계적인 아티스트들을 지속적으
로 배출하고 있다.

미술 분야도 뒤지지 않는다. 소의 역동성을 표현한 화가 이중섭
을 비롯해 〈빨래터〉 그림으로 유명한 박수근, 비디오 아티스트 백남
준, 한국 미술계에 아방가르드와 추상미술의 뿌리를 심은 김환기,
'꽃과 여인의 화가'라는 별명이 붙은 천경자, 현대미술의 개척자 이
우환 등 열 손가락이 모자랄 만큼 많은 미술가들이 세계적인 명성
을 얻고 있다.

영화계에서는 임권택과 박찬욱, 홍상수 등 해외 영화제에서 주목을 받은 감독들이 끊임없이 등장하고 있으며 강수진같이 동양인 체형과 언어를 극복하며 세계 정상의 발레리나로 우뚝 선 예술인도 있다.

잘 다져진 사회 인프라

　선진국과 후진국을 가르는 가장 큰 기준 중 하나는 사회 기반시
설이다. 여기에서 국민 삶의 질이 달라지기 때문이다. 한국은 선진
국에 필적할 만큼 사회 인프라스트럭처가 잘 갖춰져 있다. 세계에
서 인터넷과 스마트폰을 가장 많이 쓰고 있으며 전기와 수도 등 양
질의 자원을 쓰면서도 부담은 크지 않은 편이다. 전산화된 행정시
스템과 국제공항의 서비스 수준, 주택보급률, 자원 재활용, 자동차
등록대수, 국토면적당 고속도로와 철도, 도시화 비율도 선진국 문
턱에 바싹 다가서 있다.

세계 최초로 5세대 이동통신 상용 서비스에 들어가다

　한국은 2019년 4월 3일 세계 최초로 5G(세대) 이동통신 상용 서
비스에 들어갔다. 한 발 앞선 네트워크 기술을 증명한 것이다. 이는
초고속 인터넷과 스마트폰 보급률과 무관하지 않다.

　한국인들이 외국을 다니다보면 종종 인터넷 연결이 느리다고 생
각한다. 심지어 미국과 유럽의 주요 국가 등 선진국에서도 비슷한

주요국 인터넷 사용률(2019년)

단위: %

국가	사용률
한국	96
네덜란드	93
오스트리아	93
스웨덴	92
캐나다	91
미국	89
영국	88
이스라엘	88

출처: 퓨 리서치센터

경험을 할 때가 있다. 그만큼 한국에서 빠른 인터넷 속도에 적응됐기 때문일 것이다. 이는 객관적인 통계로도 확인할 수 있다.

2019년 미국 시장조사기관인 퓨Pew 리서치센터는 39개국을 대상으로 인터넷과 스마트폰 보급률, 소셜네트워크서비스SNS 이용률을 조사한 보고서를 발표했다. 이에 따르면 한국은 성인 96%가 인터넷을 이용하는 것으로 나타났다. 압도적인 선두를 달린 것이다. 네덜란드와 호주, 스웨덴이 뒤를 이었고 중국과 일본은 각각 17위와 23위였다.

인터넷 속도 역시 전 세계에서 가장 빠르다. 콘텐츠 전송 네트워크 업체인 아카마이코리아에 따르면 2017년 1분기 기준으로 한국의 인터넷 평균 속도는 28.6Mbps(초당 메가비트)로 13분기 연속 세계 1위를 차지했다. 2위는 노르웨이(23.5Mbps), 3위는 스웨덴(22.5Mbps), 4위는 홍콩(21.9Mbps), 5위는 스위스(21.7Mbps) 순이었다. 이 통계 이후에도 한국의 인터넷 속도는 계속 빨라지고 있기 때문에 어느 시점의 속도 수치는 의미가 없다. 갈수록 속도가 빨라지는 방향성이 더 중요하다.

스마트폰을 가장 많이 사용하는 국가로 이름을 올리다

퓨 리서치센터가 조사한 한국의 스마트폰 보급률도 95%로 조사 대상 27개국 중 가장 높았다. 스마트폰이 아닌 모바일 기기까지 포함하면 사실상 거의 모든 국민이 휴대폰을 소유하고 있는 것으로 볼 수 있다. 이스라엘이 한국 뒤를 이었는데 스마트폰 보급률이 88%에 그쳤다. 네덜란드와 스웨덴, 호주와 미국, 스페인, 독일, 영국, 프랑스, 이탈리아, 일본, 캐나다 등 대부분의 선진국 스마트폰 보유율은 60~80%대에 머물렀다.

한국은 국가별 스마트폰에 설치된 애플리케이션 수도 가장 많은 나라인 것으로 조사됐다. 흥미로운 사실은 한국에서는 금융 분야에서 앱이 상대적으로 활발하게 이용되고 있다는 점이다. 2018년 디지털 마케팅 기업인 모비데이즈가 한국과 미국, 일본 3개 국가를 대상으로 모바일 시장 데이터를 분석한 결과 한국은 금융, 미국은 SNS, 일본은 게임 분야에 대한 선호도가 높았던 것으로 조사됐다. 한국에서 거의 모든 사람이 스마트폰을 쓰고 모바일 간편 결제와

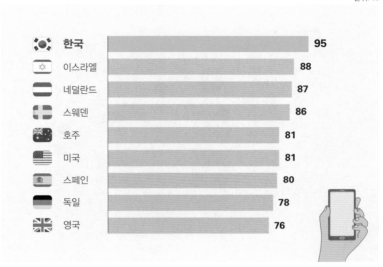

스마트폰 보급률(2019년)

단위: %

국가	보급률
한국	95
이스라엘	88
네덜란드	87
스웨덴	86
호주	81
미국	81
스페인	80
독일	78
영국	76

출처: 퓨 리서치센터

간편 송금 서비스가 생기면서 일어나는 현상인 것으로 풀이된다.

한국인 스마트폰 1대당 평균 102개의 많은 앱이 깔려 있다는 사실도 눈길을 끄는 대목이다. 사용자 설치 앱 수를 월평균 이용 앱 수로 나눠 산출한 앱 이용률은 한국이 38%, 미국이 36.3%, 일본이 31.8%인 것으로 나타났다. 이 조사에서도 한국인의 스마트폰 이용률은 92%로 1위를 기록했다.

저렴한 공공요금과 편리한 대중교통으로 삶의 질 높아지다

전기료를 비롯한 공공요금이 싸고 대중교통이 편리하다는 점도

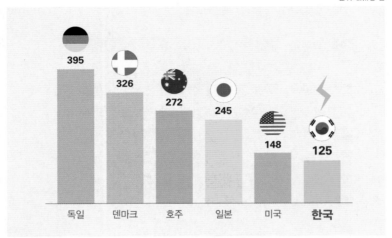

주요 국가 가정용 전기요금

단위: kWh당 원

- 독일 **395**
- 덴마크 **326**
- 호주 **272**
- 일본 **245**
- 미국 **148**
- 한국 **125**

주석: 2017년 기준(덴마크, 일본은 2016년 기준)   출처: 영국 BEIS '국제 산업용·가정용 에너지 가격 보고서'

대한민국의 강점으로 볼 수 있다. 한 예로 가정용 전기요금은 세계 최저 수준이다. 영국 기업에너지산업전략부BEIS가 내놓은 〈국제 산업용·가정용 에너지 가격 보고서〉에 따르면 한국의 가정용 전기요금은 2017년 기준으로 Kwh당 8.47펜스(약 125원)에 불과했다.

비교 대상인 28개 OECD 회원국 중에 캐나다(8.46펜스), 노르웨이(8.76펜스)가 비슷했고 대부분의 선진국들은 한국에 비해 비쌌다. 독일은 26.68펜스에 달했다. 호주는 18.41펜스로 한국보다 가정용 전기요금이 높았고 일본도 거의 두 배 수준인 것으로 조사됐다. 다만 산업용 전기요금은 7.65펜스로 OECD 회원국 평균치를 보이고 있다.

한국은 물값도 저렴한 편이다. OECD가 조사한 '국가별 물 자원 이용현황 비교' 보고서에 따르면 한국의 수돗물 가격은 톤당 0.34달러로 회원국 중 가장 싼 것으로 조사됐다. 덴마크는 3.18달러로 한국의 10배에 달했다. 물 값이 너무 싸다 보니 낭비가 심하다는 지적도 나온다. 세계은행은 한국이 물 관리 정책을 수행하지 않으면 2050년 GDP의 6%가 감소할 것이라고 경고하기도 했다.

한국은 저렴한 공공요금과 함께 뛰어난 대중교통 시스템을 자랑한다. 특히 수도권 대중교통 시스템은 전 세계적으로 우수성을 입증하고 있다. 딜로이트 글로벌이 발표한 '도시 이동성지수DCMI'를 보면 서울과 인천, 경기 지역의 대중교통 시스템 평가에서 46개국 중 7위, 아시아에서는 3위를 기록했다. 다른 국가에 비해 대중교통 비용이 싼 것이 높은 점수를 받은 요인으로 작용한 것으로 분석됐다.

모바일과 온라인으로 민원해결, 전자정부 참여지수 세계 1위

한국은 온라인을 통해 국민들에게 정보와 민원 서비스를 제공하는 전자정부 참여지수에서도 세계 최고 수준을 보이고 있다. 국민청원, 정부24, 국민 참여 예산 제도, 오픈데이터포털 등 다양한 전자정부 사례를 발굴해 국민들이 편리하게 공공서비스를 받도록 하고 있는 것이다. 유엔이 실시하는 전자정부 평가에서 한국은 10년째 최상위권을 유지하고 있다.

2020년 평가에서는 온라인참여 부문에서 에스토니아, 미국과 함께 공동 1위를 차지했다. 평가 결과를 발표한 슈테판 슈바인페스트

온라인참여지수 상위 10개국(2020년)

순위	국가		총점
1	한국		1.0000
	에스토니아		
	미국		
4	일본		0.9881
	뉴질랜드		
6	오스트리아		0.9762
	싱가포르		
	영국		

만점: 100점   출처: 2020 GIPC지수

유엔 국장은 "한국이 디지털 혁신에 대한 우수사례를 보여주고 있으며, 특히 전자정부협력센터와 초청연수를 통해 개발도상국들에 전자정부를 적극적으로 지원하고 있는 것도 좋은 사례로 높은 평가를 받았다"고 설명했다.

유엔 전자정부평가는 2002년부터 2년마다 193개 전체 회원국의 전자정부 참여와 발전 부문의 수준을 평가한다. 한국은 2010년, 2012년, 2014년 세 번 연속 두 개 부문에서 모두 1위를 차지했고, 2016년 각각 4위와 3위, 2018년에는 1위와 3위를 기록했다.

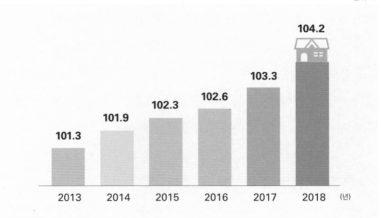

주택보급률 추이

단위: %

104.2

103.3

102.6

102.3

101.9

101.3

2013 2014 2015 2016 2017 2018 (년)

출처: 국토교통부

주택보급률이 전국적으로 100%를 돌파하다

주택보급률은 한 국가의 국민생활 수준을 좌우하는 중요 척도다. 한국은 전국 기준으로 주택보급률이 2008년부터 100%를 넘었다. 그 후에도 계속 올라 2012년 101.1%, 2014년 101.9%, 2016년 102.6%, 2017년 103.3%, 2018년 104.2%로 상승했다. 주택보급률은 주택 수를 일반가구 수로 나눈 비율로 가구 수에 비해 주택 재고가 얼마인지를 보여주는 지표다. 이것으로만 보면 주택이 모자란다고 볼 수 없다.

하지만 한국에서 주택보급률은 지역에 따라 차이가 크다. 수도권처럼 사람들이 몰려 사는 지역은 상대적으로 보급률이 낮다. 서울을 포함한 수도권은 대부분 100% 미만인 반면 인구가 적은 지방은

110%가 넘는 곳도 있다. 집을 2채 이상 보유한 사람들도 많아 실제 자가 보유와 자가 점유 비율은 보급률의 절반 수준에 그친다.

한국 정부는 부동산 시장을 안정화하고 더 많은 사람들이 주택을 보유할 수 있도록 다주택자 보유세금 중과 등 다양한 정책을 쓰고 있다. 하지만 서울과 수도권 거주를 선호하는 수요가 많아 주택보급률 평준화는 좀 더 시간이 필요할 것으로 보인다.

재활용률 유럽의 주요 선진국을 뛰어넘었다

한국이 가장 앞서 가고 있는 분야 중 하나는 폐기물 재활용이다. 폐기물 관련 국제협약에 가장 먼저 참여했을 뿐만 아니라 다른 나라에 앞서 1990년대 중반부터 쓰레기 종량제를 실시했다. 국내 재활용 규정과 국제협약에 따라 폐기물을 관리하고 있는 것이다. 그 결과 한국의 폐기물 재활용 비율은 60%에 육박하며 독일과 1, 2위를 다투고 있다. 2016년에는 독일을 제치고 재활용 분야 1위를 차지했다.

한국의 주요 도시에 사는 시민들은 쓰레기 분리수거를 당연한 것으로 여긴다. 미국 등 일부 선진국에서 실시하지 않고 있는 제도를 일찌감치 도입해 자원을 재활용하고 있는 것이다. 하지만 수거된 폐기물이 제대로 관리되지 않는 측면도 있다. 이 때문에 한때 서울과 수도권에서 쓰레기 대란이 일어나기도 했다.

중국이 폐기물 수입을 중단하면서 재활용되지 않는 쓰레기를 필리핀 등 외국에 불법으로 수출하는 일도 벌어졌다. 재활용 비율을

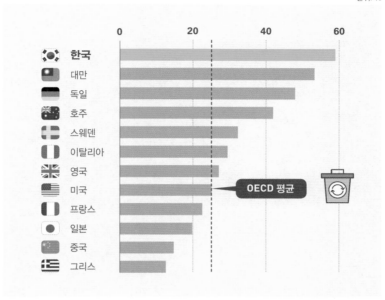

국가별 재활용률(2016년)

단위: %

한국
대만
독일
호주
스웨덴
이탈리아
영국
미국
프랑스
일본
중국
그리스

OECD 평균

출처: 이코노미스트

높이는 것은 좋지만 적절한 처리에서도 선진국을 뛰어넘는 시스템을 갖출 필요가 있다. 예를 들어 실제 재활용에 활용되는 양을 기준으로 정하고 이를 높이는 정책을 도입하면 효과가 있을 것이다. 환경오염의 주범인 폐플라스틱과 비닐봉지 사용량을 획기적으로 줄이는 더 강력한 대책을 강구할 필요도 있다.

인구 2.2명당 자동차 1대를 보유하다

한국은 미국과 일본, 독일 등과 함께 자동차를 생산하는 몇 안 되

한국의 자동차 등록대수

단위: 대

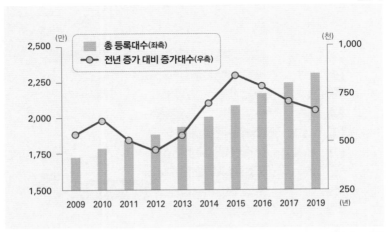

출처: 국토교통부

는 국가에 속한다. 국토교통부에 따르면 2018년 말 기준으로 한국의 자동차 누적 등록 대수가 전년 대비 2.0% 증가한 2,368만 대로 집계됐다. 이를 인구수로 나누면 2.2명당 자동차 1대를 가지고 있다는 계산이 나온다.

국내 업체들이 자동차를 자체 생산하며 한국의 자동차 등록 대수는 해마다 비약적으로 늘었다. 대부분의 가정에서 자동차를 1대 이상 보유하고 있음에도 불구하고 등록 대수는 계속 늘고 있다. 시간이 갈수록 증가율이 둔화되고 있지만 1대도 늘지 않았던 해는 아직 없었다. 2015년 이후에도 매년 3~4%씩 증가하고 있다. 자율주행 자동차와 차량공유 시대가 오면 등록대수가 줄어들 수 있겠지만 그 이전에는 완만하지만 지속적인 증가세를 유지할 것이라는 게 전문가들의 대체적인 의견이다.

눈에 띄는 점은 휘발유와 경유 등 내연기관 자동차 등록대수는 제자리걸음을 하고 있지만 친환경 자동차의 점유율은 큰 폭으로 늘고 있다는 사실이다. 2018년 말 기준으로 하이브리드와 전기자동차, 수소자동차는 46만 대를 넘었다. 전체에서 점하는 비중도 2.0%대로 커졌다. 도로를 달리고 있는 친환경차의 대부분은 하이브리드 자동차이지만 전기 충전소 등 기반시설이 구축되면 순수 전기자동차와 수소전지 자동차도 크게 늘 것으로 예상된다.

OECD 회원국 중 6위인 국토면적당 고속도로 연장

자동차가 아무리 많아도 차량을 운행할 도로 환경이 갖춰져 있지 않으면 국민 삶의 질을 높일 수 없다. 한국은 도로가 비교적 잘 정비된 국가로 분류된다. 국토연구원은 2016년 사회간접자본soc 중장기 투자 방향에 대한 연구 보고서를 발표한 적이 있다. 이에 따르면 2014년 기준으로 한국의 국내 도로 연장은 총 10만 5,673km에 달했다. OECD 34개국 가운데 20위로 중하위권 수준이었다.

하지만 시속 100km 이상을 달릴 수 있는 고속도로 연장은 4,139km로 10위권에 진입했고, 국토면적당 고속도로 연장으로 기준을 바꾸면 OECD 회원국 중 6위를 차지했다. 선진국들과 비교했을 때 고속도로 환경은 괜찮다는 의미다. 국토연구원 보고서가 나온 이후에도 한국은 지속적으로 도로 연장 사업을 펼치고 있으니 순위가 더 올라갔을 가능성이 높다. 2019년에는 4,767km까지 늘었다.

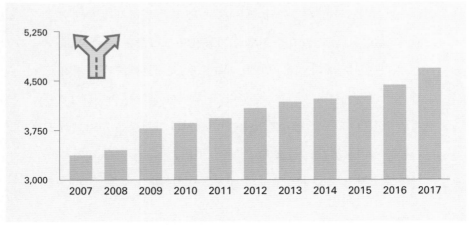

연도별 고속도로 현황

단위: km

출처: 국토교통부(한국도로공사 고속국도현황자료)

고속도로에 비해 철도 환경은 좋지 않은 편이다. 한국의 국토면적당 철도 연장은 3,590km로 17위로 중위권이었다. 미국과 유럽 등 선진국에 비해 철도 시설이 부족하다는 의미다. 철도 연장에 좀 더 많은 투자가 필요하다.

도시화 비율이 OECD 회원국 평균의 2배에 달하다

한국의 기반시설은 수도권과 각 지방 도시에 집중된 경향이 있다. 이는 도시화 비율이 OECD 평균을 웃도는 것과 관련이 있다. 〈OECD 한국도시정책보고서〉에 따르면 2010년 기준으로 한국의 도시화 비율은 85.4%로 OECD 34개 회원국 평균인 47.1%의 2배에 육박하는 것으로 조사됐다. 이는 일본(76%)과 미국(84%)보다 높

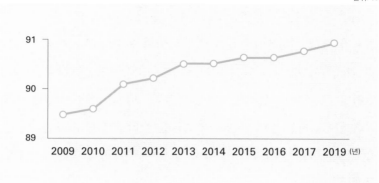

연도별 도시 인구비율

단위: %

```
91 ┤
   │                                              ○
   │                                         ○
   │                              ○    ○    ○
90 ┤                    ○    ○
   │          ○    ○
   │     ○
89 ┤
   └──┬────┬────┬────┬────┬────┬────┬────┬────┬────┬──
    2009 2010 2011 2012 2013 2014 2015 2016 2017 2019 (년)
```

* 2005년부터 전국인구는 안전행정부 주민등록   출처: 국토교통부, LH 〈도시계획현황〉
  통계인구를 기준으로 함(외국인 제외)
* 행정구역 기준

은 수준이다.

한국의 도시화 비율이 높은 이유는 1960년대 이후 빠르게 진행된 산업화에 있다. 산업화 이전에는 대부분 농사를 짓고 살았지만 제조업과 서비스업이 발전하며 도시화 속도가 빨라졌다. 이와 함께 농촌 사람들이 대거 도시로 몰려들었고, 이는 짧은 기간 안에 도시화 비율을 높이는 원인이 됐다. 이는 OECD 보고서가 분석한 수치에 그대로 반영돼 있다. 이에 따르면 전체 고용에서 2, 3차 산업이 차지하는 비중이 1970년에는 50%가 조금 넘었지만 2000년대 들어서는 90% 이상으로 증가했다. 같은 기간 도시화 비율이 40%대에서 80%대로 2배 증가한 것은 두 현상의 상관관계를 극명하게 보여준다. 한국이 연 10%에 가까운 고성장을 이루던 시기에 도시 인구가 큰 폭으로 증가한 것도 같은 맥락으로 볼 수 있다.

급격한 도시화는 적지 않은 문제를 낳기도 했다. 도시와 지역 간 격차가 커지고 젊은이들이 도시로 떠나며 농촌이 황폐화되고 있는 게 대표적이다. 이를 막기 위해 정부는 지역균형발전 정책을 쓰고 있지만 큰 흐름을 돌려놓기에는 역부족이다. 지역별 맞춤형 발전 전략을 수립하는 것이 도시화의 장점을 살리면서 이로 인한 부작용을 최소화하는 길이다. 양립이 쉽지 않아 솔로몬의 지혜가 필요한 문제다.

한국인의 역동성과
세계 한인 네트워크

한국인은 다른 어느 나라 국민보다 역동적이다. 이는 짧은 기간 안에 눈부신 경제 발전을 이루고 민주주의 꽃을 피우는 바탕이 됐다. 2002년 한일월드컵에서 보여준 길거리 응원은 한국인의 역동성을 드러낸 사건이었다. 거의 모든 성인이 거리로 나와 열정적이면서도 질서정연하게 응원하는 모습은 전 세계인들에게 깊은 인상을 남겼다.

한국인들의 역동성은 국내뿐만 아니라 국외에서도 목격할 수 있다. 세계 곳곳에 진출한 한상韓商들과 국제기구에서 중요한 역할을 담당하고 있는 전문가들은 대한민국을 널리 알리고 한국인의 위상을 높인다. 미국 연방의회를 비롯해 정계에 진출한 한인 2, 3세도 한국인의 역동성과 끈끈한 한인 네트워크를 보여주는 주역들이다.

짧은 기간에 민주주의를 활짝 꽃피우다

한국의 민주주의 역사는 매우 드라마틱하다. 한국처럼 짧은 기간에 경제발전과 민주주의를 동시에 성공적으로 이룬 국가는 전 세

국가별 민주주의지수

	국가	지수
	1 노르웨이	9.81
	2 아이슬란드	9.37
	3 스웨덴	9.26
	4 뉴질랜드	9.25
	5 캐나다	9.24
	6 핀란드	9.20
	7 덴마크	9.15
	9 호주	8.96
	9 네덜란드	8.96
	21 일본	8.13
	23 한국	8.01

*2020년 기준   출처: EIU

계적으로 유례를 찾아보기 힘들다. 한국전쟁 이후 먹고사는 문제를 해결하느라 국민 개개인의 권리를 챙기기 힘든 시기에도 끊임없이 민주주의 운동이 펼쳐졌다는 사실은 그만큼 한국 국민이 역동적이라는 것을 의미한다. 물론 역동성이 사회적 혼란을 초래하기도 했지만 시행착오를 겪으며 민주주의가 한 단계씩 발전한 것만은 부인할 수 없을 것이다. 4.19혁명과 5.18민주항쟁 등 연연히 이어진 민주주의 역사는 한국 국민의 저력을 보여준다.

영국의 시사주간지 〈이코노미스트〉 부설 조사기관인 이코노미스트 인텔리전스 유닛EIU은 매년 선거절차와 다원주의, 정부의 기능성, 정치 참여, 정치 문화, 시민 자유 등 5가지 기준으로 세계 각국의 민주주의 발전 정도를 평가한다. 한국은 '민주주의 지수 2020Democracy Index 2020'에서 10점 만점에 8.01점으로 167개국 중에 23위를 기록했다. 선거절차와 다원주의 항목에서 높은 점수를 얻었다. 반면 정치 참여 항목이 낮았다.

EIU는 20위권 안에 드는 국가에 대해 '완전한 민주주의Full democracy'로 분류한다. 한국은 2019년까지 '결함 있는 민주주의Flawed democracy' 국가에 속해 있다가 2020년 다시 완전한 민주주의 국가로 복귀했다.

한국은 2008년에서 2014년까지 20위권 안에 들면서 '완전한 민주주의 국가'로 올라섰다가 그 이후 순위가 후퇴한 바 있다. EIU의 평가가 절대적인 것은 아니지만 한때 독재국가로 여겨졌던 대한민국이 민주주의 지수에서 상위권에 위치했다는 것은 기적과 같은 일이다.

한국인 역동성 보여준 한일 월드컵의 길거리 응원

한국인의 역동성을 가장 극명하게 보여주는 것이 2002년 한일월드컵에서 절정에 달했던 길거리 응원 문화다. 2002년 월드컵축구대회조직위원회와 경찰 집계에 따르면 월드컵 기간 중 길거리 응원에 나선 사람이 2,800만 명을 넘었다. 전 국민의 절반 가까이가 거리에

2002월드컵 길거리 응원 참가 현황

경기	경기 일시	경기 장소	참가 인원
대 폴란드	6월 4일	부산	50만 명
대 미국	6월 10일	대구	77만 명
대 포르투갈	6월 14일	인천	279만 명
대 이탈리아(16강)	6월 18일	대전	420만 명
대 스페인(16강)	6월 22일	광주	500만 명
대 독일(16강)	6월 25일	서울	700만 명
대 터키(3, 4위전)	6월 29일	대구	400만 명
연인원			2,876만 명

출처: 경찰청

나와 응원전을 펼친 셈이다. 광화문과 시청 광장에 모인 인파만 총 700만 명에 달했다. 이는 전 세계적으로 유례가 없는 기록이다. 전 국민이 똘똘 뭉쳐 수많은 위기를 극복했던 저력이 월드컵을 맞아 길거리 응원이라는 역동성으로 폭발했던 것이다.

전 세계 응원 문화에 한류 바람을 불게 했던 저력은 '12번째 태극 전사'로 불린 '붉은 악마Red Devils'에서 나왔다. 1995년 축구 동호회에서 출발한 붉은 악마는 'Be the Reds'라는 슬로건으로 대한민국 축구 대표팀이 경기할 때마다 나타나 열렬한 응원전을 벌였다. 외국에서 경기가 열릴 때는 여지없이 길거리 응원을 주도했다. 이들의 창의적인 응원은 전 세계 스포츠팬들의 눈길을 끌었고 다른 국가의 길거리 응원에도 벤치마킹됐다.

한국 상인들 세계 곳곳에서 혁신을 일으키다

매일경제는 2002년 10월 서울 롯데호텔에서 재외동포재단과 공동으로 제1차 세계한상대회를 개최했다. '한상韓商'이라는 용어도 이 행사부터 공식 사용됐다. 세계한상대회는 그 이후 매년 10월 전국 주요 도시에서 열리고 있다. 2005년부터는 지방경제 활성화를 도모하는 차원에서 지방자치단체와 공동 주관으로 행사를 열고 있다. 재외동포재단과 함께 처음부터 행사를 기획했던 매일경제는 세계한상대회의 유일한 미디어 파트너다.

초기에는 행사에 참가하는 한상들이 수백 명 수준이었지만 지금은 1,000명이 넘는다. 국내 참석자들까지 합치면 총 참가 인원은 수천 명에 달한다. 2019년 10월 전남 여수시에서 열린 제18차 세계한상대회만 하더라도 60여 개국에서 온 한상 1,000여 명을 포함해 총 4,000여 명이 대회장을 찾았다. 명실공히 국내 최대 한민족 경제축제로 자리 잡은 것이다.

한상대회에서는 투자유치설명회를 비롯해 다양한 세부 행사들이 있다. 이를 통해 한상들은 네트워크를 강화하고 새로운 사업 기회를 모색한다. 세계 시장에서 한상의 위상을 높이기 위한 방안과 차세대 한상을 육성하는 프로그램 등 중장기 전략을 위한 토론의 장이 열리기도 한다.

세계한상대회에 참석하는 1,000여 명의 한상들은 세계 곳곳에서 활약하며 다양한 경제 분야에서 한민족의 기업가정신과 창의성을 보여준다. 라오스 경제의 큰 축을 이루고 있는 코라오홀딩스의 오

제18차 세계한상대회

세영 회장을 비롯해 많은 한상들은 어려운 환경에서도 실패를 극복하며 한민족의 경제 영토를 확장하고 있다. 이는 국제사회에서 한국의 위상을 높이고 한민족 경제 자본을 확충하는 결실로 이어진다.

해마다 큰 폭으로 늘어난 국제기구 활동 한국인들

유엔을 비롯한 국제기구에서 큰 족적을 남겼거나 현재 활동 중인 한국인들이 많다. 고위직을 역임했거나 현직에서 일하고 있는 이들도 한둘이 아니다. 2006년 갑자기 세상을 떠난 고 이종욱 박사는 한국인으로서는 처음으로 유엔 전문기구 최고책임자에 오른 사람이다. 서울대 의대를 졸업한 그는 30대 중반에 남태평양 사모아 섬에서 한센병 환자를 돌보는 의료봉사활동을 하면서 WHO세계보건기구와 인연을 맺었다.

2003년 브룬틀란 사무총장 임기가 끝나면서 80여 명의 후보와 경쟁 끝에 6대 WHO 사무총장에 선출됐다. 그는 재임 기간 중에 전 세계 300만 명의 에이즈 환자에게 항에이즈 바이러스 치료제 보급에 나서는 등 인류를 위해 많은 공헌을 했다. 2004년에는 미국 〈타임〉이 선정한 '세계에서 가장 영향력 있는 100인'에 올랐다. '사이언티픽 아메리칸'은 소아마비 발생률을 세계 인구 1만 명당 1명 이하로 낮춘 공로를 높이 평가해 '백신의 황제'라는 이름을 부여하기도 했다. 그는 3년 남짓 짧은 기간에 세계인들을 위한 질병 예방과 치료에 지대한 공을 세우면서 한국인의 자부심을 높인 인물이다.

국제기구 수장을 역임한 사람 중에 반기문 전 유엔 사무총장을 빼놓을 수 없다. 그는 2006년 8대 유엔 사무총장에 선출돼 2012년 12월 임기를 끝낼 때까지 기후변화, 핵확산 방지 등 많은 업적을 남겼다. 선박안전과 보안, 해양오염 방지를 관장하는 국제해사기구 IMO 수장도 한국인이다. 제9대 IMO 사무총장으로 2016년 취임한 임기택 씨가 주인공이다. 그는 1986년부터 국제해사기구 회의에 한국 대표단으로 참석하며 경험을 쌓았다. 김종양 전 경기지방경찰청장은 2018년 11월 인터폴국제형사경찰기구 제87차 총회에서 한국인으로서는 처음으로 총재로 당선됐다.

김용 전 세계은행 총재는 2012년 버락 오바마 당시 미국 대통령의 추천으로 임기 5년의 세계은행 총재직을 올랐다. 2017년 연임에 성공했지만 임기를 3년 앞두고 갑자기 총재직에서 물러났다. 이양

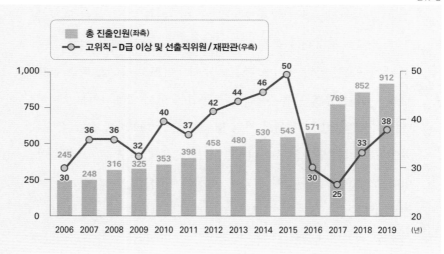

한국인 국제기구 진출 현황

단위: 명

- 총 진출인원(좌측)
- 고위직 – D급 이상 및 선출직위원 / 재판관(우측)

출처: 외교부

희 유엔 미얀마 인권특별보고관은 2014년 유엔 인권이사회에서 한국인 최초로 유엔 특별보고관에 임명됐다. 이외에도 이상헌 국제노동기구ILO 국장과 이창용 국제통화기금IMF 아시아·태평양 담당 국장, 송상현 전 국제형사재판소ICC 소장 등 국제기구 고위직에 몸담았던 한국인은 열 손가락이 모자랄 만큼 많다. 이는 국제기구에서 일하는 한국인 수가 해마다 증가하고 있는 것과도 무관하지 않다. 외교부에 따르면 2019년 말 기준으로 국제기구에서 일하는 한국인은 총 912명에 달한다. 국제기구에 근무하는 한국인은 2004년 200명대에서 2008년 300명대, 2012년 400명대, 2014년 500명대, 2017년 700명대로 꾸준히 늘었다.

미국 정계에 진출한 한인들의 눈부신 활약상

2018년 11월 치러진 미국 중간선거에서는 2명의 한국인이 주목을 받았다. 연방 하원의원 선거에 출마한 한인 2세 앤디 김 후보와 영 김 후보였다. 중동 전문가인 앤디 김 후보는 오바마 행정부에서 국가안전보장회의 보좌관을 역임했다. 그는 현역인 톰 맥아더 의원을 상대로 박빙의 승부를 벌여 연방의회 입성에 성공했다. 민주당 소속 첫 한인 연방 하원의원으로 이름을 올린 것이다. 그가 당선되며 1998년 김창준 전 연방 하원의원이 낙선한 이후 20년 만에 한인이 연방의회에 진출하는 쾌거를 이뤘다. 그는 2020년 재선에도 성공했다.

영 김 후보는 1975년 가족과 함께 미국령 괌으로 이주해 미국에서 교육을 받은 1.5세 한인이다. 직장인에서 사업가로 변신했던 그는 오렌지카운티 비영리기구에서 일한 남편의 권유로 정계에 입문했다. 그는 2014년 캘리포니아주 의회 하원 선거에서 민주당 현역 의원을 물리치고 주의회에 진출했다. 한국 여성으로 공화당 출신 주의원은 그가 처음이었다. 그는 2020년 하원의원 선거에서 민주당 현역 의원을 누르고 당선됐다.

미국의 한인 사회는 1903년 1월 102명의 한국인이 하와이에 도착하며 시작됐다. 재미 한인들은 척박한 환경에서 소수 민족의 설움을 극복하며 단단하게 뿌리를 내렸다. 한 세대가 지나자 앤디 김과 영 김처럼 정계에 진출하는 한인들이 나타났다. 1958년 하와이 주의원을 시작으로 정계 진출 한인들이 늘었다. 연방의회에는 1992

재외동포 현황 통계

단위: 천명

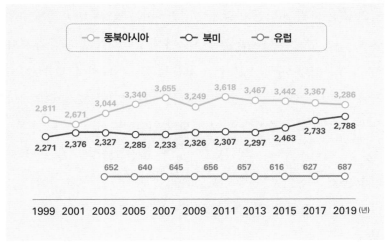

| | 동북아시아 | 북미 | 유럽 |

*2년 단위로 통계 계산 출처: 외교부

년 처음 진출했다. 김창준 후보가 캘리포니아주 연방하원에 공화당 소속으로 당선됐던 것이다. 그가 낙선한 뒤 연방의회 진출은 못했지만 한인들은 여러 지역의 주의회 의원과 시장에 꾸준하게 당선되며 미국 사회에서 중요한 역할을 수행하고 있다.

3부

기적을 망치는
내부의 적들

급속한 출산율 저하와
인구구조 고령화

　한국은 많은 장점을 보유한 국가지만 약점도 적지 않다. 한국 사회를 뿌리부터 흔드는 문제는 급속한 인구 감소와 고령화다. 먹고사는 문제가 힘들다 보니 젊은이들은 아이를 낳지 않는 반면 평균수명이 늘면서 고령화 진행 속도는 빨라지고 있다. 일자리를 찾지 못한 청년들은 갈수록 결혼을 기피하고 결혼을 해도 아이를 낳으려 하지 않는다. 그 결과 출생아 수가 점점 줄고 있다.

　한국은 OECD 회원국 중에 가장 낮은 출산율을 기록하고 있다. 이는 생산가능인구의 감소로 이어지면서 경제 성장 동력 약화로 귀결된다. 인구가 줄고 있지만 노인 인구는 오히려 큰 폭으로 늘고 있다. 가파른 고령화 추세는 국민연금 수급자 급증에 따른 재정고갈과 의료비 지출, 노인 빈곤 등 많은 문제를 야기하고 있다. 정부는 저출산과 고령화 극복을 위해 다양한 정책을 내놓고 막대한 예산을 배정하고 있지만 근본 해법을 찾지 못하고 있다.

OECD 회원국 중에 가장 아이를 적게 낳는 한국

선진국 문턱에 선 대한민국의 가장 큰 골칫거리는 갈수록 줄어드는 출산율이다. 이런 추세로 출생아가 감소하면 국가 자체가 사라질 수도 있다. 저출산은 한국만 겪고 있는 문제는 아니다. 대부분의 선진국은 젊은이들이 아이를 낳지 않아 고민에 빠져 있고, 출산을 장려하기 위한 정책을 쓰고 있다. 한국도 마찬가지다.

그러나 출산을 꺼리는 수준이 도를 넘어설 만큼 심각하다는 게

OECD 회원국의 2018년 기준 합계출산율

단위: 명

상위 10개 국가		하위 10개 국가	
이스라엘	3.09	**한국**	0.98
멕시코	2.13	스페인	1.26
터키	1.99	이탈리아	1.29
프랑스	1.84	그리스	1.35
아일랜드	1.75	룩셈부르크	1.38
스웨덴	1.75	포르투갈	1.41
호주	1.74	일본	1.42
뉴질랜드	1.74	폴란드	1.44
미국	1.73	헝가리	1.49
영국	1.68	슬로바키아	1.54

* OECD 평균은 1.63명
* 2020년 한국 합계출산율은 0.84명

출처: 통계청

문제다. 2018년 기준 OECD 평균 합계출산율은 1.63명이다. 합계출산율은 출산 가능한 여성 1명이 평생 낳을 것으로 예상되는 평균 출생아 수를 의미하는데 한국은 0.92명으로 주요 선진국 중 꼴찌다. 한국은 2018년 1명 이하로 떨어졌다. 세계에서 아이를 잘 낳지 않기로 유명한 이탈리아와 스페인 등 유럽 국가들과 비교해도 낮은 수준이다. 말 그대로 한국은 초저출산 국가인 것이다. 한국의 합계출산율은 2002년부터 줄곧 1.3명을 밑돌고 있다.

한국은 OECD 회원국 중 유일하게 초저출산 현상을 극복하지 못하고 있다는 오명을 쓰고 있다. 포르투갈을 비롯해 한때 초저출산 국가로 분류됐던 국가들은 합계출산율이 1.3명대를 넘어서는 등 회복세를 보이고 있다. 미국 중앙정보국CIA의 〈월드 팩트북World Factbook〉에서도 한국의 합계출산율은 224개국 중 219위로 최하위권인 것으로 조사됐다. OECD 회원국 중에 현재의 인구 규모를 유지하는 데 필요한 기준인 2.1명 이상인 국가는 이스라엘(3.11명)과 멕시코(2.18명), 터키(2.11명) 정도인데 이들 국가로부터 배울 점이 무엇인지 심각하게 고민해야 할 때다.

갈수록 감소하는 출생아 수 역대 최저를 기록하다

안타깝게도 갈수록 줄어드는 출생아 수는 합계출산율 전망에 먹구름을 드리운다. 통계청이 발표한 '2020년 출생통계'를 보면 27만 2,400명으로 1970년 관련 통계를 작성한 이후 최소치를 기록했다. 전년보다 10%인 3만 300명이 감소한 것이다. 합계출산율도 0.84명

우리나라 인구 사상 첫 자연 감소

단위: 만 명

-○- 출생   -○- 사망

인구 자연증가 -3.27
최초 자연감소 발생

40.02 47.13 48.46 43.65 43.54 43.84 40.62 35.78 32.68 30.27 30.51

25.54 25.74 26.72 26.63 26.77 27.59 28.08 28.55 29.88 29.51 27.24

2010 2011 2012 2013 2014 2015 2016 2017 2018 2019 2020 (년)
(잠정)

출처: 통계청

으로 떨어지며 역대 최저치를 경신한 것으로 집계됐다. 인구 1,000
명당 출생아 수도 5.3명으로 전년보다 0.6명 줄었다. 결혼 생활 후
2년 안에 첫아이를 낳는 비율 역시 감소세에 있다. 결혼은 했지만
불가피한 사정으로 출산을 미루는 부부가 증가하고 있다는 뜻이다.

출산을 가장 많이 하는 연령은 30대 초반이 1,000명당 79명으로
가장 높았지만 전년의 86.2명보다는 감소했다. 30대 후반이 42.3명
을 기록했고, 20대 후반이 30.6명, 20대 초반이 그 뒤를 이었지만
이 연령대에서도 출산율이 준 것은 마찬가지다. 주로 아이를 낳아
야 할 주력 연령대의 출산율이 감소하는 것은 건강한 국가를 만드

는 데 장애 요인으로 작용할 가능성이 크다.

이는 평균 출산 연령이 높아지고 있는 현상과 무관하지 않다. 첫째 아이 평균 출산연령은 32.2세, 둘째 아이는 33.8세를 기록했는데 전년보다 0.1~0.3세 상승한 수치다. 2021년 들어서도 이런 추세가 이어질 가능성이 높다. 출생아 수가 줄면 경제의 버팀목인 생산가능인구도 감소할 수밖에 없다.

출생아 수 감소로 생산가능 인구도 급감하고 있다

생산가능인구는 경제활동이 가능한 만 15세부터 64세까지의 인구를 의미한다. 현역군인 등 일부가 제외되지만 통상적으로 노동력의 양적 척도를 가늠할 때 인용되는 통계다. 물론 이 연령대에 속한 인구에는 실업자와 가정주부같이 실제로 경제활동을 하지 않는 사람들도 포함된다. 그렇다 해도 생산가능인구 규모는 국가 발전 관점에서 볼 때 중요한 수치로 봐야 한다.

이런 측면에서 2017년 한국의 생산가능인구가 처음으로 감소한 것은 큰 사건이다. 통계청이 발표한 '2017년 인구주택 총조사 전수집계 결과'에 따르면 2017년 11월 기준 15~64세 내국인은 3,620만 명으로 전년 같은 기간에 비해 0.3%인 11만 명이 감소했다. 그만큼 생산 동력이 약화될 것이라는 의미를 함축한다. 문제는 정부가 당초 예측한 것보다 감소 속도가 빠르다는 것이다. 통계청이 2016년 12월 발표한 '장래인구추계(2015~2065년)'에서는 생산가능인구가 줄어들 수 있지만 그 폭이 이렇게 크지는 않을 것이라고 전망했다.

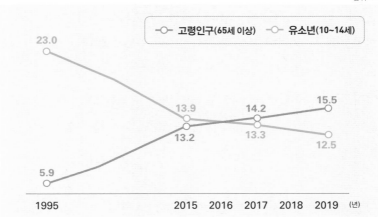

연령별 인구 비율 추이

단위: %

고령인구(65세 이상)   유소년(10~14세)

23.0

13.9   14.2   15.5

13.2   13.3   12.5

5.9

1995   2015 2016 2017 2018 2019 (년)

출처: 통계청

고령인구 비중은 2019년 처음으로 15%를 넘어서며 가파른 증가세를 보였다. 2017년에도 65세 이상 인구는 711만 5,000명으로 전해에 비해 5.0%인 34만 명이 증가했다. 이에 따라 고령 인구가 전체 인구에서 차지하는 비중도 13.6%에서 14.2%로 늘었다. 유엔은 노인 비중이 7~14%면 고령화사회로 보고, 그 이상이면 고령사회, 20%가 넘으면 초고령사회로 정의한다. 한국은 고령화사회에서 고령사회에 거의 진입했고, 초고령사회로 가는 것도 시간문제가 됐다. 2000년 65세 이상 인구 비중이 7.0%에 불과했는데 17년 만에 2배가 뛰었다.

반면 2017년 0~14세 유소년 인구는 663만 2,000명으로 2.0%인 13만 7,000명이 감소했다. 2016년 고령인구가 유소년인구를 넘어선 이후 그 격차는 더 벌어졌다. 유소년 인구 100명당 고령 인구를 의미하는 노령화지수도 100.1에서 107.3으로 크게 높아졌다. 생산가능인구 100명이 부양해야 할 고령인구를 나타내는 노년부양비도 19.7로 1.0포인트 상승한 것으로 조사됐다. 이는 경제 활력은 떨어지고 사회 부담은 더 늘어날 것이라는 경고를 던진다. 생산가능인구를 단기간에 늘릴 수 없다면 생산성을 높이는 묘안을 찾는 수밖에 없는데 쉽지 않은 과제다.

2060년이면 대한민국은 최고 고령 국가가 된다

한국보건사회연구원은 2018년 개최한 포럼에서 충격적인 보고서를 발표했다. 〈고령사회 도래에 따른 대응방향 모색〉이라는 제목의 보고서다. 주요 내용은 한국의 인구 고령화 비율이 오는 2060년 일본을 앞선다는 것이다. 세계에서 고령 인구 비중이 가장 높은 국가가 될 것이라는 뜻이다. 더 나아가 2065년이면 10명 중 4명 이상이 고령 인구가 될 것으로 전망했다.

분기점은 2025년이다. 한국은 이해 고령화 비율이 20%를 넘어 초고령사회로 접어들면서 엄청난 사회 변화를 겪을 것이라고 예상했다. 단지 노인들뿐만 아니라 정치와 경제 등 모든 영역에서 지금과는 전혀 다른 삶의 모습이 펼쳐질 것이라는 이야기다.

이 전망이 맞는다면 한국은 일본보다 더 빠른 속도로 늙어가는 국가로 역사에 남게 될 것이다. 일본은 고령사회에서 초고령사회에 도달하는 데 10년이 걸렸지만 한국은 7~8년밖에 걸리지 않을 것이

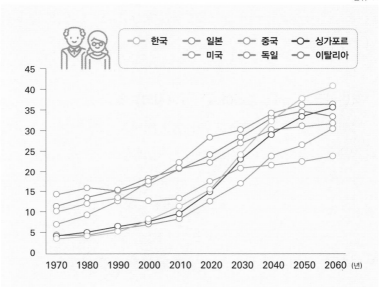

국가별 고령화율 변화 추이 및 미래 예측

단위: %

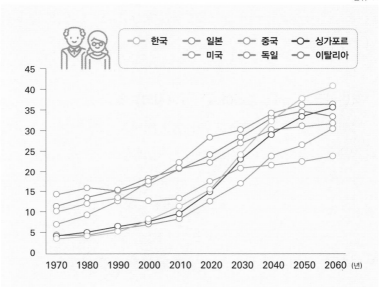

凡例: 한국, 일본, 중국, 싱가포르, 미국, 독일, 이탈리아

*1970~2060년

출처: 국가통계포털, 국제기관통계(노령화지수)

기 때문이다. 그 원인은 앞서 지적한 대로 낮은 출산율과 수명 증가라고 볼 수 있다. 합산출산율은 계속 낮아지는데 기대수명은 1970년 58.8세에서 2010년 79.5세로 20세 이상 늘었다. 세계 최고 초고령사회가 되는 2060년에는 기대수명이 88.5세로 증가할 것으로 보고서는 예측했다.

문제는 고령자가 많아지면서 노인 빈곤율도 높아질 것이라는 점이다. 생산가능인구가 줄면서 잠재성장률이 하락할 것이기 때문이다. 노후 보장 장치를 탄탄하게 해 놓으면 문제를 해결할 수 있지만 노인을 부양할 젊은이가 부족한 상황에서는 어려운 일이다. 지금부터 준비하지 않으면 초고령사회의 재앙은 피할 수 없는 현실이 될 것이다.

국민연금 수급자 급증하며 재정이 고갈되고 있다

국민연금공단이 2018년 3월에 발표한 자료를 보면 미래가 얼마나 불안한지 알 수 있다. 이에 따르면 2017년 말 기준으로 국민연금 수급자는 전년 대비 33만 명 늘어난 469만 명으로 10년 전인 2007년 211만 명에 비해 2배 이상 증가했다. 20년 이상 보험료를 납입한 뒤 연금을 받는 이들은 2008년 1만 3,000명에서 32만 8,000명으로 9년 새 25배나 늘었다. 약 30만 쌍의 부부가 함께 국민연금에 가입하며 전년 대비 19% 증가했다.

이처럼 수급자는 늘고 있는데 보험료를 낼 사람은 점점 줄고 있다. 2017년 12월 말 기준 국민연금 가입자는 2,182만 4,172명으로 전년 대비 8,352명 감소했다. 앞서 언급한 대로 급격한 저출산과 초고령화로 지급액은 큰 폭으로 증가하고 있는 반면 수입은 제자리걸음을 하고 있기 때문이다. 2013년 정부가 발표한 3차 재정추계 결과에 따르면 국민연금 기금은 2060년 고갈되는 것으로 추정했지만 그 시기는 더 앞당겨지고 있다. 정부가 당시에 분석한 비용률은 2040년 17.4%, 2060년 21.4%로 상승하는 것으로 나타났다. 비용률은 적립기금 없이 보험료 수입만으로 지급액을 충당한다고 가정할 때 매년 필요로 하는 보험료율을 뜻한다. 정부는 고갈 시기를

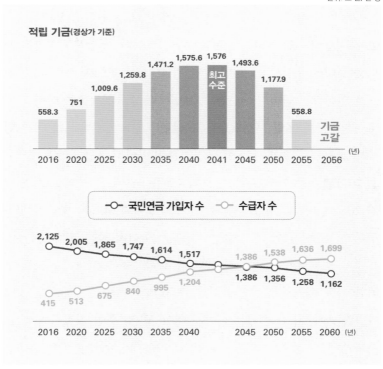

국민연금 고갈 추산 전망

단위: 조 원, 만 명

적립 기금(경상가 기준)

2016	2020	2025	2030	2035	2040	2041	2045	2050	2055	2056
558.3	751	1,009.6	1,259.8	1,471.2	1,575.6	1,576 최고수준	1,493.6	1,177.9	558.8	기금고갈

(년)

─○─ 국민연금 가입자 수   ─○─ 수급자 수

국민연금 가입자 수: 2,125 / 2,005 / 1,865 / 1,747 / 1,614 / 1,517 / 1,386 / 1,356 / 1,258 / 1,162

수급자 수: 415 / 513 / 675 / 840 / 995 / 1,204 / 1,386 / 1,538 / 1,636 / 1,699

2016 2020 2025 2030 2035 2040   2045 2050 2055 2060 (년)

출처: 보건사회연구원

조금이라도 늦춰보려 하지만 보험료를 더 내거나 수급자가 덜 받지 않으면 근본적으로 해결할 방법은 없다.

2018년 12월 14일 국무회의에서 의결된 제4차 국민연금종합운영계획안은 이런 고민을 그대로 담고 있다. 당초 예정보다 2개월이나 늦게 결정됐는데도 4가지 복수안 형태로 국회에 넘겼다. 1안은 기존 국민연금 제도를 유지하는 안이다. 2007년 개정된 국민연금법에 따라 45%인 소득대체율(퇴직 전 소득 대비 연금수령액 비중)은 2028년까지 매년 0.5%씩 낮아져 2028년 40%가 되고 보험료율은 9%(사업장 가입자는 4.5%)를 유지한다는 것이다. 2안은 국민연금 제도를 그대로 두면서 월 25만 원인 기초연금을 2022년부터 40만 원으로 인상하는 안이다. 3안은 2021년부터 소득대체율을 다시 45%로 올리면서 9%인 보험료율은 그해부터 5년마다 1%포인트씩 인상해 2031년 12%까지 상향 조정하는 방안이다. 4안은 소득대체율을 2021년 50%까지 높이고, 보험료율은 5년에 한 번씩 1%포인트씩 2036년까지 인상해 13%로 만드는 안이다. 4가지 방안이 모두 장점과 단점이 있어 국민 눈높이를 맞추기 쉽지 않을 것이다.

매월 소득의 9%를 내는 국민연금 보험료율은 1988년 제도를 도입한 이후 바뀌지 않았으니 이를 손대려면 저항이 클 것이다. 그렇다면 덜 받는 수밖에 없는데 이것 역시 국민연금이 실질적 노후 보장 기능을 못한다는 비난을 피할 수 없다. 이 문제를 푸는 유일한 방법은 사회적 대타협 외에는 없다.

선진국의 3배에 달하는 의료비 지출 증가율

국민연금의 소득대체율이 충분하기 못한 상황에서 초고령사회를 맞는 한국을 위협하는 요인 중 하나가 의료비다. 한국보건연구원이 발표한 〈2017 한국 의료 질 보고서〉에 따르면 2005년부터 2015년까지 연평균 경상의료비 증가율은 6.8%에 달했다. OECD 평균 증가율 2.1%의 3배에 달하는 수준이다. 주요 선진국들은 고령화가 진

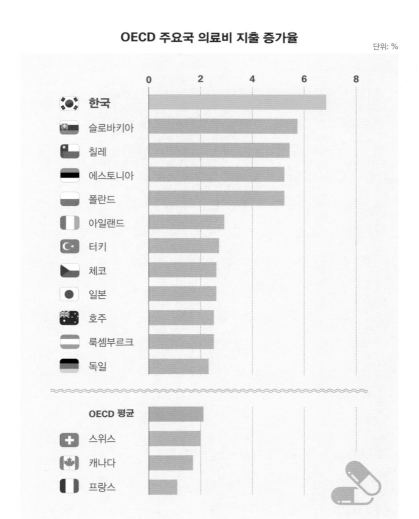

OECD 주요국 의료비 지출 증가율

단위: %

- 한국
- 슬로바키아
- 칠레
- 에스토니아
- 폴란드
- 아일랜드
- 터키
- 체코
- 일본
- 호주
- 룩셈부르크
- 독일

- OECD 평균
- 스위스
- 캐나다
- 프랑스

*34개국 대상, 2005~2015 연평균 경상의료비 증가율 기준

출처: 보건사회연구원

행되고 있음에도 불구하고 의료비 지출 증가율이 높지 않아 한국과 대조된다. 같은 기간 프랑스는 1.1%, 캐나다는 1.7%, 독일은 2.3%

에 불과했다. 고령 인구가 많은 일본도 2.6%로 OECD 평균에 근접했다.

통계청 자료를 보면 한국의 경상의료비는 1990년 7조 3,000억 원에서 2016년 125조 2,000억 원으로 대폭 증가했다는 것을 알 수 있다. GDP 대비 경상의료비 비율도 2016년 기준으로 7.7%까지 올라 OECD 평균 9.0%와 격차가 줄어들고 있다.

의료비 증가율이 높은데도 한국의 인구 1,000명당 의사 수는 2.3명으로 OECD 회원국 중 가장 적다. 보건복지부가 OECD가 발간한 〈보건통계Health Statistics 2018〉의 주요 내용을 분석한 결과다. OECD 평균은 3.3명이었는데 노르웨이가 4.5명으로 가장 많고 프랑스 3.1명, 미국 2.6명 순이었다. 다행스러운 점은 한국에서는 병원비에서 개인이 부담하는 몫이 상대적으로 적다는 사실이다. 그렇다 하더라도 의료 수준을 유지하려면 의료비 지출 증가율을 낮출 필요가 있다.

OECD 회원국 중에 최악인 노인 빈곤 문제

노인 빈곤율도 한국 사회의 아킬레스건 중 하나다. 2017년 OECD가 발표한 보고서에 따르면 한국은 66~75세 노인의 상대적 빈곤율이 43.8%로 38개 회원국 중 최악이었다. 상대적 빈곤율은 중위소득 50% 이하인 계층이 전체 인구에서 차지하는 비율을 의미한다. 66~75세 노인의 경우 OECD 평균은 14.8%였으니 한국의 노인 빈곤율이 OECD 평균의 3배가 넘는 것이다. 세계 10위 경제

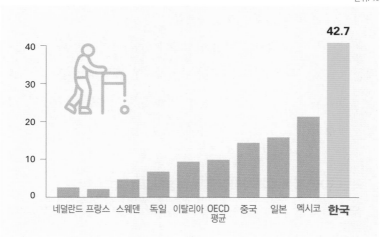

OECD 회원국 노인 빈곤율(2017년)

단위: %

42.7

네덜란드 프랑스 스웨덴 독일 이탈리아 OECD 중국 일본 멕시코 **한국**
평균

출처: OECD

대국이라는 말이 무색할 만큼 참담한 통계다.

이 지경이 된 이유는 복합적이다. 공적 연금이 제 기능을 발휘하지 못하는 것이 첫째 원인이겠지만 자신의 노후를 대비하지 않고 자식에게 모든 재력을 쓰는 문화 탓도 크다. 자녀가 부모를 부양해야 한다는 인식이 남아 있는 상황에서 핵가족화가 진행되다 보니 빈털터리로 노년을 맞는 이들이 많아진 것이다.

그 결과 나이가 들어서도 돈을 벌어야 하는 사태가 벌어진다. 통계청이 내놓은 '2018 고령자 통계'를 보면 한국의 70~74세 고용률은 33.1%에 달했다. 고희를 넘긴 나이에도 3명 중 1명이 일을 하고 있다는 뜻이다. OECD 회원국에서 이렇게 많은 노인들이 일하는 국가는 한 곳도 없다. 대부분 단순노무직과 일용직같이 힘만 들고 수입은 적은 일자리라는 점도 문제다.

가난한 노인을 줄이기 위한 사회 안전망을 마련해야 하는데 정부 예산만으로는 한계가 있다. 공적 연금제도를 개혁하는 동시에 노인들의 경험과 지식을 살릴 수 있는 양질의 시니어 일자리를 만드는 일을 병행할 필요가 있다.

국민 10명 중 8명이 사회갈등을 걱정하고 있다

삶이 팍팍해지는 것은 노년층만이 아니다. 젊은층이 직면한 현실도 막막하다. 대학을 나와도 제때 취업하기 힘들고 직장을 얻는다고 해도 내 집 마련은 요원하다. 월급을 모아 집을 사기에는 부동산 가격이 너무 올랐기 때문이다. 그러다 보니 결혼을 포기하고 이것이 저출산으로 이어지는 악순환의 고리를 형성한다.

세대마다 살기 힘들다는 아우성은 심각한 세대갈등을 낳고 있다. 한국보건사회연구원이 2019년 발표한 〈사회통합 실태 진단 및 대응방안(5)-사회문제와 사회통합〉 보고서에 따르면 국민 약 10명 중 8명은 한국 사회의 갈등이 심하다고 여기는 것으로 나타났다. 전국의 만 19세 이상에서 75세 이하 남녀 3,873명을 대상으로 사회갈등에 대한 인식을 조사한 결과 전반적인 갈등수준에 대해 '매우 심하다'나 '대체로 심하다'고 답한 응답자가 80.0%에 달했던 것이다.

갈등 유형 중에서 가장 심각하게 인식하는 것은 진보와 보수 간의 이념갈등이 87.0%로 가장 높았고 경영자와 노동자 간의 갈등

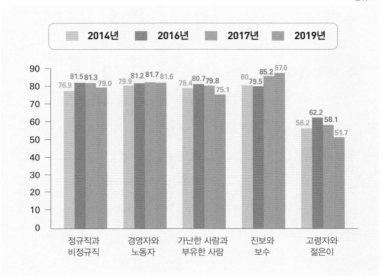

사회갈등 수준 인식 변화

단위: %

■ 2014년　■ 2016년　■ 2017년　■ 2019년

	정규직과 비정규직	경영자와 노동자	가난한 사람과 부유한 사람	진보와 보수	고령자와 젊은이
2014년	76.9	79.9	78.4	80	56.2
2016년	81.5	81.2	80.7	79.5	62.2
2017년	81.3	81.7	79.8	85.2	58.1
2019년	79.0	81.6	75.1	87.0	51.7

출처: 보건사회연구원

(81.6%), 정규직과 비정규직 간의 갈등(79.0%), 가난한 사람과 부유
한 사람 간의 갈등(75.1%) 순이었다. 여기에 더해 고령자와 젊은이
간 세대갈등의 심각성을 느끼고 있는 응답자도 51.7%에 달했다.

　보건사회연구원은 해마다 똑같은 보고서를 발간하는데 2017년
에는 세대갈등이 62.2%로 더 높았다. 2014년 조사에서 56.2%인
점을 감안할 때 세대갈등을 걱정하는 이들이 매년 높게 나오고 있
다는 것을 확인할 수 있다. 보건사회연구원은 조사 결과에 대해 "세
대갈등이 과거에 비해 중요한 사회갈등 유형으로 부상하고 있는데
이는 세대 간 일자리를 둘러싼 갈등 탓이 크다"고 설명했다. 세대갈

등은 한국만이 겪는 문제는 아니지만 고령자와 젊은이들이 밥그릇을 놓고 싸우고 있는 모습은 부끄러운 한국 사회의 자화상이다.

500대 기업 여성임원 3%, 여전히 높은 유리천장

경제가 급속히 발전하면서 여성의 역할이 강조되고 있지만 성 불평등 현실은 여전히 개선해야 할 점이 많다. 여성의 학력과 능력이 지속적으로 높아지고 있는데도 정당한 대우를 받지 못하고 있는 것이다. 기업에서 여성 임원이 차지하는 비율이 턱없이 낮은 게 대표적이다. 여성가족부가 한국여성정책연구원에 의뢰해 금융감독원 전자공시시스템에 공개된 500대 기업의 2018년 사업보고서를 조사한 결과 여성 임원은 518명인 것으로 집계됐다. 비율로 따지면 3.6%에 불과했다. 이른바 '유리천장'이 견고하게 존재하고 있다는 의미다. 여성 임원이 한 명도 없는 기업이 전체의 62.0%인 310곳에 달했다. 10곳 중 6곳이 넘는 셈이니 매우 충격적인 사실이다. 여성 임원 비율은 2014년 2.3%, 2015년 2.4%, 2016년 2.7%로 해마다 0.1~0.3%포인트씩 높아지고 있기는 하다. 그러나 OECD 회원국 평균 여성 임원 비율이 20%를 훌쩍 넘는다는 점과 비교하면 너무나 낮은 수준이다.

산업별로는 정보통신업이 8.4%로 가장 높았고 도소매업이 5.1%, 금융보험업 3.4%로 평균보다 높았지만 주력 업종인 제조업은 3.2%로 평균에 미치지 못했다. 국내 500대 기업을 산업별로 분류하면 제조업이 50.4%로 압도적으로 많다. 금융보험업(14.6%), 도

OECD 주요국가 유리천장 지수 순위

순위	2013년	2014년	2015년	2016년	2017년	2019년
1	뉴질랜드	노르웨이	핀란드	아이슬란드	아이슬란드	스웨덴
2	노르웨이	스웨덴	노르웨이	노르웨이	스웨덴	노르웨이
3	스웨덴	핀란드	스웨덴	스웨덴	노르웨이	아이슬란드
4	캐나다	폴란드	폴란드	핀란드	핀란드	핀란드
5	호주	뉴질랜드	프랑스	헝가리	폴란드	프랑스
6	스페인	프랑스	헝가리	폴란드	프랑스	벨기에
7	핀란드	덴마크	덴마크	프랑스	덴마크	덴마크
8	포르투갈	헝가리	스페인	덴마크	벨기에	포르투갈
9	폴란드	캐나다	벨기에	뉴질랜드	헝가리	헝가리
10	덴마크	스페인	뉴질랜드	벨기에	캐나다	폴라드
11	프랑스	이스라엘	캐나다	캐나다	뉴질랜드	캐나다
12	미국	벨기에	포르투갈	포르투갈	포르투갈	이탈리아
13	벨기에	포르투갈	이스라엘	스페인	스페인	슬로바키아
14	헝가리	슬로바키아	슬로바키아	이스라엘	호주	오스트리아
15	아일랜드	네덜란드	독일	슬로바키아	슬로바키아	스페인
16	슬로바키아	호주	호주	오스트리아	이스라엘	이스라엘
17	이스라엘	미국	미국	독일	이탈리아	호주
18	영국	독일	이탈리아	호주	오스트리아	뉴질랜드
19	오스트리아	오스트리아	그리스	미국	독일	아일랜드
20	독일	그리스	네덜란드	체코	미국	미국
21	그리스	이탈리아	오스트리아	이탈리아	그리스	독일
22	이탈리아	영국	영국	네덜란드	영국	그리스
23	체코	체코	아일랜드	그리스	아일랜드	체코
24	스위스	아일랜드	체코	영국	네덜란드	영국
25	일본	스위스	스위스	아일랜드	체코	네덜란드
26	🇰🇷 한국	일본	터키	스위스	스위스	스위스
27		🇰🇷 한국	일본	일본	터키	터키
28			🇰🇷 한국	터키	일본	일본
29				🇰🇷 한국	🇰🇷 한국	🇰🇷 한국

출처: 이코노미스트

소매업(7.4%), 건설업(7.4%)도 상당 수 포함돼 있으나 제조업과는 비교할 수 없을 만큼 비중이 낮다. 여성 임원이 상대적으로 많은 업종이 산업별로 편중됐다는 문제도 있다.

여성 인력의 활용은 경제성장에 직접적인 영향을 준다는 점에서 중요하다. 맥킨지가 2018년 발표한 보고서에 따르면 성 평등이 개선되면 한국의 GDP가 9%포인트 성장할 여지가 있는 것으로 나타났다. 맥킨지는 고위직에 여성 비율이 높은 기업일수록 성과가 올라간다는 연구 결과도 내놓았다. 〈왜 성 다양성이 중요한가〉라는 제목의 보고서인데 주요 내용은 2007년부터 2017년까지 10년간 연구한 결과 경영진의 성 다양성 수준이 상위 25%인 기업들은 하위 25%인 기업들보다 세전 영업이익률이 평균 21% 높았다는 것이다. 모건스탠리인터내셔널MSCI도 2016년 보고서에서 기업 이사회에 여성이 있는 기업이 그렇지 않은 기업보다 재무성과가 높다는 분석을 내놓은 바 있다.

젊은이들의 결혼 기피 추세가 심각한 수준이다

급속한 출산율 저하의 가장 큰 원인은 갈수록 심해지는 결혼 기피 추세다. 통계청이 발표한 '2020년 사회 조사 결과'는 결혼을 당연한 과정으로 생각했던 통념을 깼다는 점에서 한국 사회에 충격을 던졌다. '결혼하지 않아도 함께 살 수 있다'고 생각하는 국민 비율이 사상 처음으로 60%에 육박했기 때문이다.

통계청 조사에 따르면 전국 13세 이상 인구 중 결혼에 대해 '해야

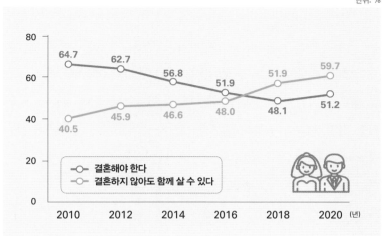

결혼 의향 설문 조사

단위: %

- 결혼해야 한다
- 결혼하지 않아도 함께 살 수 있다

출처: 통계청

한다'고 생각하는 사람의 비율은 2018년 48.1%로 2016년 51.9%
보다 3.8%포인트 떨어졌다. 2010년 결혼은 반드시 해야 한다고 응
답한 비율이 64.7%에 달했으나 매년 하향 추세를 보이더니 드디
어 굳이 결혼하지 않아도 된다고 여기는 젊은이들이 더 많아진 것
이다. 성별로는 남자는 52.8%가 결혼해야 한다고 응답한 반면 여
자는 43.5%에 그쳤다. 여자가 결혼에 대해 더 부정적인 생각을 가
지고 있는 것으로 나타난 것이다. '결혼하지 않더라도 함께 살 수
있다'고 응답한 비율도 2018년 56.4%를 차지해 처음으로 절반을
넘었다. 이른바 '동거'에 찬성하는 비율은 2010년 40.5%, 2012년
45.9%, 2014년 46.6%, 2016년 48.0%로 계속 높아졌다.

  이혼에 대한 생각도 많이 바뀌었다. 2008년에는 '이혼해서는 안

된다'는 비율이 58.6%로 대세였으나 2020년에는 30.2%로 떨어졌다. 부부 생활이 어려우면 결혼을 언제든지 제자리로 돌릴 수 있다는 인식이 확산된 결과라고 볼 수 있다. 결혼을 꺼리는 이유로는 과도한 결혼 비용과 부모 부양, 육아에 드는 비용 등 경제적인 문제가 많았다. 그러나 결혼을 기피하는 더 큰 이유는 일자리 때문이다. 괜찮은 일자리를 얻지 못해 경제적으로 자립하지 못한 상황에서 결혼을 결정하는 일은 쉽지 않다. 양질의 일자리를 창출할 기업을 육성하는 일이 얼마나 중요한지 다시 한번 생각하게 만든다.

창업,
도전정신이 약해지는 젊은이들

대한민국의 미래를 어둡게 하는 또 다른 요인은 점점 나약해지는 청소년들이다. 한국 청년들은 창업보다는 안정된 생활에 안주하려 한다. 세계 시장을 누비는 기업인이나 인류의 삶을 바꾸는 과학자를 꿈꾸는 대신 최고의 직업으로 공무원을 꼽고, 안정된 수입이 들어오는 건물주를 꿈꾸고 있는 것이다. 조금만 힘들어도 일을 하지 않으려 하고 극단적 선택을 하거나 범죄의 유혹에 넘어가는 청소년들도 점점 늘고 있다.

그러나 이런 현상을 청소년 탓으로만 돌려서는 안 된다. 한국 사회 구조가 청소년의 삶을 팍팍하게 만들고 있기 때문이다. 저성장의 늪에 빠져 일자리가 말라가며 청년실업률은 최악으로 치닫고 있고 모두가 대학에 들어가려고 하다 보니 '입시 지옥'이라는 말이 낯설게 들리지 않는다. 한국의 청년들이 처한 현주소를 좀 더 구체적으로 들여다보자.

청년들의 일자리가 점점 말라가고 있다

한국의 청년들은 부모보다 못한 삶을 사는 첫 세대가 될 것이라는 위기감에 시달리고 있다. 이렇게 된 가장 큰 원인은 좋은 일자리가 줄어들고 있기 때문이다. 한국은행의 〈한국과 일본의 청년실업 비교분석 및 시사점〉 보고서에 따르면 한국의 청년실업률은 2017년 기준으로 9.5%에 달했다. 2000년 6.0%에서 3.5%포인트 상승한 것이다. 같은 기간 일본의 청년실업률이 6.2%에서 4.1%로 하락한 것과 대조를 이룬다. 이는 한때 비슷했던 한국과 일본의 청년실업률의 희비가 엇갈리는 현상을 극명하게 보여주고 있다. 2020년 들어서도 한국의 청년 실업률은 매월 8% 후반에서 10%대를 맴돌며 최악의 상황에서 벗어나지 못했다.

한국 청년실업률 추이는 OECD 회원국과 정반대로 향하고 있다. OECD 국가들의 청년실업률 평균은 2010년 10.6%로 정점을 찍은 후 하락하고 있는 데 반해 한국은 지속적으로 상승하고 있기 때문이다. 여러 이유가 있지만 경제 성장률이 떨어지고 있는 탓이 가장 크다. 여기에 노동시장 양극화로 일자리 미스매치가 해결되지 않은 요인도 무시할 수 없다. 대기업과 중소기업의 임금 격차는 해가 갈수록 커지고 있다. 중소기업 중에는 대기업 연봉의 절반도 안 되는 곳이 많다. 일본 중소기업 연봉은 대기업의 70~90%에 달한다. 중소기업에서는 구인난에 시달리고 있는데도 청년들로부터 외면을 받고 있는 것은 처우가 대기업과 너무 차이가 나기 때문이다. 중소기업에 취업하느니 차라리 노는 게 낫다는 인식이 청년층에 광범위

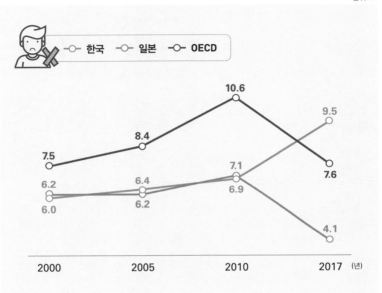

한국 일본 청년실업률 추이

단위: %

○ 한국 ○ 일본 ○ OECD

10.6

9.5

8.4

7.5

7.6

7.1

6.2
6.0

6.4
6.2

6.9

4.1

2000　　　2005　　　2010　　　2017 (년)

*25~29세 대상

출처: 한국은행

하게 퍼져 있다.

최저임금의 급격한 상승으로 임시직이 늘고 있는 데다 고령화에 따른 일자리 분산 등도 청년실업률을 최악으로 몰고 가는 이유로 꼽힌다. 고질적인 청년실업 문제를 해결하려면 노동개혁을 통해 노동시장을 유연화하고 기업 투자와 고용 환경을 개선할 필요가 있다. 이를 통해 경제 성장률을 끌어올릴 수 있다면 청년들을 위한 좋은 일터는 저절로 만들어진다.

OECD 중위권을 맴돌고 있는 기업가정신 지수

청년실업률 못지않게 한국의 미래를 어둡게 만드는 사실은 '갈수록 도전정신이 약해진다'는 점이다. 글로벌기업가정신개발원GEDI이 발표한 '2018년 글로벌 기업가정신지수GEI'에서 한국은 조사 대상 137개국 중 24위로 상위권에 속했다. 그러나 비교 대상을 OECD 회원국으로 좁히면 35개국 중에 20위로 중하위권이다. 제품과 생산 공정 혁신 같은 기술 부문에서는 높은 점수를 받았지만 반反기업 정서와 국제화 수준 등은 바닥권이다.

2020 매일경제와 전국경제인연합회가 공동분석한 기업가정신 OECD 국제비교에서 한국은 26위로 더 떨어졌다. 암웨이가 전 세계 약 5만 명, 한국에서 1,500명을 대상으로 조사해 2018년 3월 발표한 기업가정신지수AESI에서도 한국의 기업가정신은 낮게 평가됐다. 이에 따르면 한국은 39점으로 전년보다 9점이나 하락하며 44개 조사 대상국 가운데 33위에 머물렀다. 아시아 평균은 61점, 세계 평균은 47점인데 여기에도 미치지 못했던 것이다. 베트남과 인도, 중국이 각각 1위와 2위, 3위를 차지했고 호주와 홍콩, 대만도 각각 5위, 13위, 18위로 중상위권에 올라 한국과 대조를 보였다.

더 심각한 문제는 청년층의 기업가정신이 세계 최하위 수준이라는 점이다. 35세 이하를 대상으로 한 청년층 조사에서 한국은 38점으로 전년에 비해 10점 이상 떨어졌다. 아시아 평균 61점과 세계 평균 52점과 격차도 컸다. 의지력과 도전 의향 등 거의 모든 항목에서 부족한 것으로 조사됐다. 이는 실패를 용인하지 않는 사회 분위기

기업가정신 지표별 한국 순위와 주요국 기업가정신 순위

구분	한국 순위	1위 국가
기업가에 대한 사회 평판	**14위**	이스라엘
기업가 직업 선호도	**22위**	네덜란드
규제 등 경제제도 수준	**27위**	핀란드
개인의 경제활동 참가율	**29위**	스위스
대기업 비중	**27위**	스위스
인구 10만 명당 사업체 수	**4위**	체코
기업 체감 경기	**34위**	라투아니아
기업·개인의 법률 신뢰·준수 수준	**20위**	핀란드

주요국 기업가정신 순위	
스위스	1위
뉴질랜드	2위
룩셈부르크	3위
핀란드	4위
노르웨이	5위
네덜란드	7위
독일	8위
미국	11위
일본	25위
한국	**26위**

*OECD 35개국 대상 2017년 공통지표 기준.

출처: 전국경제인연합회

때문일 것이다. 청년들의 기업가정신을 되살리지 못하면 경제는 활력을 잃게 된다. 미국이나 이스라엘 등 창업 강국과 같이 실패해도 얼마든지 재기할 수 있고 성공에 큰 보상이 약속되는 시스템을 구축할 필요가 있다.

미국의 절반 수준인 한국 스타트업 생태계의 현주소

청년들의 낮은 기업가정신지수는 한국의 스타트업 수준에서도 고스란히 드러난다. 무역협회가 2018년 발표한 〈글로벌 시각에서 본 한국 스타트업의 현주소〉 보고서는 이를 잘 보여준다. 프랑스 파리에서 열린 글로벌 스타트업 전시회 '비바 테크' 참가 업체 128개를 대상으로 설문조사한 것인데 응답자들 대부분 한국 스타트업에

우리나라와 미국 실리콘밸리의 주요 지표 비교

항목	한국	실리콘밸리
면적(km²)	99,720 (20.8배)	4,802
인구(백만 명)	51.8 (16.7배)	3.1
일자리(백만 명)	26.6 (16.2배)	1.64
GDP / 시총(달러)	1조 6,932억(2017)	빅5기업 시총 3조 6,371억 (2.1배)
1인당 GDP / 1인당 부가가치(달러)	32,774(2017)	193,000(2017) (5.9배)

출처: 조인트벤처, 실리콘밸리인덱스(2018)

대해 잘 몰랐다. 인공지능과 빅데이터, 사물인터넷, 바이오헬스, 신재생에너지 등 4차 산업혁명 분야에서 월등하게 인지도가 높았던 미국 스타트업들과 극명하게 엇갈리는 결과였다. 미국을 100점으로 했을 때 한국 평균 점수는 55점에 그쳤다. 동남아 스타트업 생태계와 비교했을 때도 정부 규제와 글로벌 콘퍼런스 유치, 기업 문화 분야에서 뒤떨어지는 것으로 나타났다. 이는 한국의 스타트업들이 내수 중심의 '우물 안 개구리'라는 것을 의미한다.

스타트업의 성공 여부를 가늠할 수 있는 투자 자금 환수, 즉 '엑시트Exit' 순위에서도 한국은 30위권 밖으로 부진했다. 출구전략을 뜻하는 스타트업 엑시트는 투자자가 자금을 회수하는 수단으로 기업 인수합병M&A 또는 기업공개IPO로 이루어진다. 무역협회의 〈미국 기술 기반 스타트업의 경제 기여 및 시사점〉 보고서에 따르면 2016년 국가별 스타트업 엑시트 수는 미국이 1,600건을 넘었고 중국과 싱가포르, 일본이 30위 안에 들었다. 한국은 여기에 들지 못했다. 이렇게 된 이유는 스타트업을 정당하게 평가하는 시스템이 없는 데다 엑시트가 활성화되지 않았기 때문이다. 이로 인해 잠재력이 큰 스타트업들이 싹도 틔우지 못하고 사라지는 사례가 많다. 실로 안타까운 일이다.

최고의 직업은 공무원이라고 말하는 젊은이들

청년들의 도전정신이 부족한 또 다른 증거는 직업 선호도 조사에서 가장 안정된 직장으로 여겨지는 공무원이 압도적인 1위를 차지하고 있다는 사실이다. 구인·구직 매칭플랫폼인 사람인이 2018년 성인 1,143명을 대상으로 직업 선호도를 조사한 결과 26.7%(복수응답)의 응답자가 공무원·공공기관 종사자를 가장 원하는 직업으로 꼽았다. 2위인 카페·식당 등 사업가(16.2%)와 3위 사무직 회사원(15.0%)과 비교해서도 2배 가까이 높았다.

이외에 순수예술가(11.4%)와 변호사, 의사를 포함한 전문직(11.4%), 엔지니어·설계자 등 기술자(9.9%), 유튜버 같은 1인 방송인(9%), 연예인(7.4%), 웹툰작가 순이었다. 최고의 직장을 묻는 질문에는 공무원, 현실을 고려한 목표를 묻는 질문에는 사무직 회사원이 가장 많았던 것도 젊은층의 세태를 잘 반영하고 있다. 이는 직업에서 가장 중요하게 고려하는 요소가 적성 외에 안정성과 월수입이었다는 점과 일맥상통한다.

이에 앞서 취업·인사포털인 인크루트가 리서치 전문기관 엠브

성인남녀 희망직업 TOP 10

순위	희망직업	비율
1	공무원, 공공기관 종사자	**26.7%**
2	식당, 카페, 온라인 마켓 등 사업	16.2%
3	사무직 회사원	15.0%
4	음악가, 미술가 등 순수예술가	11.4%
5	변호사, 의사 등 전문직	11.4%
6	엔지니어, 설계자 등 기술자	9.9%
7	유튜버, BJ 등 1인 방송인	9.0%
8	연예인	7.4%
9	웹툰작가 등 크리에이터	6.4%
10	건축가, 인테리어 디자이너 등	6.3%

*성인남녀 1,143명 대상 · 출처: 사람인

레인과 함께 직장인 2,153명을 대상으로 조사한 '갑을 관계' 인식에서도 공무원이 가장 우위를 차지했다. 응답자의 30.1%가 공무원을 여러 직업 중 최고의 '갑'으로 꼽았던 것이다. 기업의 최고경영자(23.2%)와 정치인(19.0%)이 공무원보다 못하다는 인식은 최고의 직업으로 공무원을 꼽은 설문조사와 무관하지 않을 것이다.

너도나도 건물주를 꿈꾸는 사회가 되다

젊은이들의 꿈이 임대사업자라는 사실도 충격적이다. 더 나은 내일을 위한 도전보다 현실에 안주하려는 추세를 드러내고 있기 때문이다. 이는 부동산 가격 폭등으로 불로소득자들이 많아지면서 일하지 않아도 돈을 벌 수 있다는 인식이 퍼져 있는 현실을 반영한다. 근로의욕이 꺾인 사회는 생산적일 수 없다는 점에서 한국 사회의 큰 문제가 아닐 수 없다.

　건물주가 꿈이라는 조사는 여러 차례 나왔다. 그중 하나가 취업 포털 인크루트가 2018년 회원 801명을 대상으로 과거와 현재 꿈을 물었던 설문조사다. 결과는 현재 1순위 꿈이 '잘 먹고 잘사는 것(26.3%)'이며 '돈 많은 건물주가 되는 것(16.8%)'과 '내 집을 마련하는 것(15.1%)'이 그 뒤를 이었다. 성인 3명 중 1명은 부동산 소유를 꿈으로 꼽은 셈이다. '창업(13.1%)'과 '기업 임원이 되는 것(4.7%)'은 뒤로 밀렸다. 이런 결과는 어릴 적 꿈과 거리가 멀다. 유년시절에는

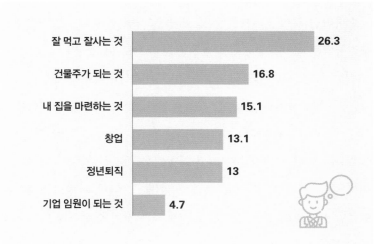

성인이 된 지금 원하는 꿈은 무엇인가요?(2018년)

단위: %

잘 먹고 잘사는 것	26.3
건물주가 되는 것	16.8
내 집을 마련하는 것	15.1
창업	13.1
정년퇴직	13
기업 임원이 되는 것	4.7

출처: 인크루트

선생님과 과학자, 의사, 가수, 디자이너 등을 꿈꾸다가 어른이 되면 모두가 부동산 소유주로 꿈이 수렴되는 사회가 되고 만 것이다. 어렸을 때 가졌던 꿈을 그대로 유지하는 사람은 10명 중 2명도 되지 않았다.

청년들, 더럽고 힘들고 위험한 일을 기피하다

청년실업률이 4년째 상승했던 2017년 말 한국개발연구원KDI은 그 이유가 무엇인지 분석하는 보고서를 내놓았다. 주요 내용은 더럽고Dirty, 어려우며Difficult, 위험한Dangerous, 이른바 3D 업종을 기피하는 현상이 청년실업률을 높인 주요 원인 중 하나라는 것이다.

이는 한국 청년인력 수준이 동질적이라는 특징과 무관하지 않다. OECD가 발표한 국제 성인역량 조사 등 관련 자료를 보면 한국의 25~34세 청년역량분포는 중간에 밀집돼 있다. 평균 역량의 격차가 근소하다는 의미다. 다른 국가들과 비교하면 언어능력은 최상위권, 수리능력과 문제해결능력은 중위권인 것으로 나타났다.

이런 특성으로 인해 대부분의 청년들이 사무직이나 생산직 모두 중간 수준의 일자리를 찾게 되고 저숙련 3D 일자리를 기피하는 현상의 원인이 되고 있다는 게 KDI 설명이다. 문제는 한국 청년들이 선호하는 중간 수준의 일자리가 자동화를 비롯한 기술 혁신으로 급속히 줄고 있다는 점이다. 청년실업률을 줄이기 위해서는 경제에 활력을 불어넣어 신규 일자리를 창출하는 것이 중요하지만 이에 앞서 모두가 대학에 진학하려고 하는 현실을 바꿀 필요가 있다. 젊은

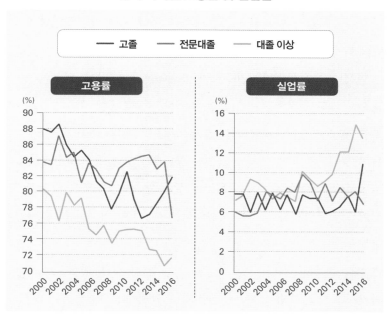

남자 학력별 고용률 및 실업률

고졸 — 전문대졸 — 대졸 이상

고용률

실업률

* 25~29세, 졸업자 대상, 2000~2017년 기준
  각 연도의 1~10월 평균, 전문대졸에는 표본오차가 있음

출처: KDI Focus(88호)

이들이 소질에 따라 다양한 직업을 선택할 수 있도록 초기 교육 단계부터 근본 구조를 뜯어고쳐야 한다는 뜻이다.

한국 청소년들은 입시에 찌들어 살고 있다

모두가 대학에 가야 한다는 생각을 바꿔야 할 또 다른 이유가 있다. 입시에 찌든 청소년들을 위기에서 구해야 한다는 것이다. 학생용품 업체인 스마트학생복이 소셜네트워크서비스SNS를 통해 청소년 스트레스 원인을 조사한 결과 응답자의 절반 이상은 '학업'을 꼽았다. 친구와 가족 문제도 스트레스를 준다는 답변이 있었지만 학업에 대한 스트레스에 비하면 낮았다.

연세대학교 사회발전연구소가 유니세프의 어린이·청소년 행복지수를 활용해 학생들의 주관적 행복지수를 조사할 때마다 꼴찌 수준을 보이는 것도 같은 맥락으로 이해할 수 있다. 주관적 행복지수는 학생에게 학교생활과 삶의 만족도, 건강 상태 등을 묻는 방식으로 이루어지는데 여기서 주목해야 할 점은 수면 부족을 경험한 학생이 고학년일수록 많다는 사실이다. 이는 대학 입시를 준비하느라 밤늦게까지 잠을 자지 못하고 있는 현실을 보여준다.

자살 충동을 세 번 이상 경험한 '자살 위험 집단' 비율도 이와 마찬가지로 학년이 올라가면서 높아졌다. 공부 때문에 생기는 스트레

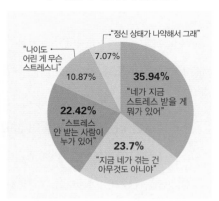

스트레스의 주된 원인은 무엇인가요?

건강 1.58%
이성 1.61%
8.24%
외모
11.32%
진로
11.43%
가족
15.34%
친구
50.48%
학업

설문기간: 2017년 5월 4~14일
응답인원: 8,748명

스트레스 받을 때 가장 듣기 싫은 말은?

"정신 상태가 나약해서 그래"
"나이도
어린 게 무슨
스트레스니"
7.07%
10.87%
35.94%
"네가 지금
스트레스 받을 게
뭐가 있어"
22.42%
"스트레스
안 받는 사람이
누가 있어"
23.7%
"지금 네가 겪는 건
아무것도 아니야"

출처: 스마트학생복

스로 청소년들은 신경질을 부리고 무기력해지며 심하면 자살 충동까지 느끼고 있다는 것을 알 수 있다. 대학수학능력시험 직후 대학 입시거부선언까지 하는 청소년들이 등장할 정도니 입시에 대한 압박과 불만이 얼마나 심각한 문제인지 짐작할 수 있을 것이다.

청소년 사망 원인 1위가 자살이라니

한국 청소년들이 처한 불행한 환경을 단적으로 보여주는 통계가 바로 높은 자살 비율이다. 여성가족부에 따르면 청소년 사망 원인으로 2007년 이후 10년째 자살이 1위를 차지한 것으로 조사됐다. 2018년 기준으로 청소년(9~24세) 자살률은 10만 명당 9.1명 수준으로 교통사고 사망률보다 훨씬 높았다. 자살이나 자해를 시도하는 학생 수도 해마다 수천 명에 이른다. 2018년 자살한 청소년이 827명에 달했다. 자살 위기에 놓여 있거나 자살 생각을 해본 적이 있는 청소년이 1만 명은 넘을 것으로 정부는 추정하고 있다.

성적을 올리기 위해 치열하게 경쟁하는 상황에 내몰리고 있는데도 주변에는 고민을 들어줄 사람이 없다는 게 청소년들로 하여금 극단적인 선택을 하도록 만든다. 형제와 친구가 없어 외톨이로 지내는 아이들도 많다. 그러다 보니 우울증 등 정신적인 장애를 갖게 되는 청소년들이 갈수록 많아지고 있는 것이다.

보건복지부와 중앙자살예방센터가 발행한 〈2020년 자살예방백서〉를 보면 2011년 이후 자살률이 꾸준히 줄었지만 10대 청소년 자살률은 소폭 증가했다. 자살자의 상당수는 무직이나 학생이었던

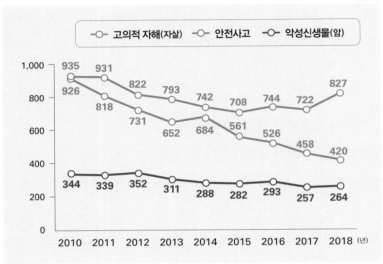

청소년 사망 원인

단위: 명

고의적 자해(자살)　　안전사고　　악성신생물(암)

935　931　822　793　742　708　744　722　827
926　818　731　652　684　561　526　458　420
344　339　352　311　288　282　293　257　264

2010　2011　2012　2013　2014　2015　2016　2017　2018 (년)

*청소년(9~24세) 사망원인

출처: 통계청

것이다. 자살 동기는 정신적 문제가 31.6%로 가장 많았고 청소년
이 자살을 생각하는 주된 이유는 학교성적인 것으로 나타났다.

더 이상 방치해서는 안 될 상황에 이른 청소년 범죄율

한국 청소년들의 스트레스는 높은 범죄율로 나타나고 있다. 국정
감사 자료에 따르면 2013년부터 2017년까지 검거된 범죄소년은 총
39만 8,917명에 달하는 것으로 집계됐다. 하루 평균 218명이다. 절
도가 12만 7,749명으로 가장 많았고 폭력이 10만 5,429명으로 뒤
를 이었다. 강간과 강도, 살인 등 강력 범죄를 저지른 청소년도 많

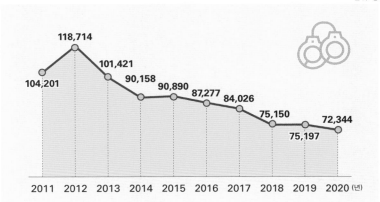

소년사범 형사사건 처리 현황

단위: 명

118,714

101,421

104,201

90,158
90,890
87,277
84,026

75,150
72,344

75,197

2011 2012 2013 2014 2015 2016 2017 2018 2019 2020 (년)

출처: 대검찰청(검찰통계시스템)

앗다. 5년 동안 강간이 1만 28명, 강도가 2,037명이었고 살인도 108
명이나 됐다. 걱정스러운 점은 강간과 폭력 등이 점점 늘고 있다는
사실이다.

학교 폭력과 성범죄가 증가하고 있는 것은 심각한 일이다. 경찰
청에 따르면 학교폭력으로 검거된 청소년은 2015년 1만 2,495명에
서 2016년 1만 2,805명, 2017년 1만 4,000명으로 증가하고 있다.
성범죄는 더 큰 폭으로 늘고 있는 추세다. 청소년 범죄는 개인 성격
탓도 있지만 사회 환경의 영향도 무시할 수 없다. 문제 학생을 방치
할 게 아니라 범죄가 일어나기 전에 사전에 막을 장치를 마련할 필
요가 있다. 청소년 범죄는 어른들의 문제다. 한국 사회 전체가 청소
년 범죄에 선제 대응할 시스템을 고민해 봐야 한다.

부모 곁을 떠나지 못하는 캥거루족이 늘고 있다

나약해지고 있는 한국 청년과 관련해 끝으로 생각해 봐야 할 문제가 캥거루족의 증가다. 취업난과 결혼 기피가 낳은 현상이라는 점에서 구조적인 접근이 필요하다. 인크루트와 시장조사기관 두잇서베이가 2018년 성인남녀 3,086명에게 설문조사한 결과 31.0%가 캥거루족이었다. 연령별로는 20대가 45.8%, 30대가 35.8%로 많았지만 40대와 50대도 각각 20.3%와 15.0%에 달했다.

놀라운 점은 캥거루족에게 독립의사를 물었더니 10명 중 1명은 그럴 생각이 없다고 답했다는 사실이다. 언젠가는 독립하겠다고 응답한 사람도 그 시점이 3년 이후가 대다수였다. 3년 안이 30.4%, 5년 안이 22.3%로 절반을 넘었던 것이다. 10년 안에 독립하겠다는

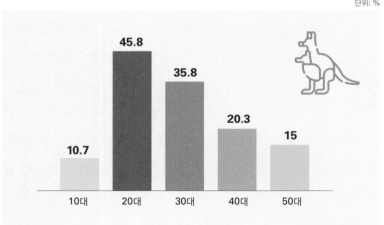

'당신은 캥거루족인가요?' 질문에 '그렇다'고 답한 비율(2018년)

단위: %

출처:인크루트

응답자까지 포함하면 60%에 육박한다. 반면 1년 안에 독립할 것이라고 답한 사람은 19.9%에 불과했다. 캥거루족 증가는 가족 간 갈등을 유발할 뿐만 아니라 세대 간 갈등과 사회 역동성을 떨어뜨린다는 점에서 바람직한 현상은 아니다.

후진 금융,
가계부채 증가와 부동산 과열투자

부동산과 주식 등 자산 시장은 국민들이 재산을 불릴 수 있는 운동장이다. 공정하고 투명하면 투자를 통해 노후를 준비하는 등 안정된 생활을 추구할 수 있다. 그러나 대한민국의 현실은 그렇지 못하다. 급속한 경제 발전으로 부동산 가격이 급등하며 대다수 국민들은 내 집 마련의 기회를 놓치고 있다. 집값은 급등하는데 정부는 오락가락 부동산 정책으로 혼란만 키웠다. 이 과정에서 부의 양극화는 심화됐다.

난개발도 문제다. 마구잡이로 개발되다 보니 살기는 힘든데 집값은 높은 현상이 벌어졌다. 세계 주요 도시와 비교했을 때 서울은 그다지 살기 좋지 않은데도 집값은 최고 수준을 기록하고 있다. 부동산 불패 신화와 저금리 정책은 가계 부채를 늘리는 원인이 되고 있다. 한국의 GDP 대비 가계부채는 세계 최고 수준을 기록하고 있고, 이에 따른 한계가구도 빠른 속도로 늘고 있다. 주식시장도 후진성에서 탈피하지 못하고 있다. 한 탕을 노린 단타 위주의 투자가 성행하고 있는 것이다. 관치 금융 탓에 금융 산업 경쟁력도 약하다.

평균 6년가량 걸리는 주택 마련 소요 연수

한국 사람들에게 내 집 마련은 특별한 의미를 갖는다. 내 이름으로 집을 보유해야 비로소 완전하게 독립한 것으로 여겨지기 때문이다. 부동산 가격이 낮은 지방에서는 결혼 후 내 집 마련 시기가 짧지만, 10억 원이 넘는 아파트가 수두룩한 서울이나 수도권에서 내 집을 장만한다는 것은 쉽지 않은 일이다.

국토교통부가 발표한 '2019년도 주거실태조사'는 한국인들이 내 집 마련을 위해 얼마나 오랜 기간을 준비해야 하는지 보여준다. 이에 따르면 생애최초주택 마련에는 6.9년이 소요되는 것으로 조사됐다. 6.9년간 소득을 한푼도 쓰지 않고 모아야 내 집을 마련할 수 있다는 뜻이다. 2010년 8.5년에 비해서는 2년 정도 줄었지만 2014년

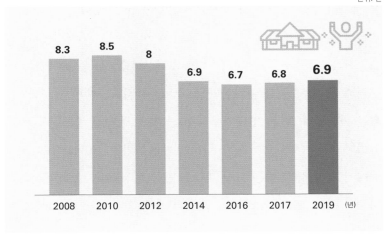

생애최초주택 마련 소요 연수

단위: 년

출처: 국토교통부

이후 6~7년을 유지하고 있다. 지역을 수도권으로 한정하면 그 기간은 훨씬 길어진다.

집값이 비싸 자가 가구의 절반가량은 주택 구입 대출금 상환에 부담을 느끼고 있는 것으로 나타났다. 이처럼 내 집 마련이 어렵지만 자가 보유율은 60%가 넘는다. 내 집을 갖겠다는 강한 열망을 보여주는 수치다. 이는 국토교통부 실태조사에서 10명 중 8명 이상이 내 집을 꼭 마련해야 한다고 응답한 것과 일맥상통한다.

살기는 힘들어지는데 집값만 올라가는 서울

내 집 마련을 위해 필요한 평균 기간이 7년 안팎이라고 하지만 서울에서는 훨씬 더 오래 걸린다. 주택 가격이 다른 지역과는 비교할 수 없을 만큼 높기 때문이다. 서울에 모든 기반시설과 기업, 학교들이 집중된 결과지만 그렇다고 살기 좋은 곳은 아니다. 이는 다른 국가의 주요 도시와 비교한 통계를 보면 알 수 있다.

글로벌 경영 컨설팅 기업 머서Mercer가 발표하는 〈도시별 삶의 질 보고서〉는 정치와 경제, 환경, 치안, 교육, 대중교통 등 39개 요소를 분석해 231개 도시를 평가한다. 오스트리아 수도 '빈'이 압도적인 1위를 차지했다. 빈은 2010년부터 10년 연속 최고 살기 좋은 도시로 꼽혔다. 영국 〈이코노미스트〉 산하 경제분석기관인 EIU도 '2019 세계에서 가장 살기 좋은 도시' 1위로 빈을 선정했다. 호주 멜버른과 시드니, 일본 오사카, 캐나다 캘거리 등이 높은 순위를 기록했다. 서울은 상위권에 이름을 올리지 못했다.

세계 주요 도시 집값 비교

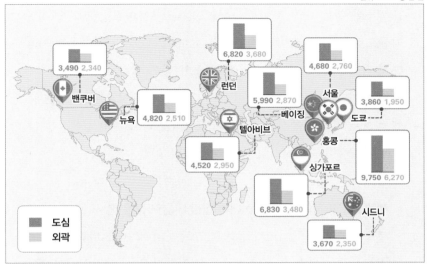

단위: 3.3m²당 만 원

6,820 3,680

3,490 2,340

런던

4,680 2,760

밴쿠버

뉴욕

4,820 2,510

서울

3,860 1,950

베이징

도쿄

텔아비브

홍콩

4,520 2,950

싱가포르

시드니

6,830 3,480

9,750 6,270

3,670 2,350

■ 도심
■ 외곽

*2017년 2월 기준

출처: 넘베오

OECD 주요국 집값지수

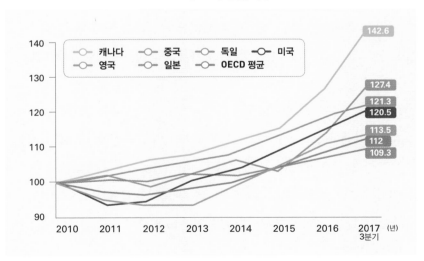

캐나다   중국   독일   미국
영국   일본   OECD 평균

142.6

127.4

121.3

120.5

113.5

112

109.3

*지수는 2010년 가격을 100으로 놓고 산출

출처: OECD

그러나 부동산 가격은 살기 좋은 도시 순위와는 달랐다. 글로벌 도시통계 정보 제공 사이트 '넘베오NUMBEO'에 따르면 2021년 1월 기준으로 서울 도심 아파트 가격은 3.3㎡당 3,254만 원으로 빈의 3배에 육박했다. 오클랜드, 뮌헨, 밴쿠버 등도 서울보다 낮았다. 물론 홍콩이나 상하이, 방콕처럼 서울보다 살기 좋지 않은 도시들 중에 아파트 가격이 높은 곳도 있다. 그렇다고 가격 대비 생활환경 측면에서 서울이 뛰어나다고는 할 수 없다.

세계 주요도시에 비해 소득 대비 집값 비율도 높은 편

부동산 가격은 국가마다 물가와 소득 수준에 따라 다를 수 있기 때문에 절대 금액을 비교하는 것은 정확하지 않을 수 있다. 그래서 많이 사용하는 기준이 '소득 대비 집값 비율PIR · Price to Income Ratio'이다. PIR을 쉽게 설명하면 '집 한 채를 구입하기 위해 돈을 모아야 하는 햇수'라고 할 수 있다. 소득 대비 집값이 10이라고 하면 가처분소득을 한 푼도 쓰지 않고 10년 동안 모아야 주택 한 채를 살 수 있다는 뜻이다.

PIR로 서울 집값을 비교해도 고평가돼 있는 것으로 분석됐다. NH투자증권이 내놓은 '글로벌 주요 도시의 주택가격 비교분석'에 따르면 2018년 말 기준 서울의 소득 대비 집값PIR은 21.1로 높은 편이었다. 10년 평균값을 계산하면 15.7로 떨어지는데 이는 2018년 집값이 많이 올랐기 때문이다. 세계 주요 도시의 PIR을 보면 뉴욕(11.3), 도쿄(13.1), 런던(20.6)은 서울보다 낮거나 비슷했고 홍콩(49.4)

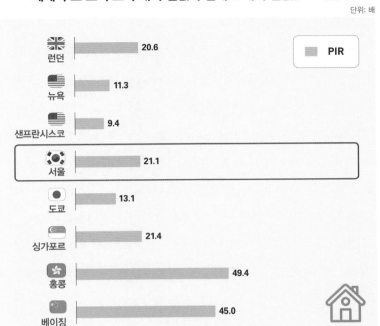

세계 주요 도시 소득 대비 집값과 임대료 대비 집값(2018년)

단위: 배

도시	PIR
런던	20.6
뉴욕	11.3
샌프란시스코	9.4
서울	21.1
도쿄	13.1
싱가포르	21.4
홍콩	49.4
베이징	45.0

출처: 넘베오, NH투자증권

과 베이징(45.0)은 높았다. 넘베오 조사에서도 베이징과 상하이, 홍콩, 선전 등 중국 도시가 1~4위를 차지했다. 런던이 8위, 싱가포르가 9위, 방콕이 15위였고 서울은 전체 도시 중 23위를 기록했다. 중국과 동남아 도시에 비해서는 소득 대비 집값 비율이 높지 않지만 절대 기준으로 보면 낮다고는 볼 수 없는 수준이다. 참고로 최고 살기 좋은 도시로 꼽힌 빈은 67위였다.

서울과 지방의 집값 차이는 갈수록 벌어지고

서울 주택 가격이 높은 것은 한국의 다른 지방 도시와 비교해도 극명하게 드러난다. 한국부동산원 통계를 보면 종합주택유형을 기준으로 전국 주택 매매가격 5분위 배율은 2012년 관련 조사를 시작한 이래 8~11배를 오르내리고 있다. 5분위배율은 전국에 있는 주택매매가 기준 최상위 20%(5분위)의 평균가격을 최하위 20%(1분위)의 평균가격으로 나눈 값을 말한다. 최상위 주택의 가격이 최하위 주택 매매가격과 비교해 몇 배인지를 나타낸다.

예를 들어 전국 1분위 평균 집값이 1억 원이면 5분위는 8억~11억 원대를 호가한다는 의미다. 2020년 기준으로 전국 1분위 주택매매가격은 1억 원대 초반이었다. 이 시기 5분위 배율이 8배를 넘어 5

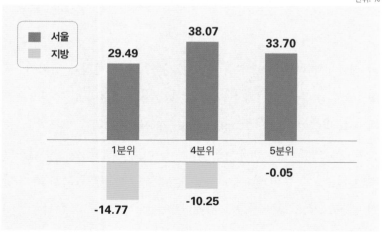

서울과 지방 주택 가격 변동률

단위: %

*2017년 5월~2020년 6월, 지방은 광역시 제외.   출처: KB리브온

분위 평균 집값은 9억 원대 중반이었다. 문제는 시간이 갈수록 격차가 커진다는 것이다. 정부의 강력한 부동산 규제 정책에도 불구하고 서울과 수도권 집값 상승률은 높아지는 반면 지방은 점점 낮아지기 때문이다.

서울과 수도권 부동산 급등세를 잡으려는 정책이 오히려 지방 집값을 떨어뜨리는 부작용을 낳기도 한다. 특히 서울 강남 지역과 인구가 급속히 줄고 있는 지방 도시 간 집값 차이가 벌어지는 속도는 더 빠르다. 원인은 분명하다. 교통과 교육, 기업 등 기반시설이 풍부한 지역을 중심으로 주택 수요가 몰리고 있기 때문이다. 모든 정부가 지역 균등 발전을 외치고 있지만 집값 양극화가 심해지는 것은 결국 말과 행동이 따르기 때문이다.

무주택자 꿈을 앗아가는 극심한 부동산 투기

한국의 부동산 불패 신화는 극심한 부동산 투기라는 부작용을 낳았다. 개발 후보지 등 부동산 가격이 오를 만한 호재가 있는 곳에서는 투기세력이 나타나 기상천외한 방법으로 투기를 부추긴다. 국세청이 수도권 신도시 일대를 암행감찰하며 밝혀낸 부동산 투기수법을 보면 입이 벌어질 만큼 다양하다. 다가구주택을 매입해 다세대주택으로 전환 또는 분할하는 지분 쪼개기를 비롯해 투기세력이 개입해 매매할 수 없는 분양권 등을 거래하기도 한다. 투기꾼들은 여러 차례 사고팔기를 통해 개발지 지분 가격을 올려놓은 뒤 차익을 남기고 떠나는데 그 피해는 고스란히 실수요자가 부담하게 된다.

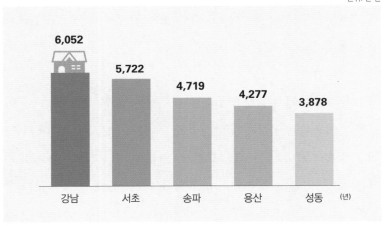

서울 주요 지역 평당 아파트 평균가

단위: 만 원

- 강남: 6,052
- 서초: 5,722
- 송파: 4,719
- 용산: 4,277
- 성동: 3,878

(년)

*2020년 12월 기준

출처: KB

    청약 당첨을 위해 허위로 결혼하거나 임신한 것으로 신고하는가 하면 부모를 모시는 것으로 서류를 조작하기도 한다. 부동산 투기를 위해 위장 이혼도 서슴지 않은 이들까지 있다. 집값이 급등하는 시기에는 부동산 투기를 위한 편법과 불법을 조언하는 대행업체들이 성행할 정도다. 정부가 투기세력을 막으려고 강력하게 단속하고 선제적인 규제에 나서고 있지만 투기를 완전히 근절하지 못하고 있다. 이는 부동산으로 한몫 잡으려는 사람들이 많기 때문이기도 하지만 수요가 있는 곳에 공급이 부족했던 것도 무시할 수 없다. 누구나 알 수 있는 해법인데도 이 처방을 하지 못하는 이유는 집값 급등과 부동산 투기를 우려해 과감하면서도 일관성 있는 정책을 펴지 못한 탓이 크다.

정권 바뀔 때 따라 오락가락하는 부동산 정책

부동산 가격이 가파르게 오르면 가장 큰 피해를 보는 사람들은 무주택 서민들이다. 이 때문에 모든 정부는 집값이 오를 때마다 다양한 부동산 정책을 쏟아냈다. 그러나 온탕 냉탕을 오가는 바람에 부동산 시장을 안정시키기는커녕 가격 상승과 투기를 부추기는 결과를 초래했다. 거의 모든 정부의 부동산 정책을 보면 일관성이나 합리성보다는 부동산 시장 변화에 따른 즉각적 반응 또는 정략적 결정이라는 의심을 지울 수 없다.

전두환 정부는 1970년대 말 오일쇼크로 침체된 부동산 시장을 활성화하기 위해 부양 카드를 썼다. 그 결과 집값이 급등하자 규제 정책을 들고 나왔다. 이는 노태우 정부와 김영삼 정부로 그대로 이어졌다. 규제와 더불어 추진한 1기 신도시 조성은 부동산 시장 안정화에 결정적인 역할을 했다. 규제보다 공급이 더 강력한 효과가 있다는 것을 증명했던 것이다.

1997년 외환위기로 시장이 얼어붙자 김대중 정부는 부동산 정책을 정반대 방향으로 틀었다. 분양권 자율화를 비롯해 전매제한 폐지, 청약요건 완화, 양도세와 취득·등록세 감면, 대출 확대 등 말 그대로 부동산 가격을 올리기 위한 거의 모든 정책을 취했다. 이는 부동산 시장 과열로 이어졌다. 이에 노무현 정부는 투기 억제를 위해 DTI총부채상환비율를 도입하고, LTV주택담보대출비율를 낮췄다. 전매제한과 보유세금을 높이기도 했다. 2기 신도시를 조성해 공급에도 나섰다. 그러나 급등한 집값을 잡지 못했다.

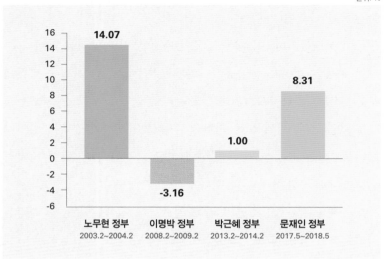

정부 출범 1년, 전국 아파트 매매 변동률

단위: %

노무현 정부	이명박 정부	박근혜 정부	문재인 정부
14.07	-3.16	1.00	8.31
2003.2~2004.2	2008.2~2009.2	2013.2~2014.2	2017.5~2018.5

출처: 부동산114

금융위기를 수습해야 했던 이명박 정부는 부동산 규제를 풀었고, 박근혜 정부도 비슷한 정책을 폈다. 문재인 정부 들어 다시 집값이 들썩였고 부동산 정책은 또다시 강력하게 투기를 억제하는 쪽으로 전환됐다. 이처럼 온탕과 냉탕을 오가는 사이에 시장은 신뢰를 잃었고 투기세력도 근절되지 않았다.

심상치 않은 GDP 대비 가계부채 증가 속도

소득 대비 주택 가격이 높은 것은 한국 경제의 뇌관 중 하나인 가계부채가 급증하고 있는 것과 무관하지 않다. 국제결제은행BIS에 따

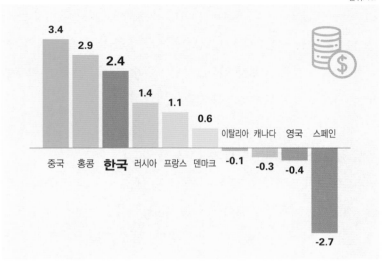

단위: %P

3.4 2.9 2.4 1.4 1.1 0.6 -0.1 -0.3 -0.4 -2.7

중국 홍콩 **한국** 러시아 프랑스 덴마크 이탈리아 캐나다 영국 스페인

*2018년 2분기 기준(전년 동기 대비)

출처: 국제결제은행(BIS)

르면 2017년 2분기 말 기준으로 한국의 GDP 대비 가계부채 비율은 96.0%에 달했다. 관련 통계가 있는 43개국 중에 7위였다. 대출 규제가 완화됐던 2014년부터 큰 폭으로 증가하며 4년간 14.0%포인트가 상승했다. 2019년 4분기 말 한국의 가계빚(가계 신용)은 사상 처음으로 1,600조 원을 돌파했다. 정부가 규제에 나서고 있지만 잘 떨어지지 않고 있다. 오히려 다른 나라에 비해 증가 속도가 빠르다. BIS에 따르면 GDP 대비 가계부채 증가 속도에서 한국은 매년 상위권을 점하고 있다.

가계의 총부채원리금상환비율DSR도 같은 시기 역대 최고를 기록했다. DSR은 특정 기간에 갚아야 할 원리금이 가처분소득과 비교해 어느 정도인지를 나타내는 수치다. 가계부채의 위험 지표로 활용되는데 DSR이 높을수록 빚 상환 부담이 크다는 것을 뜻한다. 한국의 DSR은 관련 통계가 있는 17개국 중 6위였다. 이 조사 이후에도 한국의 가계부채는 계속 증가하고 있다.

빚 갚을 능력 안 되는 한계 가구가 늘고 있다

GDP 대비 가계부채 비율이 높다보니 '한계가구'도 급증하고 있다. 처분 가능 소득에 대한 원리금 상환액 비중이 40%가 넘으면 '한계가구' 또는 '고위험 가구'라고 한다. 쉽게 말해 100만 원을 벌어 40만 원을 빚을 갚는 데 써야 하고 자산보다 부채가 많은 가구를 의미한다. 한국은행이 국회에 제출한 〈금융안정보고서〉를 보면 한국의 한계가구는 2017년 3월 말 기준으로 34만 가구가 넘었다. 1년 전에 비해 10% 이상 늘어난 수치다. 고위험가구는 2015년 29만 7,000가구에서 2016년 31만 2,000가구, 2017년 34만 6,000가구로 급증했다.

저금리가 유지되고 있는 상황에서도 이 정도니 금리가 오르면 증가 속도가 훨씬 빨라질 게 뻔하다. 한국은행이 고위험가구를 대상으로 금리 인상에 따른 스트레스 테스트를 한 결과 대출금리가 1%포인트 오르면 전체 부채 중 고위험가구의 부채 비중은 5.9%에서 7.5%로 확대되고, 대출금리가 2%포인트 인상되면 9.3%로 늘어날 것으로 예상됐다.

급증하는 고위험가구 수

단위: 만 가구

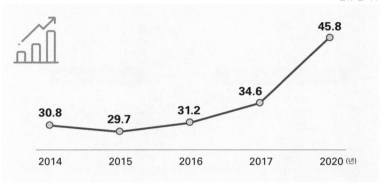

2014	2015	2016	2017	2020 (년)
30.8	29.7	31.2	34.6	45.8

*고위험가구는 갚아야 할 원금과 이자가 소득의
40%를 넘고, 자산을 팔아도 부채를 갚지 못하는 취약가구

출처: 한국은행

고위험 가구의 급증 뒤에는 무리하게 대출 받아 집을 사는 바람에 '하우스 푸어'로 전락한 사람들이 있다. 〈금융보고서〉에 따르면 이들 중에는 원리금 상환액이 70% 이상인 곳도 적지 않았다. 3곳 이상 금융기관에서 대출받은 다중채무자에 소득이 하위 30%인 이들도 있다. 금리가 높아지거나 경기가 나빠지면 곧바로 신용불량자로 전락할 가능성이 높은 악성 채무자들이다. 코로나19 사태가 발생한 2020년 상반기에는 한계가구가 45만 8,000명으로 급증했다.

단타위주 도박성 짙은 투자 많은 한국의 주식시장

투기성 자금이 부동산 시장에만 몰리는 것은 아니다. 주식시장도 한탕을 노리고 유입되는 돈이 상당하다. 개인투자자일수록 이런 성향이 강하다. 이는 선진국에 비해 여전히 높은 직접투자 비율, 단기

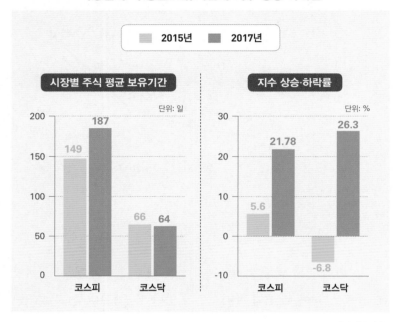

시장별 주식 평균 보유기간과 지수 상승·하락률

2015년　　2017년

시장별 주식 평균 보유기간

단위: 일

	코스피	코스닥
2015년	149	66
2017년	187	64

지수 상승·하락률

단위: %

	코스피	코스닥
2015년	5.6	-6.8
2017년	21.78	26.3

출처: 한국거래소

매매, 특정 이벤트를 따라 투자하는 행태로 나타난다. 물론 시장의 변동성을 키우는 주체는 막대한 자금을 투자하는 기관과 외국인이 지만 소문에 따라 이리저리 쏠리는 개미 투자자들도 시장을 교란시 키는 요인이 되고 있다.

단타 위주의 도박성 자금이 많다는 것은 평균 주식 보유 기간이 간접적으로 증명한다. 한국거래소에 따르면 유가증권시장에서 한 종목당 평균 주식 보유기간은 180~200일이다. 코스닥 시장에서는 이보다 훨씬 짧은 65일 안팎이다. 그나마 비교적 장기 보유하고 있는 기관과 외국인을 포함했기 때문에 이 정도다. 개인투자자만 따로 빼면 이보다 보유 기간이 훨씬 짧다.

한 종목을 6개월 이상 보유하는 선진국 주식시장과 대조되는 현상이다. 문제는 단타 위주의 투자는 손실 가능성이 크다는 점이다. 삼성자산운용의 보고서에 따르면 1980년부터 2016년까지 코스피에 단 하루만 투자했을 때 손해를 볼 확률은 48.8%에 달했다. 반면 20년 이상 투자하면 손실 확률은 제로인 것으로 조사됐다. 결국 단타 위주의 투자는 주식시장의 후진성을 키우면서 투자자도 손해를 보게 된다.

다른 업종에 비해 낮은 금융경쟁력도 문제다

주식시장을 포함해 한국의 금융 산업은 제조업에 비해 세계시장에서 경쟁력이 많이 떨어진다. 세계경제포럼 국가경쟁력 평가에서 한국의 금융부문 순위는 2017년 이전까지 80위권을 맴돌았다. 이 때문에 아프리카 우간다보다 못하다는 비아냥을 듣기도 했다. 이에 한국 정부가 평가 방식에 이의를 제기했고 정성평가에 지나치게 의존했던 방식을 바꾸면서 2018년 19위로 껑충 뛰어올랐다. 조사 대상 140개 국가 중 상위권인 14% 안에 들어가면서 체면을 차린 셈이다. 하지만 종합순위인 15위보다는 밑이었다. 한국의 금융 경쟁력이 낮은 것은 정부가 개입한 탓이 크다. 관료사회와 유사한 방식으로 금융기관이 경영되다 보니 오랜 기간 혁신이 없었던 것이다.

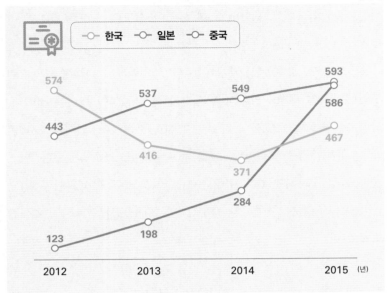

금융산업 관련 특허출원 현황

단위: 건

-○- 한국 -○- 일본 -○- 중국

574
443
537
416
549
371
284
593
586
467
123
198

2012   2013   2014   2015 (년)

출처: OECD

현대경제연구원이 2017년 발표한 〈4차 산업혁명에 따른 금융시장의 변화〉 보고서에 나온 OECD의 금융 산업 관련 특허 출원 현황에 따르면 미국은 2012년 1,651건에서 2015년 1,802건으로 매년 특허 건수가 증가하고 있는 반면 한국은 같은 기간 574건에서 467건으로 줄었다. 이는 금융과 보험업의 매출액 대비 연구개발비 비중이 0.2%에 불과한 것과 관련이 있다. 연구개발이 약한 건설업(0.5%)과 도소매업(0.5%)에도 미치지 못했다는 것은 한국 금융 산업의 후진성을 고스란히 드러낸다. 국가별 금융 기업의 연구개발 투자액은 미국이 한국의 800배 이상, 영국이 한국의 100배 이상이다.

의사, 약사, 택시운전사, 노조 등
이익집단의 저항

한국에서 국가와 사회 발전, 경제 성장을 가로막고 있는 가장 강력한 세력이 있다. 바로 이익집단이다. 이들은 공무원과 결탁해 국민 후생과 소비자 편익을 방해한다. 새로운 제품과 서비스가 등장해 조금이라도 자신들의 이익을 저해한다고 생각하면 모든 수단과 방법을 동원해 막으려고 한다. 그 결과 학교와 연구소, 기업들이 힘들게 개발한 혁신 기술이 제대로 활용되지 못하는 사례도 적지 않다.

차량과 숙박, 사무실 공유가 세계적인 추세가 되고 있는데도 한국에서는 공유경제가 힘을 쓰지 못하고 있다. 집에서도 진단과 진료를 받을 수 있는 기술과 원격의료기기가 있지만 의사단체 반대로 활용이 제한돼 있다. 핀테크 시장이 급성장하고 있는 상황에서 인터넷은행은 은산銀産 분리 규제에 막혀 발목이 잡혀 있다. 기업들이 생산성을 높이려면 노동시장 유연화가 절박한데 억대 연봉을 받고 있는 기득권 노조가 걸림돌로 작용하고 시민사회단체는 사사건건 정치에 개입해 노동개혁과 규제완화 정책을 가로막는다. 사회에 만

연한 갑질과 불공정 거래 관행도 대한민국의 잠재력을 훼손하는 병폐들이다.

세계 1위 차량공유업체 우버, 한국에서 고전하다

글로벌 컨설팅업체 PwC에 따르면 2010년 이후 세계 공유경제 시장은 연평균 80%의 높은 성장률을 보이고 있으며 2025년에는 3,350억 달러에 이를 것으로 전망했다. 하나금융 경영연구소는 이 수치를 인용하며 공유경제 잠재력이 큰 이유로 온라인이라는 확장성과 젊은 소비 세대의 반응 등 호의적인 시장 환경을 꼽았다. 공유경제를 선도하고 있는 공유차량서비스 업체 우버를 비롯해 공유숙박업체 에어비앤비와 사무실 공유기업 위워크의 질주는 이런 전망

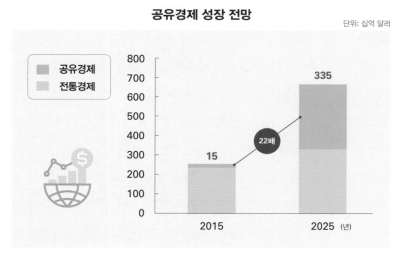

공유경제 성장 전망

단위: 십억 달러

출처:Credit Suisse, 하나금융경영연구소

과 분석을 뒷받침하고 있다.

하지만 한국에서는 사정이 다르다. 이익집단의 강력한 저항과 이중 삼중 규제 장벽에 가로막혀 발을 붙이지 못하고 있는 것이다. 우버는 한국에 진출했다가 제대로 사업을 시작하지도 못하는 좌절을 겪었다. 카카오가 하려고 했던 카풀 사업도 마찬가지였다. 택시업계의 극한 반발과 규제 개혁에 대한 정부의 미온적 태도 탓에 서비스를 시작한 지 39일 만에 중단하는 일이 벌어졌다. 미국은 물론 중국과 동남아 국가에서 일상적 서비스로 자리 잡은 각종 공유 서비스가 유독 한국에서는 기득권의 저항에 막혀 꽃을 피우지 못하고 있는 것이다.

의사들의 막강한 힘에 막힌 원격의료 서비스

정보기술 산업의 발전과 더불어 새로운 성장 동력으로 부상하고 있는 원격의료도 의사들의 반대에 막혀 고전하고 있다. 다양한 원격의료 실험을 하고 있는 선진국들과 달리 한국에서는 제한적으로만 허용되고 있다. 초진은 반드시 대면 진료를 받아야 하고 재진부터 원격의료 행위가 가능하다. 이마저도 매우 까다로운 조건을 달고 있어 사실상 원격의료를 금지하고 있는 것이나 마찬가지다.

LG경제연구원은 의료인 원격의료를 허용했을 무렵인 2003년 의료 분야의 미래를 전망하는 보고서를 발표한 적이 있다. 이에 따르면 24시간 가동되는 가정 주치의가 애플리케이션을 통해 환자의 체온을 측정하고 처방까지 하는 장면을 묘사했다. 하지만 20년 가까

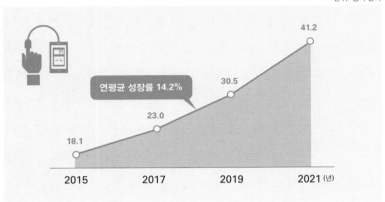

글로벌 원격의료 시장 규모

단위: 십억 달러

연평균 성장률 14.2%

18.1
23.0
30.5
41.2

2015　　　2017　　　2019　　　2021 (년)

출처: 스태티스티카

이 지나도록 현실에서 이런 일은 일어나지 않았다.

　강력한 규제의 필요성을 내세우며 원격의료 산업의 성장을 막고 있는 단체는 대한의사협회다. 의협은 시범사업에서 세부적인 지침까지 간섭하며 사사건건 원격의료를 반대하고 있다. 의사들의 기득권을 지키기 위해서다. 스마트폰이나 웨어러블 기기를 통해 원격으로 환자 상태를 상세하게 점검하고 처방까지 할 수 있는 시대인데도 국민의 생명과 안전을 명분으로 내세우며 제도 개선을 막고 있다. 의사들은 사회에서 막강한 세력을 과시하고 있어 정치권도 눈치를 보며 동조하고 있다. 그 결과는 의료 시장의 후진성으로 귀결된다.

　통계 포털인 스태티스티카에 따르면 세계 원격의료 시장 규모는

2015년 180억 달러에서 2021년 410억 달러 이상으로 커질 것으로 전망된다. 이렇듯 엄청난 기회를 한국은 의료계 반발과 규제로 활용하지 못할 수도 있으니 답답할 뿐이다.

한국 편의점에서는 간단한 약도 팔지 못 한다

이익집단의 반발로 소비자 편익이 외면 받고 있는 또 다른 사례는 편의점의 안전상비약 판매 규제다. 보건복지부는 2017년 6월까지 편의점에서 판매할 수 있는 일반의약품, 안전상비약 품목 조정을 끝내려고 했지만 회의만 거듭했을 뿐 결론을 내지 못했다. 안전상비약은 위통을 치료하는 제산제와 설사 증상을 완화하는 지사제, 화상연고 등을 말한다. 정부는 소비자 편의를 위해 가급적 품목을 확대하려 했지만 대한약사회 등 약사단체들이 반대하는 바람에 결론을 내리지 못했다. 매출이 저조한 몇 개 의약품을 허용하는 대신 현재 편의점에서 많이 팔리는 타이레놀을 제외해야 한다며 논의를 막았다.

편의점 안전상비약 품목 확대 관련 일지

2012년 11월	일반의약품 13종, 편의점 24시간 판매 개시
2017년 2월	보건복지부 품목 확대 논의 시작(2017년 6월 완료 계획)
2017년 3~12월	2·3·4·5회의 개최, 합의 불발
2018년 8월	약사회 반대로 6차 회의에서도 결론 도출 실패

제약회사와 소비자 단체는 약사들에게 끌려다니는 정부를 비판하며 편의점 의약품 판매 품목을 확대할 것을 요구하고 있다. 미국 등 외국에서는 심야나 휴일에도 가까운 편의점에서 필요한 약을 살 수 있는데 한국에서는 그럴 수 없기 때문이다. 간단한 약으로 고칠 수 있는데도 약국이 문을 닫으면 어쩔 수 없이 병원 응급실을 가야 한다. 그마나도 지방에서는 병원이 멀리 떨어져 있어 약 자체를 아예 구할 수 없는 일이 다반사다. 이런 불편을 당연히 해소해야 하지만 이익단체에 막혀 못하고 있는 것이다.

우여곡절 끝에 탄생한 인터넷은행의 한숨

케이뱅크와 카카오뱅크 등 인터넷뱅킹 역시 규제에 막혀 성장하지 못하고 있다. 두 은행은 2017년 영업을 개시했다. 평화은행 창립 이후 25년 만에 새 은행이 등장한 것이다. 하지만 핀테크에 기반한 인터넷은행은 한국에서는 사상 처음이었다. 기득권 세력인 기존 금융기관들의 방해가 많았지만 우여곡절 끝에 탄생했다. 스마트폰으로 예금과 적금, 대출을 손쉽게 받을 수 있을 뿐만 아니라 금리와 수수료 측면에서도 장점이 많았다. 오프라인 은행을 대체하지는 못하더라도 금융시장에 혁신과 활력을 불어넣는 메기 역할을 할 것으로 기대를 모았다.

그러나 현실은 달랐다. 초기 투자비용이 많았던 것에 비해 수익구조가 빈약했다. 시행착오를 겪으면서 불필요한 손실도 작지 않았다. 여기에 은산 분리 규제는 인터넷은행의 도약을 가로막는 최대

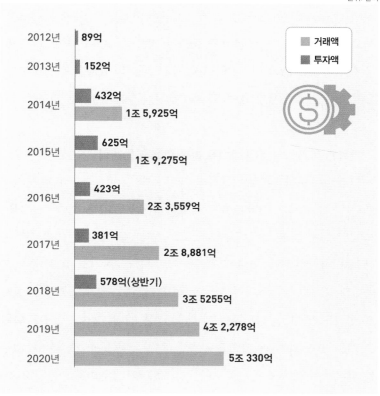

글로벌 핀테크 시장 현황

단위: 달러

거래액
투자액

2012년 89억

2013년 152억

2014년 432억
1조 5,925억

2015년 625억
1조 9,275억

2016년 423억
2조 3,559억

2017년 381억
2조 8,881억

2018년 578억(상반기)
3조 5255억

2019년 4조 2,278억

2020년 5조 330억

출처: 스태티스타, KPMG

장벽으로 작용했다. 혁신적인 금융 서비스를 위해서는 IT 기업이 최대 주주가 돼야 하는데 지분 한도를 묶어놓았던 것이다. 대기업의 은행 사금고화를 막기 위한 기존 제도가 신산업인 인터넷은행의 발목을 잡은 셈이 됐다. 세계적인 추세에 따라 IT기업의 지분 한도가 높아지는 등 규제가 완화되고 있지만 선진국에 비해서는 여전히 제약이 많은 편이다.

미국의 통계정보 포털인 스태티스타에 따르면 전 세계 핀테크 시장 규모는 2020년 5조 달러를 돌파한 것으로 추정됐다. 그러나 한국에서 핀테크 스타트업 10곳 중 8곳은 과도한 규제로 성장에 어려움이 있다고 호소했고, 투자도 지지부진한 상태다.

기득권 대기업 노조의 몽니로 발목 잡힌 노동개혁

고용노동부에 따르면 한국의 노동조합 조직률은 2018년 기준으로 11.8%(233만 1,000명)를 기록했다. 전년에 비해 소폭 상승하며 2008년 이후 가장 높았다. 국내 노조 조직률은 1998년 19.8%를 정점으로 하락하다가 2011년 복수노조 허용을 계기로 10%대를 회복했다. 양대 상급단체인 한국노총이 41.5%, 민주노총이 34.0%를 점하고 있다. 상급단체에 속하지 않은 개별 기업노조의 조합원은 21.4%다. 2016년 기준으로 주요 선진국의 노조 조직률은 대부분 한국에 비해 높은 편이다. 미국이 10.7%로 비슷하고 영국(23.5%) 일본(17.3%), 독일(17%), 호주(14.5%)는 한국의 노조 조직률을 웃돈다. OECD 가입국 평균 노조 조직률은 한국의 2배 정도인 29.1%다. 한국은 노조 조직률이 낮지만 노조가 사회에 미치는 힘은 지나칠 정도로 크다. 노사 문제를 넘어 정치, 사회, 경제 전반에 영향을 주고 있는 것이다.

한국노총과 민주노총은 자동차와 조선, 철강 등 주력 업종 대기업 노조가 주축이다. 이들 노총의 상당수 조합원의 평균 연봉이

노조 조직률 및 조합원 수 추이

출처: 국가통계포털, 고용노동부

5,000만 원을 넘는다. 그런데도 해마다 물가 수준을 웃도는 임금인상과 과도한 성과급을 요구하고 있다. 이를 수용하지 않으면 파업에 들어가 회사에 막대한 피해를 입힌다. 그러면서도 결국 요구를 관철한다.

그러다 보니 양대 노총에 속한 대기업 임금은 계속 높아졌고 비정규직과 중소기업 근로자와의 격차는 점점 더 벌어지고 있다. 한국에서 노동시장의 이중 구조가 굳어진 배경이다. 양대 노총은 정치에도 적극 개입해 노동시간이 단축되면서 필요성이 높아진 탄력

근로제 확대를 가로막고, 노사 상생 모델로 추진됐던 '광주형 일자리'에도 반발했다.

그 결과 한국의 노사관계는 한국 경제의 최대 아킬레스건이 되고 있다. 유럽 경영대학원 인시아드와 다국적 인력 공급업체 아데코가 2019년 1월 세계경제포럼_{다보스포럼}에서 발표한 '세계 인적자원 경쟁력지수_{GTCI} 2019'를 보면 한국의 노사협력은 125개국 중 120위로 꼴찌 수준을 면치 못했다. 한 해 전의 116위보다 더 떨어진 것이다. 전체 인적자원 경쟁력 평가에서 한국이 30위를 맴돌고 있는 것도 노사관계가 발목을 잡고 있기 때문이다.

사회단체의 정치 개입 지나친 측면이 있다

한국은 다른 나라에 비해 짧은 기간에 민주화된 정치 시스템을 구축했다. 민주화 과정에서 많은 시민사회단체가 출범했고 정치, 사회, 경제, 문화 등 각 분야에 대한 영향력을 확대하고 있다. 많은 시민사회단체 출신 인사들이 정계에 진출해 한국 정치 지도를 바꿔놓기도 했다.

민주화 초기에는 한국 사회를 발전시키고 선진화하는 데 사회단체들이 큰 역할을 했다. 그러나 일부 사회단체는 지나치게 편향된 정치 색깔을 드러내고 과격한 주장을 펼쳐 부작용을 낳고 있다. 추구하는 바가 다른 시민단체가 서로 비방하며 여론을 둘로 갈라놓기도 한다. 물론 시민단체가 설립 목적에 맞는 가치와 정책을 위해 어느 정도 정치에 개입할 수 있다. 올바른 대안을 제시해 국가 발전에

비영리 민간단체 등록 수

등록 단체 수(개)

등록 누계(개)   전년 대비 증감 단체 수

10,889   11,579   12,252   12,894   13,464   13,933   14,699

680   690   673   642   570   469   424

2012   2013   2014   2015   2016   2017   2019 (년)

출처: 행정안전부

이바지하는 측면도 무시할 수 없다. 그렇다 해도 정치에 직접 개입하는 행위는 권한을 넘어서는 일이다.

정부 정책에 대해 시민사회단체들이 간섭하기 시작하면 배가 산으로 가는 꼴이 될 수 있다. 사회단체는 어디까지나 시민들의 요구를 정부와 정치권에 전달하고 잘못된 정책에 대한 비판에 그쳐야한다. 직접 정치에 뛰어들어 특정 정당을 지지하거나 반대하면 본래 순수성을 잃고 사회 혼란을 부추기는 역작용을 초래한다. 안타깝게도 한국의 상당수 사회단체는 겉으로는 민주화와 정의, 공평을 내세우면서도 실제로는 정치 행위를 하고 있다.

사회에 만연한 갑질로 인간관계가 무너지다

한국 사회의 분열을 조장하는 요인 중 하나는 인간관계가 갑과 을로 너무 뚜렷하게 나누어져 있다는 점이다. 사회적 강자인 갑은 약자인 을을 무시하고 함부로 대하는 것을 당연하게 생각한다. 사회 전체에 갑질이 만연한 것이다. 대기업 총수와 임원, 정치인, 공무원 등 사회적 영향력을 가진 사람들이 지나친 갑질로 눈총을 받는 사건이 심심치 않게 발생하고 있다. 심지어 을의 서러움을 당한 사람조차도 갑의 위치에 오르면 똑같이 갑질을 하는 행태로 나타난다. 그 결과 극소수 최상위에 있는 계층을 제외하고 국민 모두가 을로 사는 불행을 겪는다.

한국 사회가 이렇게 된 원인은 여러 가지다. 경제가 압축 성장하는 과정에서 물질적으로는 풍요해졌지만 정신은 여기에 따르지 못하고 있기 때문이다. 인간을 존중하는 문화가 빈약해 조금만 권력을 가지고 있어도 남을 무시하곤 한다. 한국전쟁 이후 전통 질서가 급격히 무너지면서 인정 욕구가 커진 이유도 있다. 이는 갑질을 통해 자신을 과시하려는 행동으로 나타난다.

한국언론진흥재단이 2015년 발표한 설문조사에 따르면 응답자의 95%의 응답자가 '한국이 다른 나라보다 갑질 문제가 더 심각하다'고 생각했다. 77%는 갑질이 '모든 계층에 만연해 있다'고 답했고, 85%는 자신을 을로 여겼다. 유형별 갑질 비중은 재벌 64%, 정치인과 고위공직자 57%, 고용주와 직장상사 46%, 거래처와 상급기관 45%, 언론인 32%, 교수 등 전문직 종사자 31%, 구매고객

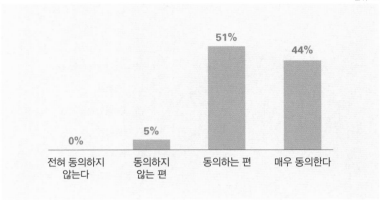

한국이 다른 나라보다 갑질 문제가 더 심각한가?(2015년)
단위: %

- 전혀 동의하지 않는다: 0%
- 동의하지 않는 편: 5%
- 동의하는 편: 51%
- 매우 동의한다: 44%

출처: 한국언론진흥재단 연구센터 온라인 설문조사

28% 순이었다. 한마디로 거의 모든 분야에서 갑질이 일어나고 있다고 본 것이다.

좀처럼 뿌리 뽑히지 않는 불공정 거래 관행

사회 만연한 갑질 문화는 기업 간 불공정 거래 관행으로 이어진다. 한국의 산업구조는 중소기업들이 중견기업이나 대기업에 납품하는 구조로 형성돼 있다. 수많은 하도급 중소기업들이 납품 경쟁을 벌이면서 원청업체의 힘이 강해졌고, 이는 불공정 거래의 온상이 됐다. 이를 개선하기 위해 정부가 노력하면서 조금씩 개선되고 있지만 전속거래에 발목이 묶인 중소기업은 여전히 불공정 거래 관행에 시달리고 있다.

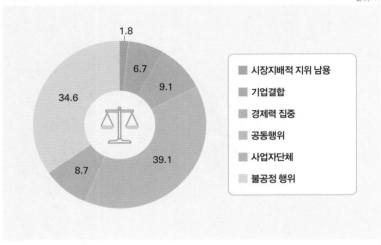

공정거래법 위반 유형별 사건 접수 구성비

단위: %

- 시장지배적 지위 남용
- 기업결합
- 경제력 집중
- 공동행위
- 사업자단체
- 불공정 행위

1.8
6.7
9.1
34.6
8.7
39.1

*2017년 기준

출처: 공정거래위원회

공정거래위원회가 2018년 제조와 건설, 용역 업종에서 하도급 거래를 많이 하는 5,000개의 원사업자와 9만 5,000개 하도급업체를 상대로 실시한 서면 실태조사에서도 이런 결과가 나왔다. 중소 하도급업체 10곳 중 9곳은 거래관행이 개선됐다고 밝혔지만, 대기업과 전속거래를 하거나 대형 유통업체에 납품하는 업체들은 바뀐 게 별로 없었다는 응답이 많았다.

전속거래를 하는 기업 중에 부당한 거래조건을 강요받은 하도급업체는 전년에 비해 증가했다. 기술자료 유용과 부당 경영 간섭, 대금 부당 결정과 감액 등 다양한 방식의 불공정 거래가 이루어지고 있는 것도 여전했다. 공정위는 불공정 거래 관행을 고치기 위한 관련법과 규정을 고치는 등 제도 개선에 힘쓰고 있다. 하지만 공정거래 질서를 지켜야 한다는 인식이 선진국 수준에 이르지 못하면 불공정 거래 관행을 근절하기는 쉽지 않다.

신뢰받지 못하는
정부와 정치권

　한국에서 정부와 정치권은 비약적인 경제 발전에 비하면 후진적이다. 정권을 잡기 위해 당리당략에만 매달려 장기적인 국가 발전과 비전을 보여주지 못하고 있다. 그 결과 국민의 60% 이상이 정부를 신뢰하지 않는다. 공무원들의 복지부동에 부지하세월인 고충민원 처리, 부처 칸막이 등도 정부를 불신하게 만드는 요인이다. 경제력은 선진국 턱밑까지 갔으면서도 국가 부패인식지수는 중위권에 머물고 있는 것도 이와 무관하지 않다. 국회에서는 여당과 야당이 극심한 갈등을 빚으며 급한 민생 현안은 뒤로 밀린다. 국회에 접수된 안건 10개 중 7개는 장기간 계류돼 있다가 폐기되는 운명을 맞는다. 이러니 국민들이 정치권을 불신할 수밖에 없다.

국민 10명 중 6명은 정부를 불신하고 있다

　선진국일수록 정부에 대한 국민의 신뢰가 높다. 투명하고 공정하며 효율적인 행정을 하고 있기 때문이다. OECD는 매년 회원국을 대상으로 정부신뢰도를 평가한다. 각국 국민 1,000명을 대상으로

OECD 정부신뢰도 순위

발표 시기 주요 국가	2015년	2017년	2018년	2019년
스위스	1위	1위	1위	1위
룩셈부르크	4위	2위	2위	2위
포르투갈	36위	23위	13위	-
한국	26위	32위	25위	22위
이탈리아	31위	32위	33위	34위
측정 국가 수	40개	35개	34개	36개

출처: World Gallup Poll, OECD

중앙정부를 신뢰하느냐는 질문에 대한 갤럽 설문조사를 근거로 측정된다.

한국은 유럽 국가들에 비해 정부신뢰도가 떨어진다. 2019년 조사에서는 전년에 비해 3단계 상승해 22위를 기록했지만 정부를 신뢰한다고 응답한 비율은 36%에 불과했다. 국민 10명 중 6명 이상은 여전히 정부를 믿지 않고 있는 셈이다. 한국은 2013년 이후 국민 23~36%만이 정부를 신뢰한다고 답하면서 25~32위를 맴돌고 있다. 반면 스위스는 정부를 신뢰한다는 비중이 82%에 달한다. 룩셈부르크, 노르웨이, 네덜란드도 정부신뢰도 평가에서 상위를 점했다.

정부가 국민으로부터 신뢰를 받기 위해서는 경제적 성과가 가장 중요하다. 소득 수준과 정부신뢰도가 대체적으로 정비례하고 있다는 게 그 증거다. 경제 발전 위에서 행정서비스의 효율성과 공공데이터의 개방성, 재난대응과 청렴성에서 인정을 받아야 신뢰를 높일 수 있다.

이런 측면에서 한국 정부는 부족한 점이 많다. 저성장의 늪에 빠져 있는 데다 수시로 일어나는 안전사고, 많이 좋아졌다지만 여전히 국민을 불편하게 만드는 행정 관행 등이 대표적이다. 정부는 정략적인 일에 예산을 쓸 게 아니라 대국민 서비스에 돈을 써야 한다. 그래야 실추된 신뢰도를 높일 수 있다.

국가 부패인식지수 추락도 국민 불신을 초래한다

정부가 일을 아무리 잘해도 국민의 불신을 떨치지 못하는 것은 국가청렴도와 밀접한 관련이 있다. 한국은 정부신뢰도만큼이나 국가청렴도 역시 낙제를 살짝 면한 수준이다. 2019년 기준으로 한국의 국가청렴도는 100점 만점에 59점으로 세계 180개국 중에 39위를 기록했다. 독일 베를린에 본부를 둔 국제투명성기구TI의 한국 본부인 사단법인 한국투명성기구가 발표한 국가별 부패인식지수 CPI의 평가 결과다. OECD 35개국 중에서는 하위권에서 벗어나지 못했다.

한국의 국가청렴도 순위가 1995년 조사가 시작한 이래 가장 낮았을 때는 대형 스캔들로 대통령 탄핵을 촉발했던 2016년이다. 한국은 53점으로 52위까지 떨어졌다. 그 후 조금씩 상승하고 있지만 최근 20년간 20~40위권이었다는 사실을 감안할 때 깨끗한 사회를 만들기 위해 더 노력해야 한다.

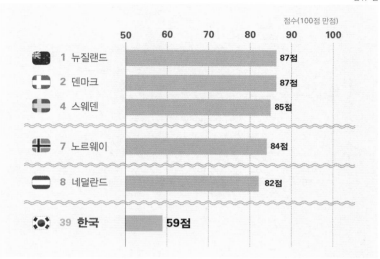

국가청렴도 세계 39위

단위: 점

점수(100점 만점)

| | 50 | 60 | 70 | 80 | 90 | 100 |

1 뉴질랜드 87점

2 덴마크 87점

4 스웨덴 85점

7 노르웨이 84점

8 네덜란드 82점

39 **한국** **59점**

*2019년, 180개국 기준   출처: 국제투명성기구

세계에서 가장 청렴한 국가는 뉴질랜드와 덴마크로 87점이었다. 스웨덴도 85점으로 청렴도가 매우 높았다. 이들 국가의 청렴도가 높은 수준을 유지하는 배경과 그 시스템이 무엇인지 한국은 벤치마킹할 필요가 있다. 독립적인 반부패기관 설치를 비롯해 공익신고자 보호와 청렴교육 확대 등 다양한 방안을 모색해야 한다.

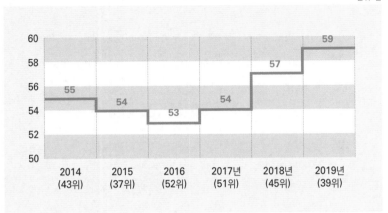

연도별 한국 부패인식지수(CPI)

단위: 점

출처: 한국투명성기구

국회에 계류된 법안이 1만 건에 달한다니

국회의 낮은 생산성도 문제다. 여당과 야당 의원을 가릴 것 없이 이슈가 생기면 인기 관리를 위해 수많은 법안을 발의하면서도 정작 꼭 필요한 법률 처리에는 미온적이다. 발의된 법안들도 즉흥적으로 만들어진 것이 대부분이라 협의 과정에서 본래 목적이 바랜다. 논의조차 되지 않고 구석에 처박혀 빛을 보지 못한 법안들도 수두룩하다.

국회는 2018년에도 1만 건이 넘는 법안을 처리하지 못한 채 해를 넘겼다. 그중에는 국민 삶과 밀접한 관련이 있는 민생 법안들도 적지 않다. 20대 국회 전반기만 떼어놓고 보더라도 국회의원들이 얼마나 일을 안 하는지 알 수 있다. 특히 행정안전위원회는 계류 법

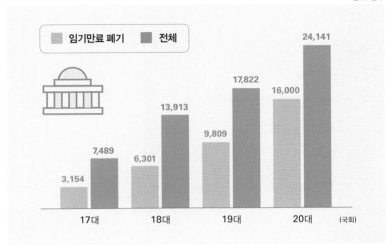

역대 국회 법안 처리 현황

단위: 건수

- 임기만료 폐기
- 전체

17대	18대	19대	20대 (국회)
3,154 / 7,489	6,301 / 13,913	9,809 / 17,822	16,000 / 24,141

출처: 국회 의안정보시스템

안이 1,564건으로 가장 많았다. 20대 국회 들어 발의된 1,890건 중 326건만 처리해 처리율이 17.2%에 그쳤던 것이다. 법제사법위는 법사위 고유법안만 1,348건을 접수해 고작 214건만 처리하며 1,144건의 안건이 계류됐다.

국회 의안정보시스템에 따르면 20대 국회 전반기 2년 동안 접수된 법률안은 모두 1만 3,303건이며 이 중 처리된 법안 건수는 3,564건이었다. 법안 처리율이 27%에 불과했던 것이다. 19대 국회의 법안 처리율은 32%였다. 국회의장 스스로도 20대 국회 전반기를 끝낸 성적에 대해 "정말 부끄럽기 짝이 없다"고 실토했을 정도이니 대한민국 국회의원들의 태업은 정말 심각한 상태다.

극심한 여야 갈등이 국회를 무능하게 만들어

국회를 무능하게 만드는 원인 중 하나가 여당과 야당의 극심한 갈등이다. 여야는 정치 문제는 물론 외교안보, 경제, 사회, 환경 등 거의 전 분야에 걸쳐 사사건건 격돌한다. 여야 모두 말로는 협치가 필요하다고 외치면서도 사안마다 싸우는 것은 국민의 입장에서 생각하고 대의를 따르기보다는 정략적 판단을 내리기 때문이다.

대통령이 지명한 장관 인사 청문회를 할 때 야당은 후보자의 행정 수행 능력을 평가하지는 않고 상대를 비난하고 비리를 폭로하는 장으로 활용한다. 대통령도 야당이 후보자에 대해 합당한 결격 사유를 내놓아도 아랑곳하지 않고 임명을 강행한다. 이에 대해 야당이 문제를 제기하면 여당 의원들은 대통령을 비호하며 맞대응한다. 이런 식이니 여야 협치가 될 리 없다.

청와대와 정부, 여당은 대북 문제 같은 중대 사안에 대해서는 사전에 야당과 긴밀하게 협의할 필요가 있다. 하지만 현실은 전혀 그렇지 못하다. 청와대와 여당, 야당이 함께 현안을 논의하는 여야정 협의체를 가동하고 있지만 갈등을 해소하기에 역부족이다. 양쪽 모두 진정성을 보이지 않고 있기 때문이다. 일단 정해진 정책에 대해 여권은 야권이 반대해도 고집스럽게 밀고 나간다. 야당의 반발이 있을 수밖에 없다. 여야가 조금씩 양보해 합의점을 도출해야 하는데 한국 정치인들에게는 이런 모습을 볼 수 없다. 극심한 여야 갈등으로 국회는 무력화되고, 그 피해는 고스란히 국민들에게 돌아온다.

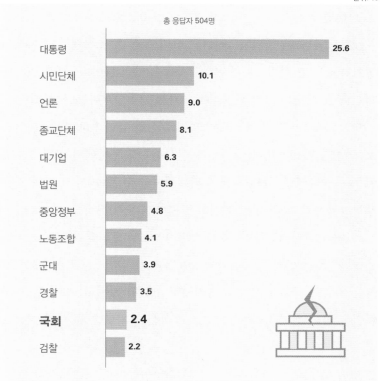

2019년 국가사회기관 신뢰도

단위: %

총 응답자 504명

대통령	25.6
시민단체	10.1
언론	9.0
종교단체	8.1
대기업	6.3
법원	5.9
중앙정부	4.8
노동조합	4.1
군대	3.9
경찰	3.5
국회	**2.4**
검찰	2.2

출처: 리얼미터

국민의 정치 불신도 심각한 수준이다

국민대통합위원회가 2015년 전국 성인남녀 2,000명을 대상으로 실시한 국민의식 조사에서도 우리 사회의 갈등을 가장 악화시키는 요인으로 응답자의 51.8%가 '여야 정치 갈등'을 꼽았다. 거짓말하는 정치인, 무능력한 정치인, 법을 위반하는 정치인, 지역감정을 조장하는 정치인이 국민통합을 막는 걸림돌이라는 의견도 많았다.

2018년 언론진흥재단이 성인남녀 1,050명을 대상으로 조사한 설문에서도 비슷한 결과가 나왔다. 사회 부문별 조사에서 정치계와 정치인에 대한 신뢰도는 6.9%로 가장 낮았던 것이다. 사회 전반에 대한 평균 신뢰도 역시 32.2%에 불과했는데 이보다 훨씬 못했다.

메트릭스가 매일경제·MBN 의뢰로 성인 남녀 1,000명을 대상으로 '연동형 비례대표제'와 관련해 실시한 여론조사에서 10명 중 7명이 국회의원 수를 늘리는 것에 반대한다고 답한 것 역시 이와 같은 맥락이다. 국민들의 정치 불신이 얼마나 높은지 짐작할 수 있다.

그 이유는 정치인들이 더 잘 알 것이다. 듣기 민망할 정도의 막말을 아무 곳에서 하는 국회의원들이 있는가 하면, 공공장소에서 갑질을 일삼다 구설에 오르는 정치인도 한둘이 아니다. 적지 않은 정치인은 범죄 경력을 가지고 있고, 부동산 투기로 한몫 챙긴 이들도 적지 않다.

도덕 수준이 보통 사람보다 떨어지면 일이라도 잘해야 하는데 그렇지 못하다. 10년, 100년 지속될 비전과 정책을 고민하기는커녕 지지층 눈치를 보느라 급조한 대책을 남발하고 자신이 주장한 말조차 손바닥 뒤집듯 바꾸기 일쑤다. 정략적으로 유리한 위치를 점하기 위해 상대를 물어뜯는 데 혈안이 돼 있을 뿐 사회 통합을 위해 자신을 희생하는 정치인은 드물다. 정권에 따라 오락가락하는 정책은 또 얼마나 많은가. 한국 정치는 환골탈태하지 않으면 국민 신뢰를 회복하기 어렵다.

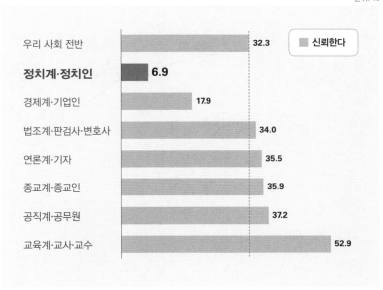

사회 부문별 신뢰도

단위: %

- 우리 사회 전반 — 32.3
- **정치계·정치인** — **6.9**
- 경제계·기업인 — 17.9
- 법조계·판검사·변호사 — 34.0
- 연론계·기자 — 35.5
- 종교계·종교인 — 35.9
- 공직계·공무원 — 37.2
- 교육계·교사·교수 — 52.9

신뢰한다

*2018년 3월 26~27일

출처: 한국언론진흥재단 미디어연구센터 온라인 설문조사

중앙 정부 의존도 높이는 낮은 지방재정 자립도

한국은 모든 권력과 재원이 중앙에 집중돼 있다. 표면적으로는 지방 분권과 자치를 외치고 있지만 국가와 사회에 대한 영향력은 중앙정부에 쏠려 있는 것이다. 서울과 수도권, 일부 광역시를 제외하면 자치단체 대부분의 자립도는 낮은 편이다.

행정안전부가 '지방재정365 사이트lofin.mois.go.kr'에 통합 공시한 2019년 결산 지방재정 정보를 보면 전국 평균 재정자립도는 51.9%로 전년보다 약 3%포인트 하락했다. 재정자립도는 지자체가 스스

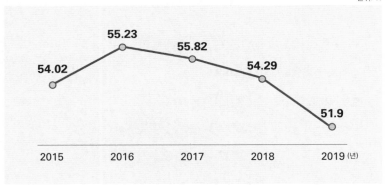

지방 재정자립도 추이

단위: %

54.02
55.23
55.82
54.29
51.9

2015   2016   2017   2018   2019 (년)

출처: 행정안전부

로 살림에 필요한 돈을 조달할 수 있는 능력을 표시하는 지표를 말한다.

서울과 세종, 경기, 인천 등 수도권과 정부 부처가 위치한 지역의 재정자립도는 높았던 반면 전북과 전남, 경북, 강원은 매우 낮았다. 기업과 인구가 적어 부가가치 창출 능력이 떨어지는 곳의 재정자립도가 빈약하다는 것을 보여주는 결과다. 지자체의 부채는 감소하는 추세지만 교부세와 보조금 같이 중앙정부에 의존하는 자금 비중이 높아지고 있다. 지방세 등 자체 세금도 증가하고 있지만 액수가 크지 않아 중앙정부 지원에 기대고 있는 것이다.

공무원의 복지부동이 개혁과 행정의 창의성을 가로막다

공무원은 민간 직장인에 비해 안정된 생활을 한다. 치명적인 잘못을 하지 않으면 정년까지 다닐 수 있고 연금도 많은 편이다. 우수한 자원이 공무원 시험에 몰려드는 이유다. 하지만 일단 공무원이 되고 나면 능력을 충분히 발휘하지 않는다. 성과를 낸 만큼 인정을 받지 못하고 의욕적으로 일하다가 실수하면 승진에서 누락되는 불이익을 받을 수 있기 때문이다. 공무원들이 복지부동의 함정에 빠질 수밖에 없는 이유다.

하지만 그들만 탓할 수는 없다. 행정고시에 합격해 자긍심을 가지고 공직생활을 시작하지만 새내기 공무원이 직면하는 현실은 자존심과 자부심을 꺾고, 창의적으로 일하지 못하도록 한다. 직급이 낮은 시기에는 상관 눈치를 보며 그의 입맛에 맞게 보고서를 만들어야 하고, 고위 공직자에 올랐을 때도 시어머니가 많다. 대표적인 사람들이 정치인이다. 국회의원들은 공무원을 향해 끊임없이 잔소리하고 질타한다. 공무원은 또 청와대와 여당 눈치를 봐야 하고, 시민단체의 동향도 살펴야 한다.

그렇다고 위에서 시키는 일을 무조건 우직하게 하는 것이 정답이 아니다. 정권이 바뀌면 적폐로 몰릴 수 있으니 그것도 감안할 필요가 있다. '변양호 신드롬'이 생긴 것도 이 때문이다. 상관이 위법한 일을 시키면 이의를 제기하거나 따르지 않을 수 있도록 해야 한다지만, 그렇게 해도 공무원이 직속상관을 거역하는 건 쉬운 일이 아니다.

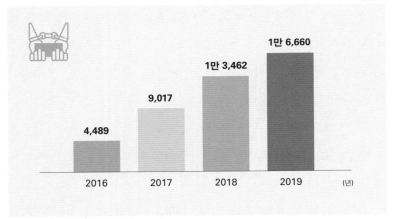

직권남용권리행사방해죄 고소·고발 현황

단위: 건

- 2016: 4,489
- 2017: 9,017
- 2018: 1만 3,462
- 2019: 1만 6,660

(년)

출처: 법무부

복지부동의 또 다른 얼굴인 거북이 민원처리

공무원 사회에 만연한 복지부동이 생생하게 드러나는 곳은 고충 민원 처리 현장이다. 아무 이유 없이 인허가를 거부하거나 민원서류를 서랍 속에 넣어 놓은 채 방치하는 공무원을 흔히 목격할 수 있다. 공무원의 거북이 민원처리로 생기는 피해 유형도 다양하다.

기업인들은 공장이나 물류창고 등을 건설하는 과정에서 관할 지자체 공무원의 몽니로 계획이 어긋나는 일이 많다. 최악의 경우에는 프로젝트 자체가 무산되기도 한다. 공무원이 제때 인허가를 내주지 않고 시간을 질질 끌며 괴롭혀 고충을 겪었다는 기업인들이 한둘이 아니다. 심지어 민원처리가 늦어지는 바람에 회사가 파산하거나 위기에 몰려 스스로 목숨을 끊는 사람도 있다.

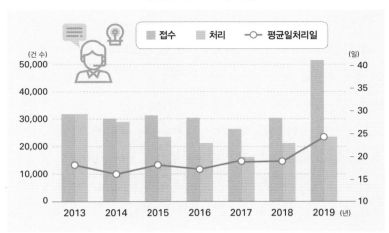

고충민원 접수처리 현황

접수 처리 ─○─ 평균일처리일

출처: 국민권익위원회(국민권익백서)

공무원들이 민원처리를 무기로 국민을 괴롭히는 이유는 여러 가지다. 뇌물을 바라고 늑장을 부리는 범법 행위도 있지만 이해관계가 복잡해 갈등에 휘말리지 않으려고 소극적 행정을 하는 사례도 많다. 인허가를 내주면 주민들의 다른 민원이 들어올 수 있고, 훗날 책임을 뒤집어쓸 수 있다고 판단되면 이런저런 핑계로 처리를 미룬다. 민원인이 지쳐 스스로 포기할 때를 기다리는 것이다. 국민들이 공무원들이 복지부동에 빠졌다고 생각하는 것은 이런 행태 때문이다.

이를 개선하려면 공무원들에게 사명감을 불어넣어 소신을 갖고 일할 수 있는 환경을 마련해야 한다. 성과를 내면 제대로 보상하고 어쩔 수 없이 해야 했던 업무에 대해서는 나중에 책임을 묻지 말아야 한다. 그래야 복지부동과 늑장 민원처리 같은 나쁜 관행에서 벗어날 수 있을 것이다.

부처 칸막이가 국가 행정의 효율성을 떨어뜨리다

국가 행정의 효율성을 높이려면 정부 부처 간 긴밀한 협조가 필수적이다. 많은 정책은 여러 부처가 힘을 모아야 성과를 높일 수 있도록 설계돼 있다. 새로 등장한 첨단 기술에 대한 인허가를 비롯해 환경과 산업 정책처럼 여러 가지 요인을 동시에 고려해야 할 문제는 반드시 부처 간 의견조율을 거쳐야 한다. 그렇지 않으면 중복 규제와 과잉 지원 같은 비효율이 발생하기 쉽다. 이런 측면에서 한국 정부는 아쉬운 점이 많다. 선진국들에 비해 부처 칸막이가 높기 때문이다.

부처 칸막이를 낮춰야 한다는 명분에는 공무원들도 공감하고 다각적인 대책을 세우고 있다. 정부가 국가통계 개발 목적으로 부처 간 자유로운 협력을 위해 '정부부처통계협의체'를 신설한 것도 그중 하나다. 그러나 가시적 성과는 없었다. 각 부처 실장급으로 협의체를 구성했지만 회의조차 제대로 열지 못하는 파행을 겪었다. 협의체 구성원들은 각자 맡은 업무가 바쁘다는 핑계를 대고 있지만 이유는 다른 데 있다. 각 부처가 가지고 있는 자료를 공개하는 것을 꺼리고 정보가 유출돼 책임 추궁을 받을까 걱정했기 때문이다. 이는 부처 간 신뢰가 낮은 탓이 크다. 서로 믿지 못하다 보니 자연스럽게 부처 이기주의가 형성됐고 칸막이도 높아진 것이다. 부처 칸막이를 없애지 않으면 탄력적이고 신속한 정책을 펼치기 어렵다.

부처 칸막이 사례

경쟁 주체	경쟁 원인	경쟁 양상 및 행태

경쟁 주체	경쟁 원인	경쟁 양상 및 행태	
공정거래 위원회 **vs** **국토 교통부**	〈조직 심리적 요인〉 • 부처 이기주의 • 부처 이익 극대화 성향 〈제도적 요인〉 • 관할권 중복 - 소비자 정책의 횡단적/종단적 업무 추진 〈환경적 요인〉 • 소비자 문제의 복잡화 및 중요성 증대 - 책임 주체의 불명확 - 소비자 정책에 대한 관심과 참여 증대 • 희소 자원 - 자원 확보 갈등	〈관할권 경쟁〉 • 특정 분야 주도권 쟁탈 경쟁 • 기존 영역 쟁탈 경쟁 • 신규 영역 선점 경쟁 〈정책 경쟁〉 • 정책 역량 강화 경쟁 - 근거 법률, 자원, 예산, 인력, 조직, 대외적 명분 확보 노력 • 유사정책 양산 경쟁 - 정책 과잉	〈경쟁 행태〉 • 관할권 주장 • 의사소통·협력 단절 • 정보 공개(공유) 회피 • 정책조정 회피 • 개별적 정책/사업 수립·집행

출처: 소비자 문제연구, 49권 1호

국민들을 혼란에 빠뜨리는 일관성 없는 정책들

한국 정부의 신뢰도가 좀처럼 높아지지 않는 이유 중에는 일관성 없는 행정도 한몫한다. 행정이 오락가락하는 대표적인 분야가 교육이다. 대학입시 제도가 그렇다. 정권과 장관이 바뀔 때마다 정시와 수시 비율이 달라진다. 수시를 평가하는 세부 항목이 너무 자주 변경돼 학부모와 학생들을 혼란에 빠뜨린다. 그 결과 학원과 컨설턴트 등 사교육 시장만 키우고 있다. 교육부가 통계청과 함께 전국 1,484개 학교 학부모 4만여 명을 대상으로 실시한 '2019년 초중고 사교육비 조사'에 따르면 사교육비 총액은 약 21조 원, 1인당 월평균 사교육비는 32만 1,000원에 달한다.

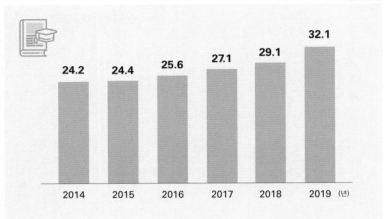

1인당 월평균 사교육비 추이

단위: 만 원

24.2　24.4　25.6　27.1　29.1　32.1

2014　2015　2016　2017　2018　2019 (년)

출처: 교육부·통계청

　　보건복지 행정도 정부에 따라 일관성이 결여된 것은 마찬가지다. 국민 건강이라는 명분은 똑같지만 집권세력이 강조하는 정책에 따라 내용이 완전히 달라진다. 이에 따른 예산 배정이 들쭉날쭉한 이유다. 정도의 차이일 뿐 산업과 에너지, 환경 등 거의 모든 분야에서 일관성 없는 행정과 정책을 목격할 수 있다. 정부에 대한 신뢰도와 정책의 투명성을 높이기 위해 반드시 개선해야 할 병폐다.

부족한 원자재와
미흡한 해외 공급처

한국은 경제발전과 더불어 국민 생활수준이 높아지고 석유와 석탄 등 전력과 에너지의 소비량도 급속히 늘었다. 다양한 분야에서 석유제품이 사용되면서 석유 소비량은 세계 8위를 기록하고 있고 전력 생산에 쓰이는 석탄도 OECD 회원국 중 호주 다음으로 많이 사용된다. 급속한 산업 발달과 더불어 전력 소비도 증가하고 있다. 한국의 1인당 전력소비량은 세계 7위, 총 에너지 소비는 5위 수준이다.

하지만 대부분의 자원을 수입하면서 해외 원자재 의존도는 96%가 넘는다. 부존자원이 부족하기 때문에 어쩔 수 없는 일이지만 원자재 문제는 한국 경제의 아킬레스건으로 작용할 수 있다. 그럼에도 불구하고 해외 원자재 의존도를 탈피하려는 노력은 약한 편이다. 유일한 해결책은 해외 자원개발인데도 관련 투자액은 해마다 줄고 있다. 그러다 보니 국제 원자재 가격이 조금이라도 출렁거리면 한국 경제는 몸살을 앓는다.

석유 소비량이 세계 8위인 한국

석유는 한국에서 가장 많이 사용되는 자원이다. 경제가 급속히 발전하며 전기와 석유 제품을 쓰는 곳이 급증했기 때문이다. 세계적인 에너지 기업인 영국 BP의 '세계 에너지 통계 리뷰'에 따르면 2018년 기준으로 한국은 세계에서 여덟 번째로 석유를 많이 쓰는 나라다. 미국이 하루 평균 2,045만 6,000배럴로 전 세계 소비량의 약 20%를 차지하며 가장 많았고, 중국이 1,352만 5,000배럴로 뒤를 이었다. 하루 평균 석유 소비량의 3분의 1을 두 강대국이 사용하고 있는 셈이다. 인도가 515만 6,000배럴을 쓰고 있고 사우디아라비아가 372만 4,000배럴, 러시아가 322만 8,000배럴, 브라질이 308만 1,000배럴을 사용하는 것으로 집계됐다. 한국이 279만 3,000배럴, 독일이 232만 1,000배럴, 캐나다가 244만 1,000배럴로 이들 국가의 뒤를 이었다.

1인당 연간 석유 소비량으로 비교하면 한국은 순위가 더 올라간다. 싱가포르가 86.15배럴로 1위를 차지했고 사우디아라비아 51.22배럴, 캐나다 24.14배럴, 미국 22.03배럴을 사용하며 2~4위를 차지하고 있다. 한국은 19.13배럴로 5위다.

선진국들은 재생 에너지 비중을 늘리면서 석유 소비량을 줄이고 있지만 중국과 인도, 동남아 등 신흥국들은 늘고 있다. 에너지 사용의 패러다임이 완전히 바뀌지 않는 한 석유 소비량은 계속 늘어날 수밖에 없다는 게 전문가들의 전망이다. 2019년 1월 국제에너지기구IEA와 석유수출국기구OPEC가 발간한 〈세계 에너지전망〉과 〈세계

1인당 연간 석유 소비량(2015년)

단위: 배럴

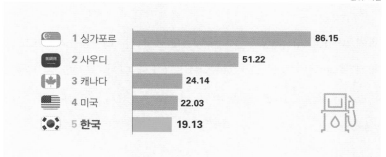

	1 싱가포르	86.15
	2 사우디	51.22
	3 캐나다	24.14
	4 미국	22.03
	5 한국	19.13

국가별 석유 소비량(2018년)

단위: 만 배럴

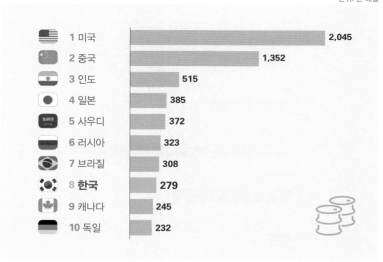

	1 미국	2,045
	2 중국	1,352
	3 인도	515
	4 일본	385
	5 사우디	372
	6 러시아	323
	7 브라질	308
	8 한국	279
	9 캐나다	245
	10 독일	232

출처: 영국 BP

석유 전망〉도 앞으로 20~25년간 전 세계 석유 수요는 증가할 것으
로 예상됐다. 이는 한국이 석유 자원 개발에 소홀해서는 안 되는 이
유이기도 하다.

석탄 소비량은 OECD 회원국 중 2위에 올라

석탄은 한국에서 많이 사용되는 화석연료다. 통계청과 에너지업계에 따르면 2016년 기준 한국의 1인당 석탄 소비량은 1.6TOE로 세계 최대 석탄 생산국인 호주의 1.8TOE에 이어 OECD 국가 중 2위를 기록했다. 10년 전에 비해 45.5%나 증가한 수치다. TOE는 '석유환산톤Ton of Oil Equivalent'의 약자로 에너지원의 발열량을 석유 발

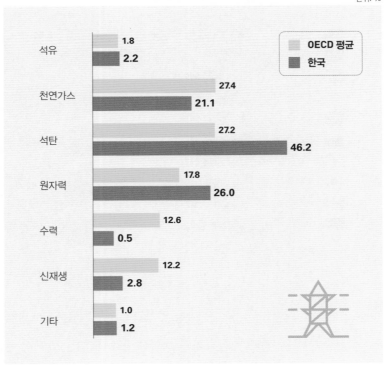

발전원별 전기 생산 비중

단위: %

OECD 평균 / 한국

	OECD 평균	한국
석유	1.8	2.2
천연가스	27.4	21.1
석탄	27.2	46.2
원자력	17.8	26.0
수력	12.6	0.5
신재생	12.2	2.8
기타	1.0	1.2

*2017년 기준

출처: BP

열량으로 환산한 가상의 단위를 말한다.

OECD 주요국들 가운데 1인당 석탄 소비량이 증가한 국가는 거의 없다. 유독 한국에서 석탄 소비량이 증가하는 원인은 전기 생산이 급증한 데 있다. 2016년 전기를 만드는 데 사용된 유연탄은 총 7,761만 톤으로 전체 소비량의 약 65%에 해당된다. 미세먼지 유발 등 환경문제에도 불구하고 전기 생산에 석탄을 사용하는 것은 가격이 저렴하기 때문이다. 전기 생산량 중 석탄이 차지하는 비중은 한국에서 40%가 넘는다. BP가 발표한 〈2018 세계 에너지 통계 보고서〉를 보면 2017년 기준 한국의 발전량 중 석탄 비중은 46.2%를 기록했다. OECD 회원국의 석탄발전 비중이 27.2%에 불과한 것과 비교하면 매우 높은 편이다.

인구와 경제 규모에 비해 많은 1인당 전기 소비량

석탄발전이 극심한 대기 오염의 주범인 것을 알면서도 급속히 줄이지 못하는 배경에는 한국이 세계 7위 전기 사용 국가라는 현실이 있다. 인구와 경제 규모에 비해 전기를 많이 쓰고 있는 것이다. 유럽 에너지 컨설팅업체인 '에너데이터Enerdata'에 따르면 한국의 2017년 전력 소비량은 총 534TWh(테라와트시)로 전년 대비 2.3% 증가했다. 중국이 5,683TWh로 1위였고, 미국이 3,808TWh, 인도가 1,156TWh, 일본이 1,091TWh, 러시아가 889TWh, 캐나다가 572TWh로 한국보다 많았다.

한국의 전기 소비량 순위는 2015년 9위에서 해마다 한 단계씩 상승했다. 이런 추세라면 캐나다를 곧 추월하고 러시아와도 격차가 줄어들 것으로 예상된다. 한국의 전력 소비량 증가율은 2000년 이후 평균 4.3%에 달한다. OECD 회원국 중에서는 터키의 5.5%에 이어 2위다.

물론 전 세계로 시야를 넓히면 증가율이 아주 높지는 않다. 같은 기간 중국은 전략 소비량 증가율이 9.9%에 달했고 아랍에미리트 UAE는 7.0%, 인도는 6.8%에 달했다. 그러나 미국과 일본, 독일 등 대부분의 선진국의 전기 소비량 증가율은 1% 미만이다. 한국의 전기 사용량이 많은 것은 자동차와 철강과 석유화학, 반도체 등 제조업이 강한 것과 관련이 있다.

한국 전력 소비량 추이

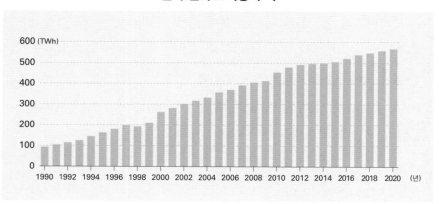

출처: 에너데이터

세계에서 다섯 번째로 에너지를 많이 사용하다

한국은 석유와 석탄, 전기를 비슷한 경제 규모를 가진 국가들에 비해 많이 사용한다. 그 결과 총 에너지 소비 순위도 상위권에 올라 있다. 통계청과 에너지업계에 따르면 2016년 기준 한국의 1인당 에너지 소비량은 5.6TOE인 것으로 조사됐다. OECD 회원국 중 5위다. 한국보다 경제 규모가 큰 일본(3.5 TOE)과 독일(3.9 TOE), 프랑스(3.6 TOE)보다 많다. 한국에 비해 총 에너지 소비가 많은 국가는 노르웨이(9.2 TOE)와 캐나다(9.1 TOE), 미국(7.1 TOE), 호주(5.7 TOE) 정도인 것으로 조사됐다.

에너지 사용량이 많은 원인은 앞서 다른 국가에 비해 전기요금

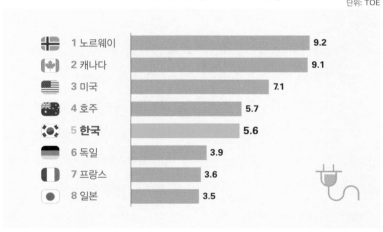

OECD 주요국 1인당 에너지 소비량

단위: TOE

1 노르웨이		9.2
2 캐나다		9.1
3 미국		7.1
4 호주		5.7
5 한국		5.6
6 독일		3.9
7 프랑스		3.6
8 일본		3.5

*2016년 기준

출처: 통계청

이 싸기 때문이기도 하다. 전기를 흥청망청 쓰다 보니 에너지 낭비로 이어지는 것이다. 전기 가격을 인상해야 할 필요성은 있지만 이를 실행하기는 쉽지 않다. 전기요금을 올리면 산업 경쟁력이 떨어질 수 있고 여론의 반발 역시 심하기 때문이다. 에너지 과소비를 줄이기 위해서는 언젠가는 전기요금을 현실화해야 한다. 이와 함께 에너지를 효율적으로 쓰는 시스템을 구축하는 일도 병행할 필요가 있다.

원전 생태계 붕괴와 전기료 급등, 탈원전의 딜레마

원자력은 위험한 에너지원이지만 부존자원이 부족하고 제조업은 강한 한국과는 궁합이 맞는 자원이라고 할 수 있다. BP가 발표한 〈2018 세계 에너지 통계 보고서〉에 따르면 2017년 한국의 발전량 중 원전 비중은 26.0%에 달한다. 46.2%를 점한 석탄발전과 더불어 양대 축을 이루고 있는 것이다. 원전 발전량은 148.4TWh로 미국과 중국, 러시아에 이어 세계 4위를 기록했고, 인구 대비 원전 발전 비중은 우크라이나에 이어 2위인 것으로 조사됐다.

원전은 효율성이 높지만 일본 후쿠시마 원전 사고에서 나타난 것처럼 치명적인 위험성을 가지고 있어 확대냐 축소냐를 섣불리 결정할 수 없는 딜레마를 안고 있다. 한 가지 분명한 점은 급격한 탈원전 정책을 채택하면 전기료 급등과 원전산업 생태계 붕괴 등 국민 생활과 한국 경제에 미치는 타격이 클 것이라는 점이다.

한국수력원자력 중앙연구원이 발표한 〈정부의 탈원전 정책에 따른 발전 단가 분석〉 보고서에 따르면 태양광과 풍력 설비 증설에 따

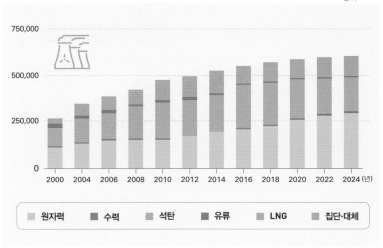

에너지별 발전량 현황 및 전망

단위: GWh

출처: 한국전력, 산업통상자원부

른 전력 판매 단가 인상 예상치는 2030년까지 1kWh당 57.41원 상
승하는 것으로 예상됐다. 가정용 전력 판매 단가가 1kWh당 100원
안팎이니 50%가량 오른다는 의미다. 태양광과 풍력 설비 확대에
투입하는 비용도 174조 5,800억 원에 달할 것으로 추정됐다. 이런
이유로 거의 모든 국가는 탈원전에 신중한 태도를 보이고 있다.

신재생에너지는 아직 갈 길이 멀다

원전의 위험성을 피하고 석탄발전으로 인한 대기오염을 줄이기
위해서는 신재생에너지 비중을 늘려야 하는 것은 맞는 방향이다.

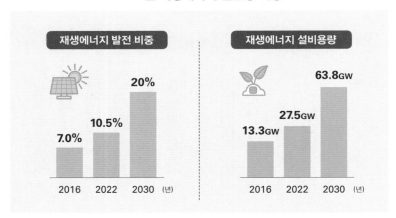

2030년 재생에너지 발전량 비중

재생에너지 발전 비중

20%

10.5%

7.0%

2016 2022 2030 (년)

재생에너지 설비용량

63.8GW

27.5GW

13.3GW

2016 2022 2030 (년)

출처: 산업통상자원부

하지만 신재생에너지는 여전히 투자 대비 효율성이 떨어진다. 이는 정부가 탈원전 정책을 추진한다고 해도 신재생에너지 발전량이 급속히 증가하지 못하는 원인이다. 한국은 국토 면적이나 자연 조건이 태양과 풍력 발전에 적합하지 않아 신재생에너지를 확대하는 것이 쉽지 않다.

태양광만 하더라도 한국은 땅이 좁고 일조량이 부족해 다른 나라에 비해 입지조건이 불리한 편이다. 전력 수요가 있는 곳과 인접해야 경제성을 확보할 수 있어 거주지 인근 야산 등에 발전설비가 집중돼 있다. 이로 인한 후유증은 심각하다. 마을 미관을 해치고 전자파가 발생한다는 민원이 끊이지 않는다. 산림 훼손으로 산사태나 홍수가 날 위험도 높다. 실제 2018년 경북 청도군의 한 태양광 발전

설치 지역에서 산사태가 일어나기도 했다.

물론 신재생에너지의 생산 비용이 하락하면서 비중은 점차 높아질 것이다. 블룸버그뉴에너지파이낸스가 발간한 〈뉴에너지 전망 2018〉에 따르면 2050년에는 신재생에너지와 가스가 원전과 석탄을 각각 대체하며 한국 전기 생산의 72%를 차지할 것으로 전망했다. 정부도 신재생에너지 비중을 높이기 위해 정책적 노력을 기울일 것이다. 그렇다 해도 기존 에너지를 대체하려면 갈 길이 매우 멀다.

자원 빈국 한국은 원자재 파동에 취약한 구조

한국은 대부분의 자원을 수입하기 때문에 국제 원자재 가격의 급격한 변동에 취약한 국가에 속한다. 이와 관련된 자료는 매우 많다. 현대경제연구원이 국제 원자재 가격 상승과 한국 경제의 인플레이션의 상관관계를 분석한 보고서를 보면 국제 원자재 가격 상승이 고용비용과 금리인상 요인으로 작용하며 공급 측면에서 물가를 끌어올리는 것으로 나타났다.

한국무역협회 등이 매년 수출기업의 경영환경에 큰 영향을 미칠 요인으로 '환율과 원자재 가격 변동'을 꼽은 것도 같은 맥락이다. 무역협회는 2018년 말 보고서에서 환율과 원자재 가격 변동이 경영환경에 미칠 영향력 비중을 41.4%로 예상했는데 이는 2위 '세계시장의 경쟁 심화(19.6%)'와 2배 이상 차이가 나는 조사 결과였다.

수입 원자재를 하역하고 있는 인천항

에너지 자립도 높여야 하는데 자원개발은 먼 길

원자재 파동을 구조적으로 극복하고 에너지 자립도를 높이려면 해외 자원개발로 안정적인 공급처를 확보해야 한다. 하지만 한국은 이명박 정부 시절 해외 자원개발에서 막대한 손실을 기록한 이후 소극적인 정책으로 일관하고 있다. 산업통상자원부에 따르면 해외자원개발 투자는 2012년 87억 7,700만 달러에서 2019년 약 20억 달러로 크게 감소했다. 매년 수십 억 원씩 예산이 삭감된 결과다. 이는 다른 국가와 비교하면 더 극명하게 드러난다.

전국경제인연합회가 발표한 〈한중일 해외자원개발 비교〉 보고서에 따르면 한국의 해외자원개발 투자 규모는 일본과 중국에 비해

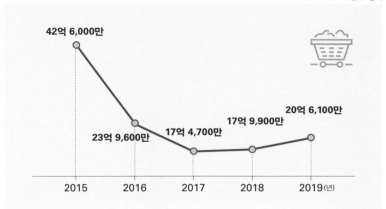

해외자원개발 사업 투자 실적

단위: 달러

42억 6,000만

23억 9,600만

17억 4,700만

17억 9,900만

20억 6,100만

2015 2016 2017 2018 2019(년)

출처: 산업통상자원부

턱없이 작은 것으로 조사됐다. 특히 전년에 비해 한국의 자원개발 예산이 크게 축소된 2016년에는 한국의 자원개발 예산이 958억 원에 그치면서 일본의 6분의 1 수준에 그쳤다. 해외자원개발 투자액의 격차도 중국과 일본의 10분의 1에도 미치지 못하는 해가 많았던 것으로 조사됐다.

공기업들이 잘못된 판단으로 해외 자원개발에서 막대한 손실을 본 것은 사실이지만 그렇다고 손을 놓고 있어서는 안 된다. 자원개발은 원자재 파동에 대비하는 동시에 에너지 안보 역량을 강화하기 위해서도 필요한 사업이다. 해외 공급처를 확보하는 차원에서도 한국이 큰 비중을 둬야 하는 분야다. 공기업의 자원개발이 비효율적이라면 민간 기업들이 나설 수 있도록 환경을 조성할 필요가 있다.

MIRACLE KOREA

4부

또 한 번의
기적을 위하여

창의력을 마음껏 발휘하도록
경제적 자유 확대해야

주한 유럽상공회의소가 2018년 한국을 '규제 갈라파고스 국가'라고 비판하고 나섰다. 세계 어디에서도 찾아보기 힘든 규제 123건을 제시하면서 그 개선안을 담은 백서까지 발간했다. 최근 30년 사이 한국 기업들은 꾸준히 외국으로 공장을 옮기고 있고 한국 경제성장률은 1990년대 말 연평균 7%에서 이제는 2%대로 낮아지고 있다. 여러 가지 원인을 꼽을 수 있겠지만 기업 활동을 제약하는 각종 규제장벽을 그 원인으로 먼저 지목하지 않을 수 없다.

한국의 경제자유 다시 살려야 한다

창의력이 중요해지는 4차 산업혁명 시대에 개인의 자유는 갈수록 중요해지고 있다. 누구나 마음껏 상상력을 펼칠 수 있도록 교육현장에 자유가 넘쳐야 한다. 누구나 원하는 대로 자신의 노동과 재산을 스스로 통제하면서 상품과 서비스를 생산하고 소비할 수 있어야 한다. 이런 경제자유는 자유민주주의 사회에서 가장 기본적인 권리에 속한다.

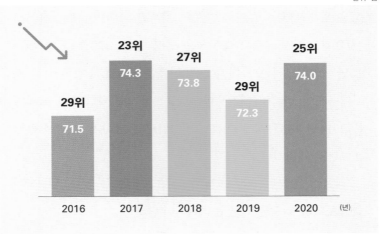

한국의 경제자유지수 순위

단위: 점

29위
71.5
2016

23위
74.3
2017

27위
73.8
2018

29위
72.3
2019

25위
74.0
2020 (년)

*막대 안의 숫자는 평가점수

출처: 미국 헤리티지재단

미국 헤리티지재단이 발표한 '2020년 경제자유지수Index of Economic Freedom'를 보면 한국은 2017년 23위에서 2019년 29위로 내려앉았다가 2020년에 25위로 회복했다. 1995년부터 헤리티지재단이 발표해온 경제자유지수는 각 나라의 개인과 기업들이 얼마나 자유롭게 생산·유통·소비·노동에 참여할 환경을 갖추고 있는지 따져 180개국을 평가한 지표다. 정부개입, 시장개방, 법치주의 확립, 재산권 보호, 기업자유, 노동자유 등 10개 세부항목을 평가해 산출한다.

헤리티지재단은 2020년 한국에 대한 총평에서 "한국은 견고한 법률체계가 가동되고 있으나 고질적 부패가 정부신뢰와 공정성을 훼손하고 있다"며 "고령화와 낮은 노동생산성 등 어려운 과제에 직면해 있다"고 지적했다. 정부 규모 확대와 노동시장 규제가 경제 자율성을 위축시키는 주요 요인으로 지목받고 있다. 세금부담 문제에서는 최고 법인세율과 소득세율 인상 등으로 2011년 125위에서 2018년 118위까지 오르다가 2020년에는 158위로 떨어졌다. 노동시장자유도는 한국이 해결해야 할 고질적 약점이다. 노동시장자유도는 2014년 146위에서 2018년 100위로 올랐다가 2020년에는 다시 112위로 내려갔다.

에스토니아 '디지털 혁신' 눈여겨봐야 한다

인구 130만 명의 북유럽 작은 나라 에스토니아에서는 결혼·이혼·부동산 거래를 제외하고 국가 행정 99%가 디지털로 이뤄진다. 에스토니아에서는 산모가 출생신고를 하기 위해 굳이 관공서에 갈 필요도 없다. 아기 이름을 부르기도 전에 디지털아이디ID가 부여되고 의료진이 혈압, 맥박 등을 기록한다. 개인정보열람에 동의하면 의사는 환자의 병력과 치료 경과를 조회할 수 있고 환자도 자신의 병력과 치료 과정을 열람할 수 있다.

1991년 옛 소련에서 독립한 에스토니아는 2014년 말 세계 최초로 블록체인시대 신분증인 '전자영주권e-Residency'을 도입했다. 이는 세계 어느 나라 사람이나 신청할 수 있는데 이 영주권을 발급받으면 에스토니아에 가지 않고도 유럽연합EU에 법인을 세워 유럽을 상대로 비즈니스를 할 수 있다. 법인에 대한 세금은 없으며 회사가 이익을 거둬 주주들에게 배당할 때 비로소 세금을 납부하게 된다. 에

숫자로 보는 디지털 강국 에스토니아

0	● 법인세율(배당 때는 부과), 상속세율, 증여세율
3분	● 온라인 세금 납부 소요 시간
3시간	● 기업 설립 소요 시간
4만**5,000**명	● 전자영주권 지원자 수

케르스티 칼륨라이드
에스토니아 대통령

출처: 2018년 세계지식포럼

스토니아에서 매년 스타트업 1만 개가 탄생하는 비결이다. 이 나라
에서 2013년 8월 창업한 차량공유 플랫폼 '택시파이Taxify'는 유럽을
넘어 아프리카, 중동 등으로 활동영역을 넓혀가고 있는 대표적인
스타트업이다.

에스토니아는 국가 시스템과 민간 생태계를 블록체인 세계로 이
동시켜 세계 최초로 총선에 전자투표를 도입하기도 했다. 국민들의
신뢰를 바탕으로 만들어가고 있는 이런 변화는 4차 산업혁명 시대
에 세계가 눈여겨봐야 할 국가적인 혁신 모델이다. 2018년 2월 평
창동계올림픽 때 한국을 찾아 매경미디어센터에 방문했던 케르스
티 칼륨라이드 에스토니아 대통령은 그해 10월에도 세계지식포럼

기조연설자로 참석해 "에스토니아를 국가로 보기보다는 앱스토어와 같은 서비스로 봐 달라"고 말했다.

한국 규제개혁 20년, 오히려 규제는 늘었다

한국은 외환위기를 겪은 1997년 말부터 범정부 차원에서 규제 개혁에 나서게 됐다. 국제통화기금IMF이 한국에 자금을 지원하면서 '불투명한 규제 환경을 개선하라'고 권고했고 1998년 대통령 직속으로 규제개혁위원회가 만들어졌다. 사실상 등을 떠밀려 시작한 규제개혁이었지만 김대중 정부는 '부처별로 일정 비율 이상 규제를 줄이라'며 의무를 할당할 정도로 의욕적이었다. 이때 화물차운송업을 면허제에서 등록제로 바꾸며 진입 장벽을 제거했다. 그러자 1998년 9만 6,000명 수준이던 화물차 운송 종사자가 2003년에는 17만 9,000명으로 2배가량 늘었다. 규제 완화가 고용 창출에 어떤 영향을 미치는지 보여준 사례다.

노무현, 이명박, 박근혜 정부도 예외 없이 규제완화 기조를 이어 갔다. 노무현 정부는 2003년 규제총량제를 도입했고 이명박 정부는 '규제 전봇대를 뽑겠다'며 인허가 절차 개선과 수도권 규제 완화 정책을 시도했다. 박근혜 정부도 '손톱 밑 가시를 빼겠다'며 규제감축 목표를 설정하는 등 여러 노력을 기울였지만 오히려 규제는 늘어만 갔다. 2002년 7,724개이던 등록 규제는 노무현, 이명박 정부를 거쳐 2012년 1만 4,889개까지 늘었고 박근혜 정부 때인 2015년 1만 4,688개를 끝으로 집계를 중단했다.

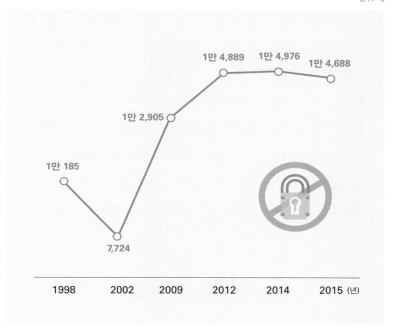

대통령들의 말과 다르게 늘어난 규제

단위: 개

1만 4,889

1만 4,976

1만 4,688

1만 2,905

1만 185

7,724

| 1998 | 2002 | 2009 | 2012 | 2014 | 2015 (년) |

출처: 규제정보포털

　문재인 대통령도 '붉은 깃발을 내려놓아야 한다'며 규제개혁을 강조했지만 공유경제, 원격의료, 드론, 자율주행 등은 여전히 장벽에 가로막혀 있다. 기득권 세력은 새로운 기술과 서비스 도입에 격렬하게 저항하고 있고 국회는 규제를 담은 법률안을 수시로 쏟아내고 있다.

차량공유와 자율주행 '교통혁명' 한국도 속도 내야

차량공유 서비스와 자율주행차 등장으로 세계가 교통혁명을 겪고 있다. 미국, 유럽, 동남아 주요 도시까지 차량 공유서비스가 일상화돼 있다. 그 선두인 미국 차량 공유서비스업체 우버는 세계 65개국에서 하루 평균 1,300만 명을 실어 나른다. 주식 상장을 앞두고 2018년 말 추정된 기업가치는 1,200억 달러로 현대자동차의 6배에 이른다. 동남아 8개국을 장악한 승차공유 서비스회사 그랩GRAB도 7년 만에 기업가치가 110억 달러로 불어났다. 아시아 주요 국가 중에는 한국과 일본이 택시산업 보호를 위해 우버의 차량 공유 서

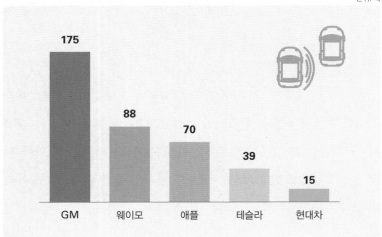

미국과 한국의 자율주행차 보유 대수

단위: 대

* 2018년말 기준
* 미국은 캘리포니아 기준, 현대차는 국토부 발표 기준

출처: DMV, 국토교통부

비스를 허용하지 않고 있다. 카카오가 2018년 공유서비스보다 낮은 단계인 카풀서비스를 시작하려 했으나 분신까지 감행한 택시 기사들의 저항에 막혔다.

한편에서는 인공지능AI과 센서기술로 무장한 자율주행차가 빠르게 현실로 다가오고 있다. 구글 계열사인 웨이모Waymo는 2018년 12월 미국 애리조나주 피닉스에서 세계 최초로 자율주행 택시 서비스를 시작했다. 우버 앱으로 차량을 호출한 승객은 일반 차량과 자율주행 택시 중에 선택해서 탑승한다. 한국에선 도로교통법, 자동차관리법 등 각종 규제로 자율주행차를 실제 도로에서 운행하기 어렵다보니 자율주행차 스타트업이 미국으로 건너가는 실정이다.

한국은 자동차 생산 세계 7위 국가이면서도 차량공유와 자율주행차 시장에서 급속도로 진행되는 교통혁명에서 뒤처지고 있다. 그 사이 미국, 유럽, 동남아 지역의 차량 공유서비스와 자율주행차 선발 업체들은 수많은 데이터를 축적할 것이며 그 빅데이터는 또 다른 가치와 일자리를 창출하게 될 것이다.

원격의료, 약품배달 규제 풀어 800만 명 불편 덜어야

의료부문에서도 정보통신기술은 혁신을 일으키고 있다. 미국, 일본, 중국, 동남아에서는 의사와 환자가 스마트폰과 컴퓨터로 활발하게 원격진료를 하고 있다. 미국에선 전체 진료 6건 중 1건이 원격으로 이뤄지고 중국에서는 원격의료 이용자가 1억 명을 넘어섰다.

한국에서는 2000년부터 19년 동안 시범사업만 반복하고 있다.

원격진료를 허용하면 고혈압, 당뇨 등 만성질환자와 거동이 불편한 장애인 등 836만 명이 혜택을 볼 수 있다고 보건복지부는 설명하고 있다. 원격의료 시범사업에 참가했던 환자들도 75% 이상은 만족을 표시했다. 그런데도 동네 소형병원들이 겪게 될 영업 피해와 오진 가능성 등을 이유로 들며 의료인 단체가 반대하고 있다.

방문의료와 약품 배달도 마찬가지다. 미국에서는 2014년부터 방문진료를 전문으로 하는 벤처기업 20~30곳이 성업 중이다. 일본에서도 24시간 왕진하는 시스템을 구축해 70만 명 이상이 서비스

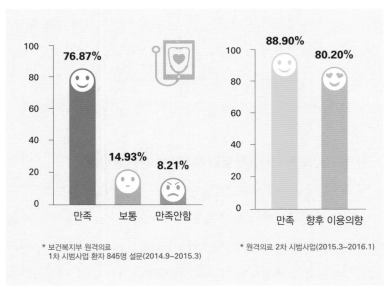

원격의료 시범사업 환자 만족도

* 보건복지부 원격의료
  1차 시범사업 환자 845명 설문(2014.9~2015.3)

* 원격의료 2차 시범사업(2015.3~2016.1)

출처: 보건복지부

를 받고 있으며 도서지역 고령자들은 드론을 이용해 약품을 배달받고 있다. 한국에서도 고령인구가 급속히 증가하고 있지만 약품 배달은 여전히 불법이고 왕진은 2019년부터 매우 제한적으로 허용되고 있다.

2018년 출시된 애플워치4는 미국 식품의약국FDA으로부터 의료기기 승인을 받아 심전도 측정센서를 스마트폰에 처음으로 장착했다. 한국에서 심전도 스마트폰을 이미 3년 전에 개발해놓고도 의료기기·원격진료에 대한 까다로운 규제 탓에 출시하지 못했던 것과 대비된다. 한국은 뛰어난 정보통신기술로 원격의료에서 그 어떤 나라보다 높은 경쟁력을 발휘할 수 있는데도 기득권 집단의 반발 때문에 기회를 놓치고 소비자 수백만 명은 그로 인해 불편과 고통까지 겪고 있으니 안타까운 일이다.

해외에선 ICO 후끈, 한국과 중국은 전면 금지

블록체인 기반의 가상화폐가 인기를 끌자 기업이 투자자들에게 가상화폐를 발행하고 자금을 조달하는 가상화폐공개ICO, Initial Coin Offering라는 새로운 자금조달 방식이 2015년 즈음 등장했다. 주식시장에서 자금을 조달하는 IPOInitial Public Offering와 ICO는 크게 다르다.

IPO는 매출액, 영업이익 등 일정 기준을 충족한 기업이 주식을 발행하는 것이라면 ICO는 어떤 기업이든 자격제한 없이 가상화폐를 발행하는 것을 말한다. IPO 투자자는 주주로서 기업 지분을 갖고 매년 배당도 받을 수 있지만 ICO 투자자는 해당 기업의 배당·의

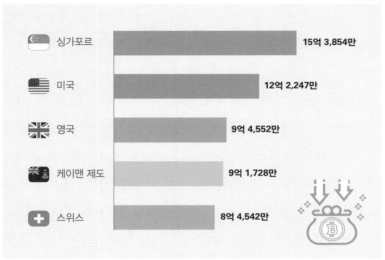

2018년 세계 가상화폐공개(ICO) 모집액 순위

단위: 달러

싱가포르	15억 3,854만
미국	12억 2,247만
영국	9억 4,552만
케이맨 제도	9억 1,728만
스위스	8억 4,542만

출처: ICO벤치

결권과 아무 관련이 없다. ICO로 발행한 가상화폐 가격이 상승하는 이유나 과정도 명쾌하지 않다. 이런 우려에도 미국, 영국 등 대다수 국가는 ICO를 허용하고 있는데 한국, 중국은 금융사기에 이용될 수 있다는 이유로 ICO를 금지하고 있다.

미국 국세청은 2014년 '가상화폐는 자산으로 취급된다'는 가이드라인 아래 소득세·법인세·양도소득세를 과세하고 있다. 시장에는 고위험-고수익을 선호하는 자금이 있다는 사실을 인정하면서 투자 책임은 각자에게 맡겨두는 식이다. 이에 비해 한국은 2017년 9월 사기에 이용되는 것을 걱정하며 ICO를 금지했고 2018년에는 '투기

도박 같은 양상을 보인다'며 가상화폐거래소 폐쇄 방침을 발표하기
도 했다.

거래소 폐쇄 방침은 거센 반발에 부닥치자 철회했지만 ICO 금
지는 계속되고 있다. 가상화폐공개 통계업체인 ICO벤치에 따르면
2018년 세계에서 ICO로 조달한 자금은 약 116억 달러에 이른다.
싱가포르에서 15억 달러 정도가 모집됐고 그다음으로는 미국, 영
국 케이맨제도, 스위스 순이었다. 비트코인, 이더리움 등 가상화폐
가격이 급락하면서 2018년에 시도된 총 2,517건의 ICO중 1,505건
은 자금조달에 실패했을 정도로 시장 내에서도 투자자 경계심이 작
동하고 있지만 한국과 중국은 '원천 금지'라는 규제 방식을 적용하고
있다.

'미래산업의 원유' 빅데이터, 한국은 그냥 흘려보내

쇼핑, 여행, 진료 등 일상생활에서 발생하는 온갖 데이터는 '미
래 산업의 원유'로 불린다. 인공지능으로 가공할 수 있는 데이터의
양이 많아지면서 데이터 활용범위가 무궁무진해지고 있다. 이베이,
아마존 등에서 수집한 쇼핑정보로 인터넷은행은 좀 더 엄밀하게 고
객 신용을 평가할 수도 있다. 무수한 환자들의 누적된 진료정보는
신약개발에도 이용할 수 있다.

세계 빅데이터 시장은 빠르게 성장하고 있지만 한국에선 애매모
호한 법률과 규제에 막혀 제자리걸음이다. 스위스 국제경영개발원
IMD이 2018년 평가한 '빅데이터 사용·분석' 순위에서 한국은 63개

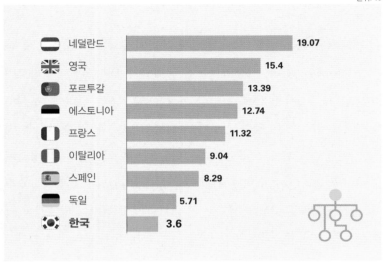

주요국의 빅데이터 확산점수

단위: %

	점수
네덜란드	19.07
영국	15.4
포르투갈	13.39
에스토니아	12.74
프랑스	11.32
이탈리아	9.04
스페인	8.29
독일	5.71
한국	3.6

*2016년 기준

출처: OECD

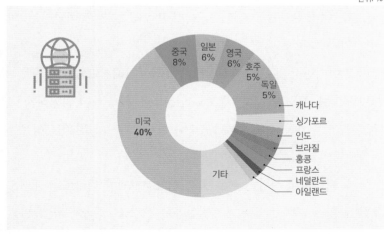

전 세계 하이퍼스케일 데이터센터 국가별 비중

단위: %

미국 40%
중국 8%
일본 6%
영국 6%
호주 5%
독일 5%
캐나다
싱가포르
인도
브라질
홍콩
프랑스
네덜란드
아일랜드
기타

출처:시너지 리서치 그룹

국 중 31위로 중국(12위)은 물론 인도네시아(29위)에도 밀렸다. 경제협력개발기구OECD의 '2017 디지털 경제 아웃룩'에서 한국의 빅데이터 확산점수는 3.6으로 주요 국가 중 꼴찌였다.

빅데이터 활용의 핵심은 '비식별 정보'에 달려 있다. 누구에 대한 정보인지 알 수 없도록 처리한 이 정보를 미국, 유럽연합EU, 일본에선 비교적 자유롭게 활용하고 있다. EU와 일본에선 가명정보와 익명정보를 구분한 뒤 익명정보는 자유롭게 이용하고 가명정보도 일정 조건 아래 활용하도록 허용했다. 한국은 개인정보보호법에서 성명, 주민등록번호, 영상뿐 아니라 다른 정보와 쉽게 결합해 알아볼 수 있는 정보까지 개인정보로 애매모호하게 보호하고 있다. 일부 시민단체가 이 규정을 위반했다며 2017년 11월 주요 기업들을 검찰에 고발하자 빅데이터 활용은 얼어붙은 상태다.

세계 주요국은 하이퍼스케일Hyperscale 데이터센터를 속속 설치하고 있지만 한국에선 빅데이터 활용이 불가능하다보니 단 1곳도 설립하지 않고 있다. 빅데이터 활용에 적합한 하이퍼스케일 데이터센터는 전 세계적으로 2018년 말 430여 개가 가동 중인데 미국에 40%, 중국에 8%, 일본에 6%, 호주와 독일에 각각 5%가 설치돼 있다.

수도권 규제 50년, 도시경쟁력 약화

도시경쟁력이 곧 국가경쟁력인 시대다. 한국은 국가 균형발전을 명분으로 OECD 회원국 중에서 유일하게 수도권 개발을 법률로 제한하고 있다. 대도시 인구집중을 억제하기 위해 1964년 시작한 수도권 규제를 지금도 그대로 유지하고 있다. 수도권정비계획법이 제정된 1982년 이후에는 서울, 인천, 경기도에 공장과 대학 설립을 제한하고 있으며 수도권 공장총량제가 도입된 1994년 이후에는 공장 신축과 증축제한이 한층 강화됐다.

이런 공장총량제에 막혀 영국의 글락소스미스클라인은 2006년 경기도 화성에 신규 백신 공장 설립을 추진하다가 결국 싱가포르로 발길을 돌렸다. 벤처기업이 몰려 있는 경기도 판교 테크노밸리에선 대학을 유치해야 한다는 목소리가 높다. 미국 실리콘밸리는 스탠퍼드대와 UC버클리, 중국 중관춘은 베이징대와 칭화대를 옆에 두고 지식과 정보를 교환하고 있지만 '한국판 실리콘밸리'라는 판교는 수도권 규제라는 벽에 막혀 대학을 유치하지 못하고 있다.

등록된 공장의 48%가 자리 잡아온 수도권은 한국 제조업의 명운이 걸린 곳이다. 이런 곳에서 수도권 규제 때문에 투자 타이밍을 놓치거나 아예 외국으로 공장을 옮겨가는 사례가 종종 발생하고 있다. 한국경제연구원은 2016년 자료에서 경기도 산업단지에 공장 신증설과 이전을 전면 허용하면 417개 기업이 그동안 유보해온 67조 원을 투자하면서 일자리 14만여 개가 창출될 것이라는 분석을 내놓기도 했다. 첨단산업 육성이나 경제활성화를 위해 수도권 규제를 완화하려는 시도는 수차례 있었지만 지방 균형발전을 내세운 저항을 극복하지 못하고 있다.

'생계형 적합업종' 품질하락과 국내기업 역차별 부르다

김치, 만두, 장류, 김 등은 한식 세계화를 위한 주요 품목들이다. 그런데 CJ제일제당의 비비고김치나 대상의 종가집김치는 연구개발과 설비투자를 제한받는다. 김치가 중소기업 적합업종으로 지정된 탓인데 이처럼 대기업 발목을 묶어둔 사이 중국산 김치는 2017년 27만여 톤이나 수입돼 한국 내 김치 유통량의 30%를 점유했다.

그나마 동반성장위원회가 지정하던 중소기업 적합업종은 기업이 자율 규제하는 형식이었는데 2018년부터는 '소상공인 생계형 적합업종 특별법'이 시행되면서 아예 대기업 처벌을 법률로 명시하고 있다. 대기업이 생계형 적합업종에 신규 진출하거나 사업을 확장하면 2년 이하 징역 또는 1억 5,000만 원 이하 벌금을 부과한다는 내용이다.

소상공인을 보호한다는 명분으로 중소기업 적합업종에 이어 생계형 적합업종을 지정하고 있으나 정작 소상공인에게 도움은 주지 못하면서 상품 품질을 하락시키고 외국기업만 배 불린다는 지적이 끊이지 않는다.

김치, 두부, 막걸리가 대표적인 사례로 꼽힌다. 쌀소비 촉진 정책과 맞물려 막걸리는 한때 생산과 수출이 크게 늘어났으나 2011년 소규모 양조업체들 요구로 중소기업 적합업종에 지정되자 시장은 급속하게 쪼그라들었다. 막걸리 수출은 2011년 590억 원에서 2년 만에 64% 줄어들었다. 깜짝 놀란 정부가 2015년 막걸리를 중소기업 적합업종에서 제외했지만 대기업들은 이미 생산시설을 철거하

중소기업 적합업종과 생계형 적합업종

구분	중기 적합업종	생계형 적합업종
주체	동반성장위원회	중소벤처기업부
대상	총 73개 품목	중기 적합 업종 중 신청분
처리	자율권고 합의	위반 시 이행강제금(매출액 대비 5%)
기간	3+3년, 총 6년	5년

고 사업의욕을 접은 뒤였다.

두부 시장도 2006년 중소기업 고유업종에서 해제되며 빠르게 성장했으나, 2011년 중기 적합업종에 다시 지정되자 국산 콩 가격만 40% 넘게 폭락했다. 대기업들이 국산 콩을 사용하던 것과 달리 중소 두부업체들은 값싼 중국산 콩을 사용했기 때문이다.

국내 소상공인을 보호하려고 만든 규제가 외국기업 배만 불린 사례도 있다. 발광다이오드LED산업은 2011년 중소기업 적합업종으로 지정된 후 오스람과 필립스 등 외국업체 시장점유율이 2011년 4.5%에서 2013년 10% 이상으로 껑충 뛰어올랐다.

영업활동의 자유를 찾아 외국으로 떠나는 기업들

규제장벽을 피해 외국에 투자하는 기업들이 갈수록 늘어나고 있다. 더 넓은 시장을 확보하기 위해 세계로 뻗어나간다면 박수를 쳐야 할 일이지만 한국에서는 규제 때문에 사업을 할 수 없어 외국으로 옮겨가고 있다. 기업의 투자여건이나 영업환경을 근본적으로 바꿔야 한다.

한국 제조업체가 2018년 공장 설립·증설을 위해 해외에 투자한 금액은 163억 달러로 관련 통계가 작성된 1980년 이후 가장 많았다. 2017년 88억 달러에 비해 2배가량 늘어난 금액이다. 국내 제조업 설비투자는 줄어들고 있는 데 반해 제조업체가 해외에 직접 투자한 금액은 2019년에도 188억 달러로 늘어났다.

2019년 중 금융·서비스·제조업 통틀어 해외투자액은 618억 5,000만 달러였다. 이 기간 중 외국 기업이 국내에 투자한 금액은 도착금액 기준으로 128억 달러였으니 490억 달러가 순유출됐다. 고

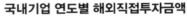

국내기업 연도별 해외직접투자금액
단위: 억 달러

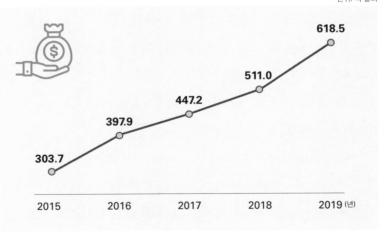

303.7	397.9	447.2	511.0	618.5
2015	2016	2017	2018	2019 (년)

출처: 기획재정부

용의 87%를 담당하는 중소기업도 2018년 상반기 중 43억 달러를 해외에 직접투자해 이 통계가 작성된 1980년 이후 최고액을 기록했다. 2014년 상반기와 비교하면 중소기업 해외투자액도 5년 사이에 3배 이상 늘어났다.

네이버, 카카오도 2018년부터는 해외투자를 본격적으로 늘리기 시작했다. '디지털 쇄국'이라고 불릴 정도로 차량공유, 원격의료, 핀테크, 빅데이터 등에 이중삼중으로 규제가 드리워져 있기 때문이다. 미국, 일본, 중국 등은 세금을 낮추고 규제를 풀면서 기업을 유치하느라 안간힘을 쓰고 있는데 한국은 미래성장산업마저 외국으로 내쫓고 있으니 큰일이다.

규제 샌드박스와 프리존, 혁신성장의 기폭제 돼야

기술발전 속도가 완만하던 과거에는 국민 기본권을 침해할 만한 사안들을 포괄적으로 금지해 놓고 신사업을 예외적으로 허용하는 포지티브 규제 방식으로도 산업발전을 꾀할 수 있었다. 그러나 오늘날과 같이 기술이 복잡·다양하고 급변하는 혁신 시대에는 최소한의 금지사항만 두고 나머지를 모두 허용하는 네거티브 규제 방식이 아니면 변화를 선도하기 힘들다.

다행히 2019년부터 한국에서도 '규제 샌드박스법'과 '규제 프리존법'이 시행되고 있다. 규제 샌드박스는 신기술, 신산업 분야에서 새로운 제품이나 서비스를 내놓을 때 기존 법률에 규제가 있더라도 일정기간 유예를 해주는 제도다. 어린이들이 마음껏 뛰놀 수 있는

2019년부터 시행된 규제 샌드박스 5개 법률

법령	주요 내용	주무부처
규제자유특구 및 지역 특화발전특구에 관한 특례법	비수도권 지역에 규제자유특구 지정	중소벤처기업부
행정규제기본법	우선허용/사후규제 원칙 명문화, 신산업 분야 규제정비 기본계획 3년마다 수립/시행	기획재정부
정보통신융합특별법	네거티브 규제원칙 도입, 임시허가 제도 개선, 신속확인 제도 도입, 일괄처리 제도 신설	과학기술정보통신부
금융혁신지원특별법	혁신금융심사위원회 설치해 혁신금융서비스 지정	금융위원회
산업융합촉진법	규제 신속확인, 실증특례, 임시허가제 도입, 산업융합촉진 옴부즈맨 기능 확대	산업통상자원부

모래 놀이터와 마찬가지로 자유롭고 규제 없는 환경을 만들어준다는 뜻에서 규제 샌드박스라고 부른다. 기업이 규제 샌드박스 적용을 신청하면 '우선 허용, 사후 규제' 원칙 아래 심사를 거쳐 임시허가를 내주거나 시범사업으로 인정하는 방식이다. 30일 이내에 규제 여부를 확인해주고 그 기간을 초과하면 규제가 없는 것으로 간주하는 '규제 신속확인제'와 규정이 모호하면 시험·검증을 전향적으로 허용해주는 '실증특례제'도 여기에 포함돼 있다.

규제 프리존법은 지역 전략산업을 육성하기 위해 '규제자유특구'를 지정하고 규제에 관한 특례를 제공하는 내용을 담고 있다. 수도권을 제외한 14개 광역 시도에서 27개 전략산업을 육성한다는 목표

아래 2015년부터 추진됐다. 더불어민주당은 당초 '환경, 안전 규제가 없어지고 대기업에 특혜를 줄 수 있다'며 규제프리존법을 반대하다가 여당이 되고서야 법안을 통과시켰다. 기업이 마음껏 투자하고 경쟁력을 발휘하도록 하는 일에는 여야가 따로 없어야 한다.

인구절벽, 100세 시대
성장동력 찾아야

세계 인구는 1999년 60억 명을 넘어섰고 불과 12년 뒤인 2011년에는 70억 명을 돌파했다. 지금도 지구촌에서는 1초당 아이 4명이 태어나고 있으며 2019년 세계 인구는 약 77억 명에 이를 정도로 꾸준히 팽창하고 있다. 그러나 한국은 전혀 다른 고민에 직면해 있다. 세계에서 가장 낮은 출산율과 인구 고령화가 그것이다. 한국의 생산연령인구는 2016년을 정점으로 줄어들기 시작했고 2020년부터는 전체 인구도 감소하기 시작했다. 인구가 줄어들기 시작하면 그로 인한 사회적, 경제적 파장은 한두 가지가 아니다.

인구배당 효과는 사라지고 '인구 오너스' 시대로

한국의 생산연령인구(15~64세)는 2017년 인구주택 총조사에서 처음으로 감소했다. 나라에 일꾼이 줄어들고 있다는 의미다. 한국은 경제 개발에 나선 이후 인구가 2,800여만 명에서 5,170여만 명으로 크게 늘어났다. 그 덕분에 경제성장이 자연스럽게 촉진되는 이른바 '인구배당효과' 또는 '인구보너스효과'도 누려왔다.

2019년부터 매년 정년에 도달하는 인구

단위: 명

- 2019 (1959): 84만 9,000
- 2020 (1960): 92만
- 2021 (1961): 91만 2,000
- 2022 (1962): 87만 9,000
- 2023 (1963): 79만 2,000
- 2024 (1964): 83만 2,000 (년)

*괄호 안은 출생년도

출처: 통계청

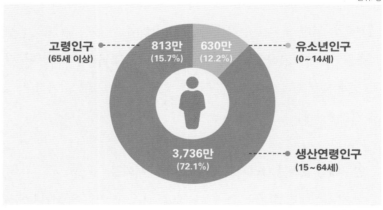

2020년 연령별 인구구조

단위: 명

- 고령인구 (65세 이상): 813만 (15.7%)
- 유소년인구 (0~14세): 630만 (12.2%)
- 생산연령인구 (15~64세): 3,736만 (72.1%)

*괄호 안은 비중

출처: 통계청

그런데 이제는 경제활동을 새로 시작하는 연령층보다 은퇴하는 연령층이 더 많아졌다. 한국에서 정년(만 60세)을 맞는 인구는 2019

년 처음으로 연간 80만 명을 넘어섰다. 이른바 베이비붐 세대가 2034년까지 매년 평균 88만 명씩 은퇴연령에 도달하게 된다. 상당수가 정년을 맞기 전에 명예퇴직 등으로 은퇴한다는 사실을 감안해도 매년 50만 명 이상이 생산현장에서 떠나게 될 것으로 보인다. 이에 비해 만 15세에 도달하는 생산연령인구 신규 진입층은 2017년 이미 40만 명대로 감소했고 점점 더 줄어들고 있다.

한국의 생산연령인구는 2017년 3,620만 명으로 2016년에 비해 11만여 명 감소했다. 인구감소가 경제를 점점 더 위축시키는 '인구 오너스Demographic Onus' 시대로 돌아선 것인데 미래는 더 걱정스럽다. 한국에 아기 울음소리가 가장 많이 들렸던 해는 1971년이다. 이때 태어난 돼지띠 어린이 102만 명이 초등학교에 입학했을 때는 오전, 오후반으로 나눠 운영해야 할 정도로 교실이 북적였다. 그런데 2020년에는 신생아 숫자가 27만 2,400명에 그쳤고 앞으로 더 줄어들 수도 있다고 하니 한국의 미래가 큰 도전에 직면해 있다.

저출산 대책에 126조 원 쏟아붓고 '삶의 질'로 패러다임 전환

저출산고령사회위원회는 2018년 12월 '아이를 낳으면 지원'하던 저출산정책 패러다임을 '삶의 질을 높이는 방향'으로 전환하겠다고 발표했다. 아이 낳은 부부에게 직접 인센티브를 주는 방식에서 아이 낳을 환경을 만드는 데 주력하겠다는 것이다. 정부가 2006년부터 저출산 대책에 184조 원을 쏟아부었는데도 출산율은 하염없이 추락해왔다. 여성 한 명이 평생 낳을 것으로 기대되는 아이 숫자를 의미하는 합계출산율은 2018년 1.0 아래로 떨어졌다. 인구 유지를 위해 필요한 2.1에 크게 미달할 뿐 아니라 경제협력개발기구OECD 회원국 평균인 1.63보다 훨씬 낮은 꼴찌에 해당한다.

기존 저출산 대책이 효과가 없는 것으로 드러나자 정책의 핵심목표를 '삶의 질 향상', '성 평등 구현', '인구구조 변화 대비'로 변경했다. 결혼건수가 10년 전에 비해 20% 이상 감소하는 현실에서 아이를 낳는 행위는 이제 더 이상 인생의 자연스러운 경로가 아니라 치열한 고민의 산물이라는 사실을 받아들인 것이다. 또 낳은 아이도 저절로 성장하지 않으며 가족, 사회, 국가가 다함께 돌봐야 하는 존재라는 사실을 직시한 정책적 변화다.

떨어지는 출산율과 출생아 수

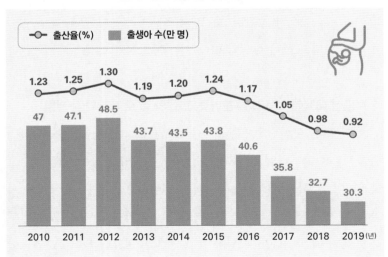

출처: 통계청

다만 한국의 출산율 하락은 당장 국가적 재앙을 걱정해야 할 정
도로 빠르게 진행되고 있는데 '삶의 질 향상'은 당장 피부에 와 닿지
않는다. 청년 고용률과 소득 수준을 높여 결혼을 유도하고 공공보
육시설을 늘려 출산·육아에 대한 사회적 인식을 바꾸기까지는 상
당히 오랜 시간과 노력이 필요하다. 이런 불일치 때문에 저출산 대
책을 인구정책으로 전환해야 한다는 주장도 나온다. 출산율만 높이
려고 할 것이 아니라 세계의 젊고 유능한 인재를 적극적으로 유입
하는 정책도 병행해야 한다는 목소리다.

일본 노동력 부족해지자 외국인에 열린 사회로

일본의 생산연령인구는 1995년에 8,700만 명으로 최고점을 기
록한 후 20여 년 동안 1,100만 명가량 줄어들었다. 일손 부족이 심
해지자 외국인 유학생 또는 기능실습생을 받아들여 그 빈틈을 메웠
다. 일본에 들어와 일하는 외국인은 2008년 48만여 명에서 2017년
에는 127만여 명으로 늘어났고 세븐일레븐 등 일본 3대 편의점에서
일하는 아르바이트 직원 중 7%가 외국인 노동자로 채워졌다.

2018년에도 일손 부족 탓에 문을 닫은 중소기업이 300곳을 넘어
서자 일본 정부는 출입국관리법을 바꿔 2019년 4월부터 외국인 노
동자에게 문호를 더 개방했다. 간병, 농업, 건설 등 14개 업종에서
단순 노동자에게도 최장 5년 동안 체류를 허용하는 '특정 기능 1호'
비자를 도입했다. 숙련 근로자에게는 가족과 함께 영주권을 부여하
는 '특정 기능 2호' 비자도 도입했다.

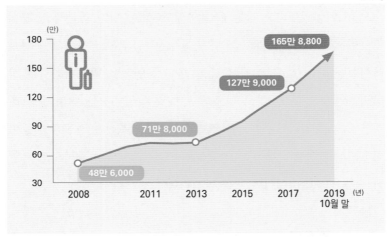

일본 내 외국인 노동자 수

단위: 명

(만)

165만 8,800

127만 9,000

71만 8,000

48만 6,000

출처: 일본 후생노동성

　일본 정부는 이런 법률개정으로 외국인 노동자 34만 명을 더 받아들인다는 계획인데 일본사회 내에서도 외국인 노동자에 대한 반감은 적지 않다. 일본 정부가 '일손 부족을 해결하려는 대책일 뿐 이민자를 수용하는 정책은 아니다'고 손사래를 치는 이유다. 그럼에도 관광비자가 아닌 여타 비자로 1년 이상 체류하는 외국인을 이민자로 분류하는 국제기준을 적용하면 일본은 이미 이민 대국으로 바뀌어가고 있다. 경제협력개발기구OECD에 따르면 2016년 일본에 유입된 외국인 이주자 수는 42만 명으로 독일, 미국, 영국에 이어 네 번째로 많았다. 인구절벽에 효과적으로 대처하지 못한다면 좋든 싫든 외국인에게 더 열린 사회가 될 수밖에 없다.

남녀평등 개선하면 GDP 173조 원 증가효과

인구감소로 인한 경제적 충격을 이겨내려면 노동생산성을 높이거나 취업률을 높여야 한다. 한국에서 여성의 경제활동참가율이 최근 빠르게 증가하고 있기는 해도 유럽 국가들에 비해선 여전히 낮아 '여성 재능의 낭비'라는 비판을 받는다.

한국 여성들의 경제활동참가율은 2016년 58.4%로 OECD 평균인 63.6%보다 낮다. 통계를 비교할 수 있는 19개 OECD 회원국 중 15위에 그치는 수준으로 한국보다 낮은 나라는 칠레, 이탈리아, 멕시코, 터키 정도다. 다만 한국의 여성 경제활동참가율이 빠르게 높아지고 있는 것은 사실이다. 2016년까지 15년 동안 한국의 여성 경제활동참가율은 8.5%포인트 높아져 같은 기간 OECD 평균 증가폭인 6.6%포인트를 웃돌았다.

여성의 경제활동참가가 활발해지면 노동력 공급 증가로 경제성장이 촉진되고 소득 불평등도 개선되는 효과가 생긴다. 국제노동기구ILO는 2017년 남녀 경제활동참가율 격차를 2025년까지 25% 축소하면 세계 GDP가 3.9% 증가할 것이라고 분석했다. 맥킨지글로벌연구소MGI도 2018년 〈평등의 힘: 아시아태평양에서 여성 평등개선〉 보고서에서 한국이 남녀 불평등을 획기적으로 개선하면 2025년까지 GDP를 최대 1,600억 달러(173조 원) 증가시킬 수 있다고 분석했다. 이 보고서에서 MGI는 "여성의 잠재력을 최대한 발휘하도록 해주지 않고서 성장하려는 것은 한 손을 등 뒤로 묶고 싸우려는 것이나 마찬가지"라고 지적했다.

여성 경제활동 참가율

단위: %

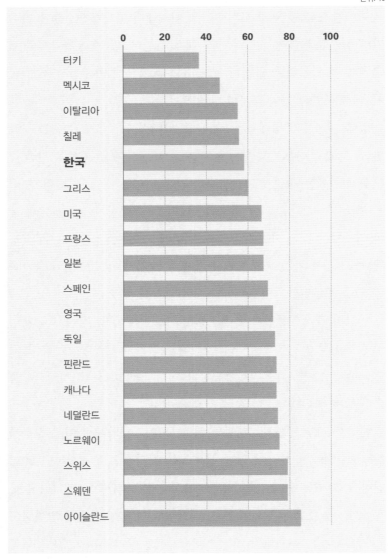

*2016년 기준

출처: OECD

기업 여성임원 늘려야 합리적 의사결정 도움

한국은 2018년 남녀평등과 관련해 세계 10위와 115위라는 두 가지 극단적인 평가를 받았다. 유엔개발계획UNDP은 한국을 남녀평등 10위로 평가했는데 스위스, 덴마크, 스웨덴 등 일부 북유럽 국가를 제외하면 가장 높은 순위다. 임신·분만으로 인한 여성사망률이 낮고 청소년 출산율이 낮은 사실 등이 좋은 평가의 원동력이었다. 이에 비해 세계경제포럼WEF은 〈2018년 성평등 보고서〉에서 한국을 115위로 평가했다. 아프리카의 르완다, 나미비아, 우간다보다 낮은 순위다.

세계경제포럼이 최악의 평가를 내린 이유는 임금, 경제활동참여율, 고위관리자 비율, 고등교육 이수율 등에서 남녀 격차를 주로 평가하기 때문이다. 예를 들어 르완다에선 여성 임금수준이 매우 낮더라도 남녀 격차가 적으니 높은 점수를 주고 한국에선 임금수준이 월등히 높긴 해도 남녀 격차가 크기 때문에 낮은 점수를 주는 식이었다.

여성을 차별하는 '유리천장'은 한국사회 곳곳에서 통계로 확인된다. 영국 〈이코노미스트〉의 2018년 직장 내 성평등 평가에서 한국은 터키, 일본에 뒤지며 29위로 꼴찌였다. 한국의 기업 관리직 가운데 여성 비율이 10.5%로 OECD 평균인 31.8%보다 크게 낮았는데 이런 사실이 최하위 평가를 받는 데 큰 작용을 했다. 글로벌 기업들은 합리적이고 투명한 결정을 위해 이사회 멤버를 성별, 인종별, 국적별로 다양하게 구성하고 있는데 한국기업 이사회에서는 여성 비

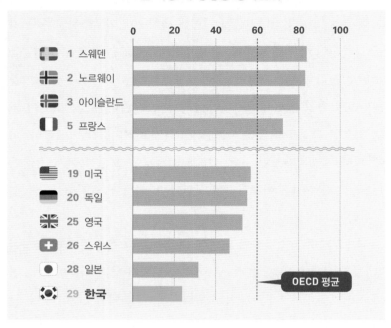

2018년 직장 내 성평등 평가순위

1	스웨덴	
2	노르웨이	
3	아이슬란드	
5	프랑스	
19	미국	
20	독일	
25	영국	
26	스위스	
28	일본	
29	한국	OECD 평균

출처: 이코노미스트

율이 2.1%에 불과하다. 아베 신조 일본 정부가 3.3%인 상장기업의 여성 임원 비율을 2020년 10% 이상으로 끌어올리겠다며 이른바 '위미노믹스Womenomics'를 추진하기도 했는데 한국도 구경만 하고 있을 처지가 아니다.

OECD 최악의 남녀 임금격차, 여성 경력단절 막아야

성희롱·성폭력 피해를 고발하는 '미투 운동'이 2017년 미국에서 시작돼 세계로 번져나갔다. 그 직후 남녀 임금격차를 폭로하는 '페

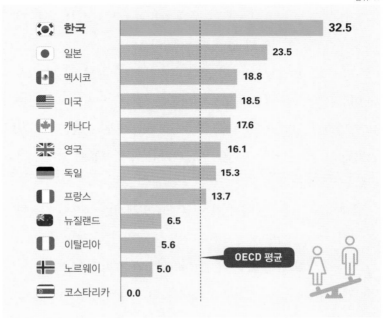

OECD 회원국 남녀 임금격차

단위: %

한국	32.5
일본	23.5
멕시코	18.8
미국	18.5
캐나다	17.6
영국	16.1
독일	15.3
프랑스	13.7
뉴질랜드	6.5
이탈리아	5.6
노르웨이	5.0
코스타리카	0.0

OECD 평균

*2019년 기준, 여성 임금이 남성 임금보다 적은 비율

출처: OECD

이 미투PayMeToo' 운동도 미국 월가는 물론 영국, 프랑스 등으로 확산됐다.

OECD가 2019년 기준으로 작성한 남녀 임금격차 자료를 보면 미국 여성들은 남성 근로자에 비해 평균 18.5% 적게 받고 영국 여성들은 16.0% 적게 받는다. OECD 회원국 평균인 12.9%보다 더 큰 임금격차에 미국과 영국 여성들이 발끈했다. 한국에선 여성들이 남성 근로자에 비해 무려 32.5%를 적게 받는다. OECD가 남녀 임금격차 자료를 발표하기 시작한 2000년 이후 단 한 번도 순서가 바꿰지 않은 압도적 1위다.

2018년 한국 근로자 임금을 통계청이 분석한 자료를 봐도 남성의 평균소득은 월 347만 원인 데 비해 여성의 소득은 225만 원으로 65%에 그친다. 월 250만 원 미만 근로자 비중이 남성은 46.2%인데 여성은 71%에 이를 정도로 여성들은 저임금 일자리에서 집중적으로 일하고 있다. 여성 대학진학률이 2009년부터 줄곧 남성보다 높았던 사실을 감안하면 이런 임금격차가 학력 때문에 생기는 것이 아님을 알 수 있다.

남녀 임금격차에는 여러 가지 원인이 있겠지만 여성의 경력단절과 고위직 승진 차단이 중요한 요인으로 꼽힌다. 여성의 평균 소득은 30대에 가장 높은 반면 남성은 40대에 가장 높고 50대에 이르면 남녀 월평균 소득격차가 200만 원으로 더 확대되는 현실이 그런 점을 보여준다. 남녀 임금격차 해소를 위해서라도 출산·육아환경을 지속적으로 개선해 경력단절을 막아야 한다.

100세 시대 노인 일자리와 정년 늘려야

노인의 기준을 놓고 논란이 분분하다. 독일 재상 비스마르크는 1889년 보불전쟁에서 승리한 후 군인들에게 일자리를 나눠주기 위해 65세 이상은 은퇴하도록 하고 그 대신 연금을 지급했다. 이런 사회보장제도 도입으로 65세가 노인 기준이 됐는데 그 당시 독일인 평균수명은 49세였다.유엔도 1956년부터 선진국의 고령화 수준을 따질 때 줄곧 65세 이상을 노인으로 분류했다. 한국도 노인복지법

세계 주요국의 정년

국가	정년
한국	60세
러시아	여 60세, 남 65세
미국	67세
영국	정년 폐지
일본	65세
중국	여 50세, 남 60세
태국	합의·사규에 따름
프랑스	62세

*2020년 기준   출처: 세계법제정보센터

에 65세 이상 우대조항을 두고 있으며 국민연금, 기초연금 수급연령을 만 65세 이상으로 정하고 있다.

2015년 유엔이 인간의 생애주기를 5단계로 나누면서 이런 오랜 기준에 일격을 가했다. 65세까지 청년으로 분류한 것이다. 한국 대법원도 2019년 육체노동 가동 연한을 60세에서 65세로 상향 조정했다.

한국의 정년제도는 2016년부터 55세에서 60세로 연장됐는데 벌써 평균 수명이나 건강상태를 제대로 반영하지 못하고 있다는 지적이 나온다. 영국은 아예 정년을 폐지했고 일본은 1998년 정년을 60세로 의무화한 뒤 2013년에는 65세로 늘렸고 지금은 다시 70세로 연장하는 방안을 논의하고 있다. 인력난을 해소하면서 동시에 연금 등 사회보장비용을 줄이기 위한 방안이다.

한국의 평균수명은 82세로 일본 84세와 큰 차이가 없는데 정년은 60세다. 국민연금을 받는 나이는 2033년까지 65세로 늦춰진다. 소득도 연금도 없는 기간이 5년이나 된다는 뜻이다. 이런 소득 공백을 해소하기 위해 정년을 65세로 늘리는 방안이 검토되고 있는데 최근에는 나이를 기준으로 일할 능력을 획일적으로 규정하는 것에 대한 비판도 커지고 있다. 정년을 아예 폐지하고 근로와 계약의 자유를 개인 판단에 맡겨야 한다는 주장이다.

스마트 헬스케어 도약하게 해야 한다

2018년 한국은 65세 이상 인구가 14.3%에 이르러 고령사회에 진입했고 2025년에는 65세 이상 인구가 20%를 넘어서는 초고령 사회에 진입하게 된다. 65세 이상 인구의 소득과 자산 비중도 갈수록 커지고 있다. 일본은 60세 이상 인구가 전체 자산의 70%를 소유하고 있을 정도다. 이제 고령인구가 돈을 써야 경제가 돌아간다. 도로, 대중교통, 공공시설 등을 모두 '노인 친화 인프라'로 바꿔야 하는 시대다.

2010년 이건희 삼성 회장은 "10년 내에 삼성을 대표하는 사업과 제품이 대부분 사라질 것"이라며 의료기기, 바이오·제약을 태양전지, 자동차용 전지, LED와 함께 5대 신사업으로 선정했다. GE, 필립스 등 전통적인 IT기업들이 이미 헬스케어로 무게중심을 상당히 옮겨놓은 상태임을 감안하면 선제적인 대응이라고 보기는 힘들다.

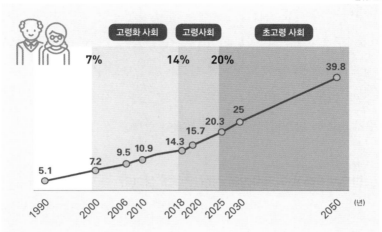

65세 이상 고령인구 비중

단위: %

고령화 사회　　고령사회　　초고령 사회

7%　　　　14%　　20%

5.1　7.2　9.5　10.9　14.3　15.7　20.3　25　39.8

1990　2000　2006　2010　2018　2020　2025　2030　2050　(년)

*2019년 추정치　　　　　　　　　　　　　　　　　출처: 통계청

　한국은 세계적인 IT강국임에도 의료기기 분야에서 만성적인 무역적자를 기록하고 있다. MRI, CT 등 고부가가치 제품은 대부분 수입에 의존하고 있으며 최근 들어 치과용 의료기기나 초음파 진단 기기 부문에서 강세를 보이는 정도다. 의료기기는 사물인터넷IoT, 인공지능AI, 빅데이터와 결합되면서 갈수록 정밀해지고 있다. 한국은 세계 정상급 디스플레이, 모바일 기술을 보유하고 있기 때문에 의료기기 분야에서도 도약할 수 있을 것으로 기대되지만 규제장벽이 문제다.

　한국은 2000년부터 원격의료 시범사업만 벌이고 있지만 중국은 2016년 원격의료를 허용했다. 그러자 알리바바는 2018년 환자를 원격으로 문진하고 약을 배송해주는 '미래약국'을 선보였고 텐센트는 3억 명의 진료 기록을 활용해 환자 진찰을 돕는 인공지능AI 의사 '디바이'를 개발했다. 일본은 2015년 요양로봇 개발 예산만 1,628억 엔(약 1조 6,000억 원)에 달했는데 한국은 로봇부문 전체 예산이 1,300억 원 수준이다. 고령화 시대를 맞아 헬스케어 산업에 더 과감하게 투자하고 더 단호하게 규제를 제거해야 한다.

반도체 3배 바이오시장을 성장 무대로 삼아야

한국의 신약 기술 수출은 2018년 약 5조 3,000억 원으로 전년도에 비해 3.7배가량 증가했다. SK케미칼이 1993년 국내 1호 항암신약 '선플라주'를 개발했고 2015년부터는 한미약품, 유한양행 등이 연달아 기술 수출에 성공하면서 바이오산업에 기대가 쏟아지지만 아직 갈 길이 멀다.

세계 제약시장 규모는 2018년 2,080조 원으로 반도체 시장보다 3배 정도 크다. 100세 시대가 도래하고 유전자 분석·치료기술과 정보통신기술이 융합하면서 바이오산업의 성장성은 더욱 커지고 있다. OECD는 '2030년 세계가 바이오 경제시대에 진입할 것'이라고 예측할 정도다.

한국이 세계 바이오시장에서 5%만 차지해도 바이오산업 비중이 반도체를 능가하게 된다는 계산이 나오지만 현실은 거꾸로 가고 있다. 미국 과학전문지 〈사이언티픽 아메리칸〉은 2009년 한국의 바이오산업 경쟁력을 54개국 중 15위로 평가했는데 이 순위가 매년 하

한국의 바이오 경쟁력 순위

국가	2009년	2013년	2018년
미국	1위	1위	1위
일본	13위	18위	11위
UAE		40위	24위
한국	**15위**	**24위**	**26위**
중국		26위	27위

출처: 사이언티픽 아메리칸

락하더니 2018년에는 26위로 떨어졌다. 미국, 싱가포르, 덴마크가 네거티브 규제를 바탕으로 1~3위를 지키고 있는 반면 한국은 신약·신기술 상용화에 오랜 시간이 걸리도록 만드는 규제장벽이 발목을 잡고 있다.

미국 바이오컨설팅업체 푸가치컨실리엄이 내놓은 '2017 바이오의약품 경쟁력·투자조사'에서도 비슷한 평가가 나왔다. 한국은 2016년 싱가포르, 이스라엘, 대만과 함께 신흥국 중 선두그룹이라는 평가를 받았으나 2017년에는 칠레, 멕시코, 말레이시아와 함께 '추격그룹'으로 분류했다. 국내 의약품 생산액은 2016년 18조 8,000억 원으로 10년 동안 64% 증가했지만 이 중 한국 신약 비중은 1.1%에서 오히려 0.9%로 줄어들었다. 보통 10~15년의 시간과 1조 원 이상 비용이 드는 신약개발을 차분히 진행하도록 지원하는 시스템이 갖춰져야 한다.

기업가정신 존중하는
조세·규제 시스템 갖춰야

한국 경제가 도약하던 때에 창업한 최고경영자CEO들이 은퇴시기에 접어들면서 가업 또는 경영권 승계가 이들의 큰 고민거리가 되고 있다. 땀 흘려 이룬 재산을 자녀들에게 물려주려는 생각은 대다수 부모들이 본능적으로 갖는다고 해도 과언이 아니다. 중소기업 500곳에 물어봤더니 60%가 가업승계를 계획 중이고 그중 96%는 자녀에게 물려주려 한다는 조사결과도 있다. 한국은 세계 최고의 상속세로 그런 가업 승계의 길을 가로막고 있으며 그로 인해 생기는 부작용도 한두 가지가 아니다.

한국엔 없는 200년 장수기업, 일본·독일엔 수두룩

세계에서 가장 오래된 기업은 서기 578년 백제인 유중광이 일본 오사카에서 창업한 건축회사 곤고구미金剛組다. 쇼토쿠 태자 요청으로 사천왕사를 건립한 뒤 건물 유지와 보수를 위해 설립한 이 회사는 1,440년 동안 명맥을 이어오고 있다. 일본에는 이런 장수 기업이 많기로 유명하다. 100년 이상 된 기업이 2만 2,219개에 이른다. 200

200년 이상 된 장수기업 분포

● 일본	████████████████████████	3,937개
■ 독일	████████	1,563개
▮ 프랑스	█	331개
✖ 영국	█	315개
▬ 네덜란드	█	292개
★ 중국	▏	64개
◉ 한국		0개

※2018년 기준   자료: 블룸버그

년 이상 된 기업도 3,937개에 달하고 500년 이상 유지되는 기업도 39개다. 유럽에서 장수기업이 많기로 유명한 독일에는 200년 이상 된 기업이 1,563개 정도다. 일본 장수기업이 얼마나 압도적으로 많은지 비교된다.

일본 장수기업을 놓고는 소유와 경영이 분리되지 않은 전근대적 모델이라는 비판도 있지만 오래도록 일관된 가치관을 구현해온 그들의 저력을 가볍게 볼 일은 아니다. 일본에 장수기업이 많은 원인에 대해서도 장인정신, 신분제도 등 다양한 요인이 거론되고 있는데 양자 또는 데릴사위를 이용한 독특한 가업승계 제도도 눈여겨봐야 할 대목이다.

아쉽게도 한국에서는 100년 이상 된 장수기업을 거의 찾아볼 수 없다. 외부감사 대상인 기업 2만 개의 설립연도를 조사해봤더니 창업 100년 이상인 기업은 두산, 동화약품, 몽고식품, 광장, 신한은행, 우리은행 등 6개사 정도에 불과했다. 농업중심의 조선시대에서 일제시대와 한국전쟁을 거쳐 온 험난한 역사 때문이지만, 공산주의 혁명을 겪은 중국조차 200년 이상 된 기업이 64개에 이른다. 산업화에 성공한 한국이 이제부터라도 기업들의 전통과 역사를 살려나가야 할 일이다.

세계 최고 상속세 60% 폭탄… 글로벌 흐름과 역행

한국의 상속세 납부액 최고 기록이 몇 년 사이 연달아 갱신됐다. 구본무 LG그룹 회장이 2018년 사망했을 때 유족들이 신고한 상속세는 9,200억 원을 웃돌았다. 이건희 삼성 회장이 2020년 사망하자 상속세 납부액은 주식부문에서만 11조 원을 뛰어넘었다.

한국의 상속세율은 최고 50%이지만 최대주주 주식에 대해선 할증이 덧붙여지기 때문에 최고세율이 60%까지 올라간다. 세계에서 가장 높은 상속세율이다. 이건희 회장 상속인들이 일본에서 상속세를 냈다면 10조 5,000억 원 정도를 납부했을 것으로 추산된다. 미국에선 7조 5,000억 원, 독일에선 5조 7,000억 원, 영국에선 3조 8,000억 원 수준의 상속세를 납부했을 것이다. 호주, 스웨덴 등지에서는 기업을 물려받을 때에는 과세하지 않고 주식을 처분할 때 과세하기 때문에 당장 내는 상속세는 0원이다.

OECD 회원국 중 상속세를 부과하는 나라는 22개국이고 상속세

상속세 없는 나라

중국	이스라엘	멕시코
홍콩	뉴질랜드	오스트리아
싱가포르	포르투갈	체코
캐나다	슬로바키아	노르웨이
호주	스웨덴	

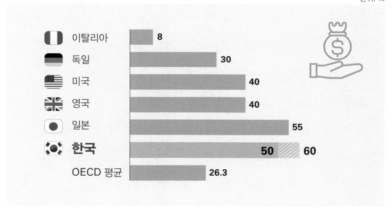

국가별 상속세 최고세율

단위: %

이탈리아	8
독일	30
미국	40
영국	40
일본	55
한국	50 → 60
OECD 평균	26.3

*한국의 명목최고세율은 50%, 최대주주 할증적용하면 최대 60%
*독일은 자녀에게 상속할 때 적용하는 최고세율

최고세율은 평균 26.3%다. 한국의 상속세가 얼마나 높은 수준인지 알 수 있다. 중국, 홍콩, 싱가포르 등은 원래 상속세가 없으며 다른 주요국들도 최근 들어 상속세를 폐지하는 추세다.

여러 나라들이 상속세를 폐지한 이유는 기업 경영권을 안정시켜야 일자리와 협력업체도 잘 유지된다고 봤기 때문이다. 또 기업이 가업 또는 경영권 승계를 고민하느라 영업활동에 최선을 다하지 못하고 각종 편법, 탈법을 저지르게 되면 결국 국가경제에 손실이라는 사실을 자각한 것이다.

한국의 상속세율은 1950년대에 최고 90%로 출발했으나 그 당시에는 소득세 탈루를 추적할 능력이 없다보니 한꺼번에 상속세로 거두려는 특수한 사정과 의도가 반영된 것이었다. 1960년대에는 최고 상속세율이 30%로 낮아졌다가 1996년 이후 점점 높아져 지금 수준에 이르고 있다. 이런 세율 인상에는 경제력 집중에 대한 거부감과 반기업 정서가 반영됐다고 볼 수 있다.

소득세보다 높은 상속세로 징벌적 이중과세

상속세를 놓고는 오래도록 이중과세 논란이 뒤따라 다녔다. 돈을 벌어들일 때 소득세를 납부했는데 그 재산을 넘겨줄 때 또 세금을 내야 하느냐는 주장이다. 대다수 나라들이 소득세율을 높이면서도 상속세율을 낮추는 배경이기도 하다. 실제로 OECD 회원국의 소득세 최고세율은 평균 35.9%이지만 상속세 최고세율 평균은 26.6%로 그보다 낮다.

한국은 세계 최고의 상속세율을 유지하면서 소득세율도 높이는 예외적인 나라다. 한국은 OECD 34개국 중 상속세 최고세율은 2위, 소득세 최고세율은 14위로 모두 높다. 상속세 최고세율이 한국처럼

단위: %

순위	국가	상속세율	소득세율	합
1	🔘 일본	55	45	100
2	🇰🇷 **한국**	**50(60)**	**45**	**95(105)**
3	🇫🇷 프랑스	45	45	90
6	🇺🇸 미국	40	37	77
7	🇩🇪 독일	30	45	75
	OECD 평균	26.6	35.9	62.5

*괄호 안은 대주주 할증 감안할 때 세율.
*주식으로 가업승계할 때 최고세율 기준

출처: 한국경제연구원

소득세보다 높은 나라는 OECD 회원국 중 미국, 일본, 스페인, 덴마크, 스위스 등 6개국뿐이다.

한국은 소득세와 상속세 최고세율을 합친 숫자가 OECD에서 가장 높은 나라이기도 하다. 한국은 상속세와 소득세 최고세율이 50%와 45%로 그 합계액이 95다. 일본은 상속세와 소득세 최고세율이 55%와 45%이기 때문에 그 합계액이 100으로 더 높다. 그러나 한국에선 대주주가 경영권을 승계할 때 상속세가 20%까지 할증된다. 최대주주가 보유한 주식에는 해당 기업의 자산과 수익가치 외에도 경영권 프리미엄이 있다고 보고 1993년부터 상속세 할증제도를 도입했다. 대기업 기준으로 최대주주가 보유주식을 상속·증여할 때 세율을 20% 할증하는데 일본에는 없는 제도다. 최대주주 할증을 덧붙이면 한국 상속세율은 60%까지 높아지고 이를 소득세 최고세율과 합치면 105로 일본보다 높아진다.

상속세로 인한 피터팬증후군과 경쟁력 약화

국내 1위 종자기술을 보유했던 농우바이오는 2013년 창업주가 별세하자 경영권이 다른 회사로 넘어갔다. 상속세 1,200억 원을 마련하려고 유족들이 보유지분을 매각했기 때문이다. 1967년 창업한 이 회사는 외환위기 당시 한국 종자회사들이 줄줄이 외국자본에 팔려나갈 때도 한국의 종자기술을 꿋꿋이 지켜온 곳이다. 그런데 상속세의 벽을 넘지 못하고 경영권을 넘긴 것이다.

창업자의 아들이나 손자 세대로 가면서 60%에 이르는 상속세를 납부한다면 대다수 기업들은 경영권을 지켜내기 힘들다. 기업을 성공시켜도 자녀에게 물려주지 못한다면 기업가정신을 자극하기 어렵다. 중소, 벤처기업들은 성장을 포기하고 적당히 안주하는 이른바 '피터팬증후군'에 빠질 수 있다. 투자의욕만 꺾는 데 그치지 않고 이들이 상속세 납부재원을 마련하려고 나서면서 일감 몰아주기 등 각종 편법이나 탈법이 생길 수도 있다. 영업활동에 주력하지 못하고 경영권 승계 방안을 찾는 데 골몰하면서 기업 경쟁력도 약해질 가능성이 크다. 상속세 폭탄을 피하기 위해 기업을 해외로 옮기려는 시도도 나타날 수 있다. 과도하게 높은 상속세율이 국부를 유출시키는 소탐대실이 될 수 있다는 뜻이다.

한국중견기업연합회가 2017년 중견기업 125개사에 설문조사해 보니 47.2%가 기업승계를 가로막는 가장 큰 걸림돌로 '과도한 상

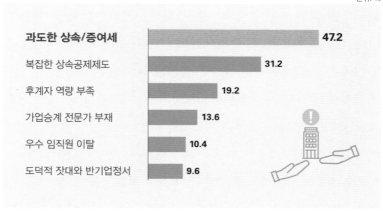

중견기업의 기업승계 애로사항

단위: %

과도한 상속/증여세	47.2
복잡한 상속공제제도	31.2
후계자 역량 부족	19.2
가업승계 전문가 부재	13.6
우수 임직원 이탈	10.4
도덕적 잣대와 반기업정서	9.6

*125개 중견기업 대상 설문조사 복수응답

출처: 한국중견기업연합회

속·증여세'를 꼽았고 31.2%는 '복잡한 상속공제 제도'를 꼽았다. 상속세와 증여세는 국가 세수에서 차지하는 비중이 1%도 안 될 정도로 미미하지만 정작 당사자들은 감당하기 힘든 부담에 짓눌리고 그로 인해 온갖 부작용이 생겨나고 있다.

일본, 독일처럼 가업승계 공제 활성화해야

일본은 상속 최고세율이 55%로 한국보다 높지만 중소기업을 상속할 때 여러 가지 세금 감면조항을 적용하면 사정이 달라진다. 후계자를 구하지 못해 문 닫는 중소기업들이 늘어나자 일본 정부는 2018년 4월 '신사업승계제도'를 도입했다. 기업을 물려받을 때 상속·증여세 납부를 5년 동안 유예하는 조항 외에 세금감면 조항을 크게 늘려 손자 세대까지 상속이 이어지면 유예된 세금을 아예 면제해주기로 했다. 상속·증여주식의 3분의 2로 제한하던 세금 유예·감면대상도 상속·증여 주식 전체로 확대했다. '상속·증여 후 5년 동안 고용을 80% 유지해야 한다'는 조건도 폐지 혹은 완화했다.

독일도 상속세 최고세율이 50%이지만 아들·손자 등 직계 비속에게 가업을 넘겨줄 때에는 최고세율이 30%로 낮아진다. 여기에 가업상속 공제를 적용하면 실제 최고세율은 4.5%에 불과하다. 프랑스도 직계비속이 가업을 승계할 때 상속 최고세율이 45%이고 여기에 공제 혜택을 적용하면 실제 상속세율은 11.25%에 그친다. 영

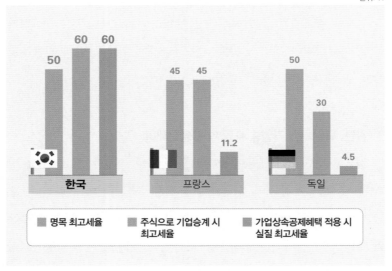

한국, 프랑스, 독일 상속세 실효세율

단위: %

출처: 한국경영자총협회

국, 스위스, 프랑스는 배우자가 기업을 승계하면 상속세를 아예 면제한다.

한국에도 가업상속 공제제도가 있지만 조건이 너무 까다롭다. 상속 직전 3년간 평균 매출이 3,000억 원 미만이어야 하고, 상속받기전 2년 동안의 평균 근로자 수를 10년 동안 80% 이상 유지해야 한다는 조건도 붙어 있다. 혜택도 그다지 크지 않아 전체 지분 중 200억 원 정도만 공제되고 나머지 지분에는 50% 세율이 적용된다. 가업상속 공제제도를 이용하는 기업이 매년 70건도 안 되는 이유다. 한 푼이 아쉬운 중소기업들이 기술개발이나 투자에 더 집중할 수있도록 상속 공제와 납부유예를 대폭 확대해야 한다.

해외 100년 넘는 장수기업에는 다양한 경영권 승계 수단

포드, BMW, 발렌베리, 하이네켄 등 글로벌 장수기업들은 한국에서와 달리 창업주 가족들이 다양한 경영권 승계수단을 이용해 100년 이상 경영권을 행사하고 있다. 미국 포드자동차는 1935년 공익재단과 차등의결권으로 경영권을 승계하는 절차를 확립했다. 포드 집안이 소유한 지분은 7%지만 차등의결권 덕분에 의결권 40%를 행사한다.

스웨덴 GDP의 30%를 차지하는 발렌베리 그룹도 160여 년간 5대째 경영권을 세습해 오고 있다. 발렌베리 가문은 1938년 노사정 대타협인 살트셰바덴협약 당시 고용보장을 약속하는 대신 주요 경영안건에 거부권을 행사할 수 있는 '황금주'와 차등의결권을 정부로

부터 보장받았다. 발렌베리 가문은 공익재단을 통해 지주회사 주식 5.3%만 상속하지만 차등의결권 덕분에 의결권은 21.5%를 행사하고 있다.

독일 BMW는 다양한 회사 형태를 허용하는 법률을 이용해 BMW 지분관리회사를 유한합자회사로 설립하고 자녀들에게는 지분관리회사 지분을 6년에 걸쳐 증여하는 방식으로 상속증여세 부담을 줄였다. 독일 헨켈은 1985년 가족 주주들이 의결권을 공동 행사하는 계약, 즉 가족지분풀링협약을 통해 안정적인 지배력을 유지하고 있다. 네덜란드 하이네켄은 다층적 지주회사 구조를 통해 경영권을 승계했다. 다층적 지주회사 구조는 지주회사에 대한 지분관리회사를 설립하고 해당 지분관리회사의 지분을 관리하는 또 다른 지분관리회사를 설립해 가장 마지막 단계에 있는 지분관리회사의 지분을 상속하는 방식이다. 프랑스 르노와 일본 닛산은 상호출자를 통해 경영권을 공고히 하고 있다.

세계 각국이 상속세를 아예 폐지하거나 또는 상속세를 유지하더라도 한국에는 없는 다양한 제도를 허용해 경영권 승계가 가능하도록 길을 열어놓고 있다.

미국에 유니콘 다 뺏길라… 중국도 차등의결권 도입

중국 최대 전자상거래 업체인 알리바바가 2014년 상하이거래소와 선전거래소의 구애를 뿌리치고 뉴욕증권거래소에 상장했다. 마윈 알리바바 회장은 이때 뉴욕을 선택한 결정적인 이유로 차등의결

권을 꼽았다. 그 후 바이두, 징둥닷컴, 웨이보 등 중국기업들이 차
등의결권을 활용하기 위해 줄줄이 미국 주식시장으로 달려갔다. 이
기업들의 주가가 대폭 상승하자 중국의 국부를 미국에 유출한 것이
라는 비판 여론이 중국 내에서 비등했다. 중국 정부는 결국 2018년
법률을 고쳐 기술기업에 차등의결권을 허용했다. 유망 기술기업들
을 중국 주식시장에 잡아두기 위한 고육지책이었다.

중국에 앞서 홍콩거래소와 싱가포르거래소도 상장 규정을 바꿔
차등의결권을 도입했다. 홍콩거래소가 2018년 기업공개IPO시장에
서 최대어로 꼽히던 샤오미를 상장시키는 데 성공한 것도 차등의결
권 도입이 큰 역할을 했다.

미국은 오래전부터 차등의결권 발행을 인정해 왔고 1994년에는
뉴욕증권거래소도 차등의결권 상장을 허용했다. 사모펀드에 의한
적대적 인수합병M&A 증가로 기업들의 불만이 커지자 뉴욕증권거래
소도 대주주 지배권을 강화하기 위해 1주당 1의결권이라는 원칙을
깬 것이다. 차등의결권을 활용하는 대표적인 사례는 구글(알파벳)이
다. 구글은 주식을 A, B, C 클래스로 구분해 발행한다. A클래스는
일반 주식이며 B클래스는 A에 비해 10배 의결권을 갖는 주식이고
C클래스는 의결권 없는 주식이다. 공동창업자인 래리 페이지 회장
과 세르게이 브린 사장 등 2명이 B클래스 주식으로 알파벳 의결권
51%를 확보하고 있다. 페이스북, 링크트인 등도 차등의결권을 이
용하고 있고 일본, 영국, 프랑스, 싱가포르도 이 제도를 도입했지만
한국은 2021년 초까지 도입 여부를 놓고 논란만 지속하고 있다.

한국판 엘리엇도 허용… 경영권 위협 커져

미국계 헤지펀드 엘리엇이 2015년 삼성물산과 제일모직의 합병 비율에 반기를 든 데 이어 2018년에는 현대자동차그룹의 지배구조 개편을 요구하고 나섰다. 주주 행동주의를 내세운 이런 경영 압박 은 외국계 펀드의 전유물이라고 생각했지만 지금은 아니다.

국민연금이 2018년 스튜어드십 코드를 도입하고 상장기업에 주 주권을 행사하기로 했다. 스튜어드십 코드는 고객이나 수탁자가 맡 긴 돈을 국민연금이나 기관투자자가 자기 돈처럼 생각하면서 주주 활동에도 책임 있게 나서야 한다는 행동지침이다. 국민연금은 지분 을 5% 이상 보유한 상장기업이 293개사에 이른다. 국민연금 기금 운용위원회는 2019년 처음으로 한진그룹 지주회사인 한진칼에 '제 한적 경영참여 주주권 행사'를 결정했다.

또 정부는 2018년 국내 사모펀드를 경영참여형PEF이나 전문투자 형(헤지펀드)으로 구분해 주주권 행사를 제한하던 규제를 없애고 이 들 펀드가 마음대로 주주권을 행사할 수 있도록 했다. 그동안 경영 참여형 사모펀드는 지분을 10% 이상 취득한 뒤에만 기업 경영에 참여할 수 있었고 전문투자형 펀드는 10% 미만 지분에 대해서만 의결권을 행사할 수 있었는데 이런 제한을 없앴다. 한국판 엘리엇 이 활동할 수 있도록 길을 열어준 것이다.

국민연금이나 사모펀드의 적극적인 주주권 행사에 대해서는 기 업의 투명한 경영이나 주주 중시 경영을 유도한다는 긍정적 평가 가 있다. 이에 비해 행동주의 펀드가 단기 시세차익을 거둔 뒤 이른바 '먹튀'를 하고 나면 기업의 장기적인 경쟁력은 약화되고 경영 불확실성만 높아질 것이라는 걱정도 있다. 국민연금이 정부 의도대로 휘둘리면 '연금 사회주의'에 빠질 것이라는 비판도 있다.

한국 기업에도 경영권 방패를 줘야 한다

윤리경영을 촉구하는 주주행동주의 단계를 넘어 2003년 소버린 자산운용은 SK그룹 경영권 탈취를 시도했다. SK지분 15%를 확보한 뒤 2년 동안 경영권 다툼을 벌였는데 이때 소모된 경영권 방어비용이 9,000억 원으로 추산된다. 기업이 혁신성장을 이루려면 대규모 연구개발R&D 투자를 해야 하는데 투기세력에 끌려 다니느라 장기투자에 소홀하게 된다면 걱정스러운 일이다.

미국, 일본, 영국, 프랑스 등 선진국은 기업 경영권을 안정시키기 위해 포이즌필, 차등의결권, 초다수결의제, 황금주 등 4개 제도를 적절히 운용하고 있다. 프랑스와 일본은 4개 모두 허용하고, 미국은 황금주를 제외한 3개를 허용하며, 영국은 차등의결권과 황금주 2개를 허용하고 있다. 이에 비해 한국은 초다수결의제 1개만 허용하고 있다. 초다수결의제는 이사 해임 등에 관한 특별결의 요건을 기업 정관에 매우 까다롭게 설정해 두는 것을 말한다. 포이즌필은 적대적 M&A가 발생하면 기존 주주가 시가보다 저렴하게 지분을 매수할 수 있도록 하는 장치인데 한국에서는 허용되지 않는다.

경영권 방어장치와 별개로 지주회사 규제도 문제다. 스웨덴 발렌베리 가문, 명품 브랜드 루이비통, 워런 버핏이 이끄는 버크셔해서

세계 주요국 경영권 방어 수단

구분	미국	일본	영국	프랑스	한국
포이즌필	O	O	X	O	X
차등의결권	O	O	O	O	X
초다수결의제	O	O	X	O	O
황금주	X	O	O	O	X

웨이도 한국 공정거래법을 적용하면 법률위반이 된다. 공정거래법은 '일반 지주회사는 금융 자회사를 보유할 수 없다'고 규정하고 있는데 발렌베리 가문은 인베스터AB라는 금융 자회사를 소유하고 있어 위반이다. 버크셔해서웨이는 금융지주회사면서도 다양한 일반 자회사를 거느리고 있는데 이것도 한국에선 불법이다. 루이비통을 소유한 지주회사 LVMH그룹은 비계열사 지분을 25% 보유한 사례가 있는데 이것도 한국에선 불법이다. 지주회사에 관한 낡은 규제도 손질해야 한다.

한국은 법인세도 역주행… 삼성전자, 애플 2배 부담

법인세율 정책도 한국은 글로벌 흐름과 거꾸로 움직이고 있다. 삼성전자는 매출을 대부분 외국에서 올리지만 법인세와 공과금은 80% 이상 국내에서 납부한다. 2018년 상반기 기준으로 삼성전자는 31조 5,800억 원을 벌어 8조 8,500억 원을 법인세로 납부했다. 이에 비해 경쟁회사인 미국 애플은 32조 7,800억 원을 벌었는데도 법

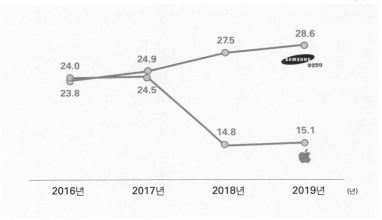

법인세 유효세율

단위: %

24.0 · 24.9

23.8 · 24.5

27.5 · 28.6

SAMSUNG 삼성전자

14.8 · 15.1

🍎

2016년 　　2017년 　　2018년 　　2019년 (년)

* 법인세 유효세율=법인세 / 법인세 차감 전 순이익　　　　출처: S&P캐피털

인세는 삼성전자 절반인 4조 5,700억 원만 납부했다.

미국은 도널드 트럼프 대통령 취임 이후 그의 감세 공약에 따라 35%였던 법인세율을 OECD 평균인 22%보다 낮은 21%로 파격 인하했다. 일본 아베 정부도 세 차례에 걸쳐 법인세 최고세율을 30%에서 23.4%로 낮췄다. 한국은 거꾸로 법인세율을 2017년 22%에서 25%로 인상하다 보니 미국기업들과도 법인세 역전현상이 나타났다. 트럼프 대통령의 감세 정책은 재정적자를 확대시킬 것이라는 걱정도 낳고 있지만 기업 투자를 미국으로 유턴시키는 순기능이 확인되고 있다.

아일랜드는 법인세 인하 등 기업 친화적 정책의 효과를 가장 드라마틱하게 보여주는 사례다. 아일랜드는 2010년 재정위기로 국제통화기금IMF 구제금융을 신청했다가 2013년 구제금융에서 졸업했다. 그 과정에서 아일랜드는 세수 부족 우려에도 법인세율을 프랑스(33.3%), 독일(30.0%), 이탈리아(24.0%), 영국(19.0%)보다 크게 낮은 12.5%로 유지했다. 그 결과 인구 450만 명의 이 작은 나라에 내로라하는 글로벌 기업 1,300여 개를 끌어들였다. 구글, 애플, 페이스북, 트위터, 마이크로소프트MS, 화이자 등이 아일랜드에 유럽 본사를 두고 일자리를 제공하고 있다.

노동시장 개혁으로 양극화와
낮은 생산성 극복해야

한국의 경쟁력 하락 이유를 언급할 때 극심한 노사갈등과 낮은 노동 생산성은 빠지지 않고 등장한다. 노사분쟁 탓에 한국 투자를 주저하고 해외로 공장을 이전하는 사례도 적지 않다. 2019년 세계 경제포럼wEF 국가경쟁력 평가에서 한국은 13위를 차지했지만 노동 시장 경쟁력은 51위로 순위가 밀렸다. 정리해고 비용은 116위, 노사관계 협력은 130위로 그중에서도 세계 최하위권이다. 노동시장에 개혁해야 할 과제가 많다는 사실은 누구나 알고 있지만 개혁은 좀처럼 진전되지 못하고 있다.

대기업 근로자가 50% 더 받는 임금구조 개선해야

한국 사회가 1960년대에 가장 시급하게 풀어야할 과제가 절대 빈곤이었다면 지금 당면한 과제는 상대적 빈곤이라는 문제다. 한국 은행은 2018년 〈노동시장의 이중 구조〉 보고서에서 대기업(종업원 300명 이상)과 중소기업 임금 차이가 1980년에는 1.1배였으나 2014년 1.7배로 벌어졌다고 분석했다. 한국경제연구원은 중소기업 정규직의 2017년 평균 임금이 대기업 정규직의 56%에 불과하다고 분석했다.

OECD 보고서를 보면 한국 근로자 상위 10%의 임금이 하위 10%의 4.3배로 나온다. 일본의 2.85배, 이탈리아 2.25배보다 크게 높다. OECD 회원국 중에서 임금격차가 미국에 이어 두 번째로 크다. 경제사회노동위원회의 2018년 정책토론회 발표 자료를 보면 한국 대기업(종업원 500명 이상) 근로자 평균 임금을 100이라고 했을 때

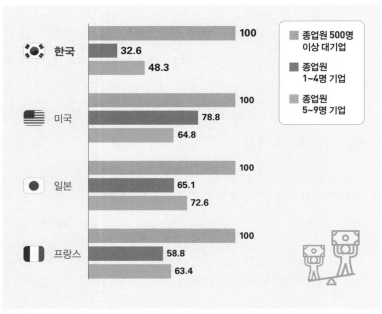

국가별 대기업-중소기업 임금격차

한국	100 / 32.6 / 48.3	
미국	100 / 78.8 / 64.8	
일본	100 / 65.1 / 72.6	
프랑스	100 / 58.8 / 63.4	

종업원 500명 이상 대기업
종업원 1~4명 기업
종업원 5~9명 기업

*한국은 2017년, 미국·프랑스는 2015년, 일본은 2016년 기준

출처: 경제사회노동위원회 정책토론회 노민선 중소기업연구원 연구위원 자료

종업원 5~9명 기업과 1~4명 기업의 임금은 48.3과 32.6에 불과하다. 미국은 64.8과 78.8, 일본은 72.6과 65.1로 한국에 비해 임금격차가 훨씬 적었다.

대기업-중소기업, 정규직-비정규직 임금격차가 확대된 이유 중 하나로 노동조합의 역할이 언급된다. 한국에서 노동조합에 가입할 수 있는 근로자 1,956만여 명 중 2017년 말 기준으로 노동조합에 가입한 근로자는 10.7%다. 핀란드(64.6%), 영국(23.7%), 일본(17.3%), 독일(17.0%)에 비해 크게 낮고 그마저도 대기업과 공공기관에 편중돼 있다. 300인 이상 사업장의 노조 조직률은 57%에 이르지만 100~299인 사업장에선 15%이며 30~99인 사업장에선 3.5%에 불과하다. 임금인상과 고용안정을 위한 노동조합 활동이 대기업과 공공기관 중심으로 이뤄지고 있다는 뜻이다.

정규직 철밥통의 양보 있어야 양극화 완화된다

한국은 미국, 일본, 프랑스보다 1인당 국민소득이 낮다. 근로자 월평균 소득도 2017년 기준 3,300달러로 미국 4,200달러, 일본 3,500달러, 프랑스 3,800달러에 비하면 78~94% 수준으로 낮다. 그런데 한국 대기업 근로자들은 미국, 일본, 프랑스의 대기업 근로자보다 더 많은 임금을 받는다.

경제사회노동위의 2018년 '양극화 해소와 일자리 창출' 정책토론회에서 중소기업연구원이 발표한 자료를 보면 한국의 500인 이상 대기업 직원은 월평균 6,097달러를 받았다. 프랑스(5,238 달러),

대기업 평균임금 국가 간 비교

단위: 달러

한국 6,097 1.91배
미국 4,736 1.01배
일본 4,079 1.16배
프랑스 5,238 1.55배

*구매력평가(PPP) 기준 한국은 2017년, 미국/프랑스는 2015년, 일본은 2016년 기준
*막대 안은 1인당 GDP 대비

출처: 경제사회노동위원회 정책토론회 노민선 중소기업연구원 연구위원 자료

미국(4,736달러)보다 많았다. 물가 등을 감안한 구매력평가ppp로 비교한 것인데 일본 대기업에 비해서는 1.5배가량 많은 임금을 받는 것으로 조사됐다.

이런 임금수준은 산업경쟁력에 직접적인 영향을 준다. 일본 도요타자동차는 2008년 글로벌 금융위기 때 대규모 리콜사태를 겪으며 5조 원 적자를 냈고 도요타 사장은 미국 의회 청문회까지 불려나가 치도곤을 당했다. 현대·기아차가 단번에 도요타를 추월할 것 같은 분위기였지만 그 후 시장 분위기는 완전히 다른 방향으로 움직였다. 1960년대부터 무파업 전통을 지켜온 도요타 노조가 4년 동안 임금 동결을 선언하며 부활을 뒷받침하자 도요타는 오뚝이처럼 다시 섰다.

이에 비해 현대차 노조는 끝없는 파업으로 2018년까지 5년 동안 7조 원에 이르는 생산차질을 유발하며 근로자 몫만 챙겼다. 한국 5개 완성차 회사의 2017년 평균 임금은 9,072만 원으로 일본 도요타 7,800만 원을 크게 웃돈다. 매출액에서 차지하는 인건비 비중도 도요타의 2배를 넘는다. 이런 임금구조 탓에 협력업체에 돌아가야 할 몫이 줄어들고 자동차산업 경쟁력도 추락하고 있다. 대기업-중소기업 상생을 위해서도 생산성에 비해 지나치게 높은 임금을 받고 있는 대기업 정규직 근로자들의 양보는 필수적이다.

'노조 할 권리'와 '사용자 방어권' 균형 맞춰야 한다

국제노동기구ILO 핵심협약을 비준하는 문제는 한국이 30년가량 고민해온 과제다. 한국은 1991년 ILO에 가입하고서도 노조활동 보장과 강제노동 금지 부문에서 핵심협약 4개를 비준하지 않았다. ILO 회원국 중 143개 나라가 핵심협약 8개를 모두 비준한 사실을 들어 노동계는 "노조할 권리를 보장하는 차원에서 협약을 비준해야 한다"고 압박해 왔다. ILO 핵심협약을 비준하면 해직자 노조 가입, 노조 전임자 임금지급, 특수고용직 노조설립, 군복무 대체근무 등을 허용하고 공무원·교사 단결권을 확대해야 하는데 이런 사안들에 대한 국가별 사정은 제각각이다. 아직 미국도 6개, 일본도 2개 핵심협약을 비준하지 않고 있는 이유다.

노조 할 권리를 확대하면 사용자 방어권도 동시에 높여 균형을 맞추는 일이 중요하다. 한국에선 매년 임금협상을 벌이고 연례행사처럼 파업이 벌어지는데 세계적으로도 이런 나라는 거의 없다. 한국노동연구원 '2018년 해외 노동 통계'를 보면 한국에서 2016년 파업으로 발생한 근로 손실은 203만 4,000일이다. 근로 손실은 파업 참가자 수에 파업 기간을 곱한 값인데 2016년 일본에선 3,000일이었다. 한국의 파업 근로 손실이 일본의 670배라는 뜻이다. 미국과 일본 등 대다수 나라에선 노조가 파업할 때 대체근로를 활용할 수 있는데 한국에선 이를 노동법으로 금지하고 있으니 사용자가 속수무책이다. 대체근로를 법률로 금지한 나라가 한국 외에는 아프리카의 말라위뿐이라고 한다.

세계는 임금협상 주기를 확대하는 추세다. 미국 제너럴모터스GM는 단체교섭 주기를 1년에서 4년으로 바꿨고, 일본과 독일 자동차 회사들도 대부분 격년 또는 3~4년 단위로 임금협상을 하고 있다. 한국은 반드시 2년에 한 번씩 단체협상을 하도록 법률로 규정하고 있는데 이 기간을 늘려야 노사 갈등으로 인한 비용을 줄일 수 있다.

최저임금 30% 인상, 고용과 분배 쇼크 불렀다

소득주도성장이라는 기치를 내걸고 한국 정부가 2018년 최저임금을 16.4% 인상한 데 이어 2019년에도 10.9% 인상했다. 경제성장률은 연간 3%를 밑도는데 최저임금을 2년 동안 30% 가까이 높였으니 충격이 나타나는 것은 당연하다. 매출과 영업이익을 그만큼

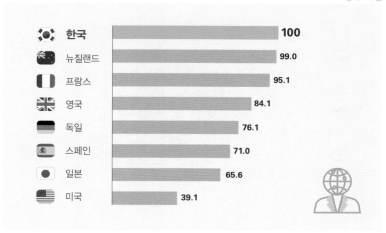

OECD 국가별 1인당 국민총소득 대비 최저임금(주휴수당 포함)

단위: %, 원

한국	100
뉴질랜드	99.0
프랑스	95.1
영국	84.1
독일	76.1
스페인	71.0
일본	65.6
미국	39.1

*2019년 기준 1인당 국민총소득(GNI) 대비 한국의 최저임금을 100으로 놓고 비교한 상대값   자료: 한국경제연구원

늘리지 못한 소상공인이나 자영업자들은 임금을 지불할 여력이 없으니 결국 고용을 줄일 수밖에 없다. 2019년1월 실업자 숫자는 1년 전에 비해 20만 명이상 늘어났고 19년 만에 가장 많아졌다. 한마디로 고용쇼크다.

2019 경제학 공동학술대회에서도 '최저임금 인상 때문에 일자리 21만 개가 사라졌다'는 연구결과가 발표됐다. 아르바이트생, 저소득층, 비정규직 일자리가 주로 사라지면서 소득 상위 20%의 월평균 소득은 늘어나는데 하위 20%의 소득은 오히려 줄어들어 소득분배도 2007년 이후 가장 악화됐다.

최저임금을 정치권과 노동계가 대통령 선거 쟁점으로 끌어들였

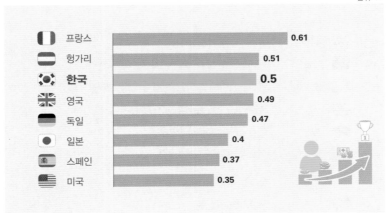

임금 중간값 대비 최저임금도 높은 편

단위: %

프랑스	0.61
헝가리	0.51
한국	**0.5**
영국	0.49
독일	0.47
일본	0.4
스페인	0.37
미국	0.35

출처: OECD

지만 사실 따지고 보면 한국 최저임금은 원래부터 낮은 수준이 아니었다. 최저임금위원회 보고서에서 1인당 국민총소득GNI 대비 2018년 최저임금은 한국이 OECD 회원국 중에서 프랑스, 뉴질랜드, 호주에 이어 4번째로 높았고 2019년에는 최고 수준으로 뛰어올랐다. 근로자들의 임금 중간값과 비교해도 한국 최저임금은 50% 수준으로 영국, 독일, 일본에 비해 매우 높은 편에 속한다.

전체 근로자 중에서 최저임금 영향을 받는 근로자 비중도 2017년 17.4%에서 2019년에는 25%로 대폭 높아졌다. 최저임금은 경제성장률, 물가, 지불여력 등을 종합적으로 고려해서 인상해야 그 효과를 거둘 수 있다. 정치권과 노동계가 의욕만 앞세워 무작정 올리고 정작 저소득층은 그로 인해 일자리를 잃게 된다면 최저임금은

국가	지역	업종/직종	연령
한국	X	X	X
독일	X	X	X
영국	X	X	O
프랑스	X	X	O
호주	X	O	O
미국	O	X	O
일본	O	O	X
캐나다	O	O	O

출처: 최저임금위원회

없는 것보다 못한 제도가 될 수 있다.

근로시간 단축 '저녁 있는 삶' 되려면 생산성 높여야

한국은 세계에서 근로자들이 가장 오랫동안 일하는 나라 중 하나다. 2017년 한국 취업자들의 연간 평균 근로시간은 2,024시간으로 OECD 비교대상국 중 멕시코, 코스타리카에 이어 3번째로 길었다. OECD 평균인 1,759시간과 비교하면 다른 나라에 비해 1년에 한 달가량 더 일하고 있는 꼴이다. '근로시간을 줄여 저녁 있는 삶을 찾자'거나 '일과 삶의 균형을 찾는 워라밸을 이루자'는 슬로건을 내걸 만한 상황이다.

다만 법정 근로시간을 사업장 규모별로 300인 이상은 2018년 7월부터, 50~299인은 2020년 1월부터, 5~49인은 2021년 7월부터

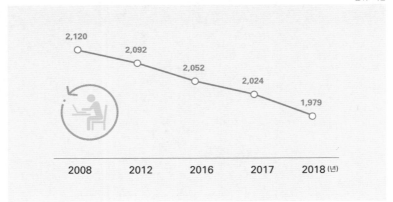

줄어드는 한국의 연평균 근로시간

단위: 시간

2,120 (2008)
2,092 (2012)
2,052 (2016)
2,024 (2017)
1,979 (2018년)

출처: 고용노동부

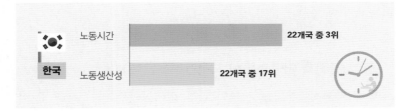

OECD 근로시간과 생산성

한국

노동시간 22개국 중 3위

노동생산성 22개국 중 17위

주당 68시간에서 52시간으로 16시간 줄이기로 했는데 한꺼번에 줄이는 근로시간이 너무 많아 충격이 걱정된다. 기업들은 생산·납품 날짜를 맞추기 힘들어졌고 소비자들은 한겨울에 보일러가 고장 나도 야간·주말에는 수리받기 힘들어지게 됐다. '애프터서비스는 한국이 최고'라는 감탄도 더 이상 통하기 힘들 것으로 보인다.

한국의 노동생산성은 OECD 회원국 중 최하위권이어서 하루빨리 극복해야 할 과제다. 한국의 근로시간당 노동생산성은 2016년 구매력평가PPP 기준 34.4달러로 OECD 평균인 52.0달러의 66% 수준이다. 독일과 비교하면 한국 취업자는 1년에 4개월 더 일하는데도 연간 임금은 독일의 70%에 불과하다. 시간당 실질임금은 독일의 절반도 안 된다는 뜻이다. 이런 상태에서 근로시간을 단축하면 저소득층은 줄어든 임금을 보전하기 위해 다른 일거리를 찾아다녀야 한다. 생산성을 높이지 않으면 '저녁 있는 삶'이 아니라 '저녁 먹을 시간도 없는 삶'을 맞게 될 수 있다.

파견근로 허용해 노동 유연성 높여야

한국은 파견근로 분야에서도 미국, 영국, 독일 등 주요국들과 따로 놀고 있다. 파견근로에 대해 미국, 영국은 아예 규제가 없고 독일, 일본은 일자리 확대를 위해 파견근로 규제를 대폭 해제해 왔다. 독일은 당초 파견근로를 엄격히 제한했지만 1990년대 후반부터 적용 범위를 크게 완화했고 2003년에는 '하르츠 개혁'으로 파견근로 기간 제한까지 철폐했다. 지금은 건설업을 제외한 모든 업종에서 파견근로가 허용되고 있으며 BMW의 라이프치히 공장에서는 외부 노동력 비중이 57%에 달한다.

일본도 1999년 파견법을 개정해 건설·항만운송·의료 등 특정업종을 제외하고 나머지 분야에서는 파견근로를 허용하는 네거티브 규제로 전환했다. 이어 2004년 제조업 파견근로도 허용한 결과 그 후 5년 동안 일본에서 일자리 137만 개가 만들어졌다. 일본에서는

글로벌 자동차 메이커 노사관계 비교

구분	일본(도요타)	독일(폭스바겐)	미국(GM)	한국(현대차)
임금체계	직능/성과급	직무급	직무/성과급	연공서열
파견근로	허용	허용	허용	불가
파업 시 대체근로	허용	허용	허용	불가
전환배치	가능	가능	가능	노조와 사전 합의
임단협 교섭주기	1년	1년	4년	1년

출처: 한국자동차산업협회

사내도급도 조선·자동차·화학·철강 등에서 중요한 생산방식으로 활용되고 있다. ILO도 '노동 탄력성을 높여 실업 해소에 도움이 된다'며 1997년 협약 181호를 통해 파견근로에 대해 '원칙 허용, 남용 금지'를 권고한 상태다.

파견근로를 엄격하게 금지하던 한국도 1998년 파견법을 제정해 청소, 경비 등 32개 업종에 파견근로를 허용했지만 아직 제조업에는 허용하지 않고 있다. 주요 경쟁국 중에서 한국은 제조업 파견근로를 금지하고 있는 유일한 나라다. 한국에선 합법적인 사내 하도급과 불법파견 사이 기준도 애매모호해 이를 둘러싼 법률공방도 끊이지 않고 있다. 국제 흐름에 맞춰 파견범위를 확대하려는 시도는 번번이 국회에서 발목이 잡혔다. 금형, 주조, 용접 등의 뿌리산업과 고소득 근로자 대상으로 우선 허용하자는 법안도 '빈익빈 부익부'를 유발한다며 노동계가 반대하고 있다.

산업로봇 이용률 세계 1위에 오른 한국

한국은 산업용 로봇을 가장 활발하게 사용하고 있는 나라다. 국제로봇협회IFR 자료를 보면 한국 제조업은 2017년 '로봇 밀집도' 비교에서 2년 연속 세계 1위에 올랐다. 산업용 로봇 숫자가 직원 1만 명당 710대로 싱가포르 658대, 독일 322대, 일본 308대보다 월등히 많았다. 세계 평균인 85대와 비교하면 8배 이상 많은 숫자다.

로봇은 위험한 환경에서 인체에 해로운 물질을 다루는 작업도 거뜬히 해낸다. 24시간 일해도 과로로 인한 실수를 범하지 않고 일단 설치하고 난 뒤에는 비용도 적게 든다. 기술발전과 함께 제조업 현장에 산업용 로봇이 늘어나는 것은 당연한 일이다. 강성 노조나 고임금을 피해 외국으로 떠난 기업들을 다시 불러들이는 과정에서도 공장 자동화는 주요 대안으로 거론된다.

로봇산업은 그 자체로 미래 성장산업일 뿐 아니라 제조업 경쟁력이나 노동시장 구조에도 큰 영향을 미치는 변수로 지목된다. 일본 화낙, 독일 쿠카, 스위스 ABB가 2017년 매출 기준 세계 로봇산업 1~3위를 달리고 있다. 현대중공업지주의 현대로보틱스는 세계 6위에 올라 있지만 시장점유율은 3%에 그쳐 두 자리수 점유율을 기록 중인 5위권 기업들과 격차가 크다.

로봇은 일정 부분 일자리를 없애기도 하지만 사람의 작업이 반드시 필요한 새로운 일자리를 창출하기도 한다. 중국 메이디그룹이 2016년 독일 쿠카를 인수하더니, 2017년에는 중국이 일본을 제치고 세계 최대 산업용 로봇 생산국가로 부상했다. 로봇 밀집도 1위

한국 로봇 밀집도 세계 1위

한국	710대
싱가포르	658대
독일	322대
일본	308대
스웨덴	240대
덴마크	230대
미국	200대
중국	97대

*제조업 근로자 1만명당 도입 산업용 로봇 대수, 2017년 기준

출처: 국제로봇협회(IFR)

한국도 국가경쟁력 강화 차원에서 로봇 생산과 활용 기술 확보에 박차를 가해야 한다.

연공서열식 임금체계 벗어나야 생산성 높일 수 있다

한국의 신입직원과 고참 직원 사이 임금격차는 세계적으로도 최고 수준에 속한다. 한국경제연구원이 '한·일 근속연수별 임금격차'를 비교한 자료에 따르면 한국에서 30년 이상 근속자의 2017년 임금은 1년 미만 근속자의 3.11배에 이르렀다. 일본 2.37배보다 임금격차가 훨씬 더 크다. 한국 임금체계가 그만큼 연공서열을 중시하

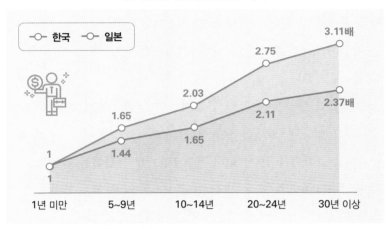

한·일 근속연수별 임금 격차

─○─ 한국   ─○─ 일본

				3.11배
			2.75	
		2.03		2.37배
	1.65		2.11	
1	1.44	1.65		
1				

1년 미만   5~9년   10~14년   20~24년   30년 이상

*근속연수 1년 미만 대비 임금 배율, 2017년 기준

출처: 한국경제연구원

는 체제라는 뜻인데 이런 임금결정 방식은 노동생산성을 둔화시키
는 원인으로도 지목된다. 직무 난이도나 성과와 무관하게 근속연수
에 따라 임금이 증가하는 구조에서는 무사안일주의가 확산되고 조
직 역동성은 떨어지게 된다. 기업도 정규직 채용을 꺼려 생산성 개
선은 더 요원해지게 된다.

한국은 2016년부터 정년 60세를 의무화하면서 직무·성과급으
로 임금체계를 전환하는 방안을 본격 논의했다. 연공서열식 임금체
계를 그대로 둔 채 정년을 연장하면 인건비가 대폭 늘어나기 때문
이다. 그 결과 한국에서 연공서열식 임금체계를 적용하는 사업장은
2010년 76%에서 2017년 60%로 감소했고 근속연수 1년 미만과 30

년 이상 근로자의 임금격차도 2007년 3.48배에서 2017년에는 3.11 배로 축소됐다. 일정 연령에 도달하면 임금이 더 이상 높아지지 않는 임금피크제를 받아들인 사업장도 2009년 9%에서 2018년에는 40%로 증가했다.

그럼에도 한국은 여전히 연공서열식 임금구조가 높은 비중을 차지하고 있는데 2023년에는 생산가능인구 중 50세 이상 비중이 49.4%로 높아지게 된다. 50대 직원 1명에게 지불하는 임금으로 신입 직원 3명을 고용할 수 있는 상황에서 50세 이상 근로자가 절반으로 늘어나면 한국 경제 생산성은 더 하락할 수도 있다.

과학과 인재를 중시해야 4차 산업혁명 이끌 수 있다

4차 산업혁명시대를 맞아 인공지능 등 핵심경쟁 분야를 이끌 창의적인 전문가의 중요성이 갈수록 커지고 있다. 국가 차원에서도 치열한 인재 쟁탈전이 벌어지고 있다. 중국은 2006년부터 세계 100위권 대학에서 인재 1,000명을 데려와 중국 100개 대학에서 연구하도록 하는 '111 공정'을 추진했고 2018년에는 AI 교수 500명, 학생 5,000명을 5년 안에 양성해내는 'AI 인재 육성계획'도 발표했다. 싱가포르는 2017년 'AI 싱가포르' 프로젝트를 출범시켰고 아베 신조 일본 총리도 AI 인재 3만~4만 명을 정부 주도로 육성하는 계획을 발표했다.

한국은 이런 흐름에서 뒤처지고 있다. 정보통신기술진흥센터IITP 보고에 따르면 미국의 AI 기술력을 100으로 봤을 때 한국은 78.1에

국가별 인공지능 특허 현황

단위: %

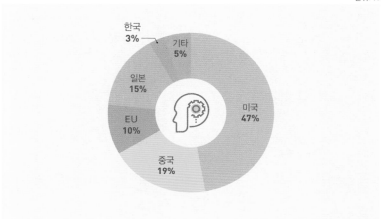

한국 3%
기타 5%
일본 15%
EU 10%
미국 47%
중국 19%

출처: 일본 특허청

부족한 한국 AI 전문가

단위: 명

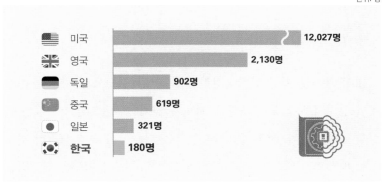

미국	12,027명
영국	2,130명
독일	902명
중국	619명
일본	321명
한국	180명

출처: 텐센트 연구원, 〈2017 글로벌 AI 인재 백서〉

그친다. 유럽 88.1, 일본 83.0에 뒤지는 것은 물론 2017년에는 중국 81.9에도 역전됐다. 인재와 데이터를 확보하지 못하면 AI 기술에서 앞서갈 수 없고 4차 산업혁명시대에 AI 없이는 혁신성장도 불가능하다.

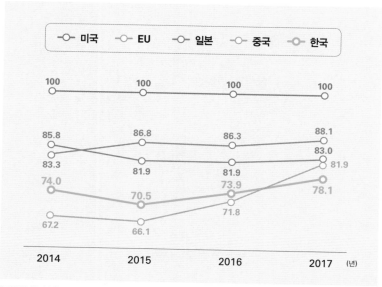

주요국 인공지능 기술 비교

미국 EU 일본 중국 한국

	2014	2015	2016	2017
미국	100	100	100	100
	85.8	86.8	86.3	88.1
	83.3	81.9	81.9	83.0
	74.0	70.5	73.9	81.9
	67.2	66.1	71.8	78.1

2014   2015   2016   2017 (년)

* 미국의 AI 기술을 100으로 놓고봤을 때 각국 기술 수준   출처: 정보통신기술진흥센터(IITP)

　2018년 9월 평양 남북정상회담에 경제사절단으로 참가한 이재용 삼성전자 부회장은 북한의 '과학과 인재 중시' 분위기에 깊은 인상을 표시했는데, 정작 한국에서는 과학자들이 주요 의사결정 과정에서 배제되기 일쑤다. 신고리 5·6호기 공사 지속 여부를 결정하는 공론화 과정에서도 과학자들은 배제되고 비전문가들이 모여앉아 결론을 내렸다. 과학자들은 오히려 '원전 마피아'라 불리며 적폐 취급을 받기도 했다.

　노벨상이 1901년 제정된 이후 한국인은 아직 과학 분야에서 한 번도 이 상을 수상하지 못했다. 일본은 과학 분야 수상자 23명을 배출했고 중국도 2015년 노벨 생리의학상 수상자를 배출했다. 과학자의 목소리를 존중하지 않고 환경단체·시민단체 주장에 휘둘리는 사회의 앞날이 밝을 수는 없다.

노사정 대타협을 이룰 지도력과 소통이 필요하다

노사관계가 국가경쟁력의 발목을 잡고 있는 한국에서 '사회적 대타협'은 25년 이상 국가적 과제로 지목돼 왔다. 저성장과 고실업 굴레에서 벗어나기 위해 노동계, 경영계, 정부가 대타협에 성공한 네덜란드의 1982년 바세나르 협약이나 독일의 2002년 하르츠 개혁은 본받을 만한 모델로 꼽히고 있다.

한국에서 노동운동은 1987년 6월 민주항쟁을 계기로 봇물 터지듯 확산됐고 노사 간 대화의 필요성도 그만큼 커졌다. 1990년에는 노총과 경총이 국민경제사회협의회를 설치했고 1993년 처음으로 노사정 대화를 시도했으며 1996년에는 대통령 직속 노사관계개혁위원회를 구성했으나 가시적인 성과는 나오지 않았다.

1997년 말 외환위기를 맞아 1998년 2월 노사정위원회가 체결한 '경제위기 극복을 위한 사회협약'은 가장 주목할 만한 성과다. 임금동결과 삭감, 고용유연화 등을 담은 이 협약은 민주노총 대의원 회의에서 부결됐고 그 후 민주노총은 노사정위원회에 복귀하지 않고 있다. 노사정위원회는 2007년 경제사회발전노사정위원회로 변경됐고 2018년에는 경제사회노동위원회로 탈바꿈하면서 그사이 합의문 84개를 생산했다. 그러나 합의 내용이 추상적인 데다 강제성도 없어

주요국 노동개혁

국가	개혁추진 방식	개혁효과	평가
🇬🇧 영국	정부 주도 (마거릿 대처 총리의 노동개혁)	• 노조 간부 면책특권 제한 • 노조파업 결정 시 비밀투표 의무화 • 구직자 수당 도입 등 사회보장제도 개편	성공
🇩🇪 독일	노사정 대타협 (2002년 하르츠 개혁)	• 노동시장 유연화 • 고용 유형 다변화 • 창업 활성화 • 실업자 복지 축소	성공
🇳🇱 네덜란드	노사정 대타협 (1982년 바세나르 협약)	• 노조 임금 인상 억제 • 기업 근로시간 단축 • 정부 재정/세제 지원	성공
🇪🇸 스페인	의회 주도	• 정규직에 대한 과보호 완화 • 임시직의 정규직 전환 조건 완화 (노동시장 이원화 심해 효과 못 봄)	**실패**

🇮🇹 이탈리아	정부 주도	• 평생고용 완화
		• 노동시장 유연화를 위한 해고절차 완화
		• 안정성 제고를 위한 실업수당 개혁
		  (직업훈련시스템 미비로 학력간 실업률
		  격차 커짐)
			실패

출처: 한국자동차산업협회

이른바 나토NATO, No Action Talk Only위원회라는 비아냥의 대상이 됐다.

2019년 초 타결된 '광주형 일자리 협상'은 노사 상생형 모델을 제시하면서 23년 만에 처음으로 한국에 완성차 공장을 짓도록 길을 열었다. 노사정 대타협을 통해 이런 가시적 성과를 낼 수 있도록 정부가 끊임없이 노력해야 하지만 그것이 불가능할 땐 1980년대 영국처럼 정부가 단호하게 방향을 제시하는 노동개혁도 대안으로 삼아야 한다.

한류 콘텐츠와 관광·금융 등
서비스산업 키워야

한국 경제는 그동안 반도체, 조선, 자동차 등 제조업 중심으로 수출시장을 공략하면서 성장했다. 협소한 내수시장을 극복하는 방안이었지만 수출주도형 경제성장은 해외 의존도를 높여 한국 경제가 외부 충격에 쉽사리 몸살을 앓는 결과도 가져왔다. 반도체, 자동차 등의 생산설비가 자동화되면서 '고용 없는 성장'도 고민거리로 부상했다. 한국 제조업이 고용 시장에서 차지하는 비중은 1970년 14%에서 1989년에는 28%로 높아졌다가 지금은 다시 17% 수준으로 후퇴한 상황이다. 고용유발 효과가 제조업의 2배에 달하는 서비스산업으로 눈을 돌려 일자리를 늘리고 내수시장을 키워야 하는 이유다.

서비스업 고용 70%, 이젠 부가가치를 높이자

한국의 고용에서 서비스산업이 차지하는 비중은 1992년 50%에서 2017년 70%로 대폭 높아졌다. OECD 평균인 74%와 큰 차이가 없는 수준이다. 이에 비해 서비스산업의 부가가치 생산 비중은

OECD 주요국가 서비스 R&D 투자 비중

단위: %

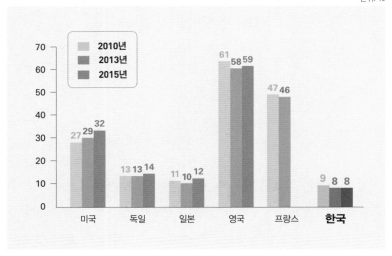

출처: 산업연구원 2019년 '한국 서비스기업의 혁신투자 현황과 정책과제' 보고서

GDP 대비 서비스업 부가가치 비중

단위: %

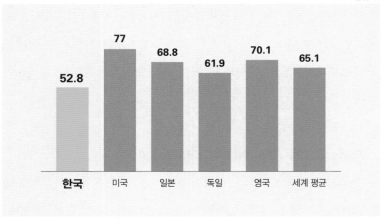

* 한국은 2017년 기준, 나머지는 2016년 기준

출처: 세계은행

2008년 55%에서 2017년에는 오히려 53%로 후퇴했다. 세계은행 비교자료에서 한국의 서비스산업 부가가치 비중은 미국 77%와 일본 69%에 크게 뒤지고 세계 평균인 65%보다 낮다.

한국의 서비스업 취업자 1인당 부가가치 생산액은 2015년 5만 1,700달러로 OECD 평균인 6만 8,000달러보다 적었고 31개 회원국 중 27위로 최하위권이었다. 서비스업 취업자들이 제조업 구조조정에서 밀려나 도·소매업, 음식업, 숙박업 등 생산성 낮은 부문으로 몰려든 데다 서비스산업 내에서도 생산성 혁신을 위한 연구개발 투자가 지지부진하기 때문이다.

산업연구원이 2019년 내놓은 〈한국 서비스기업의 혁신투자 현황〉 보고서를 보면 서비스기업 연구개발R&D 투자는 2013년 한국이 45억 달러로 미국 899억 달러, 프랑스 161억 달러, 일본 116억 달러, 독일 83억 달러에 비해 매우 낮았다. 전체 R&D 투자액 중 서비스산업 R&D 비중도 2015년 한국은 8%로 영국 59%, 미국32%에 비해 턱없이 낮았다. 제조업 강국인 독일 14%나 일본 12%와 비교해도 한국의 서비스산업 연구개발은 불모지 수준이다.

서비스산업 연구개발을 지원하고 규제를 완화하는 내용을 담은 '서비스산업발전기본법안'은 2012년부터 7년 이상 국회에 발목이 묶여 있다. 의료·금융·관광 등 서비스산업이 커다란 성장잠재력을 지니고 있음에도 기득권층 반대에 막혀 이를 고부가가치 산업으로 발전시키지 못하고 있으니 안타까운 일이다.

한류를 밑천 삼아 흥과 끼로 가득 찬 콘텐츠산업 키워야

월트디즈니가 2018년 21세기 폭스의 영화 스튜디오와 콘텐츠 자산·부채를 713억 달러에 인수했다. 한국 돈으로 80조 원에 이르는 이 어마어마한 인수합병은 콘텐츠의 가치를 새삼 일깨운 사건이었다. 1997년 비디오 대여회사로 출발했던 넷플릭스의 폭발적 성장도 콘텐츠 중요성을 상징적으로 보여준다. 세계 최대 주문형 동영상 서비스업체로 성장한 이 회사는 2018년 신규 투자자금 중 85%인 약 9조 원을 영화, 드라마, 쇼 등 오리지널 콘텐츠 제작에 투입했다. 넷플릭스는 이를 바탕으로 가입자 1억 3,000만 명을 확보했으며 2019년 초 시가총액은 1,530억 달러(약 165조 원)에 이르렀다.

한류붐을 밑천 삼아 한국도 콘텐츠 산업을 발전시킬 좋은 기회를 맞고 있다. 한국인 특유의 흥과 끼를 발휘해 K팝 드라마 영화 외에 뷰티, 게임, 먹방, 애니메이션 등 다양한 콘텐츠로 세계인의 눈과 귀를 사로잡아야 한다. 한국콘텐츠진흥원이 추산한 2017년 한국 콘텐츠시장 규모는 110조 원으로 의약품 시장의 5배에 이르고 식품·외식시장과 비교하면 절반 수준에 해당한다. 콘텐츠 수출액도 7조 원을 웃돌아 중형 자동차 20만 대를 수출하는 것과 맞먹는 규모가 됐다.

콘텐츠산업 수출 증가율은 2018년 상반기 27%에 이르러 저성장이 고착화되고 있는 한국 경제에 자극제가 되고 있다. 문화 분야는 고용유발효과도 뛰어나다. 10억 원을 투자했을 때 창출되는 고용, 즉 '고용유발계수'가 문화 분야는 12.0명으로 반도체 4.9명, 조선

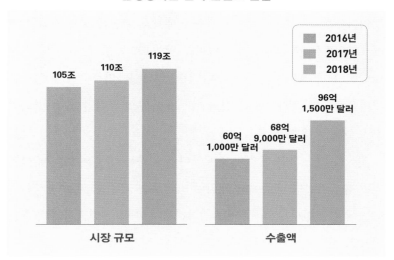

급성장하는 한국 콘텐츠 산업

- 2016년
- 2017년
- 2018년

105조 110조 119조

시장 규모

60억
1,000만 달러

68억
9,000만 달러

96억
1,500만 달러

수출액

출처: 한국콘텐츠진흥원

6.1명, 자동차 7.7명보다 매우 높다. 서비스 산업 내에서도 금융 6.9 명이나 통신 8.1명보다 문화 분야의 고용유발효과가 더 크다.

콘텐츠 수출 이끄는 게임, 한국이 유독 강하게 규제

한국 1위 게임회사인 넥슨의 창업주 김정주 대표가 2019년 초 지분(47.98%) 매각을 추진하면서 시장이 술렁였다. 중국 최대 게임회사이자 메신저·전자결제·방송 기업인 텐센트가 인수전에 뛰어들어 관심은 더 높아졌다. 2006년 넥슨은 '텐센트의 온라인게임 표절로 손해를 입었다'며 중국 법원에 소송을 제기했는데 10여 년 만에 '카피캣이 호랑이를 잡으러 왔다'는 한탄이 터져 나왔다.

2017년 6조 원 무역흑자를 기록한 한국 게임산업이 크게 추락할 것이라는 우려에도 불구하고 넥슨을 매물로 내놓은 것은 게임 산업에 대한 온갖 규제와 부정적 이미지 탓이 크다. 밤 12시만 되면 청소년들의 게임을 차단한다 하여 일명 '신데렐라법'이라고도 불리는 셧다운제도와 온라인게임 결제한도 제한은 한국에만 있는 갈라파고스 규제로 꼽힌다.

한국 콘텐츠산업 매출에서 게임이 차지하는 비중은 12%에 그치지만 콘텐츠산업 수출에서 게임이 차지하는 비중은 2018년 상반기 62%에 이르렀다. 해외시장을 개척하면서 한국 콘텐츠산업 부흥을 이끌고 있는 일등 공신이면서도 게임은 중독, 폭력성에 관한 논란에서 벗어나지 못하고 있다.

세계보건기구WHO가 2018년부터 게임 중독을 질병으로 분류하는 방안을 추진하자 정부 내에서도 보건복지부와 문화체육관광부 태도는 극명하게 엇갈리고 있다. 보건복지부는 게임중독을 질병으로 분류해 예방·치료에 초점을 두려 하고 문화체육관광부는 세계 4위 게임 산업을 보호 육성하는 데 초점을 맞추려 한다. 어느 한쪽으로 성급하게 결론내리기보다는 인과관계를 과학적으로 분석한 뒤 사회적 합의를 만들어내야 할 일이다.

쪼그라드는 금융으로 강한 경제를 만들 수 없다

한국 정부는 2003년 홍콩, 싱가포르와 어깨를 나란히 하는 동북아 금융허브가 되겠다며 야심 찬 청사진을 발표했다. 노무현 정부의 이 같은 '동북아 금융허브'에 이어 이명박 정부는 '메가뱅크', 박근혜 정부는 '창조금융'을 주창했지만 한국 금융은 뒷걸음질만 계속했다. 외국 금융회사들이 한국으로 몰려오기는커녕 오히려 2018년까지 4년 동안 영국계 바클레이스 등 8곳이 한국에서 철수하거나 사업을 축소했다. 상품개발, 영업형태, 펀드수수료까지 일일이 간섭하는 규제 탓이다.

영국계 컨설팅그룹 지엔Z/YEN이 발표한 '국제금융센터' 평가에서 서울은 2015년 6위였다가 2018년 33위로 곤두박질했다. 미국 뉴욕, 영국 런던, 홍콩, 싱가포르, 중국 상하이, 일본 도쿄가 1~6위를 지키는 가운데 서울은 선전, 광저우에도 뒤져 아시아에서도 11위에

아시아 주요 도시의 '세계 금융 중심지' 순위 변화

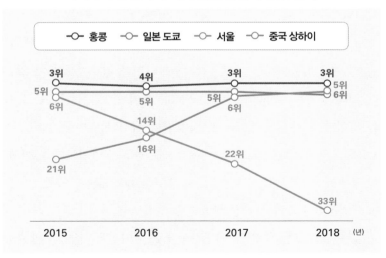

─○─ 홍콩   ─○─ 일본 도쿄   ─○─ 서울   ─○─ 중국 상하이

*매년 9월 발표 기준   출처: 영국 컨설팅그룹 지엔

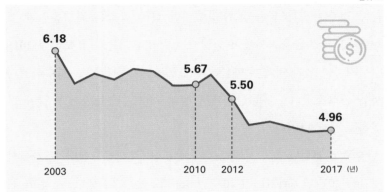

국내총생산에서 금융업이 차지하는 비중

단위: %

6.18

5.67

5.50

4.96

2003　　　　2010　2012　　　　2017 (년)

출처: 한국은행

머문다. 세계 금융시장이 정보기술IT과 결합하면서 급변하고 있는
데 한국 금융은 여전히 관치와 규제로 인해 핀테크, 인공지능, 빅데
이터와 같은 변화를 선도하지 못하고 있다.

　글로벌 금융전문지 〈더뱅커〉가 2018년 발표한 '세계 50대 은
행'에 한국 금융회사는 아예 이름을 올리지 못했고 〈포천〉이 발표
한 '2018년 글로벌 500대 기업'에 KB금융이 471위로 이름을 올렸
을 뿐이다. 국내총생산GDP에서 금융업이 차지하는 비중도 2012년
5.50%에서 2017년 4.96%로 떨어졌고 금융업 취업자도 2013년 87
만 명에서 2017년에는 79만 명으로 줄어들었다. 금융업에서 4년 동
안 일자리 8만 개가 사라진 셈이다.

　앨런 그린스펀 전 미국 연방준비제도Fed 의장은 "문맹은 생활을
불편하게 하지만 금융문맹은 생존을 불가능하게 한다"며 금융교육

을 강조했다. 미국, 캐나다, 영국 등은 초중고교에서 금융교육을 의무화하고 있지만 한국은 금융 교육에도 굼뜬 움직임을 보이고 있다.

내수시장 활력소 되도록 외국인 관광객 불러들여야

한국과 일본은 관광분야에서 최근 10년 사이 뚜렷하게 대비된다. 인천국제공항은 연휴 때마다 외국으로 떠나는 여행객들로 장사진을 이룬다. 한국은 2001년 이후 줄곧 여행수지 적자를 기록하고 있다. 한국인 출국자 수는 2018년 2,869만 명으로 외국인 입국자 1,534만 명의 2배에 육박한다. 외국인들은 2017년 한국에서 14조 원을 쓰고 돌아갔지만 한국인들은 외국에서 32조 원을 쓰고 왔다.

일본은 2014년부터 여행수지 흑자 행진을 벌이고 있다. 2015년에는 일본을 찾은 외국인 관광객 수가 45년 만에 일본인 출국자 수를 뛰어넘는 역전 현상이 일어났다. 일본은 '인구 1명 감소로 줄어드는 소비를 외국인 관광객 8명을 불러들이면 되살릴 수 있다'는 계산 아래 2013년 관광입국 기치를 내걸었다. 아베 신조 총리가 수시로 관광전략 추진회의를 주재하면서 비자 완화, 면세점 확대 등으로 관광을 뒷받침했다. 2017년 여행수지 흑자는 38조 원으로 일본에서 관광은 이제 자동차 다음으로 큰 수출산업이라는 평가를 받는다.

한국에선 대통령 산하기구로 추진되던 국가관광전략회의가 총리산하로 격하됐고 한식 세계화 정책도 정권이 바뀌자 홀대받는 분위

한국과 일본을 찾는 외국인 관광객 수

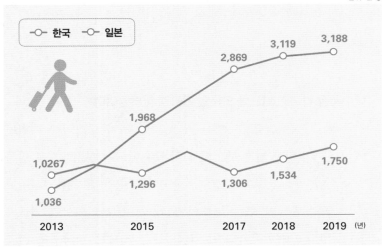

단위: 만 명

출처: 한국관광공사/일본국제관광진흥기구

해외 여행객이 즐겨찾는 도시 순위

순위	도시	해외여행객	평균 체류날짜	하루 평균 지출액
1	방콕	2,005만 명	4.7일	173달러
2	런던	1,983 만 명	5.8일	153달러
3	파리	1,744 만 명	2.5일	301달러
4	두바이	1,579 만 명	3.5일	537달러
5	싱가포르	1,391만 명	4.3일	286달러
6	뉴욕	1,313만 명	8.3일	147달러
7	쿠알라룸푸르	1,258만 명	5.5일	124달러
8	도쿄	1,193만 명	6.5일	154달러
9	이스탄불	1,070만 명	5.8일	108달러
10	서울	954만 명	4.2일	181달러

출처: 마스터카드

기다. 외국인 여행객을 유치한 실속도 크지 않다. 2018 마스터카드 '글로벌 여행도시지수'에서 서울은 외국인이 많이 방문하는 도시 10위였지만 외국인들이 여행경비를 많이 지출하는 도시 10위권에는 들지 못했다. 두바이에는 2017년 외국인 1,579만 명이 방문해 하루 평균 537달러를 지출한 반면 서울에는 954만 명이 방문해 하루 평균 181달러를 지출하는 데 그쳤다. 외국인 여행객들이 한국을 더 자주 방문하고 더 오래 머물면서 더 많은 돈을 쓰도록 관광상품을 발전시켜야 한다.

한국 의료관광 잠재력, 투자개방형 병원으로 살려야

뛰어난 의료기술을 지닌 한국은 한류 바람에 편승하면 '의료관광지'로서도 큰 잠재력을 지니고 있다. 미국 프라이스워터하우스쿠퍼스PwC는 세계 의료관광 시장이 2016년 681억 달러에서 2021년에는 1,240억 달러로 5년 동안 두 배 가까이 성장할 것으로 내다봤다. 무엇보다 저가항공 확산으로 해외여행이 저렴해진 가운데 중국인들의 소득 향상이 변수로 작용하고 있다. 중국 인구가 빠르게 고령화되고 있는데 중국 내에서는 이런 의료 수요를 모두 충족하기 어렵다 보니 해외로 의료관광객이 쏟아져 나올 수밖에 없다.

세계 각국이 이런 분위기를 파악하고 외국인 환자를 유치하기 위해 비자발급 완화, 통역서비스 강화, 원격의료를 이용한 치료 후 관리 강화, 의료분쟁 해결절차 개선에 나서고 있다. 한국도 2009년 외국인 환자 유치를 허용하면서 한국을 찾은 외국인 환자가 2011년

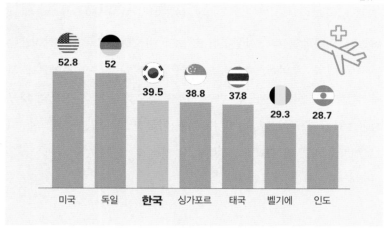

의료관광 목적지로서 한국 선호도

단위: %

미국	독일	**한국**	싱가포르	태국	벨기에	인도
52.8	52	39.5	38.8	37.8	29.3	28.7

출처: 한국관광공사 '2017 한국 의료/웰니스 관광 해외 인지도 조사 보고서'

12만 명에서 2016년에는 36만여 명으로 대폭 늘어났다. 그럼에도 2017년에 의료관광객 330만 명을 불러들인 태국이나 터키(70만 명) 인도(50만 명) 등과 비교하면 아직은 잠재력을 충분히 발휘하지 못하고 있다고 봐야 한다.

한국관광공사가 내놓은 '2017 한국 의료·웰니스관광 해외 인지도 조사'에 따르면 외국인들은 의료관광을 가고 싶은 나라로 미국, 독일에 이어 한국을 세 번째로 선호했다. 우수한 의료진, 최첨단 의료장비에 한류가 접목된 덕분에 한국 의료관광 잠재력은 그만큼 커졌다. 의료관광에 나선 환자들은 보통 건강검진센터를 가장 많이 찾지만 한국 의료관광에서는 검진센터보다 성형외과나 피부과를 더 많이 찾고 있다. 여기에도 한류가 영향을 미친 것으로 해석된다.

제주도에서는 비행기로 2시간 이내에 인구 1,000만 명 이상인 도시가 5개나 있다. 또 경치가 뛰어나고 무비자 입국도 가능하기 때문에 의료관광지로서는 최적의 환경을 갖추고 있다. 중국인 의료관광객 유치를 위해 한국 1호 투자개방형 병원으로 승인된 제주녹지국제병원이 2017년 완공됐음에도, '영리병원'이라는 덫에 걸려 오랫동안 표류하다가 허가취소됐으니 안타까운 일이다.

유통도 수출산업, 편의점·마트 통째로 수출

백화점, 할인점, 편의점 등 유통매장도 수출산업으로 가능성을 보여주고 있다. 한국에서 성공한 유통 모델을 외국으로 옮겨 로열티를 받으면서 동시에 한국 문화·상품을 외국시장에 소개하는 교두보 역할을 하도록 하는 것이다.

롯데백화점은 2014년 베트남 경제수도 호찌민에 진출해 '다이아몬드플라자' 2개 점을 운영하며 최고급 백화점이라는 이미지를 구축하고 있다. 현지 상류층의 지위를 상징하는 공간이자 젊은이들이 만남의 장소로 즐겨 찾는 곳이 되고 있다. 롯데마트는 2008년 베트남과 인도네시아에 진출해 베트남에서만 1,300여 개 자체브랜드PB 제품을 판매하고 있다. 롯데는 백화점, 쇼핑몰, 시네마, 호텔, 오피스 등을 한꺼번에 입점시키는 대규모 복합단지 개발도 베트남 호찌민과 하노이에 각각 추진하고 있다.

GS리테일은 2018년 편의점 GS25를 베트남에 진출시켜 매장을

18개로 늘렸고 BGF도 몽골에 편의점CU 프랜차이즈 매장을 열었다. 훼미리마트 간판으로 일본에 로열티를 주고 22년 동안 영업했던 BGF는 토종 브랜드 CU로 이름을 바꾼 지 6년 만에 편의점 경영·관리 노하우를 수출해 매출의 일부를 로열티로 받게 됐다.

백화점 할인점 등 유통매장은 문화적·정치적 코드에 민감하게 반응하고 이른바 자리싸움도 중요하기 때문에 해외진출이 녹록하지 않은 분야다. 롯데백화점과 이마트가 1990년대 중반 중국에 진출했다가 영업실적 부진으로 고전한 이유이기도 하다. 이런 실패경험을 자양분 삼아 한류 붐을 이용해 유통매장 수출을 늘려간다면 이는 한국 제조업 수출에도 큰 힘이 될 일이다.

아마존효과 넘어 광군제효과 살려가야

온라인쇼핑이 내수시장에선 물론이고 국경을 초월해 빠른 속도로 성장하고 있다. 한국 온라인 소매판매액은 2017년 80조 원으로 전체 소매판매액의 18.2%를 차지했는데 2019년에는 그 규모가 134조 원으로 커졌다.

온라인 판매가 고용·물가 등에 미치는 영향을 일컫는 '아마존효과'는 한국에 도전이자 기회다. 한국은행은 2018년 말 내놓은 〈온라인거래 확대의 파급효과와 시사점〉이라는 보고서에서 도·소매업 일자리가 최근 4년 동안 매년 1만 6,000개씩 사라졌다고 분석했다. 가격 투명성이 높아져 인플레이션율도 연평균 0.2%포인트 낮아지는 효과가 있었다. 이 분석에서 정보기술(IT), 물류 분야에서 늘어

온라인 해외직접구매와 판매

단위: 억 원

온라인 해외직접구매
온라인 해외직접판매

	2014	2015	2016	2017	2018	2019

- 2014: 1조 6,741 / 6,791
- 2015: 1조 7,014 / 1조 2,599
- 2016: 1조 9,079 / 2조 2,934
- 2017: 2조 2,436 / 2조 9,509
- 2018: 2조 9,248 / 3조 5,777
- 2019: 3조 6,355 / 5조 9,609

(년)

출처: 통계청

난 일자리는 고려하지 않았는데 온라인 쇼핑이 증가하면서 새로 생
겨나는 기회를 주목해야 한다.

중국, 영국과 더불어 온라인 거래 비중이 큰 한국은 2015년까지
온라인 쇼핑시장에서 무역적자를 보였으나 2016년부터는 무역흑자
로 돌아섰다. 2019년에는 온라인 해외직접판매가 5조 9,609억 원
으로 한국 소비자의 해외직접구매액보다 2조 원 이상 많았다. 중국,
일본, 동남아에서 한국의 화장품 패션상품을 주로 사들이고 있는데
한류 효과를 앞으로도 잘 살려나가야 한다.

중국 알리바바가 2009년부터 매년 11월 11일 펼치는 온라인 할

인행사 '광군제'도 한국 기업에 큰 기회가 되고 있다. 광군제 하루 매출액은 2018년 약 35조 원으로 미국 블랙프라이데이보다 10배 정도 판매규모가 커졌다. 75개국 1만 9,000여 개 해외 브랜드가 참가하는 광군제에서 중국을 제외하면 한국은 일본, 미국에 이어 3번째로 많은 물건을 판매했다.

창의적 인재 길러낼 에듀테크 교육혁명 선도해야

교육이 인공지능$_{AI}$, 가상현실$_{VR}$, 증강현실$_{AR}$ 등 첨단기술을 만나 혁명적인 변화를 맞고 있다. 2005년 전후에는 인터넷과 결합한 이러닝이 주목받았으나 최근에는 4차 산업혁명 신기술들이 추가로 접목되면서 교육$_{Education}$과 기술$_{Technology}$을 결합한 '에듀테크$_{EduTech}$'로 진화했다.

한국은 2018년 모든 학교에서 디지털교과서를 선택해 사용할 수 있도록 했는데 에듀테크에 중요한 진전이다. 디지털교과서는 기존 교과서를 단순히 디지털로 바꾸는 차원이 아니라 동영상, 360도카메라, 증강현실 등을 넣어 한 차원 다른 교육을 할 수 있도록 해준다. 소프트웨어$_{SW}$ 코딩 과목도 2018년부터 중학교에서 필수과목이 됐고 2019년부터는 초등학교에서도 필수과목이 됐다. 디지털교과서를 활용할 수 있도록 모든 초중학교에 2021년까지 무선인터넷 인프라를 확충하기로 했지만 미국, 영국 등 선진국에 비해서는 에듀테크 도입 속도가 늦다는 평가를 받고 있다.

미국 글로벌인더스트리애널리스츠$_{GIA}$는 세계 에듀테크 시장 규모가 2020년에는 481조 원 규모로 성장할 것이라고 전망했다. AI 교사의 안내에 따라 학생들이 증강현실 또는 가상현실 기술로 수업받는 장면도 곧 현실이 될 것으로 예상된다. 지식을 일방적으로 전달하는 교육에서 벗어나 창의적인 인재를 길러내는 에듀테크 교육혁명에서 뒤처져선 안 된다. 세계 최고의 교육열과 세계 최고 수준의 정보통신 인프라를 갖추고 있는 한국은 에듀테크를 선도할 수있는 조건을 갖추고 있다.

걸림돌은 정부의 규제와 입시위주 교육 제도 그리고 에듀테크를 사교육 중 하나로 취급하는 인식이다. 호주, 미국, 영국 등 에듀테크에 앞선 나라들은 하나같이 일선 학교의 자율성을 최대한 보장하고 있다는 점을 주목해야 한다.

사회인프라는 경쟁력의 기반,
끊임없이 갈고닦아야

　상하수도, 교통, 보건과 같은 사회 인프라는 인간다운 삶의 수준을 결정할 뿐 아니라 국가 경쟁력을 좌우한다. 세계 무대에서 기업들이 펼치는 경쟁의 승패는 곧바로 그 나라의 일자리와 세수에도 영향을 준다. 기업이 경쟁에서 이길 수 있도록 국가가 보다 유리한 에너지 통신 물류 환경을 조성하는 것은 당연한 일이다. 4차 산업혁명 시대가 필요로 하는 새로운 통신, 물류 환경을 조성해야 하고 오래된 상하수도 시설도 정비해 나가야 하는데 한국의 사회간접자본 예산은 한동안 삭감의 표적이 됐다.

복지 예산에 밀리던 SOC 예산 다시 증액

　한국 정부는 복지 예산을 증액하면서 2016년부터 몇 년 동안 사회간접자본soc 예산을 축소했다. 2018년 작성한 국가재정운용계획에는 SOC 예산을 2022년까지 매년 2%씩 깎는 계획도 담겨 있었다. 한국의 SOC 예산은 이명박 정부가 4대강 사업을 진행했던 2010년에 25조 1,000억 원으로 정점을 찍고 계속 줄어드는가 했

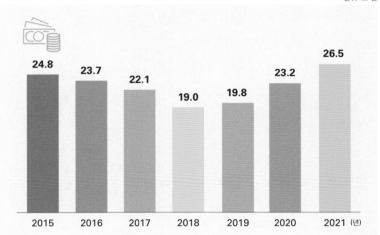

정부 SOC 예산

단위: 조 원

- 2015: 24.8
- 2016: 23.7
- 2017: 22.1
- 2018: 19.0
- 2019: 19.8
- 2020: 23.2
- 2021: 26.5 (년)

출처: 기획재정부

지만 2019년부터 다시 증가세로 돌아섰다. 침체된 경기를 살리는 데 가장 효과적이기 때문이다. 2021년에는 정부 SOC 예산이 26조 5,000억 원으로 편성됐다. 4대강 사업을 진행하던 2010년보다 많은 사상 최대 규모다.

1929년 미국의 경제 대공황 때 뉴딜 정책이 실업자를 흡수한 사례에서 보듯 SOC 투자는 고용창출과 빈부격차 해소에 직접적인 효과를 나타낸다. SOC 투자를 10억 원 늘리면 건설업 취업유발효과는 13.9명으로 전체 산업 평균인 12.9명보다 높다. 또 건설업의 노동소득분배율은 0.89로 제조업 0.54보다 월등히 높다. 건설업에서 부가가치를 창출하면 그중 89%는 근로자 몫으로 돌아가 분배 개선에 도움을 준다는 뜻이다.

SOC 예산을 줄이면 일자리와 소득분배에 부정적 영향을 미칠 뿐 아니라 공사현장에서 비효율도 커지게 된다. 한국의 토목공사는 대부분 매년 확보된 예산범위 내에서 공사를 이어가는 방식인데 예산이 축소되면 이미 진행 중이던 도로·철도 공사도 멈춰서거나 공사기간이 고무줄처럼 늘어나게 된다. 현장을 유지하는 비용도 그만큼 커질 수밖에 없다.

한국은 2040년까지 '인프라 투자부족 국가'

4차 산업혁명 시대와 고령화 시대에 맞춰 선진국들도 인프라 투자에 박차를 가하고 있다. 한국은 2018년 세계경제포럼wEF 국가경쟁력 평가에서 전력보급률 1위, 해상운송연결 3위, 철도서비스 4위, 항공서비스 9위 등을 토대로 인프라 부문 세계 6위라는 높은 평가를 받았지만 앞으로가 문제다. 싱가포르도 공항, 항만 등을 강점으로 삼아 국가경쟁력 세계 2위라는 평가를 받았는데도 인프라 투자 규모를 2017년 GDP의 4.4%에서 2020년에는 6.0%로 더 늘린다는 계획이다. 한국은 GDP 대비 인프라 투자비중을 2%대로 유지하기도 위태로운 상황이다.

G20 정상회의 협약에 따라 설립된 글로벌 인프라스트럭처 허브 GI Hub는 2017년 세계 50개국의 인프라 수요·투자를 진단하는 보고서를 발표했는데 여기서 한국은 '인프라 투자부족 국가'로 지목됐다. 2040년까지 한국의 인프라 투자 수요는 1조 4,090억 달러에 달하는데 지금 추세대로라면 투자가 410억 달러 부족하게 된다는 전

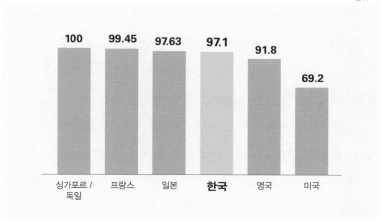

2040년까지 인프라 수요 대비 투자 비중

단위: %

- 싱가포르 / 독일: 100
- 프랑스: 99.45
- 일본: 97.63
- 한국: 97.1
- 영국: 91.8
- 미국: 69.2

출처: 글로벌 인프라 스트럭처 허브(GI Hub)

망이다. 독일과 싱가포르는 인프라 수요와 투자가 2040년까지 균형을 이룰 나라로 분류됐고 일본, 한국, 영국, 미국 등은 인프라 수요 대비 투자가 부족할 것으로 전망됐다.

이에 도널드 트럼프 미국 행정부는 2018년 '앞으로 10년간 1조 5,000억 달러 이상을 인프라에 투자하겠다'는 계획을 내놓았다. 한국 정부도 2019년 초 국가 균형발전을 명분으로 24조 원 규모 지방 SOC사업을 선정한 뒤 이들 사업에 대해서는 예비타당성 조사를 면제하고 2020년부터 예산을 반영하고 있다. SOC에 다시 눈길을 돌리는 것은 환영할 만한 일이지만 예비타당성 조사를 면제하면 SOC 예산의 공정성, 적정성, 신뢰성이 걱정된다.

일본은 물류 혁명 중인데 한국은 10년 이상 헛걸음

한국의 물류산업 경쟁력은 10년 이상 정체돼 있다. 세계은행이 2년마다 167개국을 상대로 평가하는 '물류성과지수ㅖᴾꟷ'에서 한국은 2014년 21위에서 2018년에는 25위로 뒷걸음질쳤다. 2007년에 25위였으니 10년 전 경쟁력 순위로 되돌아간 셈이다.

일본의 물류 경쟁력은 2014년 10위에서 2016년 12위로 밀리다가 2018년에는 5위로 껑충 뛰어 올라 대조를 이뤘다. 싱가포르도 7위, 홍콩도 12위로 한국보다 통관, 물류인프라, 시간내운송 등에서 경쟁력이 앞서 있는 것으로 평가된다.

세계 각국은 신속하고 정확한 운송이 국가 경제의 효율성과 경쟁력을 높인다는 사실을 인식하고 인공지능, 빅데이터, 블록체인, 드론과 같은 4차 산업혁명 기술을 총동원해 '스마트 물류' 실현에 나서고 있다. 일본 정부는 2018년 최대 물류업체인 야마토홀딩스 등과 손잡고 물류업자, 생산업체, 소매점이 물류 흐름을 공유하는 데이터 플랫폼을 구축하기로 했다. 상품 배송 데이터를 공동 관리하면서 모든 기업들이 빅데이터를 활용할 수 있도록 하는 구상이다. 물류분야 일손 부족을 해결하고 생산성을 높이려는 방안이다.

한국이 수출 6위 경제규모 12위이면서도 물류 경쟁력은 25위에 머물고 있는 것은 물류회사들의 영세성, 해운산업 구조조정, 정부 규제 등이 복합적으로 작용한 결과다. 한국에서 3자물류 이용비율은 약 68%로 선진국의 80~90%보다 상당히 낮다. 온라인 쇼핑시장이 급속히 팽창하면서 물류기술도 하루가 다르게 변모하는 시대

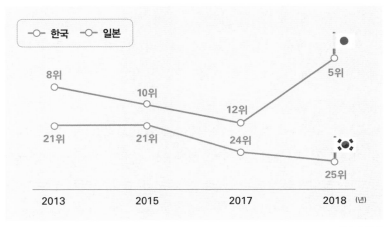

물류성과지수 한국과 일본 순위

- 한국 - 일본

8위
10위
12위
5위

21위
21위
24위
25위

2013
2015
2017
2018 (년)

출처: 세계은행

를 맞아 물류혁신은 더 이상 미룰 수 없는 과제다.

세종·부산 스마트시티, 백지상태에서 상상력 펼쳐야

인공지능, 자율주행, 빅데이터 등을 일상에서 편리하게 이용하는 '스마트시티 시범도시'가 2021년 말에는 주민들을 맞아들이게 된다. 대통령 직속 4차산업혁명위원회는 2018년 시범도시로 선정한 '세종시 5-1 생활권'과 '부산시 에코델타시티' 등 2개 지역을 스마트시티 선도 모델로 만드는 시행계획을 2019년 발표했다. 매일경제가 2018년 국민보고대회에서 제안한 '이데아시티: 대한민국 미래도시 전략'의 핵심 내용을 구현하는 작업이라고 볼 수 있다.

세계 각국은 기존 도시를 스마트시티로 탈바꿈시키기 위해 이미

무한경쟁에 돌입한 상태다. 중국, 인도 등이 국가적 차원에서 스마트시티 구축에 나섰을 뿐 아니라 구글은 캐나다 토론토, 파나소닉은 미국 덴버에서 자체적으로 스마트시티 사업을 진행 중이다. 세계적으로 스마트시티 프로젝트를 표방한 지역이 152곳에 이를 정도다.

스마트시티에서 상상은 하나씩 현실로 바뀌어 간다. 미국 시애틀 아마존 본사 1층의 아마존고 매장에선 결제할 필요 없이 물건을 들고 나오기만 하면 된다. 매장 안 센서가 쇼핑 내역을 완벽히 파악해 대금을 청구한다. 서울 직장인들은 하루 평균 135분에 이르는 OECD 회원국 중 가장 긴 출퇴근시간에 시달린다. 그에 비해 도시의 자동차 96%는 거의 온종일 주차장에서 쉬고 있다. 자동차 공유 서비스를 이용해 도시의 교통량과 매연을 줄이는 상상은 택시업계 저항에 막혀 있다. 스마트시티 경쟁에서 앞서가려면 무엇보다 기득권층과의 이해충돌을 조정하고 규제를 제거해나가는 지도력이 필요하다.

입항부터 통관까지 일사천리 스마트항만 구축해야

해상물류는 한국 교역량의 99.7%를 담당한다. 부산항 물동량은 2013년까지 세계 항만 중 5위를 지켰으나 지금은 중국 항구들의 물동량 증가로 6위를 기록하고 있다. 2018년 사상 최대치를 경신한 부산항 물동량 중 53%는 항구에서 배를 바꿔 제3국으로 옮겨가는 환적 화물이었다.

2019년 세계 10대 항만 물동량

단위: 천TEU, %

순위	항만	물동량	증감률
1	상하이	43,300	3.1
2	싱가포르	37,196	1.6
3	닝보/저우산	27,530	4.5
4	선전	25,770	0.1
5	광저우	22,830	4.2
6	부산	21,910	1.1
7	칭다오	21,010	8.8
8	홍콩	18,364	-6.3
9	톈진	17,300	8.1
10	LA/롱비치	16,970	-3.3

*증감률은 2018년 대비   출처: 알파라이너

세계 허브 항만들도 4차 산업혁명 시대를 맞아 인공지능, 사물인 터넷IoT 등을 이용한 자동화, 첨단화 경쟁을 벌이고 있다. 미국 롱비 치항은 2016년, 중국 칭다오항은 아시아 최초로 2017년 5월 완전무 인자동화 컨테이너터미널을 개장했다. 로봇이 컨테이너 하역과 이 동을 스스로 수행하는 터미널인데 네덜란드 로테르담항, 중국 샤먼 항 등도 완전자동화 항만으로 운영되고 있다. 이에 비해 부산신항 만, 인천신항만 등은 아직까지 반자동화 수준에 머무르고 있다.

육상에서 자율주행차 개발 경쟁이 치열한 것과 마찬가지로 해상 에서도 자율운항선박 개발이 한창이다. '2018 세계지식포럼 부산' 에서는 바다에 접하고 있는 지리적 특성을 살려 부산시가 스마트시 티뿐 아니라 스마트항만 조성에도 힘을 쏟아야 한다는 제언이 나왔 다. 스마트항만은 설비를 자동화·지능화하고 선박과 항만 사이에

실시간으로 정보를 주고받게 함으로써 입항에서부터 통관까지 일사천리로 진행될 수 있게 최적화한 항만을 말한다. 부산이 글로벌 허브 항만들의 스마트화 추세를 따라잡을 수 있도록 하려면 배후항만에 대한 규제를 줄이고 자율운항선박 입출항에 관한 법률도 정비해야 한다.

수소차 최고 기술, 충전소 때문에 밀려선 안 된다

2018년 프랑스를 국빈방문한 문재인 대통령은 현대자동차의 수소전기자동차 넥쏘를 시승한 뒤 에펠탑이 바라다보이는 수소 충전소에서 택시 기사가 스스로 충전하는 모습을 지켜봤다. 한국에선 볼 수 없는 장면이었다. 한국에선 수소 충전소를 주거·상업지역에 설치할 수 없고 운전자가 수소를 스스로 충전하는 행위도 불법이다.

현대자동차는 세계 최초로 2013년 수소차 투싼ix를 내놓았고 2018년에는 프랑스에 수소전기차 5,000대를 수출하기로 했지만 정작 한국에서는 이중삼중 규제 때문에 수소 충전소가 2018년 말까지 14곳에 불과했다. 한국 정부가 2019년 국회 등 서울 도심에 수소충전소 3곳을 '규제 샌드박스 1호 사업'으로 특례 허용한 것은 이런 배경 아래 이뤄진 일이다. 세계 수소차 시장을 선도해가려면 샌드박스 규제 특례기간 2년이 지난 다음에도 규제철폐 노력을 계속해야 할 것이다.

수소차와 전기차가 서로 경쟁하는 상황에서 수소차에 대한 대규모 투자는 기업차원의 승부수를 넘어 국가 차원에서도 미래 먹거리

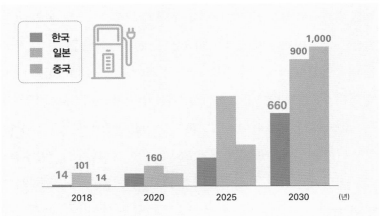

한·중·일 수소충전소 구축 계획

단위: 개

- 한국
- 일본
- 중국

14　101　14　　160　　660　900　1,000

2018　2020　2025　2030　(년)

출처: H2stations.org, 국가별 계획 취합

와 일자리가 달린 중요한 선택이다. 정부가 2022년까지 수소 승용차 6만 5,000대를 보급하려는 '수소경제 로드맵'을 내놓은 것도 그런 이유 때문이다.

　일본, 독일, 중국 등 경쟁국들의 움직임도 만만찮다. 일본은 도쿄올림픽까지 수소차를 4만 대 보급하고 충전소도 160개로 늘린다는 계획이었다. 중국도 2030년까지 수소차 100만 대를 보급하고 충전소도 1,000곳으로 늘린다는 계획 아래 정부가 뛰고 있다. 수소차 산업은 일자리뿐 아니라 환경개선에도 큰 효과가 있어 세계 각국이 경쟁적으로 보조금을 지급하며 육성에 나서고 있다. 현대 수소차가 세계 시장을 계속 선도할 수 있도록 인프라 구축에 힘을 쏟아야 한다.

5G 이끌어갈 AR·VR 킬러 콘텐츠 발굴해야

한국 이동통신 3사는 2018년 12월부터 세계 최초로 5세대 이동통신5G 상용 전파를 송출하기 시작했다. 2019년 4월부터는 일반인을 대상으로 5G 스마트폰 서비스를 상용화했다. 5G 데이터는 서버를 거쳐 0.001초 만에 반응하는데, 이는 인간이 시각정보에 반응하는 0.01초보다 빠르다. 다시 말하자면 자율주행차가 사람보다 더 빨리 위험을 인지하고 멈춰 서게 된다는 뜻이다. 세계 각국이 5G시대를 선도하기 위해 치열하게 각축 중인 이유도 5G가 자율주행차량, 사물인터넷, 가상현실VR, 스마트도시 등 생활 전반을 바꿔놓을 기반이기 때문이다.

한국을 시작으로 미국, 중국, 일본 등이 5G 상용화에 나섰고 2020년에는 코로나19 사태로 글로벌 경기가 얼어붙자 세계 각국이 5G 투자에 더욱 박차를 가했다. 글로벌 통신장비기업들도 발 빠르게 움직이고 있다. 5G라는 새로운 기회를 통해 삼성전자가 약진하면서 화웨이, 에릭슨, 노키아 3강 체제로 굳어져 있던 통신장비시장에 균열이 생기고 있다. 이와 함께 가상현실VR · 증강현실AR 서비스가 5G 핵심 경쟁무대로 떠오를 것이라고 하는데 한국도 5G 킬러 콘텐츠 발굴에 적극 투자해야 할 것이다.

오는 2030년 상용화될 것으로 전망되는 6세대6G 기술 선점을 위한 글로벌 경쟁도 치열하게 진행되고 있다. 6G는 속도가 5G에 비해 약 50배 더 빨라지며 10배 더 많은 기기들을 접속하게 된다. 정부는 2021년 3월 민관이 함께 참여하는 6G R&D 전략위원회를 구

2018년 전체 통신장비 점유율

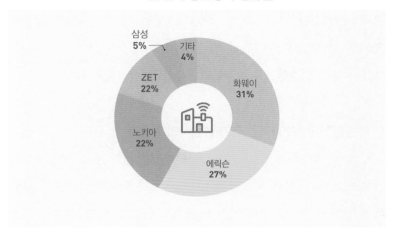

출처: IHS

2019년 5G 점유율

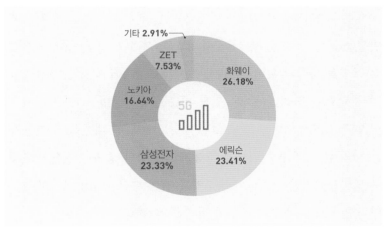

출처: IHS

성해 산학연 전문가의 역량을 결집시키고 있다. 5G에 대해 가장 오래 준비했지만 세계 최초 상용화 자리를 한국에 내줬던 중국은 2019년 말 6G 추진을 위한 민관그룹을 구성했다. 일본도 2020년 초부터 총무성 주관으로 6G에 대한 논의를 시작한 상태다.

탈원전? 에너지 가격은 국가 경쟁력의 기초다

한국은 2017년 신고리 5·6호기 원자력발전소 공사 중단을 시작으로 이른바 '탈원전 정책'을 공식화했다. 전체 전력의 30%를 담당해온 원전 비중을 2030년까지 18%로 낮춘다는 계획 아래 신규 원전 건설계획을 줄줄이 백지화했다. 그 대신 태양광, 풍력 등 발전요금이 비싼 신재생에너지 비중을 늘리겠다고 하니 다른 나라 사례를 보면 전기요금 인상이 불가피하다.

일본은 2011년 후쿠시마 원전 사태를 겪은 후 '원전 제로'를 선언했는데 일반 가정 전기요금이 2014년까지 25% 상승했다. 전기료 부담을 줄이기 위해 일본 정부는 2015년부터 원전을 다시 돌리기 시작했고 2030년까지는 원전 비중을 후쿠시마 사태 이전 수준인 22%로 되돌린다는 방침이다. 대만도 2016년 대선에서 '원전 없는 나라'를 공약으로 내걸고 당선된 차이잉원 총통이 탈원전 정책을 밀어붙였지만 전기료가 상승하고 전력 수급불안이 커지자 2018년 국민투표를 실시한 끝에 이 정책을 폐기했다.

한국의 산업용 전기요금은 2018년 영국 기업에너지산업전략부 BEIS가 발간한 보고서를 보면 OECD 주요 24개국 중 12위로 평균

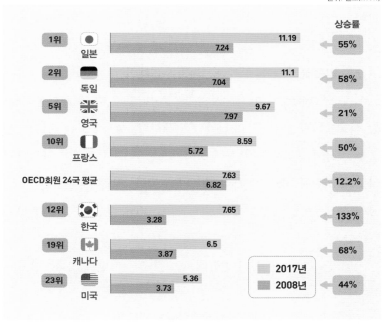

OECD 주요 회원국의 산업용 전기요금

단위: 펜스(kWh)

순위	국가	2017년	2008년	상승률
1위	일본	11.19	7.24	55%
2위	독일	11.1	7.04	58%
5위	영국	9.67	7.97	21%
10위	프랑스	8.59	5.72	50%
	OECD회원 24국 평균	7.63	6.82	12.2%
12위	한국	7.65	3.28	133%
19위	캐나다	6.5	3.87	68%
23위	미국	5.36	3.73	44%

출처: IEA(국제에너지기구) 자료를 바탕으로 영국의 에너지/산업전략부가 분석

수준이다. 한국의 산업용 전기요금은 10년 전만해도 kWh당 3.28펜스로 OECD 평균인 6.82펜스의 절반에 불과했지만 10년 사이 가장 높은 상승률을 보이며 평균 수준으로 올라섰다. 2019년 국회 예산 정책처가 OECD와 IEA 자료를 비교한 것에서도 한국의 2017년 산업용 전기요금은 OECD 32개국 중 16번째로 중간 수준이었다.

한국은 원전을 6번째로 수출한 세계적인 원전기술 보유국이다.

그런 한국이 스스로 원전산업 생태계를 허물면서 전기료 인상을 촉발하고 산업 경쟁력마저 후퇴시키고 있으니 안타까운 일이다.

노후 인프라 대란, 중장기 예산계획 수립해야

노후 인프라로 인한 사고가 점점 늘어나고 있다. 도로함몰 사고는 서울에서만 연평균 800건가량 발생한다. 상하수도관 파열로 수돗물 공급이 중단되는가 하면 장마철에는 저수지 제방이 붕괴하는 사고도 생긴다. 정부가 관리 중인 댐, 교량, 터널, 항만, 상하수도 등 국가시설은 9만여 개에 이른다. 이 중 30년 이상 된 시설이 2018년에는 5% 정도였지만 2030년에는 36.9%로 급증하게 된다.

지역별로는 서울, 시설 종류별로는 저수지 제방과 지하시설물에

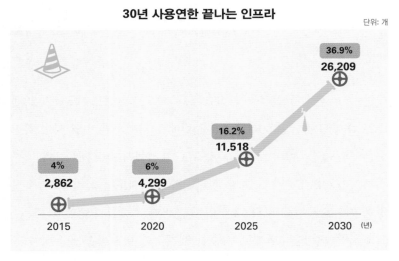

30년 사용연한 끝나는 인프라

단위: 개

- 36.9% 26,209 (2030)
- 16.2% 11,518 (2025)
- 6% 4,299 (2020)
- 4% 2,862 (2015)

2015   2020   2025   2030 (년)

터널·교량 등 1/2종 시설물 기준   출처: 한국시설안전공단

서 노후화 문제가 크게 나타나고 있다. 상하수도는 30년 이상 된 노후화율이 2018년에 이미 17%로 높아졌다. 서울시만 놓고 보면 하수관의 48.4%가 30년을 넘었고 30.5%는 50년을 넘어섰다.

안전문제가 빈발하자 미국과 일본은 국가시설 유지·보수를 위해 SOC 예산을 선제적으로 늘리고 있는데 한국은 아직 무방비나 다름없다. 필요할 때마다 땅을 파고 매설한 탓에 지하시설물 통합지도조차 없다. 전력선은 한전, 통신선은 통신회사, 도시가스관은 가스회사, 상하수도는 지방자치단체, 온수관은 지역난방공사가 제각각 관리한다.

다행히 한국도 2019년부터 '지속 가능한 기반시설관리 기본법'이 시행되면서 노후 인프라 관리 원년을 맞게 됐다. 노후시설 유지관리나 성능개선 기준도 마련될 예정인데 문제는 돈이다. 건설산업연구원이 교통인프라 유지·보수 예산을 예측해본 결과 2019년까지는 연간 5,000억 원을 밑돌던 예산부족 규모가 2020년에는 1조 원, 2030년에는 4조 원으로 급증하는 것으로 추산됐다. 노후 인프라 증가에 맞춰 체계적인 중장기 예산계획을 수립해야 한다.

대통령 바뀔 때마다 뒤집는 정책 없어야

SOC 투자는 수십 년 또는 수백 년 앞을 내다보며 일관성 있게 추진해야 하는 일들이다. 현실에서는 공항·항만 등 개별사업은 물론이고 국토 개발계획이나 에너지정책의 골격까지 대통령이 바뀔 때마다 손바닥 뒤집듯 하기 일쑤다.

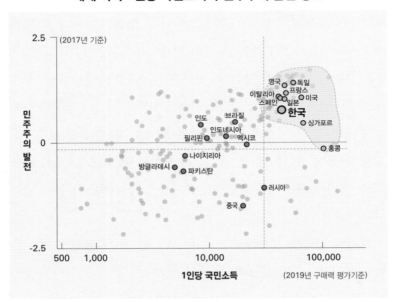

세계 각국 1인당 국민소득과 민주주의 발전 정도

세로축: 민주주의 발전 (2.5 ~ -2.5, 2017년 기준)
가로축: 1인당 국민소득 (500, 1,000, 10,000, 100,000, 2019년 구매력 평가기준)

영국, 독일, 프랑스, 이탈리아, 미국, 스페인, 일본, **한국**, 싱가포르, 인도, 브라질, 인도네시아, 멕시코, 필리핀, 나이지리아, 방글라데시, 파키스탄, 홍콩, 러시아, 중국

출처: 〈파이낸셜타임스〉, 세계은행, IMF

새만금 사업은 그 대표적 사례다. '서해안에 거대한 간척지를 만들어 식량주권을 확보하겠다'는 공약을 내걸고 당선된 노태우 대통령이 1991년 착공한 이 사업은 환경문제를 둘러싸고 법률소송을 거치며 20여 년 뒤인 노무현 정부에 이르러서야 바닷물을 막는 방조제가 완성됐다. 당초 100% 농지로 사용하겠다던 계획은 노무현 정부 때 농지 70%, 산업·관광용지 30%로 변경됐고 이명박 정부 때에는 다시 농지 30%, 산업용지 70%로 변경됐다. 쌀시장 개방으로 식량 생산 중요성이 낮아진 사정을 반영했다. 박근혜 정부는 새

만금을 한중 자유무역 산업단지로 개발하겠다고 했고 문재인 정부는 이곳에 원전 2기 분량의 태양광 발전설비를 설치해 태광양 중심지로 만들겠다고 선포했다. 30년 동안 대통령마다 새로운 청사진을 내놓으면서 원래 목표는 온데간데 없이 사라져 버렸다.

어디 새만금 사업뿐이겠는가. 무려 7,000억 원을 들여 2022년까지 수명을 연장해 놓은 월성 1호기 원전을 2018년 어느 날 느닷없이 폐쇄하는 일도 있었다. 이명박 정부의 4대강 사업에 대해서는 대통령이 바뀔 때마다 감사원 감사나 검찰 조사를 벌이더니 2019년에는 결국 금강과 영산강의 일부 보를 해체하기로 했다.

한국은 국제사회에서 국민소득이 높고 민주주의도 발전한 나라로 분류된다. 그런 평가에 걸맞게 정책 일관성을 유지하도록 하는 시스템도 갖춰야 한다. 오락가락하는 정책 때문에 발생하는 혼란을 막는 시스템도 꼭 필요한 국가 인프라에 속한다.

G2 경쟁 뚫고
통일한국 비전을 키우자

한반도 정세가 세계인들도 놀랄 정도로 급변하고 있다. 최악의 위기국면으로 치닫던 북한 핵·미사일 사태는 2018년 이후 대화와 교착 사이를 오가고 있다. 남북정상회담이 11년 만에 재개되는가 싶더니 2018년 한 해에만 3차례 열렸고 미국과 북한 간 정상회담도 사상 처음으로 이뤄졌다. 그사이 미국과 중국은 공공연히 무역전쟁을 벌이며 경제적 위기감을 조성하고 있다. 이런 외교적, 군사적, 경제적 변화 속에 수많은 도전이 기다리고 있지만 한국이 '미들파워'로서 활로를 찾아야 한다는 사실과 남북이 평화적 통일을 지향해야 한다는 사실에는 어떤 변화도 있을 수 없다.

미·중 무역전쟁 속에 탄생한 아시아태평양 경제연합군

미국과 중국이 서로 관세폭탄을 주고받으며 맹렬하게 무역전쟁을 벌이던 2018년 말 '포괄적·점진적 환태평양경제동반자협정 CPTPP'이 발효됐다. 일본 주도로 아시아·태평양 11개국이 참여한 CPTPP는 '자동차부터 쌀에 이르기까지 관세를 전면 철폐하자'는

2018년 출범한 일본 주도 CPTPP

명칭	포괄적·점진적 환태평양경제동반자협정
참여국	일본, 캐나다, 호주, 브루나이, 싱가포르, 멕시코, 베트남 등 11개국
발효	2018년 12월 30일
인구	6억 9,000만 명
GDP	전 세계의 12.9%
교역	전 세계의 14.9%
주요 내용	농수산물/공산품 역내 관세 철폐 전자상거래 등 데이터 거래 활성화 금융/외국인 투자 규제 완화 기업인 체류기간 연장 등 이동 자유화 국유기업에 대한 보조금 등 지원 금지

원칙을 내세웠다. 세계 교역량의 14.9%를 차지하는 CPTPP는 보호주의에 맞설 새로운 자유무역 연합군이라는 점에서 미·중 무역전쟁에도 변수다. 당장 일본은 농산물, 서비스 등과 관련해 미국으로부터 무역압박을 받게 되면 'CPTPP 수준 이상으로는 양보할 수 없다'며 CPTPP를 방패로 삼겠다는 방침이다.

CPTPP는 당초 미국을 포함한 12개국이 공동 추진하던 TPP로 출발했다가 2017년 미국이 탈퇴하면서 영향력이 줄어들긴 했지만 여전히 만만찮은 규모다. 세계 3위 경제대국인 일본이 주도하고 있는 데다 영국, 인도네시아, 태국 등이 신규 가입을 희망하고 있고 콜롬비아와 대만도 추가 참여국으로 거론된다. 이 경우 CPTPP는 세계 GDP의 20%를 차지할 정도로 규모가 커지게 된다.

한국은 CPTPP 회원국에 대한 수출과 수입이 23.3%와 26.2%를 차지하지만 그동안 CPTPP 가입에는 소극적이었다. 일본과 멕시코를 제외한 9개국과는 이미 FTA를 체결한 상태여서 CPTPP 참여로 인한 실익이 적고 오히려 일본에 대한 만성 적자만 확대될 것이라고 봤기 때문이다. 그러나 한국은 중국, 미국에 대한 수출의존도가 46%로 미·중 무역전쟁이 확산되면 대만, 말레이시아와 함께 가장 큰 피해를 볼 나라로 지목되고 있다. 글로벌 무역기조가 경제블록 중심으로 옮아가고 있는 현실을 보더라도 CPTPP에 보다 전향적으로 접근해야 한다.

위기 맞은 WTO 체제, 한국 주도로 돌파구 찾자

G20은 2018년 말 아르헨티나 정상회의에서 세계무역기구wto 개혁을 지지하는 공동성명을 채택했다. 세계 교역량 75%를 차지하는 G20 국가들이 개혁을 천명하고 나설 정도로 WTO 체제는 벼랑 끝에 서 있다.

1995년 출범한 WTO는 우루과이라운드ur 협정에 의거해 164개 회원국의 무역분쟁을 조정하면서 자유무역이 증진되도록 감시하는 역할을 수행해 왔다. 중국이 2001년 WTO에 가입한 뒤 자국 기업을 보조금으로 육성하고 수입품은 온갖 비관세장벽으로 억제하며 지식재산권을 침해하는데도 엄정하게 대처하지 못하자 문제가 발생했다. 미국이 WTO 역할에 불신을 품고 미·중 양자 무역협상에 나서면서 WTO 체제는 와해 위기를 맞았다. WTO 분쟁해결기구

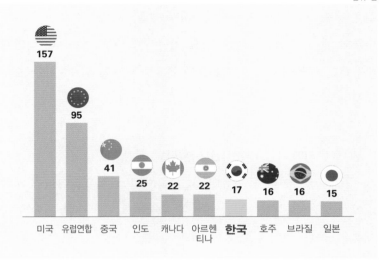

WTO에 제소된 주요 나라들

단위: 건

157 미국
95 유럽연합
41 중국
25 인도
22 캐나다
22 아르헨티나
17 **한국**
16 호주
16 브라질
15 일본

*2018년 기준

출처: WTO, 〈슈피겔〉에서 재인용

인 상소기구가 무역 분쟁을 조정하려면 재판관 전체 7명 중 적어도 3명이 필요하다. 그런데 미국의 임명거부로 2019년 말 재판관 숫자가 2명으로 줄어들면서 WTO 기능이 마비된 상태다.

WTO 체제를 살리기 위해 한국을 비롯한 13개국이 2018년 10월 미국, 중국을 제외한 별도 통상장관회의를 개최했고 그 결과 WTO 개혁을 지지하는 G20 공동성명이 나오게 됐다. 한국은 미국, EU, 중국 등과 FTA를 체결하면서 풍부한 국제 통상협상을 경험하고 전문성을 축적해온 만큼 그 어떤 나라보다 WTO 개혁을 주도할 역량을 지니고 있다. 무역 의존도가 높아 다자간 자유무역질서의 최대

수혜국이기도 하다. WTO는 지식재산권 보호, 비관세장벽 철폐와 같은 기존 과제 외에도 데이터 이용촉진을 통한 '디지털 보호주의' 극복과 같은 새로운 과제도 안고 있다. WTO 기능회복이 국익에 부합하는 한국으로서는 WTO체제 돌파구 마련을 위해 주도적으로 나서야 한다.

WTO 유지에 나선 13개국을 '미들파워' 중심으로

미국과 중국이라는 초강대국Superpower이 노골적으로 패권경쟁을 벌이자 중견국Middle power들은 바빠질 수밖에 없다. 국제무대에서 존재감은 크지만 그렇다고 혼자 세계 질서를 바꾸기는 어려운 한국, 일본, 호주 등은 G2 사이에서 균형자 역할을 하려면 힘을 합쳐야 한다. 호주는 그런 차원에서 중견국 협력 대상으로 한국, 일본, 인도네시아, 인도 등 4개국을 지목했다.

한국과 호주는 그와 별도로 2013년부터 멕시코, 인도네시아, 터키와 함께 믹타MIKTA라는 중견국 협의체를 운영하고 있다. G20가 2008년 금융위기 이후 새로운 국제협력체로 부상했지만 G20 내부에서도 국가 간 이해 차이는 뚜렷하다. 미국 등 기존 경제강국인 G7과 중국 등 신흥 경제대국인 브릭스BRICS가 맞서는 형세다. 믹타는 G7이나 브릭스 어느 쪽에도 포함되지 않는 나라들인데 G20국가 중 사우디아라비아와 아르헨티나는 여기서도 빠져 있다. 믹타 5개국은 에너지, 테러, 경제통상 등을 중점 협력 대상으로 꼽았지만 실제 외교 우선순위는 제각각이다. 각국의 경제, 환경, 에너지 현실이 매우 다르다보니 그동안 해온 공동 활동도 선언적인 내용의 성명 발표나 학자·관료 교류에 그치고 있다.

미들파워 연합이 제대로 작동하려면 무엇보다 공동의 가치와 목표를 찾아야 한다. 미·중 무역전쟁에 맞서 WTO 체제를 유지하기 위해 2018년 10월 캐나다 오타와에 모인 한국, 호주, 브라질, 캐나다, 칠레, EU, 일본, 케냐, 멕시코, 뉴질랜드, 노르웨이, 스위스, 싱가포르 등 13개국은 그런 의미에서 주목된다. 자유무역이라는 공동의 가치를 지키기 위해 G7이나 브릭스에서 헤쳐모인 미들파워 연합이라 할 만하다. 미·중 무역전쟁이 봉합되더라도 G2 패권경쟁은 계속될 것인 만큼 이들 미들파워 연합의 역할을 강화해나가야 한다.

'통일 대박' 3,000조 원 이상 경제적 혜택 기대

남북통일은 민족의 염원일 뿐 아니라 경제적으로도 큰 혜택을 가져올 '대박사건'으로 기대를 모은다. 세계적인 투자자 짐 로저스는 "통일 독일은 이웃인 헝가리, 러시아 등이 투자할 여유가 없었지만 한반도에는 중국, 일본, 미국 등이 뭉칫돈을 싸들고 투자하기 위해 기다리고 있다"며 통일 비용을 걱정할 필요가 없다고 말했다.

통일연구원은 2014년 분석한 자료에서 통일이 2030년 이뤄지면 2050년까지 정치·사회·경제적으로 투입해야 할 통일비용은 모두 3,600조 원에 이를 것으로 추산했다. 이 중 생산 활동을 위해 민간부문이 투자하는 금액을 제외하고 국민 세금으로 지출해야 할 공공부문 통일비용은 831조 원 정도로 분석했다. 반면 통일로 발생하는

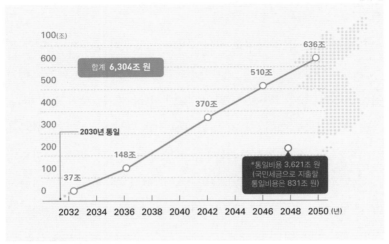

남북통일 시 경제 분야에서 발생하는 혜택

단위: 원

100(조)
600
500
400
300
200
100
0

합계 **6,304조 원**

636조

510조

370조

148조

2030년 통일

37조

*통일비용 3,621조 원
(국민세금으로 지출할
통일비용은 831조 원)

2032 2034 2036 2038 2040 2042 2044 2046 2048 2050 (년)

출처: 통일연구원 2014년 분석

혜택은 경제 분야 6,300조 원을 포함해 정치·외교·안보 분야 300
조 원 등 모두 6,800조 원에 이를 것으로 추산했다. 통일로 발생하
는 순혜택이 3,200조 원에 이른다는 계산이다. 고려대 아세아문제
연구소도 점진적인 통일이 이뤄진다는 가정 아래 2050년까지 통일
비용은 3,100조~4,700조 원, 통일 혜택은 4,900조 원 정도가 될 것
으로 추산했다.

　독일은 통일을 이루는 과정에서 약 1,800조~2,800조 원에 이르
는 비용을 지불했다고 추산한다. 남북한은 동서독보다 경제적 격
차가 더 크기 때문에 더 많은 비용을 예상하고 있지만 그것은 통일
을 이루는 방법이나 속도에 달려 있다. 통일의 비용과 혜택은 예측

하기 힘들다는 뜻이다. 그럼에도 국방비를 줄여 SOC투자를 늘리고 남북한 군인 수십만 명이 노동시장에 뛰어든다면 저출산·고령화로 활력을 잃어가고 있는 한국 경제에 강력한 자극제가 될 것이라는 사실은 분명하다.

한·중 또는 한·베트남보다 유리한 남북 분업 구조

2018년 판문점 남북정상회담에서 김정은 북한 국무위원장은 향후 경제개발 모델에 대해 "베트남식 모델로 가고 싶다"고 말했다고 한다. 하노이에서 가동 중인 삼성전자 휴대폰 공장에는 베트남 직원 10만여 명이 일한다. 삼성전자는 베트남 GDP의 20%, 전체 수출의 25%를 담당하고 있다. 매일경제와 KDB산업은행이 2018년 공동 주최한 북한정책포럼에서 민경태 재단법인 여시재 한반도미래팀장은 "하노이 삼성전자 휴대폰 공장이 북한에 있다고 가정하면 북한의 1인당 GDP는 2018년 1,215달러에서 곧바로 3,120달러로 뛰어오를 것"이라고 설명했다.

중국과 베트남은 공산당 주도로 점진적인 개혁개방을 이뤘다는 점에서는 큰 차이가 없다. 중국은 강대국으로서 화교자본과 외국인 직접투자를 주로 활용했다면 베트남은 약소국으로서 해외 차관에 크게 의존했다는 차이가 있을 뿐이다. 중국, 베트남과 마찬가지로 북한도 개혁개방에 나선다면 한국과는 빠르고 광범위하게 경제협력관계를 맺게 될 것이다.

더구나 한국과 북한은 동일한 언어를 사용하고 지리적으로도 붙

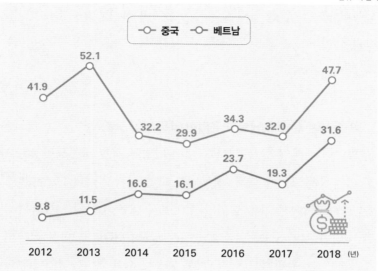

베트남과 중국에 대한 한국의 투자액

단위: 억 달러

○ 중국   ○ 베트남

41.9
52.1
32.2
29.9
34.3
32.0
47.7
31.6

9.8
11.5
16.6
16.1
23.7
19.3

2012 2013 2014 2015 2016 2017 2018 (년)

출처: 한국수출입은행

어 있어 한·중 또는 한·베트남에 비해 훨씬 유리한 분업구조를 만들 수 있다. 개성공단은 2016년 전면 가동중단됐지만 2018년 한반도 긴장이 완화되자 개성공단 입주기업 97%가 재입주를 희망하고 나선 것도 그런 장점 때문으로 보인다. 한국은 그동안 대륙에 연결된 반도이면서도 실질적으로는 육지에서 멀리 떨어진 섬과 같은 존재였다. 북한과 경제협력 체제를 갖춘다면 중국의 동북3성, 극동 러시아지역으로 뻗어나갈 수 있는 장점도 크다. 다만 중국의 인건비 상승과 더불어 한국의 투자가 중국에서 베트남으로 빠르게 이동한 사실에서 알 수 있는 것처럼 북한 근로자의 인건비를 어느 수준으로 책정하느냐에 따라 남북 경제협력 속도는 조절될 것이다.

북한 경제특구를 스마트시티 성공모델로 만들 수도

남북 경제협력과 관련해선 보통 북한의 저임금 활용방안을 떠올리지만 의외로 첨단 기술협력을 통해 4차 산업혁명을 선도할 수도 있다. 2018년 북한정책포럼에서 '스마트 혁명을 통한 한반도 공동 번영으로의 도약'이라는 주제를 발표한 민경태 재단법인 여시재 한반도미래팀장은 북한이 스마트시티 건설에 유리한 조건을 갖추고 있는 이유를 조목조목 설명한 뒤 "개성공단식 협력모델에서 탈피하자"고 제안했다.

북한은 사유재산권이 없기 때문에 토지 수용·보상에 대한 부담이 없으며 기존에 투자된 것이 없기 때문에 기득권의 저항도 없다. 북한이 기술의 불모지라는 사실은 오히려 새로운 기술을 더 신속하게 확산시킬 수 있는 조건이기도 하다. 인프라스트럭처 건설비용도 한국의 3분의 1에 불과한 세계적으로도 매우 독특한 투자환경이다. 북한이 통신 분야에서 유선전화를 거치지 않고 무선전화로 넘어간 것처럼 금융결제 분야에서도 신용카드를 거치지 않고 모바일 페이로 넘어갈 수 있으며 통신시스템 분야에서도 4G를 건너뛰고 곧바로 5G를 도입할 수 있다는 분석이다. 물론 한계는 있다. 인터넷 보급률이 낮아 빅데이터 형성과 유통에 어려움이 있는 데다 에너지문제를 해결해야 하는 과제도 안고 있다.

그럼에도 북한의 경제특구라는 특수한 투자환경에 세계 최고 수

스마트시티, 북한이 더 유리한 이유

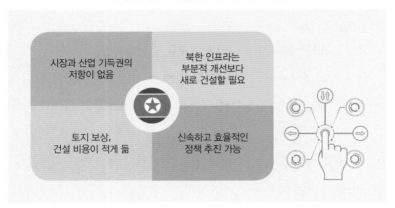

시장과 산업 기득권의
저항이 없음

북한 인프라는
부분적 개선보다
새로 건설할 필요

토지 보상,
건설 비용이 적게 듦

신속하고 효율적인
정책 추진 가능

출처: 2018년 북한정책포럼 민경태 여시재 한반도미래팀장 발표문 요약

준의 한국 정보통신기술을 결합시킨다면 세계가 놀랄 만한 스마트
시티 성공모델을 만들어 낼 수도 있다. 사물인터넷IOT, 자율주행 등
4차 산업혁명 첨단 기술과 서비스들이 한국보다 더 쉽고 빠르게 구
현될 수도 있다.

IMF와 세계은행 활용해 통일비용 줄여야 한다

국제통화기금IMF, 세계은행, 아시아인프라투자은행AIIB, 아시아
개발은행ADB 등 국제금융기구와 협력하면 남북 통일비용은 한층 더
줄일 수 있다. 북한은 1997년 IMF와 ADB 가입을 추진했으나 미국
의 반대로 좌절한 경험이 있는데 앞으로 가입 여부는 비핵화협상
결과와 테러리즘에 대한 북한의 태도에 달려 있다고 할 수 있다.

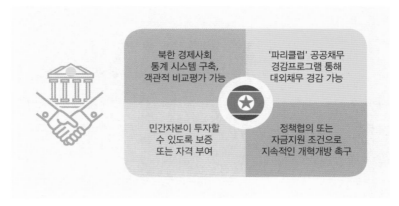

북한이 국제금융기구에 가입했을 때 효과

북한 경제사회
통계 시스템 구축,
객관적 비교평가 가능

'파리클럽' 공공채무
경감프로그램 통해
대외채무 경감 가능

민간자본이 투자할
수 있도록 보증
또는 자격 부여

정책협의 또는
자금지원 조건으로
지속적인 개혁개방 촉구

출처: 2018년 북한정책포럼 양문수 북한대학원대학교 부총장 발표문 요약

북한이 IMF에 가입하게 된다면 우선 국제사회에 제출할 경제사회통계를 작성하기 위한 통계시스템을 구축하고 인력을 훈련시켜야 한다. 보통 신청에서 가입까지 3년 정도가 소요된다는데 통계시스템 구축이 이뤄져야 북한 사회에 대한 객관적인 평가가 가능해진다.

2018년 북한정책포럼에서 양문수 북한대학원대학교 부총장은 북한이 국제금융기구에 가입하면 대외채무를 경감 받을 가능성과 함께 여러 가지 진입효과를 누릴 수 있을 것이라고 진단했다. 우선 선진 채권국들의 모임인 '파리클럽'에서 공공채무 경감 프로그램을 적용받아 100억~150억 달러 수준인 대외채무를 대폭 경감 받을 가능성이 커진다. 또 국제금융기구에서 직접 지원받는 액수도 중요하지만 국제 민간자본들이 북한에 안심하고 투자하도록 자격을 인정하는 효과도 만만찮다.

국제금융기구는 일상적인 정책협의는 물론 자금을 지원할 때마다 그 조건으로 북한에 개혁개방을 꾸준히 요구하게 될 것이다. 한국이 외환위기 당시 IMF 요구로 구조조정에 박차를 가한 것처럼 북한의 개혁개방에도 국제금융기구가 일정 정도 박차를 가하는 역할을 할 수 있다.

2032년 남북 올림픽 공동개최에 대한 기대

남북정상은 2018년 9월 평양공동선언에서 "2020년 하계올림픽을 비롯한 국제경기에 공동 참가하고 2032년 하계올림픽을 남북공동으로 유치하기 위해 협력하기로 했다"고 발표했다. 스포츠는 각본 없는 감동의 드라마를 선사하며 정치와 이념을 넘어 서로 이해를 넓히도록 도와주는 무대다.

한국도 1981년에 88서울올림픽과 86서울아시안게임을 연달아 유치하고서야 세계와 본격 소통하기 시작했다. 그때까지 한국은 관광여권을 아예 발급하지 않았으나 1983년부터는 단계적으로 관광여권을 발급하기 시작했고 서울올림픽으로 자신감을 얻은 1989년에는 해외여행을 전면 자유화했다. 남북한 올림픽 동시 개최가 성사된다면 북한도 개방의 길로 달려나갈 수밖에 없다. 교통·통신·관광 인프라가 비약적으로 발전할 것이며 친절하게 손님을 맞이하고 질서를 지키는 시민의식도 형성될 것이다.

이제까지 2032년 하계올림픽 유치를 희망하는 도시로는 호주 브리즈번, 인도 뭄바이, 중국 상하이, 인도네시아 자카르타 등이 거론되는데 2025년 IOC 총회에서 개최지 결정이 예상된다. 그 전에 한반도 비핵화가 이뤄지고 북한이 개혁개방에 나선다면 IOC가 교통정리에 나설 수도 있다. IOC는 프랑스 파리와 미국 LA가 2024 하계올림픽을 놓고 치열하게 격돌하자 2017년 이례적인 결정을 내놓았다. 파리를 2024년 올림픽 개최지로 선정하면서 동시에 LA를 2028년 올림픽 개최지로 발표한 것이다. 2032년 대회를 놓고도 여러 도시가 경쟁하면 또다시 강력한 조정을 예상해볼 수 있는데 IOC가 냉전을 넘어 화해의 시대로 나아가려는 남북한 공동개최의 명분을 외면하기는 쉽지 않을 것이다.

통일 한국은 40-80클럽도 가입할 수 있다

이 책의 첫머리에 한국이 2018년 30-50클럽에 가입한 사실을 소개했다. 대한민국 정부가 수립된 지 70년 만에 이룩한 놀라운 성과다. 이제 정부 수립 100주년을 맞게 될 즈음엔 40-80클럽으로 도약하는 기대도 갖게 된다. 한반도가 통일되면 통일한국의 인구는 곧바로 7,500만 명을 넘어서게 된다. 1인당 국민소득 4만 달러와 인구 8,000만 명을 넘어서는 40-80클럽 국가로 도약하면 수출경기에 따라 일희일비하지 않고 내수 중심으로도 안정적인 경제운용을 할 수 있게 된다. 지금은 그런 나라가 미국, 일본, 독일 3개국뿐이다.

한반도 앞날에 대해서는 세계인들의 시각도 참고할 만하다.

OECD는 '한국의 잠재성장률이 2031년 이후에는 0%대로 추락하면서 OECD 회원국 중 최하위가 될 것'이라는 우울한 전망을 2013년 내놓았다. 반면 글로벌 투자은행인 골드만삭스는 '2050년에 통일 한국은 1인당 GDP가 8만 달러를 넘어 미국에 이어 세계 2위 부국으로 올라서게 될 것'이라는 장밋빛 전망을 2007년 발표했다.

두 가지 보고서가 정반대 전망을 내놓게 된 배경에는 통일이라는 변수가 자리 잡고 있다. OECD는 분단국가인 한국 경제를 분석한 것이고 골드만삭스는 남북이 하나 된 통일 한국의 경제를 예측한 것이다. "미래를 예측하는 가장 좋은 방법은 미래를 창조하는 것"이라고 미국 컴퓨터 과학자 앨런 케이가 말했다. 소망스러운 방향으로 미래를 만들어가는 일이야말로 바로 지금 한국의 지도자들이 해야 할 일이다.

5부

위기 후에
더 강해져야 할
대한민국

팬데믹이 몰고 온
거대한 충격파

2020년 벽두부터 지구촌은 신종 바이러스의 습격에 충격과 공포에 휩싸였다. 2019년 말 중국 우한에서 사람들이 원인 모를 폐렴에 쓰러지면서 세상에 알려진 이 바이러스는 '코로나19COVID-19'로 명명됐다. 1918년부터 2년 동안 5,000만 명의 목숨을 앗아간 스페인 독감 이후 한 세기 만에 최악의 팬데믹(감염병 대유행)이 인류를 덮쳤다. 감염병은 2020년 1월 20일 우한에서 인천국제공항으로 입국한 중국인 여성을 통해 한국에도 상륙했다. 곧바로 하늘길이 끊기고 글로벌 공급망도 무너졌다. 일상을 잃은 사람들의 삶은 매우 고통스러웠다. 2019년 12월 31일 중국 당국이 WHO에 정체불명의 폐렴 발생을 보고한 후 13개월 만에 지구촌 코로나19 누적 확진자는 1억 명을 넘어섰다(WHO, 2021년 1월 31일 기준 1억 208명). 이 바이러스에 목숨을 잃은 이들만 220만 명에 달했다.

팬데믹은 세계적인 저성장과 양극화, 무역 전쟁과 부채 위기, 자유주의와 민주주의의 후퇴라는 거대한 충격파로 이어졌다. 국가와 지역, 인종, 세대, 계층 간 갈등은 더욱 첨예해졌다. 바이러스와 전쟁을 벌이는 각국의 기술혁신 경쟁도 치열해졌고, 위기를 불러온 정치·경제·환경 문제에 대한 고민도 깊어졌다. 새로운 위기에 대응하는 한국의 강점과 약점도 고스란히 드러났다.

21세기 들어 기술과 시장, 정치와 사회, 지정학과 환경의 변화는 갈수록 빨라지고 있다. 여기에 팬데믹의 충격까지 가세하면서 국가와 기업, 개인의 생존과 번영을 위한 패러다임의 변화도 한층 가속화할 것으로 보인다.

잃어버린 일상과 K-방역의 명암

국내 첫 코로나19 확진자가 나온 후 한 달 남짓 지나자 1차 대유행이 시작됐다. 2020년 4월 3일에는 누적 확진자가 1만 명을 넘어섰다. 팬데믹 초기 K-방역은 세계적인 성공 사례라는 찬사를 받았다. 신속한 검사Test와 추적Trace, 치료Treat를 연결하는 '3T'를 기본으로 철저한 마스크 쓰기와 사회적 거리 두기를 실천해 감염 확산을 늦춤으로써 의료 시스템 붕괴를 막을 수 있었다. 방역현장에서 사투를 벌이는 의료진의 헌신은 감동적이었다. 비대면(언택트, Untact) 경제 활동을 도운 택배 노동자들의 희생도 값진 것이었다. 하지만 방역과 경제의 균형을 맞추기는 대단히 어려웠다. 8월에는 2차 유행이 왔고 겨울과 함께 3차 유행이 닥쳐 12월 25일 하루에만 1,240명의 확진자가 나왔다.

질병관리청에 따르면 2021년 1월 31일 0시 기준 국내 코로나19 누적 확진자는 7만 8,205명(해외 유입 6,308명), 누적 사망자는 1,420

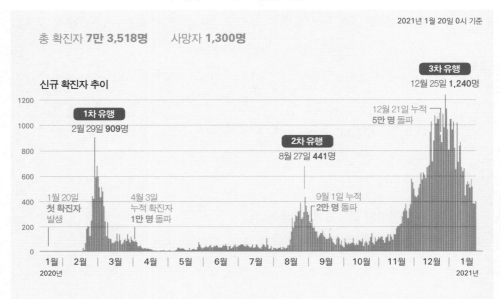

국내 코로나19 발생 1년

2021년 1월 20일 0시 기준

총 확진자 **7만 3,518명**   사망자 **1,300명**

신규 확진자 추이

3차 유행
12월 25일 **1,240명**

1차 유행
2월 29일 **909명**

12월 21일 누적
5만 명 돌파

2차 유행
8월 27일 **441명**

1월 20일
첫 확진자
발생

4월 3일
누적 확진자
1만 명 돌파

9월 1일 누적
2만 명 돌파

1월
2020년
2월 3월 4월 5월 6월 7월 8월 9월 10월 11월 12월 1월
2021년

출처: 질병관리청

명에 이르렀다. WHO 통계를 보면 우리나라 인구 100만 명당 확진
자는 1,518명으로 미국(7만 7,572명), 영국(5만 5,147명), 일본(3,057명)
보다는 훨씬 적지만 중국(68명)이나 뉴질랜드(403명)보다는 많았다.
100만 명당 사망자는 우리나라가 27.7명으로 영국(1,519.1명), 미국
(1,308.6명), 일본(44.7명)보다 적고 뉴질랜드(5.1명), 중국(3.2명)보다는
많다. 인구가 2,357만 명으로 한국의 절반 가까운 대만은 코로나19
누적 확진자가 911명, 누적 사망자가 8명에 불과해 가장 성공적인
방역 사례로 꼽혔다. 인구 570만 명의 싱가포르는 100만 명당 확진
자가 1만 명을 넘었지만 사망자는 4.9명에 그쳤다.

위기에 대응하는 각국의 전략에는 그 나라의 정치·경제·사회·문화적 특성이 그대로 드러났다. 중국은 강력한 통제와 자원 동원력으로 바이러스 전파를 조기에 차단했다. 전면적인 도시 봉쇄나 사적 영역 깊숙이 침투하는 감시Surveillance도 서슴지 않았다. 하지만 초기에는 정보 은폐나 인권 경시에 대한 국제 사회의 비난을 받았다. 미국, 영국 같은 서방 선진국들은 세계 최고 수준의 의료 시스템을 갖추고서도 정부의 오판과 국민의 불신으로 인명과 경제의 피해가 컸다. 한국은 도시나 국경 봉쇄 같은 극단적인 통제를 하지 않고도 시민의 자발적 협조와 신뢰를 바탕으로 선방할 수 있었다. 보건복지부가 2021년 1월 전국 성인 1,000명을 대상으로 조사한 결과 응답자의 97%가 모임이나 약속을 취소하고 외출을 자제하며 사회적 거리 두기에 동참했다고 밝혔다. 하지만 정부는 K-방역의 성

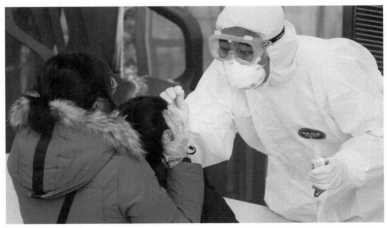

코로나19 진단 검사

과를 내는 데 주력하다 정작 바이러스와의 전쟁에서 게임 체인저가 될 백신 개발과 도입에는 굼뜨다는 지적을 받았다.

경제 개발 이후 세 번째 역성장

팬데믹의 충격은 가뜩이나 성장 활력이 떨어진 경제에 직격탄이 됐다. 2020년 한국 실질 GDP 성장률은 -1%(한국은행 속보치)로 외환위기 후 22년 만에 처음으로 뒷걸음질했다. 한국의 경제 개발이 시작된 1960년대 이후 역성장은 오일 쇼크와 정치적 불안이 겹친 1980년(-1.6%)과 환란의 와중이던 1998년(-5.1%)에 이어 세 번째다. GDP 성장률은 1970년대 연평균 10.5%에 달했고 1990년대까지도 7.3% 수준이었다. 그러나 2000년대(4.9%)와 2010년대(3.3%)에는 갈수록 떨어지는 추세다.

물론 상대평가를 하면 한국의 성장률은 OECD 회원국 중 가장 높은 수준이다. IMF(2021년 1월 세계 경제 전망)에 따르면 2020년 글로벌 경제는 3.5% 뒷걸음질해 2차 세계대전 이후 최악의 침체를 겪었다. 글로벌 금융위기 당시인 2009년(-0.1%)보다 낙폭이 훨씬 더 크다. 2020년 초 발표된 IMF의 세계 경제 성장률 전망치가 3.3%였으므로 팬데믹 탓에 날아간 성장이 6.8%포인트에 이른다고 볼 수 있다. 미국(-3.4%), 일본(-5.1%), 독일(-5.4%), 영국(-10%), 프랑스(-9%), 이탈리아(-9.2%) 같은 선진국은 물론 인도(-8%), 브라질(-4.5%)을 비롯한 신흥개도국들도 역성장을 면치 못했다. IMF는 강력한 봉쇄로 팬데믹 충격을 줄인 중국만 2.3% 성장할 것이라고 밝혔다. 방역에

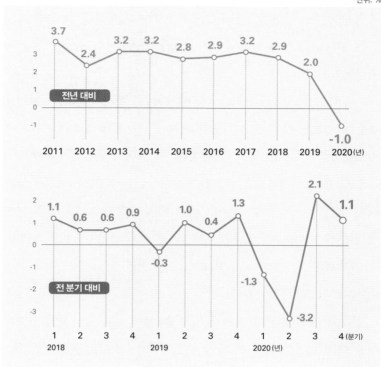

실질 GDP 성장률

단위: %

전년 대비

연도	성장률
2011	3.7
2012	2.4
2013	3.2
2014	3.2
2015	2.8
2016	2.9
2017	3.2
2018	2.9
2019	2.0
2020(년)	-1.0

전 분기 대비

2018 1	1.1
2	0.6
3	0.6
4	0.9
2019 1	-0.3
2	1.0
3	0.4
4	1.3
2020(년) 1	-1.3
2	-3.2
3	2.1
4(분기)	1.1

출처: 한국은행

성공한 대만 역시 2%대 중반의 성장을 이룬 것으로 추정된다.

한국 정부는 팬데믹으로 경제 활동이 얼어붙자 통화·재정정책을 통해 엄청난 유동성을 쏟아부었다. 통화 당국은 기준금리를 두 차례에 걸쳐 0.75%포인트 내렸다. 재정 당국은 4차례에 걸쳐 66조 8,000억 원의 추가경정예산을 편성했다. 전 국민을 대상으로 14조 2,000억 원의 1차 재난지원금을 뿌린 데 이어 2차(7조 8,000억 원), 3

차(9조 3,000억 원) 지원금을 선별적으로 나눠준 것은 응급처방에 불과했다. 서울 · 부산시장 보궐선거와 차기 대통령 선거를 앞둔 정치권은 2021년 초부터 앞다퉈 대규모 4차 재난지원금 지원 주장을 들고나오기도 했다.

IMF(2021년 1월 'Fiscal Monitoring')에 따르면 한국이 팬데믹 위기에 대응해 2020년에 추가로 지출한 재정은 560억 달러였다. GDP 대비로는 3.4%로 G20 국가 중 14위다. 각종 금융 지원은 1,660억 달러로 GDP 대비 10.2%에 달했다. G20 국가 중 7위 규모다. GDP 대비 재정지출은 미국(16.7%), 영국(16.3%), 일본(15.6%) 같은 선진국들보다는 적었고 중국(4.7%)과는 큰 차이가 없었다. 금융 지원은 일본(28.4%)이나 영국(16.1%)보다는 적었지만 미국(2.4%)이나 중국(1.3%)보다는 적극적이었다.

정부와 기업이 위기 대응에 온 힘을 쏟다 보니 근본적인 구조개혁은 더 미뤄졌다. 한국은 산업 구조조정이 늦어져 1인당 소득 3만 달러대 국가로서는 제조업 비중이 여전히 높은 편이다. 그 덕분에 팬데믹 위기 때 상대적으로 선방할 수 있었다는 사실은 역설적이다. 노동시장의 경직성이 높아 즉각적인 인력 구조조정이 이뤄지지 않았고 그 때문에 고용 충격이 덜했다는 점도 마찬가지다.

2020년 한국의 GDP 순위는 세계 10위로 두 계단 올라갔다. 하지만 글로벌 경쟁력이 그만큼 강해졌는지는 더 따져봐야 할 것이다. 저성장이 고착화하면서 줄어든 파이를 분배하는 문제를 둘러싼 정치 · 사회적 갈등이 증폭될 수 있다는 점도 유념해야 한다.

고용 빙하기와 팬데미얼 세대

디지털 혁명에 따른 잡 쇼크Job Shock에 팬데믹이 몰고 온 고용 충격이 더해지면서 일자리 대란이 시작됐다. 우리나라 15세 이상 인구는 2020년 말 4,491만 6,000명으로 한 해 전보다 25만 5,000명이 늘어났다. 하지만 취업자는 2,652만 6,000명으로 1년 새 62만 8,000명이나 줄었다. 감소 폭은 외환위기 후 가장 컸다. 실업자는 19만 4,000명 늘어난 113만 5,000명이었다. 그러나 일주일에 한 시간만 일해도 취업자로 잡히는 공식 통계는 피부로 느끼는 현실을 제대로 보여주지 못한다. 지금보다 더 많은 시간 일하고 싶어 하는 사람들(115만 7,000명), 몸이 아프거나 가족을 돌봐야 해서 일을 못 하는 사람들과 당장 적극적으로 구직 활동을 하지 않고 있어도 기회가 되면 일을 하고 싶어 하는 사람들(204만 3,000명)도 있다. 그러므로 일자리를 애타게 찾고 있는 사람들은 사실상 433만 5,000명에 이른다고 볼 수 있다. 15~29세 청년층에서 이러한 확장실업률은 2019년 말 20.8%에서 2020년 말 26%로 높아졌다.

팬데믹 위기를 겪고 있는 젊은이들을 '팬데미얼Pandemial' 세대라고 한다. 팬데믹Pandemic과 밀레니얼Millennial을 합친 말로, 학습과 취업 기회를 놓쳐 이중의 타격을 입은 세대를 뜻한다. 지금처럼 변화의 속도가 빨라지는 시대에 학교와 직장에서 제때 지식과 경험을 쌓지 못하면 두고두고 경쟁에서 밀릴 수 있다.

경제사회노동위원회가 2020년 11월 말~12월 초 전국의 29세 이하 청년 구직자 596명을 대상으로 한 설문조사에서 응답자의

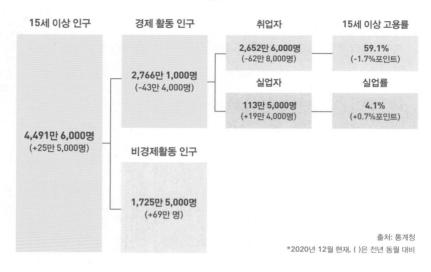

경제 활동 인구 구조

15세 이상 인구	경제 활동 인구	취업자	15세 이상 고용률
		2,652만 6,000명 (-62만 8,000명)	59.1% (-1.7%포인트)
	2,766만 1,000명 (-43만 4,000명)	실업자	실업률
		113만 5,000명 (+19만 4,000명)	4.1% (+0.7%포인트)
4,491만 6,000명 (+25만 5,000명)	비경제활동 인구		
	1,725만 5,000명 (+69만 명)		

출처: 통계청
*2020년 12월 현재, ( )은 전년 동월 대비

91.7%는 코로나19 확산 이후 구직이 어려워졌다고 호소했다. 아르바이트와 같은 단기 일자리마저 잡기 힘들다는 답이 84.7%에 달했다. 구직기간이 1년 이상인 응답자의 우울증 척도CES-D는 평균 25.9점이었다. 이 척도는 60점 만점으로 16점 이상이면 경증, 25점 이상이면 중증의 우울증으로 진단한다. 영혼을 팔아서라도 일자리를 얻고 싶어 하는 젊은이들에게 팬데믹은 참으로 큰 절망감을 안겨줬다. 한국 경제의 역동성과 정치·사회적 안정은 젊은이들이 맘껏 상상하고 도전할 수 있는 환경을 만들어줄 수 있느냐에 달려 있음은 아무리 강조해도 지나치지 않을 것이다.

언택트 유통혁명과 달라진 일터

21세기 들어 급물살을 타고 있는 디지털 혁명은 팬데믹을 계기로 일터와 소비행태는 물론 우리 삶 전반을 급속히 바꿔놓았다. 사회적 거리 두기에 보조를 맞춘 언택트 소비는 감염병 확산을 줄이는 데 큰 도움을 주었다. 2020년 온라인 쇼핑 금액은 161조 1,234억 원으로 전년 대비 19.1% 늘었다. 특히 세계가 놀랄 만큼 빠르고 편리한 배달 서비스 덕분에 음식 서비스 온라인 주문은 17조 3,828억 원으로 1년 새 78.6%나 증가했다. 집에서 음·식료품을 배달받아 소비한 금액도 19조 9,180억 원으로 48.3% 늘어났다. 2020년 택배 물동량은 33억 7,367만 개로 한 해 전보다 21% 증가했다. 통계에 빠져 있는 쿠팡 물량을 합치면 40억 개가 넘는 것으로 추정된다. 유통업계의 새 강자로 급부상한 전자상거래업체와 백화점을 비롯한 전통적인 유통기업들이 디지털 기술과 팬데믹이 바꿔놓은 소비시장에서 치열한 혁신 경쟁을 벌이고 있다. 반면 오프라인 소매업체는 영업 제한 조치로 큰 타격을 입었다. 2020년 말 고용원이 있는 자영업자는 137만 2,000명으로 1년 새 16만 5,000명 줄어든 반면 고용원이 없는 나 홀로 자영업자는 415만 9,000명으로 9만 명 늘었다.

효과적인 방역을 위해 본격적으로 실시한 재택근무는 빠르게 뉴노멀로 자리 잡았다. 초기에는 생산성 저하를 우려하는 기업들이 조심스러워하는 분위기였지만 막힘없는 화상 회의 기술 등으로 비대면 근무의 단점을 극복할 수 있었다. 하지만 재택근무가 원천적으로

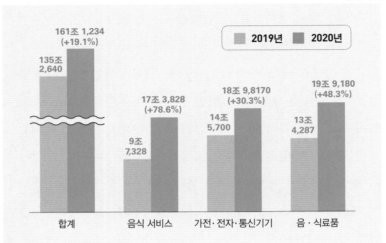

온라인 쇼핑 규모

단위: 억 원

2019년 **2020년**

합계: 135조 2,640 → 161조 1,234 (+19.1%)

음식 서비스: 9조 7,328 → 17조 3,828 (+78.6%)

가전·전자·통신기기: 14조 5,700 → 18조 9,8170 (+30.3%)

음·식료품: 13조 4,287 → 19조 9,180 (+48.3%)

불가능한 서비스 노동자들은 감염 위험에 더 많이 노출됐다. IT 분야 대기업 직원은 집에서 일할 수 있지만, 택배기사나 청소노동자, 식당 종업원들은 그럴 수 없어서 K-방역의 그늘을 느끼게 했다.

온라인으로 이뤄지는 강의와 공연을 비롯해 우리 삶 전반에 걸쳐 디지털 혁명이 가속화하면서 경쟁의 양태와 시장의 판도도 바뀌고 있다. 최고의 지식 전달자와 창조적인 엔터테이너의 서비스는 시간과 공간의 장벽을 넘어 사실상 무한한 확장성을 갖게 됐다. 한류는 글로벌 브랜드로 도약할 기회가 커지고 전통적인 대학의 입지와 서열구조는 흔들리게 될 것이다. 일과 소비, 놀이의 시공간적 제약이 바뀌면서 도시의 진화도 새로운 양상으로 전개될 것이다.

주가 3,000시대와 집값 급등의 이면

팬데믹 시대 저성장의 늪에 빠진 실물경제와 대조적으로 자산시장은 사상 최고 기록을 갈아치우는 기염을 토했다. 증시는 마침내 대망의 주가 3,000포인트 고지에 올랐다. 코스피는 1980년 100포인트에서 출발해 8년 3개월 만인 1989년 3월 31일 1,000포인트를 돌파했고, 외환위기를 겪으며 18년 3개월 동안 등락을 반복하다 글로벌 금융위기 직전인 2007년 7월 25일 2,000선을 뚫었다. 그리고 13년 5개월 만인 2021년 1월 6일 장중 한때 3,000선을 넘어서더니 7일에는 종가(3,031.68포인트) 기준으로 3,000대에 올라섰다. 코스피 시장이 1,000고지에 오를 때 70조 원에 불과했던 주식시가총액은 이제 2,000조 원을 넘어섰다.

2020년 3월 코로나19 공포가 번지면서 1,457포인트까지 폭락했던 코스피는 10개월 새 2배 넘게 치솟으며 G20 국가 중 가장 빠른 반등세를 보였다. 초저금리와 넘치는 글로벌 유동성, 반도체를 비롯한 주력 산업의 수출 호조와 상장기업 실적 호전 기대가 주가를 숨 가쁘게 밀어 올렸다. 특히 개인투자자들의 적극적인 주식 매수가 주효했다. 코스피 시장에서 2020년 개인투자자들의 하루 평균 주식 거래대금은 8조 200억 원으로 2019년(2조 3,700억 원)의 3.4배에 달했다. '동학개미'로 일컫는 이들의 거래 비중은 65.8%로 기관투자가(16.9%)와 외국인 투자자(16.3%)를 압도했다. 1년 전 9조 원 남짓했던 신용거래융자 잔액이 20조 원에 육박할 만큼 '빚투(빚을 내 투자)'도 급격히 늘어났다. 집값 폭등과 취업 대란에 상실감이 큰 젊은

이들은 공격적인 '영끌' 투자(영혼까지 끌어모아 투자)에 뛰어들기도 했다. 청년들이 실업급여를 받아 주식 투자에 나섰다는 이야기가 들릴 정도였다.

자본시장은 장기적으로 실물경제 회복과 발맞춰 기초 체력을 단단히 다져가며 커가는 것이 바람직하다. 정부는 증시로 몰린 자금이 생산적인 부문으로 흘러가도록 유도하는 정책을 펴야 하며 투자자들은 지나치게 위험을 안는 빚투보다 기본에 충실한 장기 투자의 원칙을 지킬 필요가 있다.

초저금리와 풍부한 유동성을 바탕으로 주택시장도 급격히 팽창했다. 한국부동산원에 따르면 2020년 전국 주택 매매가격은 5.3% 상승해 2011년(6.1%) 이후 9년 만에 가장 높은 상승률을 기록했다. 특히 아파트값은 7.5% 뛰었다. 세종시 집값은 37%나 치솟았다. 전국 주택 전세값은 4.6% 올라 2015년(4.8%) 이후 가장 큰 폭으로 상승했다. 그중 아파트 전세값은 9년 만에 최대인 7.3% 급등했다. KB국민은행 주택가격 동향에 따르면 2021년 1월 전국 상위 20% 주택 가격은 평균 10억 2,761만 원이었다. 1년 새 28.6%(2억 2,847만 원)나 치솟아 사상 최고를 기록했다. 놀란 실수요자들은 이른바 패닉 바잉에 나섰고 여기에 투기적 매수도 가세했다. 국토교통부에 따르면 2017년 이후 줄곧 100만 건을 밑돌던 전국 주택 매매는 2020년 127만 9,000건으로 급증했다. 세입자 보호를 위해 전월세 상한제와 계약 갱신 청구권제를 도입한 임대차 보호법은 되레 공급을 위축시키는 결과를 초래했다. KB 주택가격 동향에 따르면 2021년 1월 수도

코스피 3000시대 개막

8년 3개월 | 18년 3개월 | 13년 5개월

2021년 1월 7일
3,031.68

글로벌 금융위기

2007년 7월 25일
2,004.22

1989년 3월 31일
1,003.31

외환위기

팬데믹 위기

1980년
1월 4일 100

2020년 3월 19일
1,457.64

2008년 10월 24일
938.75

1998년 6월 16일
280.00

*종가 기준

출처: 한국거래소

권 아파트 평균 전세값은 4억 1만 원으로 임대차보호법이 추진되던 2020년 7월의 3억 3,737만 원에 비해 18.5% 뛰었다. 이는 그 전 6개월간 상승률 4.5%의 4배가 넘는 상승 폭이다. 세계 43개 도시의 주택가격을 조사한 영국 부동산 정보업체 나이트 프랭크에 따르면 2020년 4분기 서울의 상위 5% 고가주택 가격 상승률은 11.7%로 뉴질랜드 오클랜드(17.5%), 중국 선전(13.3%)에 이어 3위였다.

근본적인 문제는 주택 공급이 수요를 따라가지 못하는 것이었다. 분양가 상한제를 비롯한 각종 규제는 공급의 탄력성을 떨어트렸다. 국토교통부 통계누리에서 취합한 역대 정부의 주택 인허가 실적을 보면 노무현 정부 5년(2003년 2월~2008년 1월) 동안 251만 가구, 이명박 정부 5년(2008년 2월~2013년 1월) 동안 230만 가구, 박근혜 정부 4년 3개월(2013년 2월~2017년 4월) 동안 261만 가구였으며, 문재인 정부 3년 7개월(2017년 5월~2020년 11월) 동안에는 187만 가구였다.

정부는 2017년 6월부터 3년 반 동안 24차례나 집값 안정 대책을 내놨다. 하지만 경직적인 공급 정책과 땜질 식 규제로는 집값을 잡을 수 없다는 값비싼 교훈을 얻었다. 정부는 결국 2021년 2월 4일 2025년까지 서울 32만 채를 포함해 전국에 83만 6,000채의 주택을 공급한다는 25번째 대책을 발표했다.

팬데믹 위기 이후의
기회와 위협

팬데믹 위기는 세계 각국이 경제와 사회의 구조적 취약성을 새롭게 성찰하고 위기에 대한 저항력과 회복력을 키우는 근본적인 개혁 방안을 고민하는 계기가 될 것이다. 우리는 무엇보다 세계화와 자유주의에 바탕을 둔 글로벌 질서의 위기와 재편이라는 큰 흐름을 놓치지 말아야 한다. 급격한 변화의 소용돌이 속에서 우리의 생존과 번영을 위한 기회와 위협을 새롭게 인식해야 할 때다.

어느 나라가 위기에 더 취약한가

글로벌 경제전망·분석기관인 옥스퍼드이코노믹스는 2020년 12월 162개국을 대상으로 코로나19 충격에 대한 장기적인 취약성을 평가했다. 에볼라, 사스SARS, 메르스MERS 같은 감염병 위기와 글로벌 금융위기 사례들을 분석해 이번 위기의 파장을 가늠할 31가지 지표를 만들고 국가별로 점수를 매기는 방식이다. 우선 이번 위기가 닥친 2020년 GDP 성장률이 얼마나 크게 떨어졌느냐가 장기적인 취약성에 가장 큰 영향을 줄 것으로 분석됐다. 노동시장이 얼마나 큰

국가별 코로나19 대비 취약성

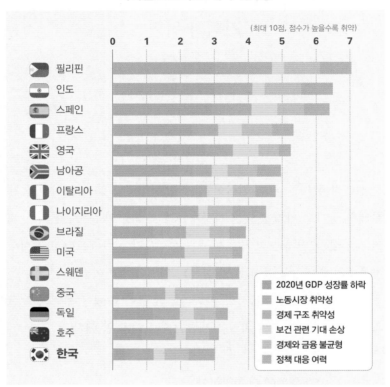

(최대 10점, 점수가 높을수록 취약)

범례:
- 2020년 GDP 성장률 하락
- 노동시장 취약성
- 경제 구조 취약성
- 보건 관련 기대 손상
- 경제와 금융 불균형
- 정책 대응 여력

출처: 옥스퍼드이코노믹스, IMF

충격을 받았는지, 경제 구조가 위기에 잘 버틸 만한 것인지, 경제와 금융의 불균형이 얼마나 심한지, 보건에 대한 자신감이 얼마나 떨어질지, 재정으로 충격을 상쇄할 여력이 얼마나 있는지도 중요한 가늠자였다.

예컨대 실업이 급증하거나 노동시장 유연성이 떨어지는 나라는 충격과 상처가 더 오래갈 것이다. 경제 구조상 여행·관광과 음식·숙박업 비중이 큰 나라와 해외 자원이나 글로벌 공급망에 많이 의존하는 나라는 버티기 힘들 것이다. 또 대내외 불균형이 심하고 은행 부실이나 기업 부채가 많을수록 위기에 취약할 것이다. 인구 100만 명당 사망자, 65세 이상 노인 인구 비중, 방역과 의료체계, 소득 불평등과 같은 보건 관련 지표에서 낮은 점수를 받은 나라에서는 불안한 미래에 대비해 저축을 늘리려는 경향이 나타나고 물적·인적 투자는 움츠러들 수밖에 없다.

옥스퍼드이코노믹스는 팬데믹 위기에 대한 각국의 취약성을 10점 만점의 종합점수로 표시했다. 점수가 높을수록 취약성이 크다는 뜻이다. 평가 결과 한국의 위기에 대한 취약성은 3점으로 주요국 가운데 가장 낮았다. 실업자가 많고 기술력이 부족한 필리핀의 취약성은 7점으로 가장 높았다. 2020년 GDP 성장률 하락 폭은 선진국들이 더 컸지만 다른 구조적 요인과 정책 여력 면에서 낮은 점수를 받은 신흥국들이 대체로 위기에 더 취약한 것으로 나타났다. 신흥국 중에서는 필리핀과 함께 인도, 페루, 콜롬비아, 말레이시아, 멕시코, 아르헨티나가 높은 취약성을 드러낸 반면 중국, 터키, 파키스탄, 카타르는 상대적으로 강한 모습을 보였다. 선진국 중에서는 스페인, 그리스, 프랑스, 포르투갈, 영국이 더 취약했고 호주, 노르웨이, 스웨덴, 미국, 독일은 강한 면모를 보였다.

세계경제포럼은 2020년 10월 〈일의 미래〉 보고서에서 각국의 사회안전망과 보호 체계를 종합한 회복력 지수와 팬데믹 위기에 따른 고용 충격을 비교했다. 콜롬비아, 미국, 터키 같은 나라는 고용 충격은 크고 사회적 보호 수준은 낮은 것으로 평가됐다. 아일랜드와 스페인, 영국은 고용 충격은 크나 사회적 보호 수준은 높은 나라로 분류됐다. 한국은 멕시코와 더불어 고용 충격은 작은 편이지만 사회적 보호 수준도 낮은 나라다. 일본과 독일, 스위스 같은 나라는 고용 충격은 작고 사회적 보호 수준은 높다.

팬데믹 위기의 게임 체인저와 백신 민족주의

한 세기 만에 최악의 팬데믹 위기를 맞은 인류는 곧바로 백신 개발로 반격에 나섰다. 백신은 팬데믹 위기의 게임 체인저다. 코로나19와의 싸움은 그야말로 총력전이다. 마스크 쓰기와 사회적 거리두기를 철저히 하고 방역과 의료체계를 강화하고 고용 충격을 줄이며 취약계층을 보호하는 것도 중요하지만 백신 접종에 굼뜨면 바이러스와의 전쟁에서 이길 수 없다. 각국의 혁신 역량을 결집해야 하는 백신 개발은 곧 팬데믹 시대 국가의 명운을 가를 승부처다.

2020년 1월 10일 중국 연구진이 신종 코로나바이러스의 유전정보를 공개하자 전 세계 과학자들은 즉각 백신 개발 전쟁에 뛰어들었다. 보통 10년 넘게 걸리던 백신 개발은 10개월 만에 빛을 보게 됐다. 절체절명의 위기에 빠진 인류가 이뤄낸 최고의 과학 성과였다. 특히 바이오엔테크(독일)·화이자(미국)와 모더나(미국)가 선뵌 mRNA(메신저 리보핵산) 백신은 놀라운 혁신이다. 죽거나 약화한 바이러스를 사람 몸에 주입하는 전통적인 방식과 달리 백신 설계도

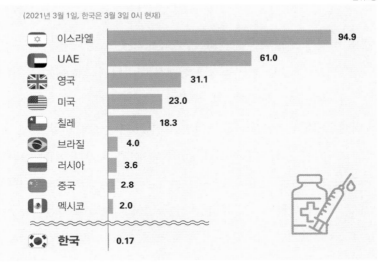

인구 100명당 코로나19 백신 접종자

단위: 명

(2021년 3월 1일, 한국은 3월 3일 0시 현재)

국가	접종자
이스라엘	94.9
UAE	61.0
영국	31.1
미국	23.0
칠레	18.3
브라질	4.0
러시아	3.6
중국	2.8
멕시코	2.0
한국	0.17

출처: 영국 옥스퍼드대 아워월드인데이터, 한국질병관리청

와 같은 유전 정보를 전달해 사람의 몸을 일종의 백신 생산공장처럼 활용하는 기술이다. 화이자와 손잡은 바이오엔테크의 대표 우구르 사힌 · 외즐렘 튀레지 박사 부부는 터키계 독일 이민자의 2세다. 이 회사의 커털린 커리코 박사는 헝가리인으로 1980년대에 미국으로 가 mRNA 백신의 토대를 닦았고 암 진단에도 연구에 매달린 집념을 보여줬다. 창의적인 과학자의 집념, 글로벌 제약사와 벤처 자본의 과감한 투자, 미국과 독일 정부의 전폭적인 지원이 백신 개발 전쟁의 승인이었다. 영국과 중국, 러시아도 독자적인 백신 개발 역량을 보여줬다. 말라리아와 소아마비, 에이즈 바이러스 퇴치에 힘썼던 빌 게이츠 마이크로소프트 창업자는 코로나19 백신 개발과 생

산도 적극 지원했다.

이러한 백신 개발 경쟁은 21세기 바이오 혁명의 기폭제가 될 것이다. 하지만 백신 민족주의의 민낯도 드러났다. 정보에 밝은 부자 나라들이 개발 중인 백신을 입도선매하는 바람에 정보에 어둡거나 가난한 나라들은 물량 확보에 실패해 애를 태웠다. 미국 듀크대 글로벌헬스이노베이션센터 조사에 따르면 2021년 1월 30일 현재 코로나19 백신 77억 회분에 대한 구매가 확정됐고 50억 회분에 대한 구매 협상이 진행 중이다. 이 센터는 2023년이나 2024년까지 세계 인구를 다 접종하기에 충분한 백신 물량이 확보되지 않을 것으로 보고 있다. 하지만 캐나다는 이미 자국민 모두가 맞을 백신 물량의 500%를 확보했고, 영국은 300%, 미국, EU, 호주, 뉴질랜드, 칠레는 200% 이상, 일본, 이스라엘은 100% 이상을 확보한 것으로 파악했다.

코로나19 백신 접종은 2020년 12월 8일 영국에서 처음으로 시작됐다. 영국 옥스퍼드대 아워월드인데이터 통계를 보면 2021년 3월 1일까지 인구 100명당 접종자는 이스라엘이 94.9명으로 가장 많고 UAE(61명), 영국(31.1명), 미국(23명), 칠레(18.3명)가 가장 앞서가고 있다. 한국은 2021년 2월 26일 요양병원 입원자와 코로나19 치료병원 종사자부터 접종을 시작했다. 3월 3일 0시까지 5일 동안 전 국민의 0.17%인 8만 7,428명을 접종했다. 정부는 2월 16일까지 7,900만 명분(1억 5,200만 회분)의 백신을 확보했다고 밝혔는데, 계약 물량의 조기 도입과 신속한 접종으로 가능한 한 빨리 집단면역에 이르도록 해야 하는 과제를 안고 있다.

EIU는 2021년 1월 22일 현재 각국의 백신 공급 계약과 생산 제약, 백신에 대한 태도, 인구 규모, 접종 인력을 고려해 성인 인구의 60~70% 접종으로 집단면역이 가능한 시기를 예상했다. 미국과 영국, 유럽 각국, 대만, 싱가포르 등은 2021년 말, 캐나다, 호주, 일본, 한국, 러시아, 브라질 등은 2022년 중반, 중국, 인도, 이란 등은 2022년 말, 아프리카 대다수 국가와 인도네시아, 베네수엘라, 북한 등은 2023년 이후에 광범위한 접종이 이뤄질 것으로 보았다. 여기서도 부자 나라와 가난한 나라의 백신 격차는 극명하게 드러났다.

우리 곁에 성큼 다가온 미래 기술

팬데믹으로 글로벌 공급망이 끊어지고 각국의 보호무역 장벽이 높아졌지만 4차 산업혁명 시대 핵심 산업과 글로벌 경쟁력을 갖춘 기업은 위기 때 되레 더 큰 기회를 얻게 됐다. 팬데믹에 따른 세계적인 경기 침체에도 한국 반도체는 수출 회복세를 주도하며 우리 경제의 버팀목 역할을 했다. 2020년 반도체 수출은 전년 대비 5.6% 늘어난 992억 달러로 2018년 1,267억 달러에 이어 역대 2위 실적을 기록했다.

2020년 전기차, 수소차, 하이브리드차 같은 친환경 자동차 내수는 전년 대비 58.7% 늘어난 22만 7,000대, 수출은 6.8% 증가한 27만 6,000대로 내수와 수출 모두 사상 최고 기록을 세웠다. 자동차 수출 중 친환경차가 차지하는 비중은 14.7%에 달했다. 전 세계 자

반도체 수출

단위: 억 달러

*흰색 글자는 전체 수출 중 반도체 비중

출처: 산업통상자원부

친환경차 수출

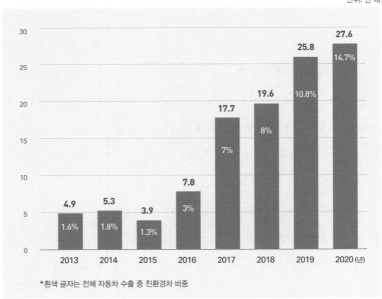

단위: 만 대

*흰색 글자는 전체 자동차 수출 중 친환경차 비중

출처: 산업통상자원부

동차 판매가 감소세를 보이는 가운데서도 2015~2019년 전기차 판매는 연평균 48%씩 늘어났다. 2020년 전 세계 자동차 판매는 두 자릿수 감소한 것으로 추정되나 전기차 판매는 되레 급증했다. 미국 GM은 2035년부터는 모든 승용차를 친환경차로만 생산하겠다고 밝혔다. 하늘을 나는 자동차(플라잉카) 개발 경쟁도 시작됐다. 자동차업계는 21세기의 새로운 모빌리티가 창조되는 폭풍 같은 변혁기에 들어선 것이다.

2021년 1월 11~14일 온라인으로 개최된 세계 최대 가전·정보기술 전시회 'CES 2021'은 그동안 미래의 일로 상상했던 변화들이 이미 우리 곁에 성큼 다가와 있음을 실감하게 해주었다. 몇 년 전부

CES에 등장한 혁신 기술

신제품·신기술	연도	신제품·신기술	연도
비디오 카세트 레코더(VCR)	1970	콘텐츠 및 테코놀로지의 융합	2007
레이저 디스크 플레이어	1974	OLED TV	2008
캠코더, 콤팩트 디스크 플레이어	1981	3D HDTV	2009
디지털 오디오 테크놀로지	1990	태블릿PC, 넷북, 안드로이드 기기	2010
대화형 콤팩트 디스크	1991	커넥티드 TV, 스마트 가전, 전기자동차	2011
디지털 위성 시스템(DSS)	1994	울트라북, 3D OLED	2012
HDTV	1998	울트라 HDTV, 플렉시블 OLED, 자율주행차	2013
하드 디스크 VCR(PVR)	1999	3D프린터, 센서 기술, 곡면 UHD, 웨어러블 기기	2014
위성 라디오	2000	4K UHD, VR, 무인 시스템	2015
MS Xbox, 플라즈마 TV	2001	증강현실, 라이더블 기기, 고음질 오디오	2016
홈 미디어 서버	2002	전기자동차, 공유경제, 사물인터넷	2017
블루레이 DVD, HDTV DVR	2003	5G, 스마트모빌리티, 인공지능	2018
HD 라디오	2004	폴더블폰, 양자컴퓨터, 자율비행택시	2019
IPTV	2005	8K, AI, 도심항공 모빌리티, 푸드테크	2020
		지속가능성, 롤러블, AI 반도체	2021

출처: CTA, 삼정KPMG경제연구원

CES 트렌드와 미래 ICT 산업 전망

CES 2019	CES 2020	CES 2021
핵심 키워드 AI, IoT, 5G, 자율주행차	**핵심 키워드** AI, 8K, 폴더블, UAM, 푸드테크	**핵심 키워드** ESG, 지속가능성, 5G, 롤러블, 헬스케어
키 트렌드 • AI 기술이 스마트TV, 자율주행차, 가전 등 다양한 분야로 확장 • 개인화, 엔터테인먼트 기능이 강조됨. 자율주행차의 미래상 제시 • 향상된 화질과 스마트 기능으로 진화하는 디스플레이	**키 트렌드** • AI 탑재 로봇의 고도화와 AI 기술을 활용한 인공인간 공개 • 8K 화질로 무장한 초고화질 TV 경쟁이 본격화 • 5G 활용 단말이 스마트폰에서 TV, 노트북으로 확대 • 폴더블폰이 등장해 스마트폰 폼팩터 혁신을 주도 • 도심항공모빌리티(UAM)가 새로운 모빌리티 수단으로 등장	**키 트렌드** • 코로나19로 인해 ESG가 화두로 부상하며, 지속가능성을 위한 테크놀로지의 역할 확대 • 다양한 5G 활용 사례 등장과 엣지 컴퓨팅 기술을 통한 5G 가속화 • 폴더블에 이어 롤러블 스마트폰 등장으로 스마트폰 폼팩터 경쟁 가속화 • VR, 웨어러블 등 이머징 기술을 활용한 헬스케어 상품 확대

미래 ICT 산업의 발전 방향

지속가능성을 위한 테크놀로지 활용 확대	5G와 반도체는 디지털 전환을 가속화하는 기반 기술	AI, 로보틱스로 심리스한 경험을 구현하는 스마트 홈·시티	삶의 질 혁신에 앞장서는 헬스·웰니스 기술	모빌리티 진화를 이끄는 자율주행·전기차·UAM·모빌리티 플랫폼

출처: 삼정KPMG경제연구원

AI 인간 김래아

터 혁신이 빨라지고 있던 AI 로봇과 사물인터넷, 자율주행차는 팬데믹 시대에 더 안전하고 편리한 집과 일터, 모빌리티로 진화했다. 반려견이나 깨질 만한 물건을 능숙하게 피해 가는 로봇청소기, 원격 수업 디스플레이로 변신하는 책상, 전기차를 엔터테인먼트 공간으로 바꿔주는 맞춤형 디스플레이가 눈길을 끌었고 AI 인간이 프레젠테이션을 맡기도 했다. 기술력의 진검 승부가 벌어지는 CES는 이제 빠른 추격자가 아니라 혁신의 선도자만 살아남을 수 있다는 메시지를 던졌다.

부채, 또 다른 위기의 불씨

글로벌 금융위기와 팬데믹 위기가 잇따라 터지면서 빚의 쓰나미가 세계 경제를 덮쳤다. 국제금융협회IIF는 2020년 11월 18일 보고서에서 전 세계 기업과 가계, 정부가 진 빚이 2020년 말 277조 달러로 GDP의 365%에 이를 것으로 추정했다. 10년 후에는 세계가 360조 달러에 이르는 빚에 짓눌려 있을 것으로 전망했다. IIF에 따르면 2020년 3분기 말 한국 가계의 부채는 GDP 대비 100.6%로 미국(81.2%), 중국(59.8%), 일본(65.3%), 영국(87.7%) 등 주요국보다 매우 높은 수준이었다. 한국은행은 2020년 3분기 말 민간신용(기업과 가계의 대출과 판매신용)은 명목 GDP 대비 211.2%로 1년 새 16.6%포인트 늘어난 것으로 추정했다. 가계의 처분 가능 소득 대비 부채(가계신용통계 기준)은 171.3%로 전년 동기 대비 10.7%포인트 높은 수준이었다. 초저금리에도 기업의 이자보상배율(영업이익을 이자비용으로

GDP 대비 민간신용

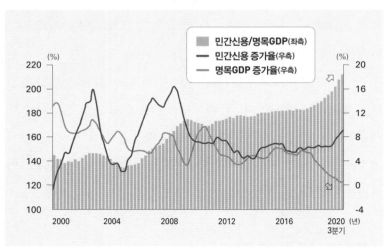

*증가율은 전년 동기 대비

출처: 한국은행

기업 이자보상배율(영업이익/이자 비용)

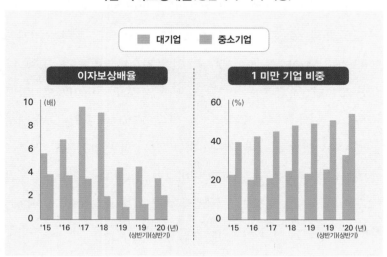

출처: KIS 밸류

2020 ~ 2060년 장기재정전망

시나리오	현상유지	성장 활력 제고	인구 충격 완화
인구(만 명) (2020년~2060년)	총인구 -894 생산인구 -1,678	현상유지와 동일	총인구 -386 생산인구 -1,403
GDP 성장률 (%) (2020년대→2050년대)	실질 2.3 → 0.5 명목 3.8 → 2.2	실질 3.1 → 1.3 명목 4.6 → 2.9	실질 2.4 → 0.9 명목 3.9 → 2.6
국가채무 비율 (%) (2060년 GDP 대비)	81.1	64.5	79.7

나눈 값)이 1에 못 미쳐 장사를 해서 번 돈으로 이자도 갚지 못하는 기업이 2019년 상반기 37.3%에서 2020년 상반기 42.4%로 크게 늘어났다.

나랏빚도 눈덩이처럼 불어나고 있다. 2020년 9월 2일 기획재정부는 2020~2060년 장기 재정전망 결과를 내놓았다. 인구 감소와 성장률 둔화 추세가 유지되는 현상유지 시나리오에 따르면 GDP 대비 국가채무 비율은 2020년 43.5%에서 2060년 81.1%로 높아진다. 하지만 성장 활력을 제고하는 시나리오에서는 64.5%, 인구 충격을 완화하는 시나리오에서는 79.7% 수준으로 채무 비율 상승 폭이 줄어든다.

그러나 같은 시기에 국회예산정책처는 장기재정전망을 통해 2060년 우리나라 국가채무 비율이 GDP 대비 158.7%(인구 감소 시나리오를 달리 할 경우 154.5~167.1%)에 이를 것으로 내다봤다.

팬데믹 위기로 정부 재정이 더 적극적인 역할을 할 수밖에 없다. 하지만 장기적인 재정건전성을 유지하는 것은 매우 중요하다. 위기

때 미뤄 놓은 가계빚과 국가채무, 좀비기업 문제를 제때 해소하지
못하면 새로운 위기의 불씨가 될 수밖에 없다.

소득 10만 달러
미래형 혁신국가로 가자

우리는 늘 크고 작은 온갖 리스크와 맞닥뜨리게 된다. 이러한 리스크에 얼마나 잘 대비하느냐에 따라 인류와 개별 국가, 기업, 개인의 운명은 달라질 것이다.

10년 내 우리에게 닥칠 리스크

세계경제포럼이 2021년 1월에 내놓은 〈글로벌 리스크 보고서〉는 2020년 9월 8일부터 10월 23일까지 전 세계 기업과 정부, 시민사회 오피니언 리더와 전문가들의 리스크 인식을 토대로 작성한 것이다. 보고서는 향후 10년 내 발생할 가능성이 가장 큰 10대 리스크로 극심한 기상 이변, 기후변화 대응 실패, 인류의 환경 파괴, 감염병 확산, 생물 다양성 감소, 디지털 권력 집중, 디지털 불평등, 국제 관계 균열, 사이버보안 실패, 생계 위기를 꼽았다. 가장 큰 충격을 줄 리스크로는 감염병 확산, 기후변화 대응 실패, 대량 살상 무기, 생물 다양성 감소, 자연자원 위기, 인류의 환경 파괴, 생계 위기, 극심한 기상 이변, 정보 인프라스트럭처 붕괴를 들었다.

글로벌 10대 리스크

리스크 유형	■ 경제 ■ 환경 ▨ 지정학 ■ 사회 ■ 기술

가능성 큰 리스크		영향력 큰 리스크	
1	극심한 기상 이변	1	감염병 확산
2	기후변화 대응 실패	2	기후변화 대응 실패
3	인류의 환경 파괴	3	대량 살상 무기
4	감염병 확산	4	생물 다양성 감소
5	생물 다양성 감소	5	자연자원 위기
6	디지털 권력 집중	6	인류의 환경 파괴
7	디지털 불평등	7	생계의 위기
8	국제 관계 균열	8	극심한 기상 이변
9	사이버 보안 실패	9	부채 위기
10	생계의 위기	10	정보 인프라

출처: 세계경제포럼 글로벌 리스크 보고서 2021

　응답자들은 2년 내 닥칠 단기 리스크로 감염병(응답률 58%)과 생계 위기(55.1%), 극심한 기상 이변(52.7%)을 가장 많이 꼽았다. 3~5년 내의 중기 리스크로는 자산 거품 붕괴(53.3%), 정보기술 인프라스트럭처 붕괴(53.3%), 물가 불안(52.9%), 상품시장 충격(52.7%), 부채 위기(52.3%), 국제관계 균열(50.7%)이, 5~10년 내 장기 리스크로는 대량 살상 무기(62.7%), 국가 붕괴(51.8%), 생물 다양성 감소(51.2%), 기술 진보의 역효과(50.2%)를 들었다. 세계경제포럼은 팬데믹 이후 경제적 취약성과 사회적 분열이 심화될 것으로 전망했다. 특히 글로벌 금융위기와 팬데믹 위기를 잇달아 겪으며 경제적 기회를 잃은 젊은 세대는 기존의 정치·경제 체제를 불신하며 환멸을 느끼게 될 것이라고 지적했다.

더 중요해진 민주주의와 경제적 자유의 가치

　팬데믹과 같은 거대한 괴물과 맞서고 끊임없이 마주칠 리스크에 효과적으로 대처하려면 성숙한 민주주의 사회의 역량이 필요하다. 하지만 세계적으로 민주주의에 대한 믿음은 흔들리고 있다. 2020년 1월 영국 케임브리지대 민주주의의미래센터가 발표한 보고서에 따르면 77개 민주주의 국가 시민(24억 명) 중 민주주의의 성과에 대해 불만을 표시한 이들은 1995년 평균 47.9%에서 2019년 57.5%로 10%포인트 가까이 증가했다. 이는 국가별 인구를 고려한 가중평균이다. 2019년에는 사반세기에 이르는 조사 대상 기간 중 민주주의

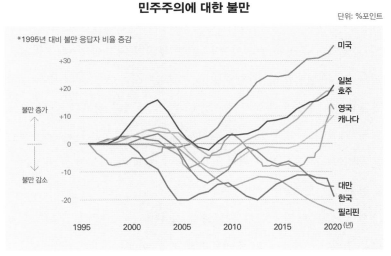

민주주의에 대한 불만

단위: %포인트

출처: 산업통상자원부

에 대한 불만이 가장 높은 수준에 이르렀다. 2005년(38.7%)에 비하면 불만을 가진 시민이 18.8%포인트나 늘어났다. 글로벌 민주주의가 대침체기를 맞은 것이다. 그동안 글로벌 금융위기와 같은 경제적 충격과 심화되는 불평등, 각국 정치인의 부패와 정책 실패로 불만이 누적된 것으로 보인다.

미국, 호주, 영국, 캐나다와 같은 영어권 민주주의 국가와 일본에서 불만이 10~34%포인트나 증가한 것은 특기할 만하다. 반면 한국, 대만과 같은 일부 동아시아 국가들은 민주주의에 대한 불만이 10~20%포인트 줄어 세계적인 민주주의 위기에서 예외적인 흐름을 보였다. 스위스, 덴마크, 룩셈부르크, 노르웨이, 아일랜드, 오스트리아처럼 대다수 시민이 민주주의에 만족하는 나라도 있지만 이들 나라의 인구 비중은 미미하다.

2020년은 아마도 21세기 들어 전 세계 민주주의가 가장 낮은 수준으로 퇴보한 해로 기록될 것이다. 이때는 절체절명의 팬데믹 위기가 닥치면서 공동체의 안전을 위해 개인의 자유와 시민의 권리는 어느 정도 유보할 수밖에 없었다. 정부는 신속하고 적극적인 방역을 위해 사적 영역에까지 깊이 개입하며 감시와 통제에 나섰고 표현의 자유나 경제적 자유를 제한하기도 했다. 일부 권위주의 정권은 팬데믹 위기를 반대 세력을 억압하고 민주적 책임성을 저버리는 구실로 삼기도 했다.

영국 싱크 탱크 EIU가 산출하는 전 세계 167개국의 민주주의 지수는 2020년 평균 5.44점(10점 만점)으로 2006년 지수 산출을 시작한 이후 가장 낮은 수준으로 떨어졌다. 전체의 70% 가까운 116개 국의 지수가 떨어졌고 민주주의 진전을 이룬 나라는 38개국에 불과 했다. '완전한 민주주의' 국가로 분류된 나라는 23개국(전체의 13.8%) 밖에 안 된다. 인구수로 따지면 지구촌 시민의 8.4%만이 완전한 민 주주의를 누리며 살고 있다.

다행히 한국은 민주주의 지수가 8점에서 8.01점(세계 23위)으로 높아져 2014년 이후 처음으로 완전한 민주주의 국가에 복귀했다. 아시아에서는 대만, 일본, 한국이 '결함 있는 민주주의'에서 완전한 민주주의 국가로 격상됐는데, 특히 대만은 단숨에 31위에서 11위로 뛰어오르며 처음으로 이 국가군에 합류했다. 유럽에서는 프랑스와 포르투갈이 결함 있는 민주주의 국가로 떨어졌고, 흔히 민주주의의 전범으로 여겼던 미국은 여전히 결함 있는 민주주의 국가로 분류됐 다. 우리의 가장 중요한 교역 상대인 중국(2.27점, 151위)은 줄곧 '권 위주의 국가'로 남아 있고 민주주의 지수 세계 최하위의 북한(1.08점, 167위)은 이웃 나라들에 대한 핵과 미사일 위협을 거두지 않고 있다. 선진 민주주의 국가와 권위주의 국가가 혼재하는 동북아시아의 지 정학은 지구촌 어느 곳보다 심각한 갈등의 불씨를 품고 있다.

새로운 체제 경쟁의 시대

팬데믹 위기로 세계 각국의 생존과 번영을 위한 체제 경쟁은 더 욱 치열해졌다. 미·중의 패권 경쟁은 미국의 자유시장 자본주의와 중국의 국가 자본주의 체제의 경쟁이기도 하다. 중국은 팬데믹 초

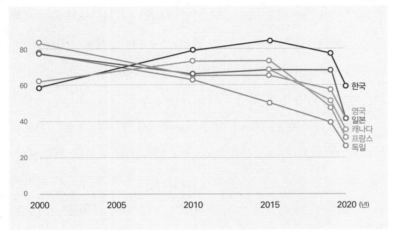

미국에 우호적인 시민 비율

단위: %

출처: 퓨리서치·FT

기의 강력한 통제력을 바탕으로 일단 미국보다 나은 경제 성적표를 보여줬다. 하지만 백신 개발 경쟁에서는 미국의 혁신 역량이 돋보였다. 앨런 그린스펀 전 미국 연방준비제도 의장은 "역사적으로 미국의 가장 큰 비교우위는 창조적 파괴의 재능에 있었다"며 "미국은 더 나은 삶을 추구하며 비상한 위험을 기꺼이 감수하는 모험가와 개척자들의 나라였다"고 했다(앨런 그린스펀·에이드리언 울드리지 저,《미국의 자본주의Capitalism in America》).

　2021년 미국의 조 바이든 행정부 출범으로 미국의 글로벌 리더십에도 변화가 나타날 것으로 보인다. 도널드 트럼프 행정부 마지막 해인 2020년 세계 각국의 미국에 대한 호감도는 급격히 떨어졌다. 미국 퓨리서치센터가 2020년 6월 10일부터 8월 3일까지 미국의 우방 13개국 성인 1만 3,273명을 대상으로 한 조사를 보자. 국가별로 미국을 호의적으로 평가한 응답자 비율은 큰 차이를 보였는데 그 중간값은 34%에 불과했다. 호의적인 응답자가 가장 많은 나라는 한국(59%)이었다. 한국은 유일하게 호의적인 응답이 절반을 넘었다. 하지만 2019년(77%)에 비하면 18%포인트나 낮은 수준이었다. 같은 기간 일본은 호의적인 응답이 68%에서 41%로 27%포인트나 줄어 2000년 이후 최저 수준이었다. 영국(41%), 캐나다(35%), 호주(33%), 프랑스(31%) 역시 미국에 대한 호감이 20년 만에 가장 낮은 수준으로 떨어졌다. 트럼프 행정부가 팬데믹 위기에 잘 대처하지 못한 데 대한 실망감이 작용한 것으로 풀이된다. 경제력에서 미국이 세계의 선도국이라는 응답이 더 많은 나라는 한국(77%)과 일본(53%)뿐이었다. 다른 나라들은 모두 중국을 선도국으로 꼽았다.

중국이 경제력에서 미국을 제치는 것은 시간문제로 보인다. 2020년 GDP 성장률은 중국(2.3%)이 미국(-3.4%)보다 5.7%포인트나 높았다. IMF는 2021년과 2022년에도 중국의 성장률이 3%포인트 이상 앞설 것으로 전망했다. 일본 노무라 금융그룹은 중국이 명목 GDP 기준으로도 2028년에 미국을 추월할 것으로 추정했다. 노무라는 위안화 강세가 지속될 경우 2026년 중국이 세계 1위 경제국이 될 수도 있다고 밝혔다. 독일 알리안츠 금융그룹은 명목 GDP의 역전 시점을 2032년에서 2030년으로 앞당겼다. 중국은 구매력 평가PPP 기준으로 이미 미국을 앞질렀다. 그 시점은 기관마다 달리 추

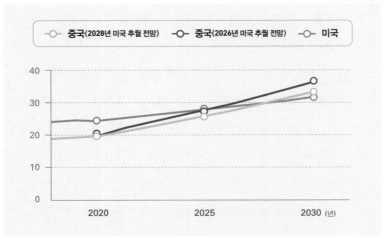

미국과 중국 GDP

단위: 조 달러

- ○─ 중국(2028년 미국 추월 전망) ─○─ 중국(2026년 미국 추월 전망) ─○─ 미국

출처: 노무라홀딩스·IMF

정하지만 2020년 10월 세계은행이 내놓은 자료에 따르면 2013년에 미·중 간 역전이 이뤄졌다. 중국은 글로벌 자본 유치에서도 미국을 추월했다. 유엔무역개발회의UNCTAD는 2020년 중국이 1,640억 달러의 외국인직접투자FDI를 끌어들여 미국(1,340억 달러)을 제치고 세계 최대 투자 유치국이 됐다고 밝혔다.

우리에게는 미·중의 체제 경쟁과 패권 다툼의 틈바구니에서 우리의 가치와 국익을 지킬 수 있는 일관되고 체계적인 전략이 필요하다. 경제력 세계 10위의 중강국인 대한민국의 외교도 새롭게 가다듬어야 한다. 조 바이든 미국 대통령은 2021년 1월 20일 취임식에서 "우리는 동맹을 복원하고 다시 한번 세계에 관여할 것"이라며 도널드 트럼프 행정부의 고립주의에서 벗어나 동맹을 결집하고 다

자주의로 복귀할 것임을 알렸다. 2월 4일 국무부 연설에서는 중국을 '가장 심각한 경쟁자'로 지칭하며 인권과 지식재산권, 글로벌 지배구조에 관한 중국의 도전에 맞설 것이라고 강조했다.

바이든 시대 미국이 중국과 어떻게 경쟁하고 협력하느냐에 따라 동북아 질서는 큰 변화를 맞을 수 있다. 그럴수록 우리는 민주주의와 자유, 평화, 공동번영의 원칙과 가치를 지키며 미 · 중 경쟁이 대립으로 치닫지 않고 긍정적인 효과를 내도록 외교 역량을 발휘해야 한다. 2021년 6월에 열리는 G7 정상회의 의장국인 영국 정부는 한국과 호주, 인도를 게스트로 초청하기로 했다. 한국은 이제 성숙된 민주주의 국가로서 가치를 공유하는 국가들과 동맹의 네트워크를 넓혀가야 한다.

글로벌 두뇌와 자본이 모이는 나라

경제적 영토도 더 넓혀야 한다. 코트라는 2020년 말 한국 수출품에 대해 반덤핑, 상계관세, 세이프가드(긴급수입제한) 등 수입 규제 조치를 발동한 나라는 26개국이며 규제 건수는 228건으로 역대 최대를 기록했다고 밝혔다. 한국에 대한 수입 규제는 2011년 117건에서 해마다 늘어나고 있다. 코로나19 이후 각국의 디지털 · 친환경 산업 주도권 경쟁이 치열해지면서 무역장벽은 더욱 높아질 것으로 보인다. 그럴수록 대외 의존도가 높은 우리로서는 보다 자유롭고 공정한 교역질서가 확립될 수 있도록 최대한 노력해야 한다.

2020년 11월 15일 아세안 10개국과 한국, 중국, 일본, 호주, 뉴질랜드가 참여하는 세계 최대 FTA인 역내포괄적동반자협정RCEP이 타결됐다. 이 지역은 지구촌 인구의 30% 가까운 22억 5,000만 명이 모여 있는 거대 시장이다. RCEP가 타결되면서 한국이 2018년 1월 일본을 비롯한 11개국이 맺은 포괄적·점진적환태평양경제동반자협정CPTPP에 참여하는 데 따르는 정치적·경제적 부담도 줄었다.

더 안전하고 자유롭고 혁신적인 나라는 더 많은 인재와 자본, 기술을 끌어들일 수 있다. 글로벌 두뇌와 자본을 모으는 데 있어서 한국은 더 많은 노력을 기울여야 한다. 2020년 한국의 FDI 유치 실적은 신고 기준으로 전년 대비 11.1% 줄어든 207억 5,000만 달러에 그쳐 2014년 이후 6년 만에 가장 저조했다. 도착 기준으로는 한

신설·강화된 규제

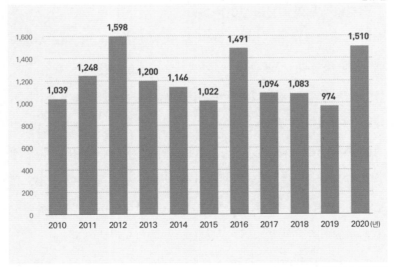

단위: 건

출처: 규제개혁위원회

해 전보다 17% 감소한 110억 9,000만 달러로 2013년 이후 7년 만에 최저였다. 주한미국상공회의소(암참)는 2021년 1월 19일 기자회견에서 한국이 지역 비즈니스 허브로 부상할 기회를 잡을 수 있으며 이를 위해서는 몇 가지 문제를 개선할 필요가 있다고 제안했다. 한국은 개인과 법인 세율이 높고 노동법이 경직적이어서 인재 유치가 힘들고, 지적재산권 보호가 미흡하고 디지털 경제에 대한 규제가 많아 혁신적인 기술을 들여오기 어려우며, 법규 준수에 따르는 부담이 커 CEO들이 사법적인 위험에 직면한다는 것이다.

우리는 산업화 시대의 낡은 규제를 개혁하는 데 머뭇거리지 말아야 하며 과도한 규제가 창조적 파괴에 걸림돌이 되지 않도록 해야 한다. 하지만 전국경제인연합회가 2020년 규제개혁위원회 심사 결과를 분석한 결과 정부 입법을 통해 신설·강화된 규제는 모두 1,510건으로 전년 대비 55% 늘어난 것으로 나타났다. 이 중 83.8%는 국회 심의도 받지 않는 시행령 이하 하위법령을 통해 만들어졌다.

미래는 우리가 만들어가는 것이다

대한민국이 자유와 번영의 길로 가는 21세기 글로벌 경쟁의 승자가 되려면 미래형 국가로 거듭나야 한다. 미래형 국가는 새로운 시대정신을 바탕으로 한다. 매일경제는 끊임없는 혁신이 바로 새로운 시대정신의 핵심이라고 믿는다. 그래서 창간 50주년이던 2016년 미래 한국 재창조를 위한 국가 전략으로 '노바투스 코리아Novátus Korea'를 제안했다. 노바투스는 혁신과 변혁을 뜻한다. 오늘날 개인과 기업, 도시와 국가는 부단한 혁신으로 변화를 주도하면서 새로운 가치를 창출할 수 있어야 한다. 그러자면 무엇보다 경제적 자유를 확대하고 기업가정신을 북돋움으로써 창조적 파괴의 역량을 극대화해야 한다.

한국은 21세기 지식혁명을 선도할 수 있는 잠재력을 지니고 있다. 그 잠재력을 최대한 발휘하려면 무엇보다 이 시대의 가장 값진 자본인 창의적 두뇌를 키워야 한다. 세계에서 가장 빠른 고령화는 생산성 혁명으로 극복해야 한다. 젊은이들이 꿈을 잃지 않고 맘껏 도전할 수 있도록 여건을 만들어주는 한편 몸도 마음도 젊어진Young 노년층Old인 '욜드Yold 세대(65~79세)'의 지식과 경험, 구매력을 새로운 성장 동력으로 활용해야 경제와 사회 전체가 역동성을 잃어가는 일본화Japanification를 피할 수 있을 것이다.

21세기 지구촌은 거대한 변곡점Inflection Point을 지나고 있다. 위기는 끊임없이 닥쳐올 것이다. 《블랙 스완Black Swan》이라는 저서로 유명한 나심 탈레브 전 뉴욕대 교수는 2010년 매일경제가 주최한 제10회 세계지식포럼에 온 적이 있다. 그는 평소 국가든 개인이든 단순히 강건하고Robust 회복력이 있는Resilient 수준을 넘어 위기를 맞으면 오히려 강해져야Antifragile 한다고 강조한다. 위기 때 더 강해지는 것은 바로 대한민국의 DNA가 아닌가.

지난 70여 년의 대한민국 역사는 도전과 성취, 위기 극복의 대서사시다. 우리는 피와 땀으로 세계사에서 보기 드문 한강의 기적을 이뤘고 남북 분단의 질곡과 민주화의 산고, 환란의 고통도 견뎌냈다. 대한민국은 팬데믹 위기의 담금질로 더 강해져야 한다. 이제 글로벌 무대에 당당히 서 있는 우리는 다시 한번 힘차게 도약해야 한다. 소득 10만 달러 선진국으로 퀀텀 점프할 미래형 혁신국가로 거듭나야 할 때다.

대한민국 개조를 위한 아이디어 열전

《우리가 모르는 대한민국》을 기획하고 내용을 정리하는 과정에
서 주변 분들의 다양한 조언과 격려를 들을 수 있었다. 책의 취지에
공감하면서 대한민국 발전을 위해 해야 할 일들을 역설해주는 분들
이 대부분이었다. 우리 사회에 대한 애정을 느낄 수 있는 조언들이
었다. 그중에는 이 책에 이미 포함된 내용들도 있고 미처 생각지 못
했던 아이디어들도 있었다.

대한민국에 대한 자부심과 그 자부심을 바탕삼아 앞으로도 세계
인들이 부러워할 대한민국을 만들어가야 한다는 취지에서 이 책을
집필했지만 그 과정에서 많은 아쉬움이 남았다. 원고를 작성하는
동안에도 계속해서 새로운 보고서와 통계가 쏟아져 나왔는데 미처
반영하지 못한 것들이 있으니 아쉬움으로 남는다. 마찬가지로 책을
집필하는 과정에서 듣게 된 조언 중 우리나라 발전을 위해 매우 긴
요한 아이디어들이 있었음에도 미처 반영하지 못한 내용들이 많아

아쉬웠다. 사회 각 분야에서 활약하고 있는 다양한 분들이 내놓은 아이디어들을 차곡차곡 메모지에 담아두었는데, 그와 같은 아쉬움을 풀기 위해 이 자리에 소개해 본다.

공무원 계급제·순환보직 철폐

공무원의 낮은 전문성과 무책임한 행정의 주요 원인으로 계급제와 순환보직 호봉제가 지목된다. 공무원은 여전히 안정성에서만 가장 앞서 있는 조직이다. 공무원 사회를 능력과 성과에 따라 대우받고 전문성을 키우는 조직으로 바꿔나가야 한다.

노동의 유연성과 안전성 개선

노동조합의 파워가 매우 강해 불법파업이 만연하는 문화를 타파해야 한다. 경직된 노동시장을 개선하고 노동유연성을 높여야 기업들의 경쟁력도 올라갈 수 있다. 물론 노동안전성도 선진국 수준으로 높이는 작업이 병행돼야 한다. 일자리를 구하지 못하거나 해고되더라도 최소한의 삶의 질은 보장받을 수 있어야 노동유연성이 사회에 안정적으로 뿌리내릴 수 있다.

비공개 당정회의 폐지

정책을 결정하는 힘이 정부에서 국회로 상당 부분 넘어가고 있는 상황에서 비공개 당정회의가 '행정부 패싱'의 큰 역할을 하고 있다. 당 지도부, 청와대에 끈을 지닌 실세 의원들이 압력을 넣는 수단이 되고 있고, 공무원들을 복지부동하게 하는 원인이 되고 있다. 여당 의원들이 국정에 영향력을 미치는 것은 당연하지만 그것은 국회 안에서 입법 활동이나 공개된 장에서 설득을 통해 이뤄져야 한다. 행정부와 입법부의 상호 견제를 위해서도 당정 비공개 회의는 공개해야 한다.

선진국형 조세제도 도입

낮은 세율, 넓은 세원에 기초해 세제를 단순화해야 한다. 홍콩처럼 모든 세율에 대해 최고 상한을 설정하는 방식이 바람직하다. 최고 60%에 달하는 상속세율을 대폭 인하해야 한다. 법인세를 낮춰 기업들이 글로벌 시장에서 제대로 뛸 수 있게 해야 한다.

한국형 '인더스트리(Industry) 4.0' 환경 조성

인더스트리 4.0은 독일에서 몇 년째 진행 중인 산업정책이다. 사물인터넷을 통해 생산기기와 생산품 간 소통체계를 구축하고 생산과정을 최적화한다는 내용이다. 각 업종별 협회, 다시 말해 민간에서 토론·논의가 자생적으로 시작됐다는 게 특징이다. 이해관계자간 대타협이 쉽지 않은 한국의 경우, 정부가 개방형 혁신Open Innovation 도출시스템을 조성할 필요가 있다.

범국가적 '전 산업 자문기구' 창설

현재 정부 산하 싱크탱크는 경제(한국개발연구원), 산업(산업연구원), 노동(노동연구원), 보건(보건사회연구원) 식으로 분절돼 있다. 갈수록 정책·산업·노동 문제가 복합적으로 나타나고 있기 때문에 대책도 융합형이 돼야 한다. 정책·산업 부문에 관해 융합적인 연구를 하고 비전을 제시하려면 '경제인문사회연구회'를 뛰어넘는 범국가적 전 산업 자문기구가 필요하다. 기업(업종)과 연계하는 시장형·수익형·혁신형 연구도 이뤄져야 한다.

소득양극화보다 더 심한 노동양극화… '이중의 이중화' 개선해야

각종 연구원 보고서나 통계를 보더라도 우리나라 노동시장 구조의 이중화는 매우 심각하며, 점점 심화되고 있다. 심지어 한국의 노동시장은 '이중의 이중화'란 비판을 받는다. 정규직·비정규직 고용 문제와 대기업·중소기업 사이 임금 격차가 중첩돼 있기 때문이다. 생산성 향상을 위해서도 노동시장 양극화 해소는 반드시 선행돼야 할 일이다.

국회를 일하는 국회로 개조해야

정쟁에만 몰두하는 동물국회, '법안 심의 나 몰라라' 식물국회로는 미래가 없다. 면책특권을 없애고 국회의원 국민소환제를 도입해 자격 없는 의원은 임기 중에도 교체해야 한다. 우리나라 직업별 평균 연봉을 뽑아보니 국회의원이 1위라는데, 연봉을 대폭 삭감하고 유럽식 실무형 의회로 개조해야 한다.

제왕적 대통령제 개헌해 선진국형 정치 모델 구축

민주화 운동 시대에 만들어진 5년 단임제 헌법은 이제 개정해야 할 필요성이 있다. 새로운 경제 환경, 정보통신 시대에 맞는 권력 제도를 만들어야 소모적인 정쟁을 줄일 수 있다. 4년 중임제 또는 의원내각제 도입을 선택해야 한다.

김영란법 개선해 내수 소비활성화해야

1인당 국민소득 2만 달러 시대 만들었던 김영란법은 5만 달러 시대에 역행한다. 자유로운 소비가 이뤄져야 내수시장이 살아나고 경기도 활성화된다. 부정부패 기준을 확립하고 단속하되 국민 자유를 광범위하게 억제하는 규제는 철폐해야 한다.

'서울라운드'로 다자간 무역체제 재확립, 미들파워 스마트외교해야

한국이 적극 나서 중진국들 간의 무역 연합체를 구축하고 미국과 중국의 보호무역주의에 대응해야 한다. 단순히 갈등을 중재하는 수동적 외교에서 동반성장 실마리를 찾는 적극적 외교로 전환해야 한다. 개도국, 후진국에 대해서는 적극적인 원조, 투자, 지식 이전으로 성장 기반을 이식하고 선진국과는 지식동맹, 기술동맹으로 격차를 따라잡아야 한다.

북핵 해결은 한반도 평화와 공존의 첫 단추, 남북경협은 신성장동력

평화는 곧 경제의 초석이다. 북핵 문제가 해결된다면 남북경협은 신성장동력이 될 것이다. 북한의 노령화지수는 49.9로 한국 110.5의 절반 수준이다. 저가 노동력이 그만큼 준비돼 있다. 최대의 소비기지 중 하나인 중국과 육로로 연결이 가능해지고 러시아 극동 경제권 개발과도 연계할 수 있다. 남북협력으로 경제개발이 가시화된다면 미국·중국 등 다른 나라의 원조도 크게 늘어날 것으로 예상된다.

대학 등록금 현실화하고 대학운영 자율성 높여야

10년 넘게 동결되고 있는 등록금을 현실화하고 대학 예산 운영의 자율성을 높여야 한다. 대학에선 "물가상승률도 반영 못 하는 등록금 동결 때문에 교수 인건비조차 버겁다"고 토로한다. 세계 대학들은 실력 있는 석학들을 초빙하는 스카우트 전쟁을 벌이는데 국내 대학들은 소외돼 있다. 4차 산업혁명 시대에 발 빠르게 대응할 수 있도록 학과별 정원 조정도 용이해져야 한다. 학생과 교수 선발의 자율권을 대폭 확대해 급속한 교육 수요변화에 대비해야 한다. 대학의 미래가 곧 국가와 산업의 미래다. 과거 산업화 시대의 대학 학제와 시스템으로는 한국의 미래도 어둡다.

초등학교 입학연령 한 살 낮춰야

한국의 인구절벽 문제는 국가 경쟁력을 떨어뜨리는 메가톤급 악재다. 혁명적인 조치와 발상의 전환이 필요하다. 늦은 사회 진출, 만혼, 저출산 등의 악순환을 해소하는 차원에서 초등학교 입학 연령을 만 7세에서 만 6세로 낮출 필요가 있다. 한살 먼저 학교에 들어가면

졸업 시기가 1년 당겨진다. 또 6-3-3 체제를 5-3-3으로 1년 줄이는 방안도 함께 검토할 필요가 있다. 이처럼 사회 진출 시기를 2년 앞 당기면 사교육 비용을 크게 줄이고 만혼 해소에 기여할 수 있다.

청와대와 국회의 세종시 이전

청와대와 국회는 서울에 있고 주요 정부 부처는 세종시에 있다 보니 발생하는 행정비용이 너무 크다. 행정비용을 줄이고 국토 균형발전을 이뤄야 한다. 세종은 정치도시, 서울은 경제도시로 개념을 정립할 필요가 있다.

영어 공용화, 기여입학제 도입

영어 공용화를 통해 열린 대한민국을 지향해야 한다. 좋은 대학에 들어가기 위해선 막대한 학원비를 지불해야 한다. 그 막대한 돈이 학원으로 흘러들어가게 내버려두기보다는 대학교로 흘러가도록 기여입학제를 도입해야 한다. 기여입학제 도입으로 대학 경쟁력도 높일 수 있다.

모병제 채택, 청년실업률 해소

요즘 군대는 군대가 아니라는 얘기가 많다. 미국 등에서는 군인이 대접을 받지만 한국에서는 군인에 대한 인식이 좋지 않다. 군인들의 사기 진작과 청년 실업률 해소를 위해 모병제를 채택해야 한다.

아세안에 한국 가입 추진

새로운 경제 성장 엔진 아세안에 한국이 11번째 회원국으로 가입하는 방안을 추진해야 한다. 아세안 헌장에 따르면 '동남아'라는 지역적 기반이 있어야 가입할 수 있지만 예외규정 등 방법을 찾아 한국이 아세안의 핵심 파트너라는 사실을 강조해야 한다.

창업국가로의 대대적 전환, 대학 시스템 개혁

대기업, 제조업의 한계가 노출되고 있다. 일자리는 이제 창업에서 찾아야 하며 대학교육 시스템을 전면 개혁해야 한다. 대학은 창업 인큐베이터로 전환해야 하고 인센티브 체제를 구축해야 하며 국공립 대학부터 그 모범을 보여야 한다.

공유경제 캐치업 서둘러야, 사회적 타협 필요

이익단체에 밀려 차량 공유조차 못하는 현실이 안타깝다. 말레이시아 그랩은 공유자동차에서 시작해 여행·금융·교육 등 플랫폼 비즈니스로 영역을 확대하며 동남아 시장을 천하통일했다. 한국의 공유경제는 동남아에도 뒤져 있고, 이런 사업을 하려면 해외로 나가야 하는 상황이다. 기존 산업 종사자의 일자리 문제는 다른 나라도 마찬가지다. 공유경제 기업들의 시장진입 허용과 규제 완화가 빨리 이뤄져야 한다.

지방자치단체 구조조정, 8개 메가권역으로 재편

시군구 252개 체제를 유지하는 데 드는 비용이 막대하다. 8개 메가권역으로 재편하는 것이 효율적이며 균형발전 속도를 높이는 데도 효과적이다.

연공서열식 임금구조를 직무중심으로 바꿔야

소득 5만 달러 달성을 위해서는 일하는 기간을 늘려 소득을 상승시켜야 한다. 그런데 지금과 같은 피라미드식, 연공서열식 인력구조 하에선 근속기간이 긴 근로자 고용을 기업이 부담스러워하게 된다. 직급 중심의 임금체계를 직무 중심으로 바꿔야 근로자나 기업 모두 장기근속에 대한 부담이 적어지게 된다.

고용이 유연화되는 선진국형 고용개혁

재계와 노동계가 요구하는 고용문화의 골자는 결국 '유연화'다. 기업 입장에서는 고용 유연화를 통해 조직을 유연하게 운용하고, 노동자 입장에서는 해고되더라도 당장 일자리를 찾을 수 있어야 한다. 선진국의 경우 실질적인 고용 유연화를 달성하고 있다. 이 때문에 노사가 대타협을 이루는 문화도 가능하다고 본다. 한국의 공채 위주 채용문화도 노동시장 유연화에 방해가 된다.

리쇼어링으로 제조업 부활시켜야

미국 경기가 2008년 호조세로 접어든 것은 '제조업 회복' 덕분이란 평가가 많다. 오바마 정부 때부터 제조업 분야를 강화해온 게 주효했다는 것이다. 그 밑바탕에는 리쇼어링 정책이 있다. 리쇼어링은 개발도상국 등으로 빠져나간 공장들을 국내로 다시 돌아오게 유도하는 정책을 말한다. 삼성, 현대차 등 굵직한 제조업들이 한국에 공장을 짓고 생산할 수 있도록 환경을 구축해야 한다.

적극적인 경제교육 실시

제대로 된 경제관념을 심어주기 위해 초등학교 때부터 실생활에 필요한 경제지식을 교육해야 한다. 저축, 이자율, 주식 장기투자 등에 대한 교육은 개인의 경제생활을 합리적으로 변모시킬 뿐 아니라 한국경제 성장과 자본시장 활성화에도 도움을 줄 것이다.

한국의 국가브랜드 새로 만들자

이명박 정부 때는 국가브랜드위원회를 만들어서 '배려하고 사랑받는 한국'이라는 국가브랜드의 지향점을 정했다. 5대 역점 분야로 국제사회에서 역할, 글로벌 시민의식 함양, 다문화-외국인 배려, 문화-관광진흥, 첨단기술 개발을 들었다. 그러나 이 위원회는 박근혜 정부 때 사라졌다. 한국에 대한 홍보 캐치프레이즈도 '다이나믹 코리아'나 '스파클링 코리아' 등이 쓰이다가 지금은 이마저도 자취를 감췄다. 대한민국 국가브랜드와 국가 정체성에 대해 다시 한 번 제로베이스에서 생각해볼 필요가 있다.

메이드 인 코리아에 대한 이미지 바꾸자

한국산 제품은 디자인이나 품질은 비교적 괜찮다는 평가를 받지만, 브랜드 인지도는 매우 낮다는 것이 코트라를 비롯한 무역관련 단체의 평가다. 해외언론에 비친 대한민국 국가이미지도 한국의 실상에 비해 그다지 좋지 못하다. 그동안 한국에 대한 뉴스는 북한과 관련한 정상회담이나 미사일 발사 등이 많았다. 대규모 데모와 집회, 대통령 탄핵 등도 많이 다뤄졌다. 특히 탄핵 정국에서는 샤머니즘이 판치는 국가로도 비춰졌다. 따라서 한국의 국가이미지에 대한 정확한 진단과 개선방안을 고려해볼 필요가 있다.

대한민국 중심인 서울을 '젊은 도시'로

층고 규제(35층)와 용적률 규제 등을 완화해 세계를 대표하는 랜드마크 초고층빌딩 건설을 촉진해야 한다. 재개발·재건축 규제를 완화하되 내실 있는 건축계획을 세워 압구정동, 대치동 등에 랜드마크 주거시설이 건립되도록 해야 한다. 주민 이해관계와 행정기관의 책임 회피로 지연되는 용산을 한국판 실리콘밸리 직주근접 도시로 개발하고 이익을 전 국민이 공유할 수 있는 방안을 도입해야 한다. 서울에 초고층 랜드마크 10개 내외를 건설하고 직장과 주거가 함께하는 직주근접 주거단지 10여 개를 용산, 여의도, 강남 등에 건설해야 한다.

주요 산업 위기의 근본원인, 노조 내 계파 갈등 해결해야

기업들의 국제경쟁에서 가격경쟁력은 여전히 중요하다. 인건비가 높고 생산성이 떨어지면 결국 경쟁력이 떨어지게 된다. 노사관계가 협조적이면 생산량이 늘고, 비협조적이면 반대로 감소하는 추세는 세계적으로도 확연히 드러난다. 미국 강성 북부 노조도 협조적으로 변하고 있고, 일본은 1960년부터 노사가 협력관계를 유지하고 있으며, 영국과 스페인 노조도 기조를 바꾸고 있는데 한국만 역행하고 있다. 강경일변도인 노조를 변화시키기 위해서는 노조 내 계파 갈등을 해결해야 한다. 계파가 너무 많다 보니 노조 내부의 새로운 제안과 합리적 접근을 스스로 가로막는 요소가 되고 있다.

계파 간 경쟁, 정치적인 주도권 싸움 때문에 강성 노선을 포기하지 못한다는 지적도 나온다. 현재 한국은 2년마다 노조 대표위원장 선거를 하고 있는데 이를 4년으로 늘려야 노조 내 계파 갈등을 해결할 수 있고, 장기적으로 노사 관계에 변화를 이끌어낼 수 있다. 해외 주요국들도 보통 4년 단위로 노조대표를 뽑고 있다.

밀리테크 4.0 시대, 시급한 민군 기술 협력

4차 산업혁명에 따라 민간과 군의 기술구분이 없어지고 방위산업 시장이 기존과는 전혀 다른 양상으로 급팽창하고 있다. 밀리테크 4.0 시대가 열렸지만 군과 민간 사이 기술 협력은 선진국과 비교해 활성화되지 못하고 있다. 한국에도 군사기술 R&D를 담당하는 국방과학연구소ADD가 존재하지만 기존의 수입무기를 대체하는 데

개발 목표가 집중돼 있을 뿐, 미래 기술을 개발할 예산은 넉넉하지 않은 게 현실이다. 미국의 방위고등연구계획국DARPA과 같은 국방 R&D 컨트롤타워 설립이 시급하다. 이를 통해 군과 기업, 대학과 연구소를 아우르는 첨단과학기술 네트워크 조성에 나서야 한다. 또 폐쇄적인 군을 개방해 인공지능AI 로봇 군인이나 첨단 섬유소재와 같은 제품은 물론 원격진료 서비스를 군사훈련 현장에 적용해 안보와 혁신 두 마리 토끼를 잡아야 한다.

노조에 기울어져 있는 운동장 개선해야

해고요건 완화 등 본격적인 노동개혁에 앞서 심하게 왜곡된 노사관계를 바로잡을 수 있는 비상조치가 필요하다. 파업기간 중 대체근로 허용, 파업 중 사업장 시설 점거 금지, 노동조합의 부당 노동행위 처벌, 고용세습 등 위법한 단체 협약을 시정하지 않을 시 처벌 강화, 단체협약 유효기간 연장(2년→3년) 등을 조속히 입법화해 노동조합 측에 일방적으로 유리한 '기울어진 운동장'을 시정해야 한다.

'작은 나라, 큰 꿈' 글로벌 브랜드 키워야

이스라엘 달 탐사선이 달에 착륙하는 데는 실패했지만, 탐사선에 적힌 "작은 나라, 큰 꿈SMALL COUNTRY, BIG DREAMS"은 한국 경제에 시사하는 바가 크다. 내수 시장 한계를 극복하려면 글로벌 시장으로 나가야 한다. 삼성 등 몇 개 브랜드에만 의존할 것이 아니라 맥도날드, 버거킹, 써브웨이, KFC 같은 글로벌 프랜차이즈 사업 등을 키우는 것도 방법이다. 국내에서 노사 문제나 갑을 문제로 싸울 것이 아니라 세계시장으로 나가야 한다.

글로벌 패러다임 변화에 대응해야

유럽의 환경규제 강화 등 수출산업에 대한 장벽이 높아져 국내 기업들의 미래가 불투명해지는 상황이다. 지속가능한 성장을 위해서는 환경과 생명 종 다양성 등에 대한 국민적 의식개선 캠페인이 절실하다.

4차 산업혁명 시대 AI 천재 5,000명 육성

4차 산업혁명 시대 AI, 빅데이터 등을 다룰 인재가 매우 부족하다. 기존의 획일적, 주입식 교육 틀에서 벗어나 이런 창의적 인재를 기르기 위해 파격 지원해야 한다. 글로벌 최첨단 교육과 초특급 영재 육성 프로그램으로 한 명당 1만 명을 먹여 살릴 수 있는 AI 천재 5,000명을 길러내야 한다.

승차공유 등 신산업 규제 전면 혁파

신산업이 규제에 막혀 주저앉지 않도록 중국처럼 일정 규모 이상 산업이 커질 때까지 규제 예외를 적용해야 한다. 규제 샌드박스를 신청한 기업에만 적용할 게 아니라 산업에 전면적으로 적용해야 한다.

주 52시간 등 노동 관련 획일 규제를 탄력적으로 바꿔야

미국은 법정근로시간이 1주 40시간이지만 노동시간 한도를 어겼다고 제재하지는 않는다. 초과 근로시간에 대해선 1.5배 할증임금을 지급하면 된다. 한국은 주 52시간 근로위반 같은 사안에도 CEO 벌금형 등 획일적이고 강도 높은 처벌을 가한다. 법 위반 정도에 따라 처벌 강도를 달리해야 한다. IT, 게임 분야에는 유연근로제, 탄력근로제를 폭넓게 적용해야 한다.

5G발 산업혁신으로 고용·노동생산성 높이자

5G의 초저지연·초고속 네트워크로 기존 유선기반 설비가 무선으로 대체되고 제조생산 라인도 더 유연해지게 된다. 다품종·소량 생산에 맞춰 협동로봇, 클라우드·AI 등과 연계해 제조공정을 수시로 변화시키면서 생산성을 높일 수 있다.

미래의 석유, 데이터 산업 키워야

5G 상용화로 수많은 센서와 기기가 이어지는 '초연결 시대'가 도래하고 있다. 경제·사회 전반에서 데이터의 생산도 급증하고 있다. 자동차·드론·로봇·CCTV 등 다양한 단말기가 5G와 연결되며 빅데이터를 생산하기 때문이다. 5G 초고속 전송으로 기존에는 불가능했던 고해상도(4K, 8K) 영상의 실시간 스트리밍 등 대용량 데이터도 급증하고 있다. 5G의 '초고속·초저지연·초연결' 특성과 AI·클라우드를 결합해 산업현장 데이터를 활용하고 산업구조를 혁신해

야 한다.

기업 활력 살아나도록 꾸준한 규제 혁파

규제 개혁은 민간의 자율과 창의를 보장하고 공정한 시장 경쟁을 가능하도록 한다. 기존 테두리에서 기득권을 유지하려는 경향, 이해 관계자의 복잡성, 민원형 규제 개혁 등이 충돌하는 상황이다. 유망 신산업 분야에서뿐만 아니라 주거, 보육, 교육 등 국민 생활과 밀접한 분야 규제도 혁파해야 한다. 규제비용을 개량화하고 신설규제에 대한 심사를 강화하는 등 제도적 혁신도 뒤따라야 한다.

규제는 그 시대에 맞춰 생기는 것이기 때문에 현 시점에서 불필요한 규제를 지속적으로 찾아내 제거하는 노력을 경주해야 한다. 규제혁파는 현장과 소통이 중요하다. 탁상 규제는 현장 소통을 통해 개혁해야 한다. 중소·중견기업 입지 환경 규제 비용을 줄이고 기업 준조세 부담도 줄여야 한다.

대기업-중소기업 양극화 해소

대기업과 중소기업이 생산성, 이익률, 고용, 임금 등에서 현저하게 양극화되고 있다. 불균형 성장 결과 소수 대기업에 편중된 산업구조가 형성됐다. 대기업이 흔들리면 산업 생태계 전반이 흔들리는 부작용이 커지고 있다. 대기업과 중소기업 양극화는 일자리, 복지 등 사회적 양극화의 원인이 되고 있다. 경제위기에 흔들리지 않는 지속가능한 기업생태계를 만들기 위해서는 대기업·중소기업 상생이 어느 시기보다 중요하다.

기업가정신 고취… 벤처 창업 생태계 조성

누구나 창업하고 누구나 성공할 수 있는 사회적 기반을 조성해야 기업가정신이 살아날 수 있다. 창업과 벤처는 경제에 역동성을 준다. 실패를 용인하고 실패에서 배우는 사회적 분위기가 조성돼야 대한민국을 바꿀 수 있다. 벤처 자금 지원, 투자, 회수의 생태계도 선순환구조를 만들어야 한다.

공무원 수 줄여 세금 아끼고 규제도 줄이자

선진국 진입 위해선 각 산업별 규제 혁신이 필수적이다. 그것을 위해선 불필요한 공무원의 수를 줄여야 한다. 공무원 개혁 없인 산업 혁신도 없다.

산업 수요에 부응하는 인력 양성

학령인구 감소 추세에 맞춰 부실대학 퇴출을 늘릴 수밖에 없다. 고교 직업교육 강화와 대학 학과 인원도 조정해야 한다. 그와 동시에 바이오, AI 등 인력 공급이 부족한 분야의 인력 양성 확대를 위해 정부 지원을 늘려야 한다.

선진국 연구는 R&DB(Business)로 간다

최근 국제적으로 연구 평가 기준이 순수한 학술적 우수성 평가에서 사회경제적 파급력까지 고려해 평가하는 쪽으로 변화하고 있다. 한국 전체에서 연구성과를 사업화해 기술료로 얻는 수익이 미국의 대학 한 곳보다도 적다. 특허 등록이나 논문 발표를 하고서도 잠재 워 놓고 있는 연구성과도 많다. 그러나 대부분 연구자들이 정부 연구비에 의존하고 있다 보니 사회적으로 과학자의 창업을 '특허 빼돌리기'로 보는 시각이 있다. '돈 버는 연구자'에 대한 반감도 있다. 반면 중국만 하더라도 제2의 실리콘밸리를 꿈꾸며 연구자들의 성과를 적절히 보상하고, 창업도 독려하고 있다. 국내에도 VC 피칭대회 등 기술 창업 독려 프로젝트가 있긴 하지만 매우 제한적이다. 한시적 이벤트가 아닌, 연구 단계부터 사업화까지 제도적으로 뒷받침할 수 있는 체질 변화가 필요하다.

친환경·고효율 에너지가 국력인 시대

기후변화로 탄소규제가 강화되는 추세이며, 초연결사회로 변화함에 따라 2050년 전력수요는 2.7배 증가할 것으로 전망된다. 한국은 세계에서도 가장 전력수요 증가율이 가파르다. 탈원전 정책을 계속하면 전력 수급체계가 무너질 우려가 있다. 탈원전을 폐지하고 핵융합에너지, 고효율 수소전지 등 차세대 에너지 R&D도 확대해야 한다.

초고령화·고령화로 인한 파생산업에 한국 경제 미래 있다

2025년 한국의 초고령사회 진입에 대비해 사회복지관련 의료기기, 재생의약품, 노인의료 관련 산업을 집중 육성해야 한다. 초고령화로 소비지출이 감소한다. 일본은 60세 이상이 일본 전체 가계금융자산의 65%를 소유하고 있다. 노인이 투자하고 소비하는 환경을 만들어야 한다. 질환은 치료 중심에서 예방 중심으로 바꿔야 한다. 지금은 병원에 많이 가서 의료비 지출이 많은 사람에게 혜택을 주는데, 앞으로는 병원 안 가는 사람에게 세제 혜택을 줘야 한다. 나이 들수록 일해야 건강하다. 은퇴 후 노는 노인보다 일하는 노인이 많아야 국민소득이 올라가고 건강해지며 사회복지비도 절감하게 된다.

생산성 올리고, 파이를 키워야

지금은 반도체, 자동차 등 주력산업의 경쟁력이 취약해지는 한계효용체감의 상황이다. 적극적으로 생산성을 높이고 새로운 경제영토를 넓혀야 한다. 파이를 키우지 않으면 금방 뒤처지게 된다.

원화의 국제화

대한민국 경제력에 비해 원화가 국제화되지 않아 여러 가지 한계가 노출되고 있다. 당장은 아니더라도 원화가 국제화될 수 있도록 큰 틀에서 계획을 세우고 점진적으로 실현시켜 나가야 한다.

적 아니면 동지, 한국사회 극단주의에서 벗어나야

한국형 똘레랑스(관용)가 필요하다. 나와 다른 사람을 인정하는 사회가 돼야 한다. 나와 타인의 차이를 인정하고, 그 차이에 대해 너그러운 마음을 가져야 한다. 극단주의는 사회 모든 갈등의 원인이 되며, 이런 고질적인 갈등구조가 생산성을 떨어뜨리고 비용부담을 가중시키고 있다. 이념 간, 계층 간, 지역 간, 사회 각 부문 간 갈등구조를 줄이는 것이 시급하다.

배타적인 문화의 개조

한국 사람들은 배타적인 성향을 보일 때가 많다. 한국적인 것, 우리만의 독특함도 좋지만 유니버설한 것과 하이브리드가 돼야 국제 경쟁력을 키울 수 있다. 말로는 세계화, 글로벌 경쟁력을 외치면서 배타적인 우리 것만을 고집하는 태도를 고쳐야 한다.

국민연금, 공무원연금, 군인연금 대폭 개혁

수급 연령을 지금보다 훨씬 높여야 하고, 본인이 부담하는 비율도 높여야 한다. 미래 세대에 무작정 부담을 떠넘겨선 안 된다.

정년 65세로 연장

급속도로 늙어가는 대한민국은 위기 그 자체다. 60세 이상 근무자가 많은 회사는 정부 차원에서 지원할 필요가 있다. 정부가 60세 이상 고급 인력에 관한 인력은행을 만들어야 한다.

네거티브형 규제제도 개편

기존 국내 규제제도의 틀은 포지티브형으로 허용사업을 열거하는 형태여서 새로운 비즈니스, 산업 발전에 걸림돌이 되고 있다. 규제 틀을 네거티브형으로 바꿔 안전 등 특수한 사항만 금지하는 방식으로 전환해야 새로운 기술 개발이나 산업발전이 가속될 것이다. 4차 산업혁명 분야와 같은 신산업 분야를 육성하려면 네거티브 규제가 필수다.

규제개혁 발목잡는 '감사 시스템' 개혁

공무원들은 규제를 완화하거나 혁파하고 싶어도 문제 발생 시 감사(이후 처벌)를 두려워해 규제 완화에 나서지 않는다. 지금은 부처 자체 감사, 감사원 감사, 국회 감사, 검찰을 포함한 사정기관 감사 등으로 감사 시스템이 겹겹이다. 이런 감사 체제를 바꾸고 감사원의 정책 감사도 폐기해야 한다. 그래야만 공무원들이 규제개혁에 동참하게 된다.

위험회피 경쟁에서 창의성 경쟁으로

공무원 등 안정적 직장으로 사람들이 몰리고 있다. 경쟁은 치열하지만, 삶의 위험을 회피하는 경쟁이다. 창의성으로 승부하는 창의성 경쟁은 하지 않는다. 창의성 경쟁사회로 바꾸기 위해서는 실패를 용인하는 문화와 시스템이 필요하다.

극단의 한국, 중도가 설 땅을 찾아야

SNS, 유튜브 등에서 극단적인 보수와 진보의 목소리만 퍼지며 한국사회의 갈등 구조를 확대하고 있다. 다름을 인정하지 않고 거부만 하다 보니 대화와 협상의 장에서 공격만 난무하고 소통하려는 최소한의 노력도 보이지 않는다. 각 분야별로 보수와 진보가 서로의 입장을 듣고 극단적인 생각 차이를 좁혀가도록 도와주는 공개적인 만남의 장이 필요해 보인다.

개정판

미라클 코리아 70년

우리가 모르는 대한민국

초판 1쇄　2019년 6월 20일
개정판 1쇄　2021년 3월 17일

지은이　장대환
펴낸이　서정희
펴낸곳　매경출판(주)
책임편집　고원상
마케팅　강윤현 신영병 이진희 김예인
디자인　김보현 김신아 이은설

매경출판(주)
등록　2003년 4월 24일(No. 2-3759)
주소　(04557) 서울시 중구 충무로 2(필동1가) 매일경제 별관 2층 매경출판(주)
홈페이지　www.mkbook.co.kr
전화　02)2000-2632(기획편집)　02)2000-2636(마케팅)　02)2000-2606(구입 문의)
팩스　02)2000-2609　**이메일**　publish@mk.co.kr
인쇄 · 제본　(주)M-print　031)8071-0961
ISBN　979-11-6484-232-2(03320)